逐条解説シリーズ

逐条解説
不正競争防止法
〔第2版〕

経済産業省
知的財産政策室
●
編

商事法務

●第２版はしがき

不正競争防止法は、昭和９年に制定されてから約80年が経過したが、その間、特に平成５年の全面改正以降は、社会情勢の変化を反映して極めて頻繁に改正がなされており、平成30年通常国会においてもデータを安心・安全に利活用できる環境整備に向けた法改正が行われた。

こうした改正の経緯を踏まえ、当初は商品表示や原産地の誤認惹起行為や信用毀損行為などを対象に民事的な保護を中心としていた本法は、今や限定提供データの民事的保護、営業秘密の民事的・刑事的保護、商品の形態の保護、さらには、外国公務員への贈賄の禁止等を含む、極めて幅広い分野をカバーするものとなっている。また、知的財産法の一部としての位置付けも明確になり、政府が一丸となって進める「知的財産立国」の実現に向けた取組の中でも、その活用が重要な方策となってきている。

不正競争防止法に基づく知的財産の保護は、産業財産権法のように範囲を確定して排他的な権利を与えるものではない反面、権利取得に関するコストをかけることなく、裁判上自らの知的財産の保全を図ることが可能となるため、中小企業を含めて活用されており、今後も更なる広がりを期待する。

IoT、ビッグデータ、AI等の情報技術が進展する第四次産業革命を背景に、データは企業の競争力の源泉としての価値を増しており、共有・利活用されて新たな事業が創出され、我が国経済を牽引し得る高い付加価値が生み出されている。このような、多種多様なデータがつながることにより新たな付加価値が創出される産業社会「Connected Industries」の実現に向けては、データを安心して提供し、データの創出、収集、分析、管理等の投資に見合った適正な対価回収が可能な環境が必要である。

そのため、平成30年に、①「限定提供データ」の制度の創設、②技術的制限手段の拡張等の内容が盛り込まれた不正競争防止法の改正を行った。

また、同法による改正内容のうち、技術的制限手段の規律強化は平成30年11月29日に施行されたが、限定提供データに関する規定等は令和元年７月１日に施行される。

なお、限定提供データに関する制度の施行に向けて、データの提供者と利用者間の契約実務における混乱を防ぐべく、「限定提供データ」の要件の考え方や、不正競争行為に該当する事例などを盛り込んだ指針をあらかじめ策定・公表したところである。

本書は、これまで示してきた解釈に、不正競争防止法の平成30年改正の内容を特に新しい事項として加筆するとともに、不正競争防止法に関する最近の裁判例の追加など、全体的に改訂を行った。本書が不正競争防止法に対する理解の一助になれば幸いである。

末尾ながら、今般の改正に当たり貴重な御意見を賜った学界、法曹界、産業界、各省庁の関係各位をはじめ、この法律に様々な形で御尽力いただいている皆様に改めて御礼を申し上げるとともに、出版に当たり御尽力いただいた、商事法務の方々にも御礼を申し上げる。

令和元年５月

経済産業省 経済産業局 知的財産政策室長　渡邊　佳奈子

●はしがき

不正競争防止法は、昭和９年に制定されてから約80年が経過したが、その間、特に平成５年の全面改正以降は、社会情勢の変化を反映して極めて頻繁に改正がなされており、平成27年の通常国会においても営業秘密の保護強化に関する改正が行われた。

こうした改正の結果、当初は商品表示や原産地の誤認惹起行為や信用毀損行為などを対象に民事的な保護を中心としていた本法は、今や営業秘密の民事的・刑事的保護、商品の形態の保護、さらには、外国公務員への贈賄の禁止などを含む、極めて幅広い分野をカバーするものとなっている。また、知的財産法の一部としての位置づけも明確になり、政府が一丸となって進める「知的財産立国」の実現に向けた取組の中でも、その活用が重要な方策となってきている。

不正競争防止法に基づく知的財産の保護は、産業財産権法のように範囲を確定して排他的な権利を与えるものではない反面、権利取得に関するコストをかけることなく、裁判上自らの知的財産の保全を図ることが可能となるため、中小企業を含めて活用されており、今後も更なる広がりを期待する。

情報化の進展、経済のグローバル化を背景に企業間の競争が激化する中、企業の競争力を高めるため、オープン・クローズ戦略がますます重要になってきており、技術や情報を戦略的に秘匿化することによる営業秘密としての管理、社外へ情報提供する際の契約などを含め、情報の管理が大事になってきている。その一方で、近年顕在化している大型の技術情報の流出事案への対応のために、平成27年改正（７月10日公布、翌１月１日施行）では、営業秘密侵害に対する抑止力の向上等の更なる保護強化を図り、罰金刑の上限の引上げ、営業秘密侵害品の流通規制の導入等の規定を盛り込んだ。

なお、改正に際しては、先んじて、企業が本法の救済を受けるため適切な対応がとれるように「営業秘密管理指針」を全面改訂（平成27年１月）し、情報漏えい時に本法の法的保護を受けるために必要な最低限の水準の対策を示すものとしての明確化も行った。また、法改正後には「秘密情報の保護ハンドブック」の策定も行っている（平成28年２月)。

本書は、これまで示してきた解釈に、不正競争防止法の平成27年改正の内容を特に新しい事項として加筆するとともに、不正競争防止法に関する最近の裁判例を追加するなど、全体的に改訂を行った。本書が不正競争防止法に対する理解の一助になれば幸いである。

末尾ながら、今般の改正に当たり貴重なご意見を賜った学界、法曹界、産業界、各省庁の関係各位をはじめ、この法律に様々な形でご尽力いただいている皆様に改めて御礼を申し上げるとともに、出版に当たりご尽力頂いた、株式会社商事法務の方々にも御礼を申し上げる。

平成28年11月

経済産業省 経済産業政策局 知的財産政策室長　諸永　裕一

●凡例

〔判例引用〕

大判（決）	大審院判決（決定）
最判（決）	最高裁判所判決（決定）
高判（決）	高等裁判所判決（決定）
知財高判（決）	知的財産高等裁判所判決（決定）
地判（決）	地方裁判所判決（決定）

〔判例集・文献等〕

民　集	大審院民事判例集、最高裁判所民事判例集
刑　集	大審院刑事判例集、最高裁判所刑事判例集
下民集	下級裁判所民事裁判例集
刑　月	刑事裁判月報
無体集	無体財産権関係民事・行政裁判例集
知裁集	知的財産権関係民事・行政裁判例集
判　時	判例時報
判　タ	判例タイムズ
最高裁HP	最高裁判所ホームページ（http://www.courts.go.jp/）
特許と企業	月刊 特許と企業
不競集〔古関〕	古関敏正編『不正競業法判例集——自昭和25年至昭和41年』（商事法務研究会、1967年）

逐条解説 不正競争防止法〔第２版〕

もくじ

●第２版執筆者一覧

渡邊 佳奈子　経済産業省 知的財産政策室長
水野 紀子　同 知的財産政策室 室長補佐
後藤 慎平　同 知的財産政策室 室長補佐
菊池 沙織　同 知的財産政策室 室長補佐
津田 麻紀子　同 知的財産政策室 室長補佐
大手 昌也　同 知的財産政策室 室長補佐
北島 洋平　同 知的財産政策室 室長補佐
西 秀隆　同 知的財産政策室 室長補佐
青木 純　同 知的財産政策室 室長補佐
上田 泰成　同 知的財産政策室 室長補佐
峰村 南保　同 知的財産政策室 係長
松田 絵莉子　同 知的財産政策室 係長
瀧澤 希美　同 知的財産政策室 係長
小坂 育代　同 知的財産政策室 不正競争防止法調査員
藤田 千陽　同 知的財産政策室 不正競争防止法調査員

※ 肩書きは執筆当時のものであり、執筆中に異動となった職員も含む。

●初版執筆者一覧

諸永 裕一	経済産業省 経済産業政策局 知的財産政策室長
伊万里 全生	同 知的財産政策室 室長補佐
水野 紀子	同 知的財産政策室 室長補佐
後藤 慎平	同 知的財産政策室 室長補佐
西川 喜裕	同 知的財産政策室 室長補佐
阿久津 匡美	同 知的財産政策室 室長補佐
津田 麻紀子	同 知的財産政策室 室長補佐
青木 純	同 知的財産政策室 室長補佐
遠藤 佐知子	同 知的財産政策室 係長
長井 謙	同 知的財産政策室 係長
吉田 将志	同 知的財産政策室 係長
大手 昌也	同 知的財産政策室 係長
藤原 麻衣子	同 知的財産政策室 係員
峰村 南保	同 知的財産政策室 係員
小坂 育代	同 知的財産政策室 不正競争防止法調査員
久保 千尋	同 知的財産政策室 不正競争防止法調査員

※ 肩書きは執筆当時のものであり、執筆中に異動となった職員も含む。

第 1 部

総　論

第1章　不正競争防止法の沿革

1　不正競争防止法の制定（昭和9年）

我が国の不正競争防止法は、明治42（1909）年のドイツ不正競争防止法改正に触発されて検討された明治44年法案、大正14（1925）年に合意された工業所有権の保護に関するパリ条約（以下「パリ条約」という）のヘーグ改正条約を受けて起草された大正15年法案等が検討されたが、当時の我が国産業が発展途上にあったこと、当時の民法解釈上、権利侵害とはいえない行為に法的責任を認めるべきではないと考えられていたこと等の理由から、法律制定は見送られた(注)。

その後、昭和9（1934）年にパリ条約のロンドン改正会議に出席するために、少なくともヘーグ改正条約に加入することが必要であったこと、大学湯事件（大判大14.11.28民集4巻670頁）を契機に「権利侵害」から「違法性」へと民法解釈が変化したことから、ヘーグ改正条約における不正競争の規定を国内法に調和させることが可能となったこと等を受けて、昭和9年に不正競争防止法が制定された。

制定時における同法は、

① 周知商品表示の混同惹起行為、虚偽原産地の誤認惹起行為、信用毀損行為のみを「不正競争」としていた。

②「不正競争の目的」をもって各不正競争を行うことを要件としていた（主観的要件）。

③ 罰則は外国の紋章の不正使用のみを対象としており、前述の不正競争については罰則規定がなかった。

(注)　我が国は、明治32年（1899年）にパリ条約に加入した。いわゆる日英通商航海条約の附属議定書にある領事裁判権の撤廃の前提条件として、パリ条約への加入を余儀なくされていたことによるものであるとされている。不平等条約の改正のために、明治政府が行った法典の編纂作業の一環として、特許法、

意匠法及び商標法が制定された（後藤晴男『パリ条約講話――TRIPS協定の解説を含む〔第13版〕』（社団法人発明協会、2007年）はしがき〔後藤晴男〕参照。

不正競争防止法の沿革

昭和９（1934）年	「工業所有権の保護に関するパリ条約ヘーグ改正条約」批准にあたり、同改正条約が不正競争の禁圧を加盟国に義務づけていたことから、条約上の最低限の義務を満たすべく制定（1935.１.１施行）
昭和13（1938）年	パリ条約のロンドン改正条約への対応のため部分改正（1938.８.１施行）
昭和25（1950）年	連合国最高司令官覚書「日本における商標・商號及び商品のマークに關する件」による指示を直接の契機として、貿易の振興を図り、事業者の公正健全な活動と国際的信用の確保を目指して部分改正（1950.５.１施行）
昭和28（1953）年	虚偽の又は誤認を生じさせる原産地表示の防止に関するマドリッド協定への対応のための部分改正（1953.７.８施行）
昭和40（1965）年	パリ条約のロンドン改正及びマドリッド協定のリスボン改正への対応のための部分改正（「特許法等の一部を改正する法律」による部分改正）（1965.８.21施行）
昭和50（1975）年	パリ条約のストックホルム改正への対応のための部分改正（「特許法等の一部を改正する法律」による部分改正）（1975.10.１施行）
平成２（1990）年	GATTのウルグアイ・ラウンド・TRIPS交渉の状況を踏まえ、協定成立に先がけ、営業秘密の保護を図るための部分改正（1991.６.15施行）
平成５（1993）年	旧法下の法律の条文解釈としては困難なケースを判例上実態的に保護しているなどの法律の限界の指摘、WIPOにおける不正競争防止法の国際的なハーモナイゼーションを目指したモデル法作成の準備作業の開始等を背景に全面改正（1994.５.１施行）
平成６（1994）年	WTO・TRIPS協定への対応のための部分改正（「特許法

	等の一部を改正する法律」による部分改正）（1995.７.１施行）
平成８（1996）年	商標法条約への対応のための部分改正（「商標法等の一部を改正する法律」による部分改正）（1997.４.１施行）
平成10（1998）年	平成９年にOECDにおいて成立した「国際商取引における外国公務員に対する贈賄の防止に関する条約」を国内的に実施するための部分改正（1999.２.15施行）
平成11（1999）年	デジタルコンテンツ保護の観点から、技術的制限手段に係る不正行為を規制するための部分改正（1999.10.１施行）
平成11（1999）年	中央省庁等の改革において通商産業省から経済産業省に名称が変更されることに伴い関係規定を整備するための部分改正（「中央省庁等改革関係法施行法」による部分改正）（2001.１.６施行）
平成13（2001）年	ドメイン名を不正に取得等する行為を規制するため及び外国公務員不正利益供与罪の対象範囲の拡大等を行うための部分改正（2001.12.25施行）
平成15（2003）年	営業秘密の刑事的保護の導入、民事的救済措置の強化等の事項を実施するための部分改正（2004.１.１施行）
平成16（2004）年	外国公務員不正利益供与罪について国民の国外犯を罰するための部分改正（2005.１.１施行）
平成16（2004）年	知的財産の侵害に係る民事裁判における営業秘密の保護のための公開の限定等を図るための部分改正（「裁判所法等の一部を改正する法律」による部分改正）（2005.４.１施行）
平成17（2005）年	営業秘密の刑事的保護の強化、模倣品・海賊版対策の強化、罰則の強化等のための部分改正（2005.11.１施行）
平成17（2005）年	会社法制の見直しにおいて会社法が制定され、商法の関連規定の表記が現代的な表記に改められることに伴い関係規定を整備するための部分改正（「会社法の施行に伴う関係法律の整備等に関する法律」による部分改正）（2006.５.１施行）

平成18（2006）年	営業秘密、秘密保持命令違反罪に係る刑事罰の強化、商品形態模倣行為への刑事罰の強化のための部分改正（「意匠法等の一部を改正する法律」による部分改正）（2007．1．1施行）
平成21（2009）年	営業秘密侵害罪の対象範囲の拡大等の部分改正（2010．7．1施行）
平成23（2011）年	営業秘密の内容を保護するための刑事訴訟手続の整備、技術的制限手段に係る規律の強化のための関係規定の整備、条文数の増加に伴い目次及び章名を付すための部分改正（2011.12．1施行）
平成24（2012）年	不正アクセス行為の禁止等に関する法律の不正アクセス行為に関する定義規定の条文番号が変更されることに伴い関係規定を整備するための部分改正（「不正アクセス行為の禁止等に関する法律の一部を改正する法律」による部分改正））（2012．5．1施行）
平成27（2015）年	営業秘密の刑事的保護の強化、民事的救済措置の強化の措置を講ずるための部分改正（2016．1．1施行）
平成30（2018）年	①「限定提供データ」の不正取得等を不正競争行為として追加（2019．7．1施行）、②技術的制限手段に係る規律強化（2018.11.29施行）、③証拠収集手続の強化（2019．7．1施行）

2　昭和13年改正

昭和9（1934）年に改正されたパリ条約（ロンドン改正条約）に加入するため、周知営業表示の混同惹起行為の追加及びそれに伴う修正がなされた。

3　昭和25年改正

昭和25年改正のきっかけとなったのは、昭和24（1949）年9月に出されたGHQ（連合国最高司令官総司令部）の日本国政府に対する覚書（「日本における商標・商號及び商品のマークに關する件」）において、日本において製造された商品の製造地あるいは品質について虚偽の表示を記載しないよう指示を受けた（GHQの担当官から、日本政府の発意の形式で不正競争防止法を改正して国際的信用を高め、輸出振興を図るべきであるとされていた）ことをきっかけに、以下の改正を行った。

① 差止請求権を柱書に規定し、「不正競争の目的」という主観的要件を削除した。

［理由］ 昭和9年法では主観的要件の立証が困難であったこと、我が国では慣習的に悪意なしにこのような行為を行う例が少なくないこと等から、本条が全く活用されなかったために、主観的要件を削除したとされる。

② 差止請求権者を「被害者」から「営業上ノ利益ヲ害セラルル虞アル者」とした。

［理由］ 現実に損害を被らなくとも請求できる趣旨を明確化するために改正された。

③ 各不正競争行為類型に「輸出」行為を新たな規制対象として追加した。

④ 虚偽原産地表示の要件を簡略化した（「仮設若ハ僭用ノ商号ニ付加シテ」を削除）。

⑤ 出所地の誤認惹起行為を追加した。

⑥ 商品の品質、内容、数量の誤認惹起行為を追加した。

⑦ 信用回復請求権の対象を拡大した。

⑧ 適用除外類型を明確化した。

⑨ 従来「千円以下ノ罰金」であった刑罰を、「三年以下ノ懲役又ハ二十万円以下ノ罰金」へと改正するなど、刑事罰を強化した。

⑩ 平成5（1993）年に全面改正される前の旧法第6条（工業所有権の行使に係る適用除外規定）を整備した。

4　昭和28年改正

昭和28年改正は、「日本国との平和条約」附属宣言において、平和条約の効力発生から1年以内（昭和28年4月28日）に虚偽の又は誤認を生じさせる原産地表示の防止に関するマドリッド協定（以下「マドリッド協定」という）

に加入することになっていたため、以下の措置を講じた。

① マドリッド協定第３条の２に定める「送り状、ぶどう酒目録、商業用の書状又は書類その他のすべての商業用の通信」を受けて、旧法第１条第３号及び第４号に「公衆ノ知リ得ベキ方法ヲ以テ取引上ノ書類若ハ通信ニ」を追加した。

② マドリッド協定第４条ただし書を受けて、ぶどう生産物の原産地の地方的名称（例えば、シャンパーニュ、ボルドー等）の特例を規定した。

5 昭和40年改正（「特許法等の一部を改正する法律」による一部改正）

昭和40年改正は、昭和33（1958）年のパリ条約のロンドン改正及びマドリッド協定のリスボン改正に伴い、以下の改正を行った。

① 旧法第１条第４号の「商品ガ産出、製造若ハ加工セラレタル国」の「国」を「地」に改正することにより、同一国内の別の地において産出されたような誤認を生じさせる表示を対象に追加した。

② パリ条約第10条の２第３項第３号が新設されたことに伴い、旧法第１条第１項第５号に「製造方法、用途」を追加した。

③ 旧法第１条第２項の新設（パリ条約第６条の７が新設されたことに伴う、他の同盟国の商標所有者の我が国における代理人又は代表者による商標の無断使用の規制）及びそれに伴う修正を行った。

④ 旧法第４条ノ２（政府間国際機関の紋章等の使用禁止）を新設し、刑罰を追加した。

6 昭和50年改正（「特許法等の一部を改正する法律」による一部改正）

昭和42（1967）年のパリ条約のストックホルム改正に伴いパリ条約の名称が変更されたため、形式的な改正を行った。

7 平成２年改正

技術革新の著しい進展、経済社会の情報化等を背景として、技術上又は営業上のノウハウなどの「営業秘密」の重要性が著しく増大するとともに、ノウハウ取引等も活発化し、他人の営業秘密を不正に取得、使用する等といった営業秘密に係る不正な行為が行われるおそれが増大し、また、国際的にも、GATT（関税及び貿易に関する一般協定）のウルグアイ・ラウンドのTRIPS交渉（知的所有権の貿易関連の側面に関する交渉）において、営業秘密の保護問題が交渉項目に挙げられるなど、営業秘密の適切な保護を図っていくべきであるという動きがあった。

こうした国内外の状況を踏まえ、営業秘密に係る不正行為に対し差止請求権を付与する等の保護措置を講ずるため、以下の改正を行った。

① 営業秘密に係る不正行為を不正競争の類型として追加した。

② 営業秘密に係る不正行為について、廃棄・除却請求権に関する規定を置いた。

③ 営業秘密に係る不正行為について、善意で取得した者の適用除外規定を置いた。

④ 営業秘密に係る不正行為について、3年の消滅時効と10年の除斥期間を設けた。

⑤ 罰金額を20万円以下から、50万円以下へと引き上げた（なお、営業秘密に係る不正行為からの救済措置とは無関係）。

8　平成5年改正

不正競争防止法は、パリ条約に加盟するために必要最小限の義務を履行するために制定されたものであり、その後も、我が国経済社会が著しく発展を遂げたのに対し、その基本的な枠組みは法制定当時と大きく変更されることがなかった。

このため、実態面において、競争上「不正」と観念される行為であっても条文に該当しないために規制の対象とならなかったり、手続面において、他の産業財産権法等に比較して不十分である等、多様な不正競争に機動的・実効的に対応できない状況にあった。このような中で、判例は、条文の拡張解釈、産業財産権法の規定の類推適用等の工夫を積み重ねることによって、個別事案における具体的妥当な解決を図る努力を重ねてきていたが、かかる判例の努力にも限界があり、むしろ不正競争の実態に即した立法的な解決を図るべきとの指摘がなされていた。

また、国際的には、平成4（1992）年7月から、WIPO（世界知的所有権機関）において不正競争防止法の国際的なハーモナイゼーションを目指し、モデル法作成に向けての準備作業が開始され、我が国の不正競争防止法も国際的に見て十分な水準のものに整備する必要があった。

このような状況を踏まえ、以下のとおり、不正競争防止法の全面的な改正を行った。

① 法目的規定等の創設

目的規定（第１条）及び定義規定（第２条）の創設、予防請求権、廃棄除却請求権の明文化（第３条)、工業所有権の権利行使の適用除外規定（旧法第６条）の削除等所要の規定整備を行うとともに、従前から指摘のあったカタカナ表記を「ひらがな化」した。

② 周知性要件の明確化

改正前の法律は、商品等表示の保護の要件として「本法施行ノ地域内ニ於テ広ク認識セラルル」ものであること（周知性）を要求していた(第１条第１項第１号及び第２号)。

周知性要件については、そもそも独立の要件とすることは適当でないとの指摘もされていたが、規定ぶりについて従来の判例の趣旨を踏まえ現代語に改め、周知性要件自体は維持した。

③ 著名表示冒用行為と商品形態模倣行為を不正競争の類型に追加

改正前の法律では、商品等表示の冒用に対する規制は、「混同」を惹起する行為（第１条第１項第１号及び第２号）のみであった。

しかし、情報化社会において、様々なメディアを通じ商品等表示が極めてよく知られるものとなると、それが持つ独自のブランド・イメージが顧客吸引力を有し、個別の商品や営業を超えた独自の財産的価値を持つケースが増大した。そのような著名表示を冒用する行為によって、たとえ混同を生じない場合であっても、冒用者は自らが本来行うべき営業上の努力を払うことなく著名表示の有している顧客吸引力にフリーライドすることができる一方で、永年の営業上の努力により高い信用・名声・評判を有するに至った著名表示とそれを本来使用してきた者との結びつきが薄められること等への懸念が増大した。

こうした状況の変化と判例・学説等の展開を踏まえ、著名表示の冒用行為については、混同の有無を問わず、新たな不正競争類型として位置付けることとした。

また、複写・複製技術の進歩、流通システムの発展により、先行開発者の成果物の模倣により模倣者がコストやリスクを大幅に軽減でき、模倣者と先行開発者との間に競争上の著しい不均衡が生じ、先行者に回復不能な損害を与えるおそれが高まった。

競争事業者が開発・マーケティング等に投下した資金・労力を冒用し、自ら負担すべき固有の資金・労力を負担することなく、市場へ参入する行為については、それらを負担する先行者に対する自己の競争上の地位を不正に高め、先行者から市場における先行の利益を不合理に奪うものであり、公正な商慣習に反するものと考えられることから、他人の商品の形態を模倣した商品を譲渡等する行為を新たな不正競争類型として位置付けることとした。

④　原産地等誤認惹起行為の対象を商品から役務に拡大

改正前の法律では、誤認惹起行為に対する規制は、商品のみが対象とされていた。

サービス経済化が著しく進展し、役務に係る競争も激化する一方、国際的に見ても商品と役務を区別することなく、その品質、内容等に係る誤認惹起行為を規制の対象とするのが通例であったことから、役務の質、内容等に係る誤認惹起行為についても商品と同様に不正競争と位置付けることとした。

⑤　損害額の推定規定及び文書提出命令に関する規定の新設

一般に不正競争による損害額の立証は困難とされているが、これを過度に厳しくすれば、本来救済されるべき被害者が救われないことにもなりかねないため、裁判実務においては、特に商品表示・営業表示の混同惹起行為に対し、特許法第102条や商標法第38条の損害額の推定規定を類推適用し、原告の立証責任の軽減を図っているケースが見られたことから、本法においても特許法等に倣い、損害額の推定規定を設けることとした。

また、特許法第105条等と同様に裁判所が当事者の申立てにより不正競争による損害の計算をするために必要な書類の提出を命ずることができる旨の規定を設けることとした。

⑥ 罰則の整備

一般的に知的財産法の罰則は、侵害者の得る利益に比して軽く、十分な抑止効果を発揮しておらず、本法においても従来の罰金額（50万円以下）を見直すべきではないかとの指摘を踏まえ、罰則の抑止効果を高めるため、罰金額の上限を50万円から300万円に引き上げることとした。

また、証券取引法（現・金融商品取引法）や私的独占の禁止及び公正取引の確保に関する法律（以下「独占禁止法」という）に導入された法人に対する加重的な罰則規定（法人重罰）の導入を本法でも検討すべきではないかとの指摘を踏まえ、法人に対する抑止効果を高めるため罰金額の上限を１億円に引き上げることとした。

9 平成６年改正（「特許法等の一部を改正する法律」による一部改正）

GATT（関税及び貿易に関する一般協定）のウルグアイ・ラウンドにおいてTRIPS協定（知的所有権の貿易関連の側面に関する協定）が、平成６（1994）年４月に合意に至り（1995年１月１日発効）、我が国も世界貿易機関（WTO）に加盟することになったことに伴い、代理人等の商標冒用行為の保護対象国に世界貿易機関の加盟国を追加した。

10 平成８年改正（「商標法等の一部を改正する法律」による一部改正）

WIPO（世界知的所有権機関）において商標法条約が採択され、我が国も加盟することになったことに伴い、代理人等の商標冒用行為の保護対象国に商標法条約の締約国を追加した。

11 平成10年改正

国際的な商取引における外国公務員への不正な利益供与を防止すべきとの1980年代以降の国際的な議論の高まりを受け、OECD（経済協力開発機構）加盟29か国にブラジル、アルゼンチン等５か国を含めた計34か国により条約交渉が実施され、平成９（1997）年12月に「国際商取引における外国公務員に対する贈賄の防止に関する条約」が成立（1999年２月発効）した。条約策定を主導したのは米国で、同国では昭和52（1977）年に外国公務員への贈賄行為を罰する「海外腐敗行為防止法」が既に制定されており、同国産業界の国際競争力が不当に削がれている状況を踏まえ、国際競争条件を公平にする観点から、OECDに国際的ルールづくりを要請していた。

同条約は、国際商取引における外国公務員に対する贈賄行為が、貿易、投資等における競争条件を歪めているとの認識のもと、これを各国が犯罪として規定することにより不正な手段による国際商取引を国際的協調のもとで防止することを目的としている。

条約の国内的な実施に際し、事業者間の公正な競争及びこれに関する国際約束の的確な実施の確保を目的とする不正競争防止法を以下のとおり改正することにより、条約の目的を達成することが適当とされた。

① 営業上の不正の利益の獲得を目的とした外国公務員等に対する利益の供与等を禁止し、当該禁止事項に違反した者を罰則の対象とした。

② 法人に対する罰金額について、平成9年当時の金融関係法案等における法人に対する罰則の強化を踏まえ、上限を3億円に引き上げた。

12 平成11年改正

音楽や映画、ゲームソフト等をデジタル化（電気記号化）して、インターネットやDVD等を用いて様々な形態で消費者に販売する産業（コンテンツ提供事業）が急速に発展する中、コンテンツの提供にあたって付される無断視聴や無断コピーを防止するための使用管理・コピー管理のための技術（一種の暗号技術等）を無効化する装置やプログラムを販売する業者が横行する状況にあった。

無断視聴や無断コピーが横行すると、コンテンツ提供事業者は事業収益が得られず、産業としての存立基盤が危うくなることから、かかる不公正な取引への対応が必要であるとの状況を踏まえ、技術的制限手段に対する不正行為を不正競争の類型として追加することにより、使用・コピーの管理技術を無効化する機器・プログラムの販売等の行為に対し、差止請求権付与等の保護措置を講じた。

13 平成11年改正（「中央省庁等改革関係法施行法」による一部改正）

複雑な政策課題や内外の情勢に的確に対応できるよう中央省庁の大括り

再編成等を柱とする中央省庁等改革において、通商産業省が経済産業省に名称変更されたことに伴い、関係規定の整備を行う必要があったことから、「中央省庁等改革関係法施行法」により商業上の使用が禁止される外国の国旗等を定める省令について経済産業省令に改める不正競争防止法の一部改正を行った。

14 平成13年改正

インターネットの急速な普及に伴い、インターネットを通じたビジネス活動等の重要性が高まり、ドメイン名が極めて高い社会的な価値を有するに至った。しかし、ドメイン名は、原則として誰もが先着順に登録することができることから、ドメイン名の登録制度を逆手に取り、事業者が永年に渡って築き上げた知名度や信頼にフリーライドしたり、取得したドメイン名を商標権者等に対して不当に高い価格で買い取らせようとしたり、さらには、ウェブサイト上で商標権者等の信用を傷つけたりするなどの行為が、世界各国で頻発した。

我が国においては、「.jp」ドメイン名を管理する、(一社)日本ネットワークインフォメーションセンターがJPドメイン名紛争処理方針を策定し、日本知的財産仲裁センターにおいてJPドメイン名に関する紛争処理が行われていたが、裁判外紛争処理制度においては、当事者はいつでも裁判に訴えることが可能であること等から、ドメイン名を不正に取得等する行為を規制する実体法の整備を行う必要性があった。

また、外国公務員等に対する不正の利益供与等の禁止を処罰の対象とした平成10年改正後、OECD（経済協力開発機構）による日本の条約実施法の審査や加盟各国の同実施法の制定の進展等を踏まえ、犯罪構成要件の国際的調和を図り、条約の一層効果的な実施を図る観点から、外国公務員等に対する不正の利益供与等の禁止規定の一部拡大等を行う必要があった。

このため、以下の改正を行った。

① ドメイン名に係る不正行為を不正競争の類型として追加した。

② ドメイン名に係る不正行為に対し、使用料相当額を損害賠償請求できるものとした。

③ 外国公務員等への贈賄の禁止に関し、贈賄側の主たる事務所と収賄

側の外国公務員等の属する国が同一であるか否かにかかわらず、「国際的な商取引に関して」行われる贈賄行為を処罰の対象とした。

④　外国公務員等への贈賄の禁止に関し、外国政府等により支配的な影響力を及ぼされている「公的な企業」に従事する者について、諸外国の会社制度や外国政府の会社支配のあり方等の変化に柔軟に対応できるようにするため、既に法に規定されている者に準ずる者を政令で定めることとした。

15　平成15年改正

製造技術や顧客リスト等の営業秘密は、特許権等の産業財産権とともに重要な知的財産を構成するものであるが、経済社会の情報化・ネットワーク化等の進展に伴い、ネットワークを通じて他人の営業秘密を侵害することが容易になり、実際に、我が国企業の営業秘密が国内外の競合他社に流出する事例が増加して企業の競争力が損なわれている現状が指摘されるようになった。また、米国・独国・仏国等の欧米諸国、韓国・中国等多くの諸外国と同様に営業秘密の刑事的保護を導入することを求める意見が増加していた（平成13年末に経済産業省が実施したアンケート結果によれば、回答企業のうち条件付きも含めて8割以上の企業が、営業秘密の刑事的保護に賛成していた）。

こうした状況のもと、平成14（2002）年7月に決定された「知的財産戦略大綱」においても、営業秘密の刑事的保護等が課題として掲げられた。

一方、我が国の産業財産権侵害訴訟については、審理期間が長く、許容される損害賠償額も低額であり、権利者の保護が不十分であるとの指摘があった。平成10年及び11年に、損害額及び侵害行為の立証容易化に係る民事的救済措置の強化に係る特許法等の改正が行われたが、不正競争防止法の侵害訴訟についても侵害行為の立証が困難で、解決までに時間がかかり、納得のいく賠償額が取れない等の問題があるため、特許法等の改正時と同様の指摘がなされていた。

さらに、情報技術の急速な発展に伴い、ネットワークを利用した商品販売や広告等が増加している中、平成14（2002）年の特許法及び商標法等改正と同様に、不正競争防止法においても、経済社会のネットワーク化の進展に的確に対応できるように規定を整備する必要があった。

これらを背景として、以下の改正を行った。

① 営業秘密の刑事的保護の導入

営業秘密に関する刑事的保護を導入するため、他人の営業秘密を不正に取得、使用又は開示した者に対する処罰規定を設けた。

② 民事的救済措置の強化

不正競争による営業上の利益侵害によって生じた損害額や、その侵害行為の存否自体の立証を容易化するため、特許法等の産業財産権法と同様に、逸失利益の立証容易化規定の導入、書類提出命令規定の拡充やいわゆるインカメラ審理手続の導入等を図った。

③ 概念規定の見直し

他人の商品等表示が組み込まれたプログラムをネットワークを通じて販売する行為が、有体物を念頭に規定されている「譲渡」及び「引渡し」に該当することを明らかにするため、商標法と同様に、他人の商品等表示を不正に使用した商品を電気通信回線を通じて提供する行為が、「不正競争」に該当することを明示的に規定する等の改正を行った。

⑯ 平成16年改正

平成10年改正で導入された外国公務員不正利益供与罪は、属地主義の原則のもと、国外犯[注]は不処罰とされていた。これは、条約上は、国民の国外犯については、各国における国外犯処罰の原則によることを求めており、自国公務員に対する贈賄罪についても、属人主義を採用していない我が国としては、外国公務員不正利益供与罪について属人主義を採用しなかったものであるが、OECD（経済協力開発機構）が各締約国の措置の同等性を確保するために行った、条約締約国の実施法の整合性審査（フェーズ1審査）において、我が国は、平成11（1999）年に属人主義の採用を強く勧告された。

また、平成16（2004）年時点で、条約の締約国35か国のうち、外国公務員不正利益供与罪につき国民の国外犯を処罰していない国は、日本、カナダ、アイルランド、アルゼンチンのみであった。

こうした状況及び平成15年の通常国会に、自国公務員に対する贈賄罪につき国民の国外犯を処罰することを含む刑法等の改正法案が提出された（未成立）ことを踏まえ、外国公務員不正利益供与罪につき国民の国外犯を処罰する内容の不正競争防止法の一部改正を行った。

（注）国外犯とは、犯罪の場所が国内にない場合をいう。

17　平成16年改正（「裁判所法等の一部を改正する法律」による一部改正）

特許権等の侵害又は不正競争による営業上の利益の侵害に係る訴訟において、営業秘密が問題になるとき、その内容が審理に現れる訴訟の各段階において、自己の営業秘密の保護のための訴訟活動自体によって営業秘密の非公知性・秘匿性が失われ、その価値を失う危険に直面することへの懸念が従前から指摘されていた。

仮にこのような危険を放置すれば、営業秘密が問題となる知的財産の侵害に係る訴訟において、当事者の訴訟活動はこれによる制約を受け、適正な裁判が実現できなくなるおそれがあるため、知的財産の侵害に係る訴訟の審理における営業秘密の保護等のため、「裁判所法等の一部を改正する法律」により以下のとおり不正競争防止法の一部改正を行った。

①　秘密保持命令の導入

裁判所は、当事者等に対し、準備書面又は証拠に含まれる営業秘密を訴訟の追行の目的以外の目的で使用し、又は開示してはならない旨を命ずることができる旨の規定等を設けた。

②　いわゆるインカメラ審理手続の整備

裁判所は、書類提出命令の審理にあたり、書類の提出を拒む正当な理由があるかどうかについて意見を聴くことが必要であると認めるときは、当事者等に対し、当該書類を開示することができる旨の規定等を設けた。

③　営業秘密が問題となる訴訟における公開停止の要件・手続の規定

特許権等の侵害訴訟において、侵害の有無についての判断の基礎となる事項であって営業秘密に該当するものにつき当事者等が当事者本人又は証人等として尋問を受ける場合について、憲法の認める範囲内で公開停止の要件・手続を明確に規定した。

18 平成17年改正

平成15年改正によって営業秘密侵害に関する刑事罰を導入したものの、その後の東アジア諸国の技術的台頭と刑事罰の隙間を突く手口の増大、退職者を通じた漏えいの実態等を背景として、営業秘密の刑事的保護に関し、さらなる強化を求める声が増大した。また、東アジア諸国を「震源地」とする模倣品・海賊版問題は、ますます深刻化し、刑事的保護や水際措置の弱い不正競争防止法を狙ったような違反案件も増大した。

こうした状況を踏まえ、営業秘密の刑事的な保護の強化、模倣品・海賊版対策の強化及び刑罰の強化のため、以下の改正を行った。

なお、模倣品・海賊版対策を強化すべく、著名表示冒用行為及び商品形態模倣行為に関する刑事罰が設けられたことをも踏まえ、これらの行為及び周知表示の誤認混同行為となる商品が輸入される場合には、被害を受ける者の申立てにより税関において差止めを行うことができるよう、関税定率法の改正が同時に行われた。

① 営業秘密の刑事的保護の強化

不正の競争の目的で、営業秘密を日本国外に持ち出して使用・開示する行為及び在職中の約束に基づき元役員・元従業員が営業秘密を使用・開示する行為を刑事罰の対象とするとともに、営業秘密侵害罪に関する両罰規定を設けた。

② 模倣品・海賊版対策の強化

不正の目的で、他人の著名な商品等表示を使用する行為及び他人の商品の形態を模倣する行為に対して刑事罰を導入するとともに、模倣品についての規定の明確化を図った。

③ 罰則の強化

他の知的財産侵害犯又は刑法上の財産犯との均衡を考慮し、十分な抑止効果が図られるよう、罰則の水準を引き上げ（原則として５年以下の懲役又は500万円以下の罰金）、また懲役と罰金を併科できるようにした。

19　平成17年改正（「会社法の施行に伴う関係法律の整備等に関する法律」による一部改正）

経済社会情勢への対応等の観点から会社に係る各種の制度を抜本的に見直し、商法等の各規定を現代的な表記に改めた上で分かりやすく再編成し、会社法を制定したことに伴い、関係規定の整備を行う必要があったことから、「会社法の施行に伴う関係法律の整備等に関する法律」により営業秘密侵害罪の対象となる役員の範囲を改める不正競争防止法の一部改正を行った。

20　平成18年改正（「意匠法等の一部を改正する法律」による一部改正）

平成17年改正によって商品形態模倣行為等に関する刑事罰を導入したものの、東アジア諸国を「震源地」とする模倣品・海賊版問題は、ますます深刻化し、さらなる保護の強化を求める声が増大した。

こうした状況を踏まえ、営業秘密及び模倣品・海賊版対策の刑事罰の強化のため、「意匠法等の一部を改正する法律」により以下のとおり不正競争防止法の一部改正を行った。

①　営業秘密侵害（及び秘密保持命令違反）の刑事罰の強化

特許権侵害罪や刑法上の財産犯との均衡を考慮し、十分な抑止効果が得られるよう、営業秘密侵害に係る罰則の水準を10年以下の懲役又は1,000万円以下の罰金（秘密保持命令違反は5年以下の懲役又は500万円以下の罰金）に引き上げるとともに、両罰規定についても3億円以下の罰金に引き上げた。

②　模倣品・海賊版対策の刑事罰の強化

商品形態模倣行為罪について、他の知的財産侵害犯との均衡を考慮し、罰則の水準を5年以下の懲役又は500万円以下の罰金に引き上げるとともに、両罰規定についても3億円以下の罰金に引き上げた。

③　法人に対する公訴時効期間の延長

不正競争防止法の犯罪は、類型的には、個人の利得よりも法人の業務を利する意図で犯されることを想定していることから、法人に罰金刑を科する場合における時効の期間は、その元となった罪の時効期間によることを規定した。

21 平成21年改正

平成15年改正によって、営業秘密侵害に関する刑事罰を導入したものの、平成21年改正前の営業秘密侵害罪においては、(1)営業秘密侵害罪が成立するためには「不正の競争の目的」が目的要件であったことから、競争関係の存在を前提としない加害目的や外国政府を利する目的等による営業秘密の不正な使用・開示等がその対象とならない、(2)営業秘密の不正な使用・開示が営業秘密侵害罪の中心的な対象行為と捉えられていたことにより、事業者の内部管理体制上の痕跡から営業秘密が不正に持ち出された事実が明らかであったとしても、その使用・開示は当該事業者の外部で秘密裏に行われるためにその立証が困難であり、被害企業は泣き寝入りを余儀なくされている、などの問題点が存在していた。

このような問題点は、営業秘密の侵害が疑われる事例について、営業秘密侵害罪では立件できなかったことなどによって顕在化することとなり、営業秘密侵害罪の対象範囲の見直しを求める要望が高まった。

こうした状況を踏まえ、企業等が有する営業秘密のより適切な保護を図るため、営業秘密侵害罪の対象範囲を拡大するべく、以下の改正を行った。

① 営業秘密侵害罪の目的要件の変更

改正前の営業秘密侵害罪の目的要件は、「不正の競争の目的で」とされていたが、これを「不正の利益を得る目的で、又はその保有者に損害を加える目的で」(図利加害目的)に改めた。

② 第三者等による営業秘密の不正な取得に対する刑事罰の対象範囲の拡大

改正前の第三者等による営業秘密の不正な取得行為に対する刑事罰の対象は、詐欺等行為又は管理侵害行為により、営業秘密記録媒体等を取得する場合又は営業秘密記録媒体等の記載等の複製を作成する場合という営業秘密の取得方法についての限定がされていたが、このような限定なく、図利加害目的をもって詐欺等行為又は管理侵害行為によって営業秘密を不正に取得する行為一般を刑事罰の対象とした。

③　従業者等による営業秘密の領得自体への刑事罰の導入

改正前の「営業秘密を保有者から示された者」については、営業秘密を不正に持ち出すなどした段階では処罰対象とせず、不正な使用・開示の段階に至って初めて処罰対象としていたが、一定の方法による営業秘密の領得に処罰対象を限定した上で、営業秘密を保有者から示された者が、営業秘密の管理に係る任務に背き、図利加害目的をもって営業秘密を領得する行為を、新たに営業秘密侵害罪の対象とした。

22　平成23年改正

平成11年改正によって、コピーコントロールやアクセスコントロールといった技術的制限手段を無効化する装置等を提供する行為を不正競争とし、民事的救済措置の対象としたが、近年、違法な海賊版ゲームソフト等の使用を可能にする装置等の流通が横行することにより、コンテンツ提供事業者に甚大な被害が生じており、こうした状況を防ぐべく、技術的制限手段に係る規律の強化を図るため、以下の改正を行った。

①　技術的制限手段を無効化する機能以外の機能を有する一定の装置等の提供行為に対しても差止請求等を行い得る環境を整備するため、規制の対象装置等の要件を見直した（「のみ要件」の緩和）。

②　技術的制限手段を無効化する装置等の提供行為に対して、刑事罰を導入した。

また、平成15年改正によって、営業秘密侵害に関する刑事罰を導入し、その後の改正により罰則の適用範囲の拡大、法定刑の引き上げ等の強化を図ってきたところではあるが、平成21年改正時の国会における附帯決議等において、営業秘密侵害罪に係る刑事訴訟手続において営業秘密の内容が公になることを恐れて被害企業が告訴を躊躇する事態が生じていると指摘されており、こうした事態に対処すべく、以下の改正を行った。

①　裁判所は、被害者等の申出に応じて、営業秘密の内容を特定させることとなる事項を公開の法廷で明らかにしない旨の決定（秘匿決定）をすることができるものとした。

②　裁判所は、秘匿決定をした場合には、当該事項につき、呼称等の決定をすることができるものとした。

③　裁判所は、秘匿決定をした場合において、一定の要件が認められるときは、公判期日外において証人等の尋問又は被告人質問をすることができるものとした。

さらに、本改正により条文数が30を超えるとともに、民事及び刑事の両面にわたる実体規定及び手続規定など、内容面でも多岐にわたる事項を規定するに至ったことから、目次及び章名を設けて、全体を6つの章に分けることにより体系的整備を行った。

23　平成24年改正（「不正アクセス行為の禁止等に関する法律の一部を改正する法律」による一部改正）

近年における不正アクセス行為の手口の変化に対応し、その禁止の実効性を確保するため、他人の識別符号を不正に取得する行為等を禁止するほか、不正アクセス行為に係る罰則の法定刑を引き上げる等の措置を講ずるため、関係規定の整備を行う必要があったことから、「不正アクセス行為の禁止等に関する法律の一部を改正する法律」により不正アクセス行為の定義規定の引用条文を改める不正競争防止法の一部改正を行った。

24　平成27年改正

平成２年改正により営業秘密の保護に関する規定が導入されて以来、累次の改正により、営業秘密の保護強化が図られてきたところであるが、昨今、企業の知財戦略としての「オープン＆クローズ戦略」の広まりに伴い、知的財産の秘匿化（営業秘密）の価値が再認識されてきた一方、情報通信技術の高度化等の社会状況の変化を背景として営業秘密侵害の危険性が高まっていること、実際に、近年、大型の営業秘密漏えい事案が顕在化し、営業秘密侵害による損害額も高騰する傾向にあることなどの状況を踏まえ、より実効的な刑事罰による抑止と民事的救済を実現するため、以下の制度改正を行った。

①　刑事上・民事上の保護範囲の拡大

営業秘密の転得者に対する処罰規定の整備（三次取得者以降も処罰の対象）、営業秘密侵害品の流通規制の導入、国外犯処罰の範囲拡大（営業秘密の取得・領得も国外犯の対象）、営業秘密侵害罪の未遂罪の導入を行った。

② 罰則の強化等による抑止力の向上

営業秘密侵害罪の罰金刑の上限の引上げ、営業秘密侵害罪に係る海外重罰規定(注)の導入、犯罪収益の任意的没収・追徴規定の導入、営業秘密侵害罪の非親告罪化を行った。

③ 民事的救済の実効性の向上

民事訴訟における営業秘密の不正使用の事実に係る推定規定の導入、差止請求に係る除斥期間の延長を行った。

(注) 海外重罰規定とは、国外における営業秘密の不正使用行為などの一定の行為について、その他の営業秘密侵害罪に比べて重い法定刑とすることをいう。

25 平成30年改正

第四次産業革命の下、IoTやAIなどの情報技術の革新が目覚ましく進み、企業の競争力の源泉は、データ、その分析方法、これらを活用した製品やビジネスモデルへ移り変わりつつある状況を踏まえ、データの利活用を促進するための環境を整備することとし、「不正競争防止法等の一部を改正する法律」として以下の制度改正を行った。

① 相手方を限定して業として提供するデータ（ID・パスワード等の電磁的方法により管理されているものに限る。）の不正な取得、使用及び開示を不正競争に位置付け、これに対する差止請求権等の民事的救済措置を設ける。

② 暗号等の技術的制限手段について、その効果を妨げる機器の提供等だけでなく、その効果を妨げる役務の提供等も不正競争とする。

③ 書類提出命令における書類の必要性を判断するためのいわゆるインカメラ手続に、専門委員が関与できるようにする。

第２章　我が国法体系上の位置付け

不正競争防止法は、不正競争の防止により、事業者の営業上の利益の保護を図るとともに、これを通じて事業者間の公正な競争の確保を図る法律である。本法の我が国法体系上の位置付けは、以下のとおりである。

1　不法行為法（民法）との関係――不法行為法(注)の特別法

我が国の不法行為法は、損害賠償請求を基本とし、差止請求は原則的に認められていないと解されている。しかし、競争事業者間で行われる不法行為については、事後的な損害賠償請求のみでは救済として不十分であることから、本法により、損害賠償請求権に加えて、特に差止請求権を付与したものである。

また、不法行為法によれば、特定人に対する加害が必要であるが、専ら図利を目的としていて同業者の被害が稀薄な場合は、これが認められない。そこで、本法では、著名表示冒用行為、商品・役務内容等の誤認惹起行為、データの不正使用等の行為、技術的制限手段を無効化する装置等の提供行為など、必ずしも競業者間の行為でなくても、一定の行為基準に反して利益を得る行為を不正競争として捕足した点に意義がある。

（注）　民法第709条「故意又は過失によって他人の権利又は法律上保護される利益を侵害した者は、これによって生じた損害を賠償する責任を負う」。

2　知的財産(注)法との関係――知的財産法の一環

本法は、特許法、商標法等と同様の知的財産法の一環をなすものである。例えば、本法の規定する「不正競争」のうち、混同惹起行為、著名表示冒用行為の規制は商標法とともに表示に化体した営業上の信用を保護するものであり、営業秘密の保護は特許法等とともに人の創作活動を保護するものである。

また、知的財産基本法（第２条第１項）においては、「知的財産」とは「発明、考案、植物の新品種、意匠、著作物その他の人間の創造的活動により生み出されるもの（発見又は解明がされた自然の法則又は現象であって、産業上の利用可能性があるものを含む。）、商標、商号その他事業活動に用いられる商品又は役務を表示するもの及び営業秘密その他の事業活動に有用な技術上又は営業上の情報をいう」としており、「事業活動に用いられる商品又は役務を表示するもの」に該当する商品等表示、「意匠」に該当し得る商品形態、及び「営業秘密」等、不正競争防止法で保護されている利益を「知的財産」に含めており、また、「知的財産権」の定義として（同条第2項）、「特許権、実用新案権、育成者権、意匠権、著作権、商標権その他の知的財産に関して法令により定められた権利又は法律上保護される利益に係る権利をいう」としており、このような知的財産に関して不正競争防止法によって保護される利益に係る権利を知的財産権として認めている。

なお、特許法、商標法等の産業財産権法が客体に権利を付与するという方法（権利創設）により知的財産の保護を図るものであるのに対し、本法は「不正競争」行為を規制するという方法（行為規制）により知的財産の保護を図るものである。

（注）　ここでいう「知的財産」とは、特許法等の産業財産権、著作権等のほか、不正競争防止法上保護すべき利益を含んだ概念である。

3　独占禁止法との関係――競争秩序の確保の一環

本法は、私的独占の禁止及び公正取引の確保に関する法律（独占禁止法）等とともに、競争秩序の維持を図る法律である。

独占禁止法は、カルテル、私的独占、不当な取引制限等の自由競争を制限する行為を禁止するとともに、公正な競争を阻害する行為を不公正な取引方法として禁止し、「公正且つ自由な競争」を促進し、もって「一般消費者の利益を確保する」ことが特徴である。また、不当景品類及び不当表示防止法（景品表示法）も、同様の目的から、商品や役務についての不当な表示等を禁止している。このため、独占禁止法等は、公正取引委員会等による排除措置命令等の行政規制を中心にしながら、同時に、消費者を含め私益の侵害を受けた者にも差止請求等の原告適格を与えている。

これに対して、本法は、「不正競争」の防止を通じて「事業者間の公正な競争を確保する」ことが特徴である。このため、本法は、公益に対する侵害の程度が高いものについては刑事罰の対象とするとともに、私益の侵害にとどまるものについては事業者である当事者間の差止請求、損害賠償請求等の民事的請求に任せており、消費者には原告適格がない。

4 刑法との関係――事業活動に関わる処罰を補完

本法は、「国際商取引における外国公務員に対する贈賄の防止に関する条約」を国内的に実施する法律である。我が国の刑法の贈収賄罪は、我が国公務員の職務の公正とこれに対する国民の信頼を保護法益とするものである。これに対し、同条約によって義務づけられている外国公務員に対する贈賄行為の処罰は、「国際商取引における公正な競争」を確保するという一定の行政目的に基づくものであって、刑法の贈賄罪とは保護法益を異にしており、刑法の贈収賄罪の体系に属するものではない。

また、本法は、平成15年改正により、営業秘密に係る不正競争行為に対する刑事罰を導入した。営業秘密が有体物（財物）に化体している場合にあっては、その不正取得等が刑法上の窃盗罪や横領罪等の対象となる場合があるが、経済社会の情報化等の進展に伴い、営業秘密という情報（無体物）自体を財産的価値のあるものとして営業秘密に対する一定の侵害行為を本法の刑事罰の対象とした。

なお、本法で規定される罰則については、刑法第１条及び第８条の規定により、日本国内で行われた行為を処罰対象としている。ただし、営業秘密侵害罪及び秘密保持命令違反罪、外国公務員不正利益供与罪については、国外犯処罰について特別の規定が設けられている。

5 民事訴訟法との関係――民事訴訟手続の特例

本法には、不法行為法と異なり差止請求権が与えられている。また、他の知的財産権法と同様に、損害額の推定、具体的態様の明示義務、書類提出命令等の民事訴訟手続の特例が定められている。

また、平成16年改正により、営業秘密の民事訴訟上の保護を図るため、証拠調べ等における秘密保持命令等、インカメラ審理手続、当事者尋問等の公開停止（非公開審理）について、規定が設けられている。

さらに、平成27年改正により、営業秘密侵害の被害者の立証負担の軽減を図るため、営業秘密である生産方法等の不正使用行為の推定について、規定が設けられている。

6　刑事訴訟法との関係——刑事訴訟手続の特例

本法には、平成23年改正により、営業秘密侵害罪に係る刑事訴訟手続において営業秘密の保護を図るため、公開の法廷において営業秘密の内容を秘匿するための秘匿決定、呼称等の決定、尋問等の制限、公判期日外の証人尋問等のほか、証拠開示の際の営業秘密の秘匿要請といった刑事訴訟手続の特例が定められている。

第 2 部

逐条解説

第１章　法の構成（目次・章関係）

目次

現行の不正競争防止法は、平成５年にそれまでの不正競争防止法（旧法）の内容を全面的に改める形で制定され、その後、累次部分改正を行い、条文が整備・拡充されてきている。

平成23年改正では、営業秘密侵害罪に係る事件について秘匿決定、公判期日外の証人尋問等の刑事訴訟手続の特例を定める多数の条文が新設された。これに伴い、不正競争防止法の条文数が22箇条から31箇条に増加するとともに、内容面でも、不正競争防止法において規制対象となる行為内容に係る規定、差止請求等の民事的救済に係る規定、不正競争防止法に基づく刑事罰に係る規定に加えて、営業秘密侵害罪に係る刑事訴訟手続に係る規定と、民事及び刑事の両面にわたる実体規定及び手続規定を備えたものとなった。

近年、条文数が30箇条を超えて、内容面でも多岐にわたる法律の場合、章別構成とした上で冒頭に目次を設け、その全体構成が分かるようにしている。不正競争防止法についても同様に、条文を体系的に整理し、内容的に近似するものを六つの章に構成して、それぞれに章名を追加するとともに、冒頭に目次を設けて、分かりやすい法律となるようにした。

さらに、平成27年改正では、営業秘密侵害罪に当たる行為によって得た財産等の任意的没収・追徴に係る規定が設けられたことに伴い、没収に関する手続等の特例（第７章)、没収及び追徴の保全手続に関する規定（第８章)、没収及び追徴の裁判の執行及び保全についての国際共助手続等に関する規定（第９章）が設けられた。

直近の改正は平成30年であり、データの利活用を促進する環境整備として、データの不正な取得、使用及び開示に関する民事的救済に係る規定が創設されるとともに、技術的制限手段に係る不正競争行為について、技術的制限手段を無効化する装置やプログラムの提供行為等に加え、こうした装置等の改造サービス、プログラムの改変サービス等の提供行為が追加されている。

以上を踏まえ、合計で、条文数が42箇条、九つの章から成る法律となった。

第2章　法の目的（第1条関係）

（目的）
第一条　この法律は、事業者間の公正な競争及びこれに関する国際約束の的確な実施を確保するため、不正競争の防止及び不正競争に係る損害賠償に関する措置等を講じ、もって国民経済の健全な発展に寄与することを目的とする。

本法の目的は、不正競争によって営業上の利益を侵害され、又は侵害されるおそれのある者に対し不正競争の停止・予防請求権等を付与することにより不正競争の防止を図るとともに、その営業上の利益が侵害された者の損害賠償に係る措置等を整備することにより、事業者間の公正な競争を確保しようとするものである。

したがって、本法の保護法益は事業者の営業上の利益という私益と、公正な競争秩序という公益である(注1)。この点に関し判例は、不正競争防止法第2条第1項第1号及び第2号における「営業」に関する判示の中で「不正競争防止法は、営業の自由の保障の下で自由競争が行われる取引社会を前提に、経済活動を行う事業者間の競争が自由競争の範囲を逸脱して濫用的に行われ、あるいは、社会全体の公正な競争秩序を破壊するものである場合に、これを不正競争として防止しようとするものにほかならない」としている(注2)。

なお、独占禁止法等も競争秩序の維持に係る法律であるが、独占禁止法は、カルテル、私的独占等の自由競争を制限する行為を禁止するとともに、公正な競争を阻害する行為を不公正な取引方法として禁止し、もって、「公正且つ自由な」競争秩序の維持を図ることを目的とするものである。これに対し、本法は、「公正な」競争の促進を図るものである。この点に関し、法目的達成の手段について、独占禁止法等が公正取引委員会等による排除

[図表２－２－１]　法目的の概念図

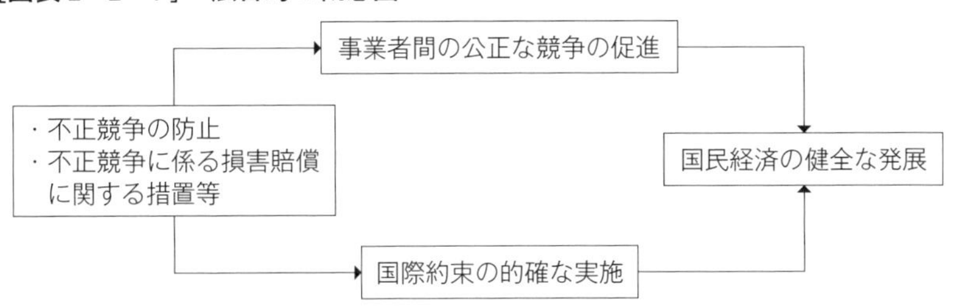

措置命令等の行政規制を中心とするのに対し、本法は公益に対する侵害の程度が高いものについては刑事罰の対象とするとともに、私益の侵害にとどまるものについては事業者間の差止請求、損害賠償請求等の民事的請求に任せるものである。

また、不正競争の防止についてはパリ条約及び同条約の特別取極であるマドリッド協定によってパリ条約同盟国の国際約束(注３)となっており、国際的ハーモナイゼーションの観点を踏まえつつ「不正競争」の防止を図っていく必要性に鑑み、本法はこれらの国際約束の的確な実施を確保することを法目的の一つとして掲げている。特に、本法第16条（外国の国旗等の商業上の使用禁止）、第17条（国際機関の標章の商業上の使用禁止）は、パリ条約、TRIPS協定等の規定を、また、第18条（外国公務員等に対する不正の利益の供与等の禁止）は、国際商取引における外国公務員に対する贈賄の防止に関する条約の規定を実施するため、刑事罰をもって対応している。

（注１）　本条は、平成５年改正により、不正競争防止法の目的を本文のように理解する考え方に立って立法されたものである。しかし、不正競争防止法の目的を、市場に関与する者同士が民事訴訟の手続を通じて競争秩序の維持を図るという公益性の高い側面を持ったものであるとする考え方や消費者利益の保護をも目的とするものであるとする考え方も存在する。議論の詳細については産業構造審議会知的財産政策部会「不正競争防止法の見直しの方向」（平成４年12月中間答申）参照。

（注２）　天理教事件最高裁判決（最判平18.１.20民集60巻１号137頁)。

（注３）「国際約束」とは、国際的な取極である条約や協定等で我が国がその履行

を約束したものを指し、現在においては、パリ条約、マドリッド協定（虚偽の又は誤認を生じさせる原産地表示の防止に関するマドリッド協定）、TRIPS協定、商標法条約及び国際商取引における外国公務員に対する贈賄の防止に関する条約等を意味する。

なお、本法の内容と異なる国際約束を我が国が締結した場合については、法改正、解釈の変更等の措置を当該国際約束の内容に応じて行うことになる。

第３章　不正競争（第２条関係）

第１節　定義規定（第２条第１項柱書・第２項～第11項関係）

1　不正競争（第２条第１項柱書）

（定義）
第二条　この法律において「不正競争」とは、次に掲げるものをいう。

本条第１項は、
①　混同惹起行為（第１号）
②　著名表示冒用行為（第２号）
③　他人の商品の形態を模倣した商品を譲渡等する行為（第３号）
④　営業秘密に係る不正行為（第４号～第10号）
⑤　限定提供データに係る不正行為（第11号～第16号）
⑥　技術的制限手段に対する不正行為（第17号・第18号）
⑦　ドメイン名に係る不正行為（第19号）
⑧　誤認惹起行為（第20号）
⑨　信用毀損行為（第21号）
⑩　代理人等の商標冒用行為（第22号）
を不正競争としている[注]。各号の詳細については、第２節以降で説明を行う。

（注）　いわゆる一般条項の導入の是非については、積極論、消極論の両方の見解が存在するが、平成５年以降の改正にあたっては、旧法以来の限定列挙主義を維持している。

2　不正競争行為に関する定義規定（第2条第2項～第11項）

（定義）
第二条
2　この法律において「商標」とは、商標法第二条第一項に規定する商標をいう。
3　この法律において「標章」とは、商標法第二条第一項に規定する標章をいう。
4　この法律において「商品の形態」とは、需要者が通常の用法に従った使用に際して知覚によって認識することができる商品の外部及び内部の形状並びにその形状に結合した模様、色彩、光沢及び質感をいう。
5　この法律において「模倣する」とは、他人の商品の形態に依拠して、これと実質的に同一の形態の商品を作り出すことをいう。
6　この法律において「営業秘密」とは、秘密として管理されている生産方法、販売方法その他の事業活動に有用な技術上又は営業上の情報であって、公然と知られていないものをいう。
7　この法律において「限定提供データ」とは、業として特定の者に提供する情報として電磁的方法（電子的方法、磁気的方法その他人の知覚によっては認識することができない方法をいう。次項において同じ。）により相当量蓄積され、及び管理されている技術上又は営業上の情報（秘密として管理されているものを除く。）をいう。
8　この法律において「技術的制限手段」とは、電磁的方法により影像若しくは音の視聴、プログラムの実行若しくは情報の処理又は影像、音、プログラムその他の情報の記録を制限する手段であって、視聴等機器（影像若しくは音の視聴、プログラムの実行若しくは情報の処理又は影像、音、プログラムその他の情報の記録のために用いられる機器をいう。以下この項において同じ。）が特定の反応をする信号を記録媒体に記録し、若しくは送信する方式又は視聴等機器が特定の変換を必要とするよう影像、音、プログラムその他の情報を変換して記録媒体に記録し、若しくは送信する方式によるものをいう。

9　この法律において「プログラム」とは、電子計算機に対する指令であって、一の結果を得ることができるように組み合わされたものをいう。
10　この法律において「ドメイン名」とは、インターネットにおいて、個々の電子計算機を識別するために割り当てられる番号、記号又は文字の組合せに対応する文字、番号、記号その他の符号又はこれらの結合をいう。
11　この法律にいう「物」には、プログラムを含むものとする。

本法においては、第２条第１項各号において「不正競争」を定義するとともに、第２条第２項以下に、特に必要な用語についての定義規定が置かれている。

具体的には、「商標」「標章」の語が混同惹起行為（第１号）、著名表示冒用行為（第２号）、ドメイン名に係る不正行為（第19号）、代理人等の商標冒用行為（第22号）、外国の国旗等の商業上の使用禁止（第16条）、及び国際機関の標章の商業上の使用禁止（第17条）の各規定に、「商品の形態」「模倣する」の語が他人の商品の形態を模倣した商品を譲渡等する行為（第３号）に、「営業秘密」の語が営業秘密に係る不正行為（第４号～第10号）に、「限定提供データ」の語が限定提供データに係る不正行為（第11号～第16号）に、「技術的制限手段」「プログラム」の語が技術的制限手段に対する不正行為（第17号・第18号）に、「ドメイン名」の語がドメイン名に係る不正行為（第19号）にそれぞれ用いられている。そこで、各語についての定義規定を設けてそれぞれその意義を明確化することとしている。また、営業秘密侵害品の譲渡等に係る不正競争の定義規定（第２条第１項第10号）、差止請求権（第３条第２項）、損害の額の推定等（第５条第１項）、技術上の秘密を取得した者の当該技術上の秘密を使用する行為等の推定（第５条の２）、具体的態様の明示義務（第６条）、適用除外（第19条第１項第７号）、罰則（第21条第１項第９号）に「物」の語が用いられている。

このうち、「商標」「標章」「営業秘密」は平成５年改正時に、「技術的制限手段」「プログラム」は平成11年改正時に、「ドメイン名」は平成13年改正時に、「物」は平成15年改正時に、「商品の形態」「模倣する」は平成17年改正時に、「限定提供データ」は平成30年改正時にそれぞれ新設されたものである。

1　商標

第2条第2項では、本法における「商標」を商標法第2条第1項に規定する商標、すなわち、人の知覚によって認識することができるもののうち、「標章」であって、次に掲げるものと定義している。

①　業として商品を生産し、証明し、又は譲渡する者がその商品について使用をするもの

②　業として役務を提供し、又は証明する者がその役務について使用をするもの（①に掲げるものを除く。）

2　標章

第2条第3項では、本法における「標章」を商標法第2条第1項に規定する標章、すなわち、「文字、図形、記号、立体的形状若しくは色彩又はこれらの結合、音その他政令で定めるもの」と定義している。

3　商品の形態

第2条第4項では、本法における「商品の形態」について、「需要者が通常の用法に従った使用に際して知覚によって認識することができる商品の外部及び内部の形状並びにその形状に結合した模様、色彩、光沢及び質感」と定義している。平成17年改正前においては、「商品の形態」に関して明確な定義を設けておらず規定が不明確であるとの指摘がされていたことから、判例の蓄積等を踏まえて文言の明確化を図るため、第5項と同様に定義規定を設けることとした。

「知覚」とは視覚及び触覚をいう。

商品の形状は、外部の形状のみならず内部の形状も含む。もっとも商品の形態は「需要者が通常の用法に従った使用に際して知覚によって認識することができる」ものでなければならないため、肉眼で見えないような微細な内部構造は「商品の形態」には含まれず、内部の形状については、商品の通常の使用に際して需要者に外部から容易に認識され、需要者に注目される場合に「商品の形態」に該当する[注1]。

「商品の形態」の実質的同一性は商品全体について判断されるため、外部の形状に実質的同一性が認められない場合には、内部の形状のみをもって保護を受けることはできない。

「模様、色彩、光沢及び質感」も「形状に結合した」ものであれば「商品の形態」に含まれるため、立体的形態だけでなく平面的形態も含まれる[注２]。また、「質感」とは、その材料が本来持っている性質の違いから受ける印象や触感をいう[注３]。なお、「商品の形態」は有体物の形態でなければならず、無体物は含まれない[注４]。

また、商品の容器・包装に関しては、商品自体と結合して一体となっていて、商品自体と容易には切り離しえない態様で結びついている場合には、「商品の形態」に含まれると解し得る[注５]し、商品の部品の形態についても、その部品自体が「独立に取引の対象となっている場合」には、「商品の形態」として保護が及ぶ[注６]。さらに、商品の組合せについても、「商品の形態」として保護される場合がある[注７]。

なお、ありふれた商品形態は、特定の者に専用させるべきではないため、このような商品形態を模倣しても不正競争にならない[注８][注９]。また、「商品の形態」には、単なる商品のアイデアや、外観の態様に影響を与えない商品の機能それ自体は含まれない[注10]。

（注１）　商品の内部構造については、需要者に容易に認識され、需要者が注目する商品の場合に「商品の形態」に含めて理解している判例として小型ショルダーバッグ（甲）事件（東京地判平13.1.30最高裁HP）、エアソフトガン・カスタムパーツ事件東京高裁判決（東京高判平14.１.31判時1815号123頁）。一方、内部構造について、外観に顕れない内部構造にとどまる限りは「商品の形態」に当たらないとして商品の形態であることを否定した裁判例としてはドレンホース事件（大阪地判平８.11.28知裁集28巻４号720頁）。

（注２）　カレンダー（SUPER COLOR JUNBO）事件（大阪地判平12.10.24最高裁HP）では、被告カレンダー商品は、原告のカレンダー商品の形態を模倣したものであるとした。

（注３）　ヌーブラ事件（大阪地判平17.９.８判時1927号134頁、同控訴審大阪高判平18.４.19最高裁HP）では、外観上の基本的な形態が同一のブラジャーについて、カップ部分の質感や艶の相違は、決して些細なものとはいえないとして、商品の形態の実質的同一性を否定している。

（注4）　読売オンラインニュース事件（知財高判平17.10.6最高裁HP）では、オンラインニュース記事見出しの商品形態該当性を否定した。

（注5）　ホーキンスサンダル保全異議申立事件（大阪地決平8.3.29知裁集28巻1号140頁）。「『商品の形態』は、通常、商品自体の形状、模様、色彩等を意味し、当該商品の容器、包装等や商品に付された商品説明書の類は当然には含まれないというべきであるが、商品の容器、包装等や商品説明書の類も、商品自体と一体となっていて、商品自体と容易には切り離しえない態様で結びついている場合には、右にいう『商品の形態』に含まれるというべきである」とした事例。

（注6）　もっとも、部品の形状が「商品の機能を確保するために不可欠な形態」（第2条第1項第3号）である場合に該当する場合には保護されない。

（注7）　タオルセット事件（大阪地判平10.9.10知裁集30巻3号501頁）、寿司百花事件（東京地判平13.9.6判時1804号117頁）。

（注8）　ピアス孔用保護具事件（東京地判平9.3.7判時1613号134頁）。その他、「ありふれた形態」（平成17年改正前は「同種の商品が通常有する形態」）の該当性が争われた事例としては、ノースリーブ型カットソー事件控訴審（知財高判平17.12.5最高裁HP）、カスタマイズドール事件（東京地判平24.11.29最高裁HP）、コイル状ストラップ付きタッチペン事件（東京地判平24.12.25判タ1407号308頁）、シュエッティーベア事件（大阪地判平26.8.21最高裁HP）など。

（注9）　商品の外装がありふれた形態とされた事案として、青汁包装事件（知財高判平28.10.31最高裁HP）、美容フェイスマスク事件（知財高判平28.12.22最高裁HP、東京地判平28.7.19判時2319号106頁）等がある。

（注10）　サンドおむすび牛焼肉事件（東京高判平12.11.29最高裁HP）、パレオ付きパンツ事件（知財高判平17.11.10最高裁HP）。

4　模倣

第5項では、本法における「模倣する」について、「他人の商品の形態に依拠して、これと実質的に同一の形態の商品を作り出すこと」と定義している。同項は、第4項と同様に、平成17年改正により設けられたものである(注1)。

「模倣」といえるためには、①他人の商品の形態に依拠すること及び②実質的に同一の形態の商品を作り出すこと、が要件となる(注2)。

⑴　他人の商品の形態に依拠

独自に創作した場合には、他人の商品の形態に依拠していないため、実質的に同一であったとしても「模倣」にはならない(注３)。

⑵　実質的に同一

実質的同一性は、同種の商品間における商品の形態を比較し、商品の形態全体から見て重要な意味を有する部分（独自的要素の部分）が実質的に同一であるかどうかによって判断される（対比観察、全体観察）。

形態に改変がある場合には、改変の着想の難易、改変の内容・程度、改変による形態的効果等を総合的に判断して、当該改変によって相応の形態上の特徴がもたらされているか否かを基準とする(注４)。

（注１）　前述３のとおり、平成５年改正において商品形態を模倣した商品を譲渡等する行為が不正競争として規定された際に、「模倣」に関して明確な定義を設けておらず規定が不明確であるとの指摘がされていたことから、判例の蓄積を踏まえて文言の明確化を図るため、定義規定を設けることとした。

（注２）「模倣」の意義について言及した裁判例として、ドラゴンキーホルダー事件（東京高判平10.２.26知裁集30巻１号65頁）がある。同事件では、「不正競争防止法２条１項３号にいう『模倣』とは、既に存在する他人の商品の形態をまねてこれと同一又は実質的に同一の形態の商品を作り出すことをいい、客観的には、他人の商品と作り出された商品を対比して観察した場合に、形態が同一であるか実質的に同一といえる程に酷似していることを要し、主観的には、当該他人の商品形態を知り、これを形態が同一であるか実質的に同一といえる程に酷似した形態の商品と客観的に評価される形態の商品を作り出すことを認識していることを要するものである。ここで、作り出された商品の形態が既に存在する他人の商品の形態と相違するところがあっても、その相違がわずかな改変に基づくものであって、酷似しているものと評価できるような場合には、実質的に同一の形態であるというべきであるが、当該改変の着想の難易、改変の内容・程度、改変による形態的効果等を総合的に判断して、当該改変によって相応の形態上の特徴がもたらされ、既に存在する他人の商品の形態と酷似しているものと評価できないような場合には、実質的に同一の形態とはいえないものというべきである」と判示された。

（注３）　仏壇事件（大阪地判平10.８.27判例集未登載）は、原告と被告の商品の形態について実質的同一性が認められた場合には、特段の反証がない限り依拠して模倣したことが認められるとした。

他方、実質的同一性が肯定されても、被告が同じ形態的特徴を備えた被告先行商品を製造販売している場合において、依拠性を推認するのは相当でないとしたものとして、衣服デザイン模倣事件（東京地判平19．７．17最高裁HP、知財高判平20．１．17最高裁HP）がある。

なお、著作権法では、「複製」の意義を次のように解している。すなわち、「著作物の複製とは、既存の著作物に依拠し、その内容及び形式を覚知させるに足りるものを再製することをいうと解すべきであるから、既存の著作物と同一性のある作品が作成されても、それが既存の著作物に依拠して再製されたものでないときは、その複製をしたことにはあたらず、著作権侵害の問題を生ずる余地はない」（ワン・レイニー・ナイト・イン・トーキョー事件（最判昭53．９．７民集32巻６号1145頁））。

（注４）　原告と被告の商品について色彩が異なる場合においても実質的同一性を認めた事例として、たまごっち事件（東京地判平10．２．25判タ973号238頁）、小型ショルダーバッグ（乙）事件（東京高判平13．９．26判時1770号136頁）がある。前掲３（注７）タオルセット事件（大阪地判平10．９．10知裁集30巻３号501頁）、腕時計事件（東京地判平11．６．29判時1692号129頁）、トリートメント・イオンブラシ事件（大阪高判平16．７．30最高裁HP）も全体的な同一性が認められた。

実質的同一性を否定した事例として、前掲（注２）ドラゴンキーホルダー事件（東京高判平10．２．26知裁集30巻１号65頁）、いかなご用容器事件（大阪地判平12．６．22最高裁HP）がある。また、質感や艶の違いを理由に実質的同一性を否定した前掲３（注３）ヌーブラ事件（大阪地判平17．９．８判時1927号134頁、大阪高判平18．４．19最高裁HP）がある。

5　営業秘密

第２条第６項では、本法における「営業秘密」について、「秘密として管理されている生産方法、販売方法その他の事業活動に有用な技術上又は営業上の情報であって、公然と知られていないもの」と定義している。

ここで定義されている三要件、すなわち、

①　秘密として管理されていること（秘密管理性）

②　事業活動に有用な技術上又は営業上の情報であること（有用性）

③　公然と知られていないこと（非公知性）

については、平成２年改正でこの定義が導入されて以降変更されていない。

⑴　秘密管理性（秘密として管理されている）

「秘密として管理されている」という秘密管理性要件の趣旨は、事業者が秘密として管理しようとする対象（情報の範囲）が従業員や取引先（従業員等）に対して明確化されることによって、従業員等の予見可能性、ひいては、経済活動の安定性を確保することにある。

したがって、営業秘密を保有する事業者（営業秘密保有者）が当該情報を秘密であると単に主観的に認識しているだけでは十分ではなく、保有者の秘密管理意思（特定の情報を秘密として管理しようする意思）が、保有者が実施する具体的状況に応じた経済合理的な秘密管理措置によって従業員等に対して明確に示され、当該秘密管理意思に対する従業員等の認識可能性が確保される必要がある[注１]。

例えば、紙媒体であれば、ファイルの利用等により、一般情報からの区分を行った上で、当該文書に「マル秘」などの秘密表示をすることなどが考えられる。電子媒体の場合には、USBメモリやCD-R等の記録媒体への「マル秘」表示の貼付や、電子データのヘッダー等への「マル秘」の付記、又は当該電子媒体の格納場所へのアクセス制限といった措置が考えられる。また、従業者の頭の中に記憶されている情報など媒体が利用されない形の情報であっても、事業者が営業秘密となる情報のカテゴリーをリスト化することや、営業秘密となる情報を具体的に文書等に記載することといった秘密管理措置を通じて、従業員等の認識可能性が担保される限りにおいて「営業秘密」に該当し得る。

なお、どの程度の秘密管理措置が必要になるかについて、過去の裁判例においても、実際に講じられていた具体的な秘密管理措置については、当該情報の性質、保有形態、情報を保有する企業等の規模等の諸般の事情を総合考慮し、合理性のある秘密管理措置が実施されていたか否かという観点から判断を行っているものと考えられる。

経済産業省では、事業者が保有する情報につき、本法の「営業秘密」として差止請求等の法的保護を受けるために必要となる最低限の水準の対策を示すものとして、「営業秘密管理指針」を策定（平成27年１月全部改訂し平成31年１月に一部改訂を行っている[注２]。）しているので適宜参照されたい。

なお、営業秘密管理指針の平成27年の全部改訂においては、秘密管理性要件における「アクセス制限」の考え方について以下の整理を行った。

秘密管理性要件については、従来、①情報にアクセスできる者が制限されていること（アクセス制限）、②情報にアクセスした者に当該情報が営業秘密であることが認識できるようにされていること（客観的認識可能性）の二つが判断の要素になると説明してきた。しかしながら、両者は秘密管理性の有無を判断する重要なファクターであるが、それぞれ別個独立した要件ではなく、「アクセス制限」は「認識可能性」を担保する一つの手段であると考えられる（注3）。したがって、情報にアクセスした者が秘密であると認識できる（「認識可能性」を満たす）場合に、十分なアクセス制限が無いことのみを根拠に秘密管理性が否定されることはない。そこで、「営業秘密管理指針」においては、従来用いてきた「アクセス制限」という用語は用いず、アクセス制限も含む用語として、「秘密管理措置」という用語を用いている。

平成31年改訂では、ビッグデータ、AIの活用といった第四次産業革命の進展を背景に、営業秘密の三要件に該当するための管理の在り方等について追加等が行われた。

（注1）　ベネッセ顧客情報漏えい事件（東京高判平29. 3 .21判タ1443号80頁）では、「不正競争防止法2条6項が保護されるべき営業秘密に秘密管理性を要件とした趣旨は、営業秘密として保護の対象となる情報とそうでない情報とが明確に区別されていなければ、事業者が保有する情報に接した者にとって、当該情報を使用等することが許されるか否かを予測することが困難となり、その結果、情報の自由な利用を阻害することになるからである。そうすると、当該情報が秘密として管理されているというためには、当該情報に関して、その保有者が主観的に秘密にしておく意思を有しているだけでなく、当該情報にアクセスした従業員や外部者に、当該情報が秘密であることが十分に認識できるようにされていることが重要であり、そのためには、当該情報にアクセスできる者を制限するなど、保有者が当該情報を合理的な方法で管理していることが必要とされるのである。」と判示している。

（注2）　経済産業省「営業秘密管理指針」（https://www.meti.go.jp/policy/economy/chizai/chiteki/guideline/h31ts.pdf）。

（注3）　前掲（注1）ベネッセ顧客情報漏えい事件では、「原判決は、〔2〕当該情報にアクセスした者につき、それが管理されている秘密情報であると客観

的に認識することが可能であることと並んで、〔１〕当該情報にアクセスできる者を制限するなど、当該情報の秘密保持のために必要な合理的管理方法がとられていることを秘密管理性の要件とするかのような判示をしている。しかしながら、上記の不正競争防止法の趣旨からすれば、〔２〕の客観的認識可能性こそが重要であって、〔１〕の点は秘密管理性の有無を判断する上で重要な要素となるものではあるが、〔２〕と独立の要件とみるのは相当でない。」と判示された。

⑵　有用性（生産方法、販売方法その他の事業活動に有用な技術上又は営業上の情報）

「生産方法、販売方法その他の事業活動に有用な技術上又は営業上の情報」としては、具体的には製品の設計図・製法、顧客名簿、販売マニュアル、仕入先リスト等が挙げられる。ここでいうところの「有用な」とは、財やサービスの生産、販売、研究開発に役立つなど事業活動にとって有用であることを意味する(注１)。「有用性」の要件を満たすためには、当該情報が現に事業活動に使用・利用されていることを要するものではないが、当該情報自身が事業活動に使用・利用されていたり、又は、使用・利用されることによって費用の節約、経営効率の改善等に役立つことが必要である。この「有用性」は営業秘密保有者の主観によって決められるものではなく、客観的に判断される。

また、過去に失敗した実験データ等についても、当該情報を利用して不必要な研究開発費用の投資を回避・節約できる等の意味で有用性が認められる場合には、ここでいう「有用性」を持つ情報に該当するものと考えられる。

一方、企業の脱税、有害物質の垂れ流し、禁制品の製造、内外の公務員に対する賄賂の提供等といった、反社会的な行為は、法文上明示されてはいないが、法が保護すべき「正当な事業活動」とは考えられず、そうした反社会的な行為に係る情報は事業活動に有用な情報であるとはいえないので、営業秘密には該当しないものと考えられる(注２)。

つまり、「有用性」の要件は、公序良俗に反する内容の情報（脱税や有害物質の垂れ流し等の反社会的な情報）など、秘密として法律上保護されることに正当な利益が乏しい情報を営業秘密の範囲から除外した上で、広い意味で商業的価値が認められる情報を保護することに主眼があるといえる。

（注１）　公共土木工事単価情報事件（東京地判平14．２．14最高裁HP）。

（注２）　前掲（注１）公共土木工事単価情報事件では、「法の趣旨からすれば、犯罪の手口や脱税の方法等を教示し、あるいは麻薬・覚せい剤等の禁制品の製造方法や入手方法を示す情報のような公序良俗に反する内容の情報は、法的な保護の対象に値しないものとして、営業秘密としての保護を受けないものと解すべきである」として、公共土木工事設計単価に係る単価表の単価等の情報のうち非公開とされているものについて、「本件情報は、地方公共団体の実施する公共土木工事につき、公正な入札手続を通じて適正な受注価格が形成されることを妨げるものであり、企業間の公正な競争と地方財政の適正な運用という公共の利益に反する性質を有するものと認められる」から、「法的保護に値するものということができず、不正競争防止法にいう『営業秘密』に該当しない」とした。加えて、「本件情報を含む本来非公開の公共土木工事に係る資材単価等のデータであるが、これらの情報が不正競争防止法上の営業秘密に該当せず、不法行為法において保護されるべき利益を有するものとも認められない……このように法的保護に値せず、かえって公共の利益に反する内容の情報については、これを秘密として保持する旨の契約をしても公序良俗に反するものとして、契約当事者はその内容に拘束されないと解するのが相当である（民法第90条）」と判示された。

⑶　非公知性（公然と知られていないもの）

「非公知性」が認められるためには、一般的には知られておらず、又は容易に知ることができないことが必要である。

「公然と知られていない」状態とは、具体的には、当該情報が合理的な努力の範囲内で入手可能な刊行物に記載されていない等、営業秘密保有者の管理下以外では一般的に入手することができない状態[注]である。

営業秘密における非公知性要件は、発明の新規性の判断における「公然知られた発明」（特許法第29条）の解釈と一致するわけではない。特許法の解釈では、特定の者しか当該情報を知らない場合であっても当該者に守秘義務がない場合は特許法上の公知となり得るが、営業秘密における非公知性では、特定の者が事実上秘密を維持していれば、なお非公知と考えることができる場合がある。また、営業秘密保有者以外の第三者が同種の営業秘密を独立に開発した場合、当該第三者が秘密に管理していれば、なお非公知である。

また、当該情報が実は外国の刊行物に過去に記載されていたような状況であっても、当該情報の管理地においてその事実が知られておらず、その取得に時間的・資金的に相当のコストを要する場合には、非公知性はなお認められ得る。もちろん、そのようなコストを投じて第三者が現に当該営業秘密を取得又は開発した上で当該情報の管理地において公開等を行い、「公然と知られている」状態となれば、非公知性は喪失することになる。

なお、「営業秘密」とは、様々な知見を組み合わせて一つの情報を構成していることが通常であるが、ある情報の断片が様々な刊行物に掲載されており、その断片を集めてきた場合、当該営業秘密たる情報に近い情報が再構成され得るからといって、そのことをもって直ちに非公知性が否定されるわけではない。なぜなら、その断片に反する情報等も複数あり得る中、どの情報をどう組み合わせるかといったこと自体に有用性があり営業秘密たり得るからである。複数の情報の総体としての情報については、組合わせの容易性、取得に要する時間や資金等のコスト等を考慮し、営業秘密保有者の管理下以外で一般的に入手できるかどうかによって判断することになる。

（注）　リバースエンジニアリングによって得られる情報の非公知性については、裁判上は、その困難性によって該否が判断されている。例えば、セラミックコンデンサー事件（大阪地判平15．2．27最高裁HP）では、原告のセラミックコンデンサー積層機及び印刷機の設計図（合計約6,000枚）に係る情報の非公知性について、「原告のセラミックコンデンサー積層機及び印刷機のリバースエンジニアリングによって、本件電子データと同じ情報を得るのは困難であるものと考えられ、また、仮にリバースエンジニアリングによって本件電子データに近い情報を得ようとすれば、専門家により、多額の費用をかけ、長時間にわたって分析することが必要であるものと推認される。したがって、本件電子データは、原告のセラミックコンデンサー積層機及び印刷機の相当台数が秘密保持契約なしに販売されたことによって公知になったとはいえない。」と判示された。

6　限定提供データ

第2条第7項では、本法における「限定提供データ」について、「業として特定の者に提供する情報として電磁的方法（電子的方法、磁気的方法その他人の知覚によっては認識することができない方法をいう……。）により相当量蓄積され、及び管理されている技術上又は営業上の情報（秘密として管理されているものを除く。）」と定義している。

(1)　限定提供性（業として特定の者に提供する）

「限定提供データ」は、ビッグデータ等を念頭に、商品として広く提供されるデータや、コンソーシアム内で共有されるデータなど、事業者が取引等を通じて第三者に提供する情報を想定している。このため、限定提供性要件の趣旨は、一定の条件の下で相手方を特定して提供されるデータを対象とすることにある。

「業として」とは、限定提供データ保有者が、限定提供データを反復継続的に提供している場合、又はまだ実際に提供していない場合であっても、反復継続して提供する意思が認められるものであれば本要件に該当する。

例えば、限定提供データ保有者が繰り返しデータ提供を行っている場合、各人に１回ずつ複数者に提供している場合等が考えられる。

また、相手方を特定・限定せずに無償で広く提供されているデータは対象とならない（第19条第１項第８号ロ）。

「特定の者」とは、一定の条件の下でデータ提供を受ける者を指す。特定されていれば、実際にデータ提供を受けている者の数の多寡に関係なく本要件を満たすと考えられる。

例えば、会費を払えば誰でも提供を受けられるデータについて、会費を払って提供を受ける者が該当する。

(2)　相当蓄積性（電磁的方法……により相当量蓄積され）

「相当蓄積性」の要件の趣旨は、ビッグデータ等を念頭に、有用性を有する程度に蓄積している電子データを保護対象とすることにある。なお、「電磁的方法」の要件は、対象とする電子データの特性に鑑み、規定されたものである。

「相当量」は、個々のデータの性質に応じて判断されることとなるが、社会通念上、電磁的方法によって蓄積されることによって価値を有するものが該当する。その判断に当たっては、当該データが電磁的方法により生み出される付加価値、利活用の可能性、取引価格、収集・解析に当たって投じられた労力・時間・費用等が勘案されるものと考えられる。

なお、保有者が管理しているデータの一部が提供されることがあり得るが、その一部について、蓄積されることで生み出される付加価値、利活用の可能性、取引価格、収集・解析に当たって投じられた労力・時間・費用等を勘案し、それにより当該一部について蓄積され、価値が生じている場合は、相当蓄積性があるものと判断される。

例えば、携帯電話の位置情報を全国エリアで蓄積している事業者が、特定エリア単位で抽出し販売している場合、その特定エリア分のデータについても、電磁的方法により蓄積されていることによって取引上の価値を有していると考えられるものは相当蓄積性を満たすと考えられる。

(3)　電磁的管理性（電磁的方法により……管理され）

「電磁的管理性」要件の趣旨は、第２条第７項において「特定の者に提供する情報として電磁的方法により……管理され」と規定しているとおり、限定提供データ保有者がデータを提供する際に、特定の者に対して提供するものとして管理する意思が、外部に対して明確化されることによって、特定の者以外の第三者の予見可能性や、経済活動の安定性を確保することにある。

電磁的管理性を満たす具体的な措置は、企業の規模・業態、データの性質やその他の事情によって異なるが、第三者が一般的にかつ容易に認識できる管理である必要がある。対応する措置としては、限定提供データ保有者と、当該保有者から提供を受けた者（特定の者）以外の者がデータにアクセスできないようにする措置、つまりアクセスを制限する技術が施されていることが必要である。

アクセス制限は、通常、ユーザーの認証により行われ、構成要素として、ID・パスワード（Something You Know）、ICカード・特定の端末機器・トークン（Something You Have）、生体情報（Something You Are）などが用いられる（データを暗号化する場合は、暗号化されたデータがユーザーの認証を行った後に復号されるというように、特定の者のみがアクセスできる措置として講じられている場合がこれに該当する。）。また、専用回線による伝送も同様にアクセスを制限する技術に該当するものと考えられる。

(4)　技術上又は営業上の情報

「技術上又は営業上の情報」には、利活用されている（又は利活用が期待される）情報が広く該当する。具体的には、「技術上の情報」として、地図データ(注1)、機械の稼働データ、AI技術(注2)を利用したソフトウェアの開発（学習）用のデータセット（学習用データセット）(注3)や当該学習から得られる学習済みモデル(注4)等の情報が、「営業上の情報」として、消費動向データ、市場調査データ等の情報があげられる。

一方、違法な情報や、これと同視し得る公序良俗に反する有害な情報については、不正競争防止法上明示されてはいないが、法の目的（「事業者間の公正な競争の確保」、「国民経済の健全な発展への寄与」）を踏まえれば、保護の対象となる技術上又は営業上の情報には該当しないものと考えられる。

さらに、差止請求（第3条）及び損害賠償請求（第4条）の請求権者は、「営業上の利益が侵害された者」や「侵害されるおそれがある者」とされていることから、公序良俗に反する情報等を提供する者は、不正競争防止法の法目的に照らし、営業上の利益を侵害される者や侵害されるおそれがある者には該当しない。

（注1）　ここでいう「データ」には、テキスト、画像、音声、映像等が含まれる。

（注2）　経済産業省「AI・データの利用に関する契約ガイドライン—AI編—(平成30年6月)」（以下「AIガイドライン」という。）(https://www.meti.go.jp/press/2018/06/20180615001/20180615001-3.pdf) と同様に、本逐条における「AI技術」は、機械学習、又はそれに関連する一連のソフトウェア技術のいずれかを意味するものとする。なお、AIガイドラインでは、「機械学習」は、「あるデータの中から一定の規則を発見し、その規則に基づいて未知のデータに対する推測・予測等を実現する学習手法の一つである。」と説明されている。

（注3）　生データに対して、欠測値や外れ値の除去等の前処理や、ラベル情報（正解データ）等の別個のデータの付加等、あるいはこれらを組み合わせて、変換・加工処理を施すことによって、対象とする学習の手法による解析を容易にするために生成された二次的な加工データをいう（AIガイドラインより）。

（注4）　学習済みパラメータ（学習用データセットを用いた学習の結果、得られたパラメータ（係数）をいう。）が組み込まれた「推論プログラム」をいう（AI

ガイドラインより）。

⑸　秘密として管理されているものを除く

「秘密として管理されている」（秘密管理性）とは、「営業秘密」（第２条第６項）の要件である。「営業秘密」は、事業者が秘密として管理する情報である一方、「限定提供データ」は、一定の条件を満たす特定の外部者に提供することを目的とする情報である。

本規定の趣旨は、このような「営業秘密」と「限定提供データ」の違いに着目し、両者の重複を避けるため、「営業秘密」を特徴づける「秘密として管理されているもの」を「限定提供データ」から除外することにある。

秘密管理性は、「営業秘密保有企業の秘密管理意思が秘密管理措置によって従業員等に対して明確に示され、当該秘密管理意思に対する従業員等の認識可能性が確保される必要がある[注1]。」とされ、当該要件が満たされるためには少なくとも営業秘密保有者に秘密として管理する意思があることが必要である。限定提供データについても、ID・パスワード等による電磁的管理、提供先に対する「第三者開示禁止[注2]」の義務を課す等の措置が行われる場合がありうる。しかし、これらの措置が対価を確実に得ること等を目的とするものにとどまり、その目的が満たされる限り誰にデータが知られてもよいという方針の下で施されている場合には、これらの措置は、秘密として管理する意思に基づくものではなく、当該意思が客観的に認識できるものでもない。したがって、そのような場合には、第２条第７項の限定提供データの定義に規定される「秘密として管理されているものを除く」の「秘密として管理されている」ものには該当しないと考えられる。

（注１）　前掲５⑴（注２）営業秘密管理指針から引用。

（注２）　限定提供データの提供に係る契約書等においては、「第三者提供禁止」等、「開示」とは異なる用語で規定されている場合もある。

７　技術的制限手段

WIPO著作権条約（著作権に関する世界知的所有権機関条約、WCT）とWIPO実演・レコード条約（実演及びレコードに関する世界知的所有権機関条約、WPPT）が「著作権等を保護するための効果的な技術的手段に対する適当な法的保護」[注1]を加盟各国に義務づけていたことから、著作権法及び本法を改正して、当該義務を履行することとなったものである(注2)(注3)(注4)。

音楽、映像、写真、ゲーム等のコンテンツの視聴又は記録を制限する手段としては、一定の対価を支払う者に限りその視聴を物理的に可能とする方法（例：映画館での入場料徴収、プレミアム本の店頭陳列時の袋とじ）も考えられるが、現状においては電磁的方法（電子的方法、磁気的方法その他の人の知覚により認識しえない方法）が用いられるのが通常である。

平成11年改正において技術的制限手段に対する不正行為を規定する際に、現に商用化されている、又は将来、合理的に出現が想定される技術の基本的な仕組みについてその手段の使用態様の面から整理したところ、概ね次の二通りに整理することが可能であった。

① コンテンツの視聴（プログラムについては、実行）又は記録を一律に制限するために、そのコンテンツとともに記録媒体に記録又は送信される信号に視聴又は記録に用いられる機器が反応する方式(注5)(注6)。

② 特定の者に限り、コンテンツの視聴又は記録を可能とするために、そのコンテンツを一定のルールで変換する方式、又はそのコンテンツとともに記録媒体に記録された信号に視聴又は記録に用いられる機器が反応する方式(注7)。

そこで、上記二通りの使用態様に即して、技術的制限手段が規定された。

その後、技術の進展に伴い、「影像」、「音」又は「プログラム」のいずれにも該当しない「情報」の分析等を制限するために施された技術的制限手段の効果を妨げる機能を有する装置等の提供等が行われている事例もみられるようになった。そのため、他者の成果の冒用を適切に防止する必要があることから、「情報（電磁的記録（電子的方式、磁気的方式その他人の知覚によっては認識することができない方式で作られる記録であって、電子計算機による情報処理の用に供されるものをいう。）に記録されたものに限る……。）」を保護対象に加えるべく、平成30年改正において「情報の処理」及び「情報の記録」を制限する技術的手段を新たに技術的制限手段の定義に追加した（第2条第1項第17号）。

また、同改正において、改正前の規定のうち、「特定の反応をする信号を影像、音若しくはプログラムとともに記録媒体に記録し、若しくは送信する」の解釈について、信号がコンテンツ等と“同時に”記録又は送信されることが必要なのか、いわゆるアクティベーション方式（ユーザーがソフトウェアをダウンロードする際に、ソフトウェアが未認証の状態であれば、使用期間や機能にロックがかかる。その後ユーザーが課金の支払い等を行い正規のユーザーとして認証された後に電子メール等で送信されてくるシリアル番号等を決まった方式で入力することで、認証がなされ、ソフトウェアの使用が可能となる方式をいう。）のように一定の時間差が許容されるかが明らかではなかったところ、この点については、裁判実務においても、疑義が呈されていたことを受け、明確化のために当該記載を削除する改正を行った(注８)。

（注１）　WIPO著作権条約11条では、以下のように規定されている。

Contracting Parties shall provide adequate legal protection and effective legal remedies against the circumvention of effective technological measures that are used by authors in connection with the exercise of their rights under this Treaty or the Berne Convention and that restrict acts, in respect of their works, which are not authorized by the authors concerned or permitted by law.

（注２）　文化庁長官官房著作権課内著作権法令研究会＝通商産業省知的財産政策室編『著作権法・不正競争防止法改正解説』ⅰ〜ⅲ頁（有斐閣、1999年）〔序文・中山信弘〕。

（注３）　平成11年３月24日の第145回国会参議院本会議において、不正競争防止法の一部を改正する法律案の提案理由として、「近年、音楽、映像、ゲームソフト等をデジタル化し、インターネットやDVDなどを用いてさまざまな形態で販売する事業、いわゆるコンテンツ提供事業が著しく発展しており……、消費者の多様なニーズに対応するものであり、……無断視聴や無断コピーを制限するための技術的制限手段……を妨害する装置やプログラムが広く販売されることとなりますと、正当な事業収益を得られないなど、事業としての存立基盤が危うくなる懸念があります。……コンテンツ提供事業における公正な競争を確保するため、こうした装置やプログラムの譲渡などの行為を不正競争とし、差しとめ（ママ）請求などの対象とすることが必要であります。」と述べられ、また、要旨として、①コンテンツ提供事業における公正な競争を確保するため、料金徴収などのため営業上用いられる技術的制限手段により制限されている影像や音の視聴あるいは記録を可能としてしまう装置あるいはプログラムの譲渡などの行為を不正競争行為として差止請求などの対象とし、②技術的制限手段に関する研究開発を抑制しない

ため、技術的制限手段の試験又は研究のために用いられる影像や音の視聴あるいは記録を可能としてしまう装置あるいはプログラムの譲渡などの行為については、本法の規定を適用しないこととした、との説明がなされた。

（注4）　米国著作権法では、第1201条(a)(1)及び(2)に規定。

EUでは、EC情報社会指令（DIRECTIVE 2001/29/EC OF THE EUROPEAN PARLIAMENT AND OF THE COUNCIL of 22 May 2001 on the harmonisation of certain aspects of copyright and related rights in the information society）に規定（Chapter Ⅲ, Article 6，3において、technological measuresが定義されている。）され、また、同指令6条の技術的手段の保護を補充する規定として、条件付きアクセス指令（Directive 98/84/EC of the European Parliament and of the Council of 20 November 1998 on the legal protection of services based on, or consisting of, conditional access）がある。

（注5）　具体的には、以下の方式が該当する。

○　音楽、映像等のコンテンツが記録部分に伝送されることを止める（SCMS, CGMS）

○　真正なデータを伝送せず、雑音を入れる（不完全な複製を作る；マクロビジョン）

○　無許諾記録物が視聴のための機器にセットされても、機器が動かない（ゲーム）

（注6）　ここで「記録」とは、影像、音、プログラムその他の情報を記録媒体に固定させることを指す（後述第7節②1(5)記載のとおり。）。

（注7）　具体的には、有料放送における放送番組のスクランブル（暗号化）などが挙げられる。

（注8）　大阪地判平28.12.26最高裁HPでは、原告のライセンス認証システムについて、プロダクトID等がコンピュータにより検知されなければプログラムの実行が制限される仕組を取る点で技術的制限手段に該当するとした上で、被告プログラムは、原告プログラムの実行を制限する技術的制限手段を不正な方法で回避することで無効化するプログラムに当たり、そのインターネットオークションを通じた提供は、第2条第1項第11号（現行第17号）の不正競争行為に該当すると判示して、損害賠償請求を認めた。

(1)　電磁的方法により

「電磁的方法」の意義は第2条第7項と同様、電子的方法、磁気的方法その他の人の知覚によって認識することができない方法であり、例えば電気信号や磁力を用いることを指す。「その他の方法」の事例としては、光学的方法がある。

⑵　制限する

「制限する」とは、影像、音、プログラム又は情報を提供する者が、影像若しくは音の視聴、プログラムの実行若しくは情報の処理、又は影像、音、プログラムその他の情報の記録に対して制約を課す管理を措置することを指す。例えば、有料の衛星放送や有線放送において、所定の料金を支払う特定の者に対してのみ番組を視聴することを可能とすること、ゲームにおいて、特定のゲーム機に対応する正規のゲームソフトを記録した記録媒体のみに対してゲーム機が起動するようにすることなどは、「制限する」に含まれる。

なお、形式上、信号の反応を用いて所定動作を行う技術には、電力の配送技術、通信プロトコル技術、計算機や印刷機等のインターフェースなど、数多くのものがあるが、これらの技術については、本法が保護の対象として想定している影像若しくは音の視聴、プログラムの実行若しくは情報の処理、又は影像、音、プログラムその他の情報の記録そのものを保護するための管理技術ではない。

⑶　手段

「影像若しくは音の視聴、プログラムの実行若しくは情報の処理又は影像、音、プログラムその他の情報の記録を制限する」ための手段として用いるシステムを指す。このうち、商用化が可能な技術について整理した結果として、信号に対して視聴、実行若しくは処理又は記録のために使用される機器（視聴等機器）が特定の反応をする方式と、影像、音、プログラムその他の情報自体を特定の変換が必要となるように変換を加える方式とに限定して対象としている。

⑷　（視聴等機器が）特定の反応をする信号

影像若しくは音の視聴、プログラムの実行若しくは情報の処理又は影像、音、プログラムその他の情報の記録を制限する手段を実施するために、影像若しくは音の視聴、プログラムの実行若しくは情報の処理又は影像、音、プログラムその他の情報の記録のために使用される機器（視聴等機器）に対して与えられるものを指す。

「特定の反応」とは、定められたルールに従って反応することをいう。例えば、CGMS（Copy Generation Management System）で用いられる（1・1）という2ビットの信号があれば、記録のために用いられる機器において記録作業を進めないこととなる（検知→制限方式）。また、例えば、正規記録媒体にコンテンツとともに記録された信号があれば、視聴・実行・処理のために用いられる機器においてプログラム等の実行等ができることとなる（検知→可能方式）ものも含まれる(注)。

また、これらの信号はコンテンツ等と同時に記録又は送信される必要はなく、一定の時間差がある、いわゆるアクティベーション方式も本条の保護対象に含まれる。

（注）　マジックコンピュータ（マジコン）事件（東京地判平21.2.27最高裁HP）。もっとも、当該判決では、争点であった「検知→可能方式」も技術的制限手段の対象となるかという点には判断されているものの（肯定）、争点化しなかったため、同ゲーム機用のゲームソフトにおける仕組みが具体的にどのようなものであるか（技術的制限手段の定義の各要件への個別的該当性）について詳細な認定をしたものではないと言い得る。

また、その後、差止め及び廃棄請求に加えて損害賠償請求も求めた同様の別事件においても、知財高裁は、マジコンに登載されたローダプログラムが旧法下の第2条第1項第10号に言う「……機能を有するプログラム」であり、マジコンがこれを「記憶した機器」に該当する点は認定したものの、原審で認定されたため、どのような技術的制限手段であるかについては詳細な認定をしていない（東京地判平25.7.9、知財高判平26.6.12、いずれも最高裁HP。その後、平成28年1月12日、上告棄却で判決が確定した。）。

(5)　送信する

影像、音、プログラムその他の情報を無線又は有線の手段により提供することをいう。

例えば、無線による場合としては、放送が考えられる。また、有線による場合としては、有線放送、インターネットなどが考えられる。

(6)　（視聴等機器が）特定の変換を必要とするよう影像、音、プログラムその他の情報を変換して

有料衛星放送で用いられているスクランブルなどのように、提供の対象となる影像、音、プログラムその他の情報を定められたルールに従ってデー

［図表2－3－1］　第2条第8項の構造

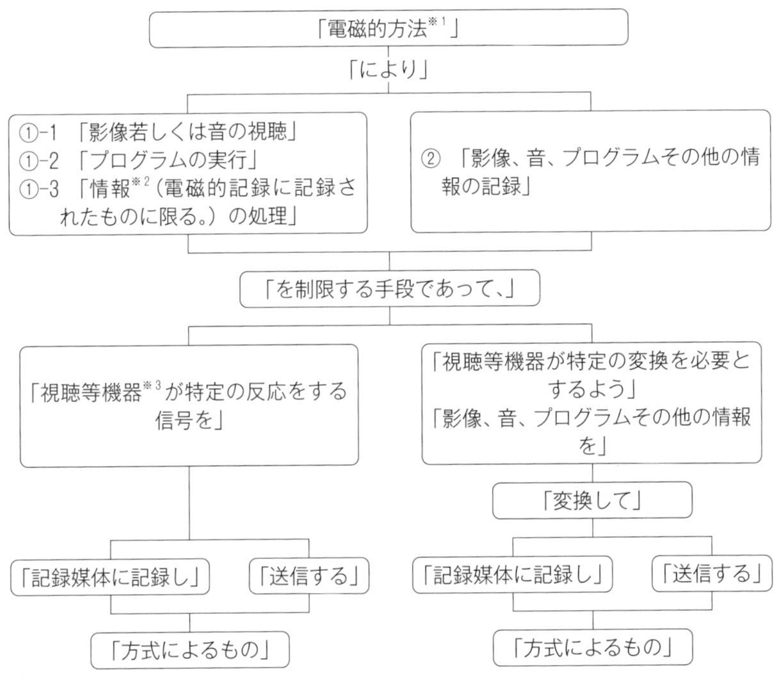

（※1）「電磁的方法」とは、「電子的方法、磁気的方法その他の人の知覚によって認識することができない方法」をいう。
（※2）「情報」とは、「影像」、「音」、「プログラム」及びこれらに該当しない電子データを含む概念をいう。
（※3）「視聴等機器」とは、「影像若しくは音の視聴、プログラムの実行若しくは情報の処理又は影像、音、プログラムその他の情報の記録のために用いられる機器」をいう。

タ変換させることを指す。これらの視聴、実行若しくは処理又は記録のためには前述の定められたルールに従って変換されたデータを復元する必要がある。

8　プログラム

(1)　プログラム

第9項では、本法における「プログラム」を「電子計算機に対する指令であって、一の結果を得ることができるように組み合わされたもの」と定義している。これは、「情報処理の促進に関する法律（昭和45年法律第90号）」と同じ規定である。

「プログラム」に該当するか否かについての判断の際には、次の点に留意する必要がある。

①　プログラムと一体となったデータの取扱い

指令が組み合わされたものが実行の結果、「一の結果を得ることができるように」なるために、指令以外の所定のデータを組み合わせなければならない場合には、そうした所定のデータは「プログラム」の一部を構成するものとして捉えられなければならない。これは技術的に見ても実行段階ではこうしたデータとそれ以外の指令の部分とは不可分であり、経済的に見ても両者を分離して取引することは考えられないためである（注）。

不正競争防止法上のプログラムの定義として（著作権法ではなく）情報処理の促進に関する法律第２条における「プログラム」の定義の文言を採用した理由は、こうした疑義が生ずる可能性を減少させるためである。

②　バグのあるプログラムの取扱い

プログラムに何らかの瑕疵（バグ）がある結果予定された動作をしない場合であっても、本法でいう「プログラム」と考えられる。これは、技術的にバグがないプログラムのみを保護する法構成とした場合、プログラムの性質からしてバグがないことの証明は不可能であるため、実質的に保護がなされない結果となり妥当性を欠くためである。

（注）　著作権法上のプログラムの定義によれば、こうした所定のデータがプログラムの一部であるか否かについて疑義が生ずる（ディグダグ事件（東京地判昭60．3．8判タ561号169頁））。

⑵　一の結果を得ることができるように組み合わされた

「一の結果を得ることができるように組み合わされた」とは、電子計算機に対する指令が断片的なものではなく、一連のものであって、一つのまとまった結果を得ることができるような状態を指す。

9　ドメイン名

第10項（平成13年改正時に導入）では、「ドメイン名」について、「インターネットにおいて、個々の電子計算機を識別するために割り当てられる番号、記号又は文字の組合せに対応する文字、番号、記号その他の符号又はこれらの結合」と定義されている(注１)。

これは、WIPO周知商標の保護規則に関する共同勧告における定義と実質的に同一であり、国際的にも整合性がとれたものとなっている(注２)。

「インターネットにおいて、個々の電子計算機を識別するために割り当てられる番号、記号又は文字の組合せ」とは、IPアドレスのことを指す。このとき、JPドメイン名だけではなく、「.com」「.org」「.net」「.info」等の分野別トップレベルドメインやその他の国コードトップレベルドメインも本法の規制の対象となる(注３)。

他方、LAN等、特定の者のみがアクセス可能なネットワークにおいて用いられる数字のアドレス（プライベートIPアドレス）に対応する文字列は含まれない。

なお、「インターネット」という用語については、インターネットという言葉が既に普通名詞化していること、また、たとえ定義規定を設けたとしても技術の進歩によりその定義が実態とそぐわなくなる可能性が高いことから、定義規定を設けていない。

（注１）　ジャックス・ドメイン名事件（富山地判平12.12.６判時1734号３頁）は、争いのない事実の判示の中で、ドメイン名について「インターネットに接続しているコンピューターを認識する方法であり、IPアドレスという32ビットで構成された数字列を利用しやすいようにアルファベット文字で表現したもの」と示している。

（注２）　WIPO勧告では、「ドメインネーム」とは、インターネット上の数字のアドレスに対応するアルファベットの文字列をいうと定義されている。また、米国法では、「ドメイン名」という用語は、ドメイン名レジストラ、ドメイン名レジストリ又はその他のドメイン名登録管理機関が、インターネット上の電子的なアドレスの一部として登録又は割り当てる英数字の表記を意味すると定義されている。

（注３）　もっとも、国際裁判管轄、準拠法等の問題について不正競争防止法は特段の手当をしておらず、我が国の不正競争防止法が適用されない場合もある。

［図表２－３－２］　ドメイン名に係る各国・機関等における保護規制・紛争処理方針等の比較表

	WIPO周知商標の保護規則に関する共同勧告（1999年９月）	米国反サイバースクワッティング消費者保護法（1999年11月）
保護の対象	・周知商標	・出所識別機能を有する標章 ・著名な標章 等
規制行為	・（全部又は要部が周知商標の複製、模倣、翻訳若しくは音訳である）ドメイン名を不正の目的で登録又は使用する行為	・利益を得ようとする不正の意図をもって、上記の標章等と同一又は混同を生ずるほどに類似する（著名な標章の場合は、類似でなくても当該標章を希釈化する）ドメイン名を登録し、取引し又は使用する行為
ドメイン名の定義	・インターネット上の数字のアドレスに対応するアルファベットの文字列	・ドメイン名レジストラ、ドメイン名レジストリ又はその他のドメイン名登録管理機関が、インターネット上の電子的なアドレスの一部として登録又は割り当てる英数字の表記
不正の目的を否定する根拠となる証拠（例示）	・規定なし	①その者が、当該ドメイン名に係る商標権等の知的財産権を有していること ②その法律上の名称又は著名な略称から当該ドメイン名が成り立っていること ③その者が、商品・役務の提供につき、善意で当該ドメイン名を先に使用していたこと ④その者が、善意で上記商標につき、非商業的使用又は公正な使用をしていたこと
不正の目的を肯定する根拠となる証拠（例示）	・規定なし	①その者が、出所の混同を惹起して、営業上の利益を得る目的で又は商標等表示の価値を毀損する目的で、消費者を当該ドメイン名のサイトに誘引しようとする意図があること ②その者が、自ら商品・役務の善意での提供に当該ドメイン名を使用せず、又は使用する意図を持たず、金銭的利益を得るために、商標権者又は第三者に対してそのドメイン名を譲渡する旨の申出をした場合、又はそのような行為を反復して行っていることを示す過去の行為があること ③その者が、登録申請に際し連絡先について虚偽の情報を提供していること ④その者が、他人の出所識別機能を有する標章や著名な標章と同一又は類似のドメイン名を複数登録していること ⑤当該商品等表示の識別力、著名性
判断機関	・権限ある当局（行政機関、司法機関、準司法機関）	・裁判所

救済措置	・ドメイン名の移転又は取消し	・差止請求（ドメイン名の没収、抹消又は移転） ・損害賠償請求

	ICANN統一ドメイン名紛争処理方針 （1999年10月） （WIPO仲裁センター等が運用）	JPドメイン名紛争処理方針 （2002年９月） （日本知的財産仲裁センターが運用）
保護の対象	・商標 （登録商標に限定されない）	・商標その他表示
規制行為	・（申立人が権利を有する商標と同一又は混同を引き起こすほどに類似している）ドメイン名を（そのドメイン名についての権限又は正当な利益を有していないにもかかわらず）不正の目的で登録かつ使用する行為	・（申立人が権利を有する商標その他表示と同一又は混同を引き起こすほど類似している）ドメイン名を（そのドメイン名についての権限又は正当な利益を有していないにもかかわらず）不正の目的で登録又は使用する行為
ドメイン名の定義	・規定なし	・規定なし
不正の目的を否定する根拠となる証拠（例示）	①登録者が、当該紛争についての通知を受ける前に、善意による商品又はサービスの提供を行うために、そのドメイン名を使用していた、又は明らかにその使用の準備をしていたこと ②登録者が、その商標権を保有していなくとも、そのドメイン名の名称で一般的に知られていたこと ③登録者によるそのドメイン名の使用が、消費者の誤認に乗じて商業的利益を得るために、あるいは問題とされている商標を汚し貶めるような意図から使用されているのではなく、正当な非商業的使用又は公正な使用であること	①登録者が、当該紛争についての通知を受ける前に、何ら不正の目的を有することなく、商品又はサービス提供を行うために、当該ドメイン名を使用していた又は明らかにその使用の準備をしていたこと ②登録者が、商標その他表示の登録等をしているか否かにかかわらず、当該ドメイン名の名称で一般に認識されていたこと ③登録者によるそのドメイン名の使用が、消費者の誤認に乗じて商業的利益を得るために、あるいは問題とされている商標を汚し貶めるような意図から使用されているのではなく、正当な非商業的使用又は公正な使用であること
不正の目的を肯定する根拠となる証拠（例示）	①登録者が、商標権者である申立人又はその申立人の競業者に、そのドメイン名の取得に直接要した金額を超えた対価で、販売、貸与又は移転することを主たる目的として、そのドメイン名を登録又は取得していること ②商標権者がドメイン名として使用できないよう妨害するために、登録者がそのドメイン名を登録し、登録者によるそのような妨害行為がパターン化していること ③登録者が、競業者の事業を混乱させることを主たる目的として、そのド	①登録者が、申立人又はその申立人の競業者に対して、そのドメイン名に直接要した金額を超える対価で、販売、貸与又は移転することを主たる目的として、そのドメイン名を登録又は取得していること ②申立人が権利を有する商標その他表示をドメイン名として使用できないように妨害するために、登録者が当該ドメイン名を登録し、当該登録者がそのような妨害行為を複数回行っていること ③登録者が、競業者の事業を混乱させ

	メイン名を登録していること ④登録者が、そのドメイン名の使用により、商業的利益を得る目的で、そのウェブサイト、又はそれに登場する製品・サービス出所、スポンサーシップ、取引提携関係、推奨について、申立人との混同のおそれを生じさせることにより、インターネット上のユーザーを、そのウェブサイトに意図的に引き寄せるために、使用していること	ることを主たる目的として、当該ドメイン名を登録していること ④登録者が、商業上の利益を得る目的で、そのウェブサイト又はそれらに登場する商品、サービスの出所、スポンサーシップ、取引提携関係、推奨などについて誤認混同を生ぜしめることを意図して、インターネット上のユーザーを、そのウェブサイト又はその他のオンラインロケーションに誘引するために、当該ドメイン名を使用していること
判断機関	・ICANNにより認定された紛争処理サービスプロバイダー（現在、認定されている仲裁機関：WIPO（世界知的所有権機関）仲裁センター、NAF（全米仲裁協会）、ADNDRC（アジアドメイン名紛争仲裁センター）、CAC（チェコ仲裁裁判所））	・（一社）日本ネットワークインフォメーションセンター（JPNIC）により認定された紛争処理機関（現在、認定されている仲裁機関：日本知的財産仲裁センター）
救済措置	・ドメイン名の抹消又は移転	・ドメイン名の取消し又は移転

10　物

第11項の規定（平成15年改正時に導入）では、本法における「物」にはプログラムを含むものとすると定義している。この「プログラム」とは本法第2条第9項に規定している「プログラム」と同一である。

本法には、第2条第1項第10号、第3条第2項、第5条第1項、第5条の2、第6条、第19条第1項第7号、第21条第1項第9号に「物」の規定があるが、民法第85条には「物トハ有体物ヲ謂フ」（平成16年改正前）との規定があり、本法第2条第1項第10号等の「物」には無体物は含まれないと解釈されるおそれがあったことから、「物」にはプログラムを含むことを明確化した。

第２節　混同惹起行為（第２条第１項第１号関係）

（定義）
第二条　この法律において「不正競争」とは、次に掲げるものをいう。
　一　他人の商品等表示（人の業務に係る氏名、商号、商標、標章、商品の容器若しくは包装その他の商品又は営業を表示するものをいう。以下同じ。）として需要者の間に広く認識されているものと同一若しくは類似の商品等表示を使用し、又はその商品等表示を使用した商品を譲渡し、引き渡し、譲渡若しくは引渡しのために展示し、輸出し、輸入し、若しくは電気通信回線を通じて提供して、他人の商品又は営業と混同を生じさせる行為

1　趣旨

本号は、他人の周知な商品等表示と同一又は類似の商品等表示を使用すること等により、自己の商品・営業を他人の商品・営業と混同させる行為を「不正競争」の一類型として定めた規定である。その趣旨は、他人の氏名、商号、商標等、他人の商品等表示として需要者間に広く知られているものと同一又は類似の表示を使用して、その商品又は営業の出所について混同を生じさせる行為を規制することにより、周知な商品等表示に化体された営業上の信用を保護し、もって事業者間の公正な競争を確保しようとするものである（注）。

なお、平成５年改正前不正競争防止法（旧法）では、第１条第１項第１号で他人の商品と混同させる行為を、同項第２号で他人の営業と混同させる行為をそれぞれ規制していたが、規定を分ける実益に乏しいとの指摘があり、また自己の商品を他人の営業と混同させ、逆に自己の営業を他人の商品と混同させる行為が旧法の規定においては規制の対象となることが明らかでないという形式上の問題があったことから、平成５年改正により、本

号において一本化することによりこのような形式上の問題を除去したものである。

（注）眼鏡タイプのルーペ事件（知財高判平24.12.26判時2178号99頁）では、「不正競争防止法2条1項1号は、他人の周知な商品等表示と同一又は類似の商品等表示を使用することをもって不正競争行為と定めたものであるところ、その趣旨は、周知な商品等表示の有する出所表示機能を保護するため、周知な商品等表示に化体された他人の営業上の信用を自己のものと誤認混同させて顧客を獲得する行為を防止することにより、事業者間の公正な競争を確保することにある。」と判示された。

2　要件

1　他人の商品等表示

「他人」とは、自然人、法人などの商品等表示の主体となるものをいう(注1)。また、特定の表示の使用許諾者、使用権者及び再使用権者のグループのように、同表示の持つ出所識別機能及び顧客吸引力等を保護発展させるという共通の目的のもとに結束しているグループ等も含まれる(注2)。第三者の商品等表示を冒用している場合には、商品等表示の主体にはなりえない(注3)。

「商品等表示」とは、商品の出所又は営業の主体を示す表示をいい、具体的には、人の業務に係る氏名、商号、商標（サービスマーク(注4)を含む。）等をいう。

「商品」とは、市場における流通の対象物となる有体物又は無体物をいう(注5)。

「営業」とは、単に営利を直接の目的として行われる事業に限らず、事業者間の公正な競争を確保するという法目的からして、広く経済収支上の計算の上に立って行われる事業一般を含む。この点、事業に営利性は要求されない。したがって、非営利事業についても、経済収支上の計算の上に立って行われているものである以上は「営業」に該当すると解すべきである(注6)。

「商品等表示」は、自他識別機能又は出所表示機能を有するものでなければならず、表示が、単に用途や内容を表示するにすぎない場合には商品等表示に含まれない[注7][注8][注9][注10]。

この点に関し、商品の容器・包装は、本来、商品の出所を表示するものではないが、例えば、特定の企業の商品に継続的に使用されたり、短期間でも強力に宣伝広告されること等の事情により、特定の企業の商品の出所を示す表示として機能する場合があるため、商品等表示の例として挙げられている（判例上も、バター飴の缶[注11]、即席タンメンの包装[注12]、マスカラの容器[注13]等について、商品の出所を示すものとして保護を認めたものがある。）。

また、商品の形態は、本来的には商品の出所を表示するものではないが、①特定の商品の形態が同種の商品と識別し得る独自の特徴を有し、かつ、②それが長期間にわたり継続的にかつ独占的に使用され、又は短期間であっても強力に宣伝されるなどして使用された結果、それが、商品自体の機能や美観等の観点から選択されたという意味を超えて、自他識別機能又は出所表示機能を有するに至り、需要者の間で広く認識された場合には商品等表示性が認められる（眼鏡タイプのルーペ事件[注14]）。判例上も、眼鏡枠[注15]、婦人服のシリーズ[注16]、パソコン[注17]、時計[注18]、連結ピン[注19]、家庭用医療機器[注20]、角質除去具[注21]、実用的な幼児椅子のデザイン[注22]、組立て式棚[注23]等の形態を商品等表示として認めたものがある。もっとも、同種の商品に共通してその特有の機能及び効用を発揮するために必然的、不可避的に採用せざるをえない商品形態やありふれた商品形態[注24]には、商品等表示性は認められない[注25]。

店舗外観（店舗の外装、店内構造及び内装）については、通常それ自体は営業主体を識別させること（営業の出所の表示）を目的として選択されるものではないが、場合によっては営業主体の店舗イメージを具現することを一つの目的として選択されることがある上、①店舗の外観が客観的に他の同種店舗の外観とは異なる顕著な特徴を有しており、②当該外観が特定の事業者によって継続的・独占的に使用された期間の長さや、当該外観を含む営業の態様等に関する宣伝の状況などに照らし、需要者において当該外観を有する店舗における営業が特定の事業者の出所を表示するものとして広く認識されるに至ったと認められる場合には、店舗の外観全体が特定の営業主体を識別する（出所を表示する）営業表示性を獲得し、「商品等表示」に該当すると判示された例[注26]がある。

（注１）　ファイアーエムブレム事件（東京高判平16.11.24最高裁HP）では、「他人」に該当するかどうかは、商品等表示についていえば、当該商品等表示の内容や態様、当該商品の広告・宣伝の規模や内容、品質保証表示のあり方などに照らし、当該商品等表示が何人のものとして需要者に認識されているかによって定めるのが相当として、テレビゲームの人気シリーズのファイアーエムブレムについて、製造販売を他社に独占的に委託した著作権者について他人性を否定した。

（注２）　フットボール・シンボルマーク事件（最判昭59.５.29民集38巻７号920頁、後掲第４章第３節④１（注）大阪地判昭55.７.15無体集12巻２号321頁、後掲第４章第１節①（注）大阪高判昭56.７.28無体集13巻２号560頁の上告審）。

（注３）　撃GEKI饅頭事件（東京地判平16.12.15判時1928号126頁）では、被告の商品であることを示す商品等表示であって、原告は商品等表示の主体ではないとした。インディアンモトサイクル事件（東京高判平16.12.21最高裁HP）では、米国からのライセンスが正当なものでないことを理由に、商品等表示の主体性を否定した。

（注４）　商標法第２条第１項第２号の「業として役務を提供し、又は証明する者がその役務について使用をするもの」と同義であり、運輸業者、銀行、航空会社などが自己の提供するサービスを他のものと識別するために使用する標章である。

（注５）　不正競争防止法の目的たる公正な取引秩序の維持、確立の観点からすれば、現在の情報化社会においては、有体物と無体物とで解釈を異にする必要はないため無体物も「商品」に含まれる。モリサワタイプフェース事件（保全事件の抗告審：東京高決平５.12.24判時1505号136頁）においても、商品の要件として最も重要なことは取引の対象となることであり、書体（デジタルフォント）に関して無体物も商品となり得ると解されている。

（注６）　裁判例も、病院経営（京橋中央病院事件（東京地判昭37.11.28下民集13巻11号2395頁））、公益法人の拳法普及活動（少林寺拳法事件（大阪地判昭55.３.18無体集12巻１号65頁））、尺八音楽普及活動（都山流尺八協会事件（大阪高決昭54.８.29判タ396号138頁））などについて「営業」に該当するとしている。

前掲第２章（注２）天理教事件最高裁判決（最判平18.１.20民集60巻１号137頁）では、宗教法人の活動と不正競争防止法の適用に関して、「社会通念上営利事業といえないものであるからといって、当然に同法の適用を免れるものではないが、他方、そもそも取引社会における事業活動と評価することができないようなものについてまで、同法による規律が及ぶものではないというべきである。これを宗教法人の活動についてみるに、宗教儀礼の執行や教義の普及伝道活動等の本来的な宗教活動に関しては、営業の自由の保障の下で自由競争が行われる取引社会を前提とするものではなく、不正競争防止法の対象とする競争秩序の維持を観念することはできないものであるから、取引社会における事業活動と評価することはできず、同法の適用の対象外であると解するのが相当である。また、それ自体を取り上げれば収益事業と認められるものであっても、教義の普及伝道のために行われる出版、講演等本来的な宗教活動と密接不可分の関係にあると認められる事業についても、本来的な宗教活動と切り離してこれと別異に取り扱うことは適切でないから、同法の適用の対象外であると解するのが相当である。これに対し、例えば、宗教法人が行う収益事業（宗教法人法6条2項参照）としての駐車場業のように、取引社会における競争関係という観点からみた場合に他の主体が行う事業と変わりがないものについては、不正競争防止法の適用の対象となり得るというべきである」とした上で、「『営業』の意義は、取引社会における競争関係を前提とするものとして解釈されるべきであり、したがって、上記『営業』は、宗教法人の本来的な宗教活動及びこれと密接不可分の関係にある事業を含まないと解するのが相当である」とした。

（注7）　一般名称として社会に定着したものとして自他識別機能又は出所表示機能がないとされた事例として究極の選択事件（東京地決平2.2.28無体集22巻1号108頁）、商品の用途を普通に表現したものとして自他識別機能を否定した事例として枇杷葉温圧事件（東京地判平4.12.21判例集未登載）がある。また、ギブソンギター事件（東京高判平12.2.24判時1719号122頁）では、いったん周知性を獲得された形態の出所表示性が、同種商品が多数販売されることによりその後消滅し、商品等表示性が否定された。

（注8）　正露丸事件（大阪地判平18.7.27判タ1229号317頁、大阪高判平19.10.11判時1986号132頁）では「正露丸」の語は、原告製品を識別する表示ではなく、本件医薬品を指称する普通名称であるとされた。

その後、別の正露丸に関する訴訟においても、地裁は、「正露丸」という表示が普通名称であるとした上で、「特定の商品表示が法2条1項1号又は2号にいう他人の商品表示と類似のものか否かを判断するに当たっては、取引の実情の下において、取引者、需要者が、両者の外観、称呼、又は観念に基づく印象、記憶、連想等から両者を全体的に類似のものとして受け取るおそれがあるか否かを基準として判断するのが相当である」と判示し、「セイロガン」、「糖衣」及び「A」の各文字を一連一体のものとして記載した表示等原告の表示3種類と被告の表示2種類について、類似であるとは認められないと結論づけた（大阪地判平24.9.20判タ1394号330頁）。高裁は、原告の表示のうち、2種類について周知著名な商品表示であると認めた上で、地裁と同じ基準に則り、そのうち一つについては被告が使用しているとは認められないし、もう一つについては、同一又は類似であるとは認められないと判示した（大阪高判平25.9.26最高裁HP。なお、最高裁において上告不受理決定（平成26年10月9日））。

（注9）　書籍や映画の題名（タイトル）などは著作物たる書籍や映画を特定するものであって、商品やその出所ないし放映・配給事業を行う営業主体を識別する表示として認識されるものではない等として「商品等表示」に該当しないとする裁判例がある（マクロスゼロ事件（東京地判平16.7.1最高裁HP、知財高判平17.10.27最高裁HP）、デールカーネギー事件（東京高判平14.2.28最高裁HP）、時効の管理事件（大阪地判平20.5.29最高裁HP、大阪高判平20.10.8最高裁HP））。

（注10）　巻くだけダイエット事件（東京地判平26.8.29最高裁HP）では、「巻くだけダイエット」が表示された題号に接した需要者は、「巻くだけダイエット」という表示は、バンドを「巻くだけ」の「ダイエット」であるという原告書籍の内容を表現したものと認識するにすぎず、それ以上に、同表示を書籍という商品に関して原告を示す商品等表示と認識するものと認めるべき特段の事情があるということはできないとした。

（注11）　バター飴事件（札幌地判昭51.12.8無体集8巻2号462頁）。

（注12）　長崎タンメン事件（東京高判昭45.4.28無体集2巻1号213頁）。

（注13）　マスカラ容器事件（大阪地判平20.10.14判時2048号91頁）。

（注14）　前掲[1]（注）眼鏡タイプのルーペ事件（知財高判平24.12.26判時2178号99頁）では、「同号にいう『商品等表示』とは、『人の業務に係る氏名、商号、商標、標章、商品の容器若しくは包装その他の商品又は営業を表示するもの』をいう。商品の形態は、商標等と異なり、本来的には商品の出所を表示する目的を有するものではないが、商品の形態自体が特定の出所を表示する二次的意味を有するに至る場合がある。そして、このように商品の形態自体が特定の出所を表示する二次的意味を有し、不正競争防止法第2条第1項第1号にいう『商品等表示』に該当するためには、①商品の形態が客観的に他の同種商品とは異なる顕著な特徴を有しており（特別顕著性）、かつ、②その形態が特定の事業者によって長期間独占的に使用され、又は極めて強力

な宣伝広告や爆発的な販売実績等により（周知性）、需要者においてその形態を有する商品が特定の事業者の出所を表示するものとして周知になっていることを要すると解するのが相当である。」と判示された。もっとも、事案自体については商品等表示への該当性は否定された。なお、別の眼鏡タイプのルーペ事件（知財高判平25．2．6最高裁HP）でも、商品等表示への該当性は否定された。

（注15）　ナイロール眼鏡枠事件（東京地判昭48．3．9無体集5巻1号42頁）。

（注16）　プリーツ・プリーズ事件（東京地判平11．6．29判時1693号139頁）。

（注17）　iMac事件（東京地決平11．9．20判時1696号76頁）。

（注18）　カルティエ事件（東京地判平16．7．28判時1878号129頁）、ロレックス事件（東京地判平18．7．26判タ1241号306頁）。

（注19）　連結ピン事件（大阪地判平19．4．26判時2006号118頁）。

（注20）　楽らく針事件（東京地判平19.12.26最高裁HP）。

（注21）　角質除去具事件（知財高判平23．3．24最高裁HP）。

（注22）　トリップトラップ（TRIPP TRAPP）事件（知財高判平27．4．14最高裁HP）。なお、控訴人製品が商品等表示に該当し、また周知性を獲得したことも認められたものの、「控訴人製品の商品等表示に当たる、控訴人ら主張に係る控訴人製品の形態的特徴のうち特別顕著性が認められる点と、被控訴人製品の形態との間に類似性を認めることはできないから、被控訴人による被控訴人製品の製造、販売等の行為が、『混同を生じさせる行為』に該当する余地はない」と判示された。

（注23）　ユニットシェルフ事件（知財高判平30．3．29最高裁HP）。

（注24）　「エジソンのお箸」事件（知財高判平28．7．27判時2320号113頁）。

（注25）　ルービックキューブ事件（東京高判平13.12.19判時1781号142頁）。

（注26）　コメダ珈琲事件（東京地決平28.12.19最高裁HP）。

2　需要者の間に広く認識されている

「需要者の間に広く認識されている」との要件は、旧法（第1条第1項第1号）の「本法施行ノ地域内ニ於テ広ク認識セラルル」との要件（周知性要件）を判例の趣旨を踏まえ明確化したものである[（注1）（注2）（注3）]。

周知性要件については、そもそも、混同を判断する場合の一つの要素とされるべきであり、独立の要件とすることは適切でないとの指摘もされていた[（注4）]。しかし、本規定は登録されていない標章などの商品等表示を保護するものであるから、保護に値する一定の事実状態を形成している場合にはじめて保護の対象とすることが適切であり、かかる観点から周知性要件を存続させている。周知性の判断は、商品・役務の性質・種類、取引態様、需要者層、宣伝活動、表示の内容等の諸般の事情から総合的に判断されるものである。

認識されている程度が全国的であることを要するか、全国的に認識されていなくても一地方でよいかについては、一地方であっても保護すべき一定の事実状態が形成されていればその限りにおいて保護されるべきと解されている(注5)(注6)。

なお、「需要者」とは、具体的には、その商品等の取引の相手方を指すものであって、最終需要者に至るまでの各段階の取引業者もこれに含まれる。したがって、特定の需要者層において広く認識されている商品等表示にも周知性が認められる場合もある(注7)。

（注1）　ニューアマモト事件（最決昭34.5.20刑集13巻5号755頁）。「本法施行ノ地域内ニ於テ広ク認識セラルル」とは、本邦全般にわたり広く知られていることを要するという趣旨ではなく、一地方において広く知られている場合をも含むとされた。

（注2）　勝烈庵事件（横浜地判昭58.12.9無体集15巻3号802頁）。原告の「営業表示は、横浜駅ないし原告の本店所在地たる横浜市中区常盤町付近を中心としてその周辺地域において広く認識されているものと認めることができる」とした事例。

（注3）　輸出行為について、アソニ・バンバルク事件（大阪地判昭59.6.28判タ536号266頁）では、旧法第1条第1項第1号がその対象とする行為に「輸出」を加えた（昭和25年改正）のは、「本邦内で周知の他人の商品表示を使用することにより、外国で他人の商品との間に混同行為が発生するのを輸出の段階で防止し、以て国内企業者間の輸出に関連した不正競業を阻止しようとするものである」と判示した。

商品等表示は周知の範囲で冒用されることにより混同が生ずるのであり、外国で混同が生ずるためには外国で周知でなければならない。本件でも、裁判所は、具体的には、中近東諸国において原告商品と被告商品について「誤認混同のおそれのあること」を認定しているが、その前提として「原告商品の輸出量の多さと輸出期間の長さに照らすと……（筆者注：原告の表示は）

中近東諸国においても相当有名であること」を認定している。その際、さらに、「本法施行ノ地域内ニ於テ」の文言を満たすため、原告の表示が「わが国の化学繊維の取引者の間では原告らの輸出用の商品……を表す表示として広く認識されていたこと」をも認定している。

このように、判例は、立法趣旨と法文の乖離を埋めるための運用を行ってきていたが、平成５年改正時に、「本法施行ノ地域内ニ於テ」の要件を削除したことにより、このような運用が是正されることになり、海外において混同が生じている事例については、輸出行為に限り国内における周知の立証は不要となった。SPARK-S事件（大阪地判平12．８．29最高裁HP）ではサウジアラビア王国等の中近東地域での周知性を認め、サウジアラビア王国での混同の事実を認めている。

なお、本号は日本国内の行為に限って適用されることから、輸出行為が日本国内で行われた場合のみ本法の適用がある。

（注４）　周知性要件については、

①　周知性獲得以前のフリーライド行為に対応できない

②　混同を判断する場合の一つの要素とされるべきであり、独立の要件とすることは適当でない

③　パリ条約に違反する疑いがある

等の理由から、削除すべきであるとの指摘がある（紋谷暢男「商号の保護」民事研修269号16頁（1979年）、土肥一史「不正競争防止法における周知性」ジュリスト1005号27頁（1992年）、日本弁護士連合会「『不正競争防止法改正要綱』について」パテント42巻９号51頁以下（1989年））。

これらの指摘については、

①　本号は、登録を要件とすることなく表示を保護するものであるから、法的保護に値する一定の事実状態すなわち周知性が形成されたと認められる場合にのみ、保護することが適切である、つまり、周知性獲得以前のものは保護すべき事実状態を形成していない

②　周知性の要件を削除しても、「保護に値する事実状態を形成しているか否か」という点について、「混同のおそれ」の有無で判断されることとなり、いたずらに「混同のおそれ」の要件が複雑化することにならないかとの疑問が残るので、むしろ保護に値する事実状態を形成しているか否かを判断する重要な要件として周知性を明言した方が分かりやすい

③　パリ条約が「混同を生じさせるようなすべての行為」を禁止すると規

定していたとしても、どの程度の混同のおそれがあれば保護すべき「混同を生じさせるような行為」といえるのかについては規定されておらず、結局のところ、その判断を周知性の有無に委ねたにすぎないと解されるため、やはり条約違反の問題は生じない

と考えられるため、平成5年改正時には、周知性の要件を存続させることとした。

なお、実務的には、例えば、A、Bの2社が同一地域で、同一又は類似の表示を使用して混同のおそれがあるとされる場合において、互いに相手が混同を引き起こしていると主張しているとき、周知性を立証することができた方が差止めに成功し得ることから周知性要件の必要性を指摘する見解がある。

（注5）　前掲2（注1）ニューアマモト事件（最決昭34.5.20刑集13巻5号755頁）、本家田邊屋事件（大阪高判昭38.8.27下民集14巻8号1610頁）。

（注6）　水際差止制度における周知性の程度（全国的な周知性を要すること）については、後述「［参考］：不正競争防止法違反物品の輸出入差止制度の概要」（第2部末尾）を参照されたい。

（注7）　コンピューターランド事件（札幌地判昭59.3.28判タ536号284頁）では、パソコンメーカーや販売者、パソコン購入顧客者層を対象に周知性を認めた。ヒュンメル事件（大阪地判平20.1.24最高裁HP）では、サッカーシューズ等の需要者の間での独自の周知性の獲得を認定しつつも、被告商品（スニーカー）の需要者である一般消費者の間で広く認識されていないとして、周知性を否定した。

3　同一若しくは類似の商品等表示

本号は、需要者の間に広く認識されているものと同一又は類似の商品等表示を対象としている。

本号における「類似」性について、判例は、取引の実情のもとにおいて、取引者又は需要者が、両表示の外観、称呼又は観念に基づく印象、記憶、連想等から両者を全体的に類似のものと受け取るおそれがあるか否かを基準に判断するのが相当であるとしている[(注1)(注2)]。

また、類似性の判断は、商品を同時に並べて注意深く比較したときに（対比的観察）、差異点が発見される場合であっても、全体的な印象に顕著な差異がなく、時と場所を異にして観察するときには（隔離的観察）、その商品

等表示により一般需要者が誤認混同するおそれが認められる場合には、類似性が認められるとされている[注3]。

（注1）　日本ウーマン・パワー株式会社事件（最判昭58.10.7民集37巻8号1082頁）、前掲1（注2）フットボール・シンボルマーク事件（最判昭59.5.29民集38巻7号920頁）等。

（注2）　また、本号の類似性の判断にあたって、商品等表示の自他識別機能又は出所表示機能が生ずる特徴的な部分を抽出した上で、特徴的な部分を中心に商品の特性や需要者等全体的に比較対照した裁判例（マイクロダイエット事件（東京高判平15.9.25最高裁HP）では、「マイクロダイエット」という商品においては、「マイクロ」の称呼が自他商品識別機能の中心となる部分であるとして「マイクロシルエット」との類似性を認めた。）がある。

商品の形態そのものには商品等表示性を否定した前掲1（注25）ルービックキューブ事件（東京高判平13.12.19判時1781号142頁）では、類否の判断にあたっては、それ単独では商品等表示性が認められない商品形態を除外した具体的構成態様を要部として検討する必要があるというべきであるとして、商品の全体を比較して商品等表示の類似性を否定した。

（注3）　バイタリス事件（大阪高判昭43.12.13判時564号85頁）、フクロウ図形事件（大阪高決昭48.5.17無体集5巻1号107頁）、ジーンズ刺繍事件控訴審（東京高判平13.12.26判時1788号103頁）、Asahiロゴ事件（東京高判平8.1.25知裁集28巻1号1頁）など。

4　使用

「使用」とは、他人の商品等表示を商品又は営業に用いることを指すものである。他人の商品等表示の「使用」は、商品自体に用いることに加え、商品の容器や包装、広告に用いる場合などを含むが、他人の商品等表示を自他識別機能又は出所識別機能を果たす態様で使用していない場合には、商品等表示の「使用」には該当しない[注]。

（注）　ベレッタ銃事件（東京地判平12.6.29判時1728号101頁）では、モデルガンについて、模型の形状や模型に付された表示が本物のそれと同一であったとしても、模型の当該形状や表示は、模型としての性質上必然的に備えるべきものであって、自他商品識別機能や出所表示機能を果たす態様で用いられているものではないから、他人の商品等表示の使用には該当しないとした。

また、香りのタイプ事件（東京高判昭56.2.25無体集13巻1号134頁）では、香水の広告に、有名ブランドの香水と似たタイプの香水である旨表示することが商品等表示としての使用とはいえないとした（もっとも、シャネル香水事件（東京地判平5.3.24判時1457号137頁）では、有名ブランドの香水と似たタイプの香水である旨表示が商標権侵害になっている。）。また、うるおいウォーター事件（東京地判平16.5.31最高裁HP）では、化粧水のラベルに表示された商品の成分の記載は、商品の品質、内容を示す表示であって、商品の出所を示す表示であるとは認識されないとして商品等表示としての使用を否定した。

さらに、朝バナナ事件（東京地判平21.11.12最高裁HP）では、自己の商品表示中に、他人の商品等表示が含まれていたとしても、その表示の態様からみて、専ら、商品の内容・特徴等を叙述、表現するために用いられたにすぎない場合には、他人の商品等表示と同一又は類似のものを使用したと評価することはできないとして、原告の標章（朝バナナ）を被告書籍に用いたことについて、商品等表示の使用を否定した。

「石けん百貨」事件（大阪高判平29.4.20判時2345号93頁）では、インターネット上の検索連動型広告において、そのハイパーリンク先の商品等の一覧表示の画面に原告の商品が陳列表示されたとしても、そのことをもって直ちにインターネットショッピングモール運営者が原告の標章を付したということはできないこと等を理由に、商品等表示として使用されているとは認められないと判示した。

5　譲渡し、引き渡し、譲渡若しくは引渡しのために展示し、輸出し、輸入し、若しくは電気通信回線を通じて提供して(注1)

「譲渡し、引き渡し、譲渡若しくは引渡しのために展示し、輸出し、輸入」する行為とは、占有、所有権の移動の別、取引の準備行為や取引相手の所在にかかわらず商品を取引に置く一切の行為をいう。

具体的には、「譲渡」とは、当該商品の所有権を他人に移転する行為をいい、その有償、無償を問わない。また、「引き渡し」とは、所有権の移転を伴わず、商品の現実的支配（占有）を移転する行為をいい、その有償、無償を問わない。次に、「展示」は、譲渡若しくは引渡しのための展示に限定されている。さらに、「輸出」は国内において生産された商品を国外市場に搬出する行為、「輸入」は外国において生産された商品を国内市場に搬入する行為をいう。

また、平成15年改正により、新たに「電気通信回線を通じて提供」する行為が加わった。それまでは、他人の表示を不正に付した（組み込んだ）プログラムをネットワークを通じて販売する行為が、「譲渡」「引渡し」に該当するのか規定上明確ではなかった。このため、平成14年商標法改正と同様に解される表示に関する「不正競争」行為(注２)については、対象となる行為に「電気通信回線を通じて提供」する行為を加えることにより、プログラムのネットワークを通じた提供にも不正競争防止法の保護が確実に及ぶことを明確にした。

なお、「電気通信回線」は、インターネットや企業内LANなどの情報通信網を意味し、有線であるか無線であるかを問わない。また、光ファイバーによる通信網も含まれる。ただし、「回線」については、両方向からの通信を伝送するための無線又は有線と解されており、一方向にしか情報を送信できない放送網は「電気通信回線」には含まれない。

（注１）　平成５年改正前の「拡布」とは、商品を取引に置く一切の行為をいう（したがって、「販売」「輸出」も「拡布」に含まれるが、「販売」に関しては立法当時から、「輸出」に関しては昭和25年改正時に書き分けられた経緯がある。）。もっとも、「拡布」の用語は、国民にとって必ずしもなじみのある語ではないので、平成５年改正法において、「販売、拡布、輸出」を商標法第２条第３項第２号にならい、「譲渡し、引き渡し、譲渡若しくは引渡しのために展示し、輸出し、若しくは輸入し」と書き直したものである。

（注２）　不正競争防止法第２条第１項第１号・第２号・第17号・第18号・第20号・第22号、第16条、第17条、第19条。

6　混同を生じさせる

混同は、現に発生している必要はなく、混同が生ずるおそれがあれば足りると解されている。「混同を生じさせる行為」には、被冒用者と冒用者との間に競業関係が存在することを前提に直接の営業主体の混同を生じさせる「狭義の混同惹起行為」(注１)のみならず、緊密な営業上の関係や同一の表示を利用した事業を営むグループに属する関係があると誤信させるような「広義の混同惹起行為」をも包含するものと解されている(注２)。

混同の判断は、表示の使用方法、態様等の諸般の事情をもとに、一般人を基準として判断すべきであるとされている(注３)。

（注１）　永大産業事件（東京地判昭40.12.21不競集〔古関〕826頁）では、「不正競争防止法が不正競争の要件の一として営業上の施設または活動の混同を挙げているのは混同の対象となる営業が競業関係にあることを前提としていることは、いうまでもない」とされた。

（注２）　スナックシャネル事件（最判平10.９.10判時1655号160頁）では、「広義の混同惹起行為」とは、「他人の周知の営業表示と同一又は類似のものを使用する者が自己と右他人とを同一営業主体として誤信させる行為のみならず、両者間にいわゆる親会社、子会社の関係や系列関係などの緊密な営業上の関係又は同一の表示の商品化事業を営むグループに属する関係が存すると誤信させる行為」とされた。また、当該判例は、不正競争防止法の平成５年改正によって第２条第１項第２号に混同を要件としない著名表示の保護が規定された後も、同項第１号の周知表示の保護においては、従来どおり「混同」とは広義の混同を含むものであることを確認した点にも意義を有する。

（注３）　ヤンマー・ラーメン事件（大阪高判昭47.２.29無体集４巻１号66頁）、西日本ディズニー事件（福岡地判平２.４.２判時1389号132頁）など。オービックス事件（知財高判平19.11.28最高裁HP）では、混同を生じさせる行為の判断にあたっては、一般取引者及び需要者一般の心理に基準を置き、日常一般に払われる注意力の下で混同のおそれがあるか否かが問われるものと解すべきであるとしている。

第3節　著名表示冒用行為（第2条第1項第2号関係）

> （定義）
> **第二条**　この法律において「不正競争」とは、次に掲げるものをいう。
> 　二　自己の商品等表示として他人の著名な商品等表示と同一若しくは類似のものを使用し、又はその商品等表示を使用した商品を譲渡し、引き渡し、譲渡若しくは引渡しのために展示し、輸出し、輸入し、若しくは電気通信回線を通じて提供する行為

1　趣旨

本号は、他人の著名な商品等表示の冒用行為を「不正競争」の一類型として定めた規定である。

第2条第1項第1号の他人の周知な商品等表示の冒用に対する規制は、「混同」を要件としている。「混同」の概念は、基本的には、被冒用者と冒用者との間に競業関係が存在することが前提とされている[注1]。これを狭義の混同という（前述第2節2 6参照）。

しかし、現代における経営の多角化、企業の系列化・グループ化等の傾向に伴い、被冒用者と冒用者との間に直接の競業関係がなくても、両者間に取引上、経済上又は組織上何らかの関係があるのではないかとの誤信が生ずる場合があり、判例もこのような場合にも混同を認めていた[注2][注3][注4]。これを狭義の混同と区別して広義の混同という（前述第2節2 6参照）。

さらに、現代の情報化社会において、様々なメディアを通じ商品表示や営業表示が広められ、そのブランド・イメージが極めてよく知られるものとなると、それが持つ独自のブランド・イメージが顧客吸引力を有し、個別の商品や営業を超えた独自の財産的価値を持つに至る場合がある。このような著名表示を冒用する行為が行われると、たとえ混同が生じない場合

であっても、冒用者は自らが本来行うべき営業上の努力を払うことなく著名表示の有している顧客吸引力に「ただのり（フリーライド）」することができる一方で、永年の営業上の努力により高い信用・名声・評判を有するに至った著名表示とそれを本来使用してきた者との結びつきが薄められる（希釈化、ダイリューション）ことになる。

平成5年改正前の判例は、現実には混同が生じているかどうかは疑わしいのではないかと考えられる事案についても、表示が著名である場合には、混同を認定することで事実上、著名表示の保護を図っていた[注5]。

かかる旧法下の判例の結論は、具体的事案の解決としては妥当なものと評価されていたが、混同を認定した点については解釈論の限界を超えているのではないかとの指摘がなされていた。

このような著名表示の冒用事例においては、高い信用・名声・評判を有する著名表示の財産的価値が侵害されていることそれ自体が問題であって、「混同」が生じているか否かは必ずしも重要ではないと考えられることから、平成5年改正時に、他人の著名な商品等表示の冒用行為について、混同を要件とすることなく不正競争と位置付ける本号の規定が新設された。

（注1）　前掲第2節②6（注1）永大産業事件（東京地判昭40.12.21不競集〔古関〕826頁）。

（注2）　三菱建設事件（大阪高判昭39.1.30下民集15巻1号105頁）では、三菱建設株式会社の商号と三菱マーク類似のサービスマークの使用が、世人に対し、「いわゆる三菱系諸会社の一員であるかのごとく誤信させる」として混同のおそれを認めた。

（注3）　前掲第2節②3（注1）日本ウーマン・パワー株式会社事件（最判昭58.10.7民集37巻8号1082頁）では、混同を生ぜしめる行為は、「他人の周知の営業表示と同一又は類似のものを使用する者が同人と右他人とを同一営業主体として誤信させる行為のみならず、両者間にいわゆる親会社、子会社の関係や系列関係などの緊密な営業上の関係が存するものと誤信させる行為をも包含する」と判示した。

（注4）　前掲第2節②1（注2）フットボール・シンボルマーク事件（最判昭59.5.29民集38巻7号920頁）では、混同を生ぜしめる行為には、「周知の他人の商品表示又は営業表示と同一又は類似のものを使用する者が、自己と右

他人とを同一の商品主体又は営業主体と誤信させる行為のみならず、自己と右他人との間に同一の商品化事業を営むグループに属する関係が存するものと誤信させる行為をも包含し、混同を生ぜしめる行為というためには両者間に競争関係があることを要しない」と判示した。

（注５）　ラブホテルシャネル事件（神戸地判昭62．３．25無体集19巻１号72頁）では、「シャネルグループは、現在までのところこれ以外の分野に進出したことはなく、目下ホテルの経営に乗り出す計画もないというのであるから、原告と被告とはその業種を全く異にし、当面競業関係に立つことはないものと認められる。しかしながら、原告の属するファッション関連業界においても経営が多角化する傾向にあり、著名なデザイナーの名を冠したいわゆるブランド商品が多数出回っている現状に思いを致すとき、少なくとも一般消費者において本件ホテルが原告らシャネルグループと業務上、経済上又は組織上何らかの連携関係のある企業の経営に係るものと誤認する虞を否定することはでき」ないとして混同を認定した。

２　要件

１　自己の商品等表示として

本号の対象となるのは、著名な商品等表示を「自己の商品等表示として」使用した場合に限られる[注]。したがって、類似表示が物理的に付されていても、出所を識別する機能を果たしていない場合には、商品等表示としての使用に該当しない。なお、「商品等表示」の意味は、第２条第１項第１号と同様である。

（注）　食べログ事件（札幌地判平26．９．４最高裁HP）では、飲食店（本件店舗）を経営する原告が、インターネット上に公開されている「食べログ」と称するウェブサイト（本件サイト）を運営管理している被告に対し、本件サイト内のウェブページ（本件ページ）に本件店舗に関する情報（店舗の名称を含む。）を掲載していることが第２条第１項第２号の不正競争行為に該当すると主張した事案において、「被告が本件サイト内に本件ページを掲載して一般に公開することにより行っている本件名称を表示する行為は、ユーザー会員が本件店舗の評価等に関する口コミを投稿し、一般消費者が本件サイトを利用するに当たって、本件店舗を本件サイト内において特定したり、本件ページのガイドや口コミが本件店舗に関するものであることを示したりするために用いているもので、本件サイトの内容の一部を構成するにすぎないものといえる」から、被告

が自己の商品等表示として原告の商品等表示と同一・類似のものを使用していると認めることはできないとされた。

2　著名(注1)

第2条第1項第1号の混同惹起行為では、周知な表示を使用して、混同を生じさせることを不正競争としているが、ここでいう「周知」は、全国的に知られている必要はなく、一地方において広く知られていれば足りると解されている。

これに対して、本号は、混同を要件とすることなく不正競争とするものであるから、対象となる表示は単に広く認識されている以上のものとすべきであり、その趣旨を明らかにする必要がある。そのようなものとして、本規定では「著名」の語を使用している。

具体的にどの程度知られていれば「著名」といえるかについては、個別具体の事例に応じて判断される問題であるが、著名表示の保護が広義の混同さえ認められない全く無関係な分野にまで及ぶものであることから、通常の経済活動において、相当の注意を払うことによりその表示の使用を避けることができる程度にその表示が知られていることが必要であり、具体的には全国的に知られているようなものを想定している(注2)(注3)。なお、商品の形態については、商品等表示としての著名性を認めることは一般には困難であるとされている(注4)。

（注1）　本号の趣旨からも明らかなように、著名表示を冒用する行為が、著名表示の顧客吸引力に「ただのり（フリーライド）」し、著名表示とそれを本来使用してきた者との結びつきが薄められたり（希釈化、ダイリューション）、著名表示のブランド・イメージが汚染（ポリューション、ターニッシュメント）されるものと評価される場合にはじめて本号の対象となる。

（注2）　商標法第4条第1項第8号の「著名」に関する判例として、「商標法第4条第1項第8号により、他人の商標登録を阻止すべき『略称』の著名性とは、……一地方のものでは足らず、全国的なものでなければならない」とした月の友の会事件（東京高判昭56.11.5無体集13巻2号793頁。なお、上告審は最判昭57.11.12民集36巻11号2233頁）や、「同号が略称について規定する著名性とは、略称について、使用する者が恣意的に選択する余地のない氏名と同様に保護するための要件であるから、それが認められるためには、当該略

称が、我が国において、特定の限られた分野に属する取引者、需要者にとどまらず、その略称が特定人を表示するものとして、世間一般に広く知られていることが必要であるというべきである」としたセシルマクビー事件（東京高判平16．８．９判時1875号130頁）がある。

（注３）　著名な商品表示であるとして本号の該当性が認められた判例としては、セイロガン糖衣A事件（大阪地判平11．３．11判タ1023号257頁。なお、同事件では、「セイロガン糖衣A」という商品表示が、原告商品を識別する周知著名な商品表示になっており、普通名称を普通に使用する方法で使用したものでないとされたが、正露丸に係る別の表示に関する訴訟（「正露丸」という表示について普通名称とした事件）については、前掲第２節②１（注８）正露丸事件（大阪地判平24．９．20判タ1394号330頁、大阪高判平25．９．26最高裁HP）参照。）、アリナビッグ事件（表示は「アリナミンA25」）（大阪地判平11．９．16判タ1044号246頁）、ルイ・ヴィトン事件（東京地判平30．３．26最高裁HP。ルイ・ヴィトンのモノグラム表示に著名性を認めた例）等がある。このほかに著名性が認められた商品等表示としては、「MOSCHINO」、「JACCS」、「虎屋」、「J-PHONE」、「青山学院」、「ELLE」、「菊正宗」、「Budweiser」、「マクセル」等がある。

（注４）　前掲第２節②４（注）ベレッタ銃事件（東京地判平12．６．29判時1728号101頁）では、商品の形態が、自他商品の識別機能を有するに至って商品等表示と認められる場合であっても、商品の形態は具体的な商品の形態として需要者に記憶されるものであるから、右形態が当該商品の分野を超えて他の種類の商品の分野にまで出所表示機能を獲得することは、一般的には困難であり、ましてや、商品の形態が、特定の種類の商品の分野を超えて、著名な商品表示となることは、ほとんど想定できないところであるとして著名性を否定した。

3　同一若しくは類似の表示

著名な商品等表示と同一の表示のみならず、類似の表示すなわち著名な表示が容易に想起される表示についても、その使用により同一の表示の冒用と同様の効果が生ずることから、類似の表示も対象としている(注)。

（注）　第２号の類似判断に関する最高裁判例はないものの、裁判例としては、前掲第２節②１（注８）のとおり、「正露丸」に関する事件において、「特定の商品表示が法２条１項１号又は２号にいう他人の商品表示と類似のものか否かを判

断するに当たっては、取引の実情の下において、取引者、需要者が、両者の外観、称呼、又は観念に基づく印象、記憶、連想等から両者を全体的に類似のものとして受け取るおそれがあるか否かを基準として判断するのが相当である」と判示したものがある（正露丸事件（大阪地判平24．9．20判タ1394号330頁、大阪高判平25．9．26最高裁HP）。その後、上告不受理で確定）。

第４節　他人の商品の形態を模倣した商品を譲渡等する行為（第２条第１項第３号関係）

（定義）
第二条　この法律において「不正競争」とは、次に掲げるものをいう。
三　他人の商品の形態（当該商品の機能を確保するために不可欠な形態を除く。）を模倣した商品を譲渡し、貸し渡し、譲渡若しくは貸渡しのために展示し、輸出し、又は輸入する行為

1　趣旨

本号は、他人の商品の形態を模倣した商品の譲渡等の行為を「不正競争」の一類型として定めた規定である。

商品ライフサイクルの短縮化、流通機構の発達、複写・複製技術の発展を背景として、他人が市場において商品化するために資金・労力を投下した成果の模倣が極めて容易に行い得る事態が生じている。このような模倣品・海賊版を放置すると、模倣者は商品化のためのコストやリスクを大幅に軽減することができる一方で、先行者の市場先行のメリットは著しく減少し、模倣者と先行者との間に競争上著しい不公正が生じ、個性的な商品開発、市場開拓への意欲が阻害されることになり、公正な競業秩序を崩壊させることにもなりかねない。

こうした点を踏まえれば、個別の知的財産権の有無にかかわらず、他人が商品化のために資金・労力を投下した成果を他に選択肢があるにもかかわらずことさら完全に模倣して、何らの改変を加えることなく自らの商品として市場に提供し、その他人と競争する行為は、競争上、不正な行為として位置付けられる必要があった(注１)。

このような観点から、平成５年改正時に、他人の商品の形態(注２)を模倣した商品を譲渡等する行為を不正競争と位置付ける本号の規定が新設され

た。

なお、平成5年改正前においても、他人の商品の形態を模倣した商品を譲渡等する行為は、当該商品の形態が意匠法や著作権法の創作性の要件を満たす場合には、それぞれの法律の対象とされ、また、商品表示性を獲得した場合には、本法の対象とされていた。しかし、逆に、上記のいずれにも該当しない場合には、他人の商品の形態をいかに完全に模倣しても被害者が差止めを求めることができず、模倣商品に対し効果的な対応が図れない状況にあった(注3)(注4)。

また、諸外国においては、商品の形態を模倣した商品を譲渡等する行為は、自由競争のもとで本来許されている他人の成果の利用の範囲を逸脱する違法な行為であると観念されていた(注5)。

（注1）　裁判例でも「不正競争防止法が形態模倣を不正競争であるとした趣旨は、商品開発者が商品化に当たって資金又は労力を投下した成果が模倣されたならば、商品開発者の市場先行の利益は著しく減少し、一方、模倣者は、開発、商品化に伴う危険負担を大幅に軽減して市場に参入でき、これを放置すれば、商品開発、市場開拓の意欲が阻害されることから、先行開発者の商品の創作性や権利登録の有無を問うことなく、簡易迅速な保護手段を先行開発者に付与することにより、事業者間の公正な商品開発競争を促進し、もって、同法1条の目的である、国民経済の健全な発展を図ろうとしたところにあると認められる。」とされているスティック加湿器事件（知財高判平28.11.30判時2338号96頁）。

（注2）　データベースのいわゆるデッドコピーについては、平成4年産業構造審議会知的財産政策部会中間答申「不正競争防止法の見直しの方向」において「データベースの模倣行為の規制のあり方については、情報処理技術の進展、諸外国における規制の方向について見極めつつ、今後更に検討していくことが必要である」とされた。

さらに平成17年産業構造審議会知的財産政策部会報告書「不正競争防止法の見直しの方向性について」において「不正競争防止法による保護については、様々な意見と制約」があり、「データベースの保護の仕組みとして、従来からのEU及び韓国の保護制度との整合性や、米国の立法動向の観点に加え、量的概念を取り入れることや、派生的行為の補捉の観点、現行の著作権法にはない『利用権』の創設の可能性なども踏まえつつ、今回の不正競争防止法改正では対応できなかった要請に対応できる法的枠組みも含め、検討を行うことが適切であると考えられる」とされたため、データベースのいわゆるデッドコピーに関する規定は設けられていない。

（注３）　平成５年改正前の状況は、以下のとおりである。

①　意匠法上は、商品の形態が、意匠の定義（「物品の形状、模様若しくは色彩又はこれらの結合であって、視覚を通じて美感を起こさせるもの」であること）に合致し、かつ意匠の登録要件（工業上の利用可能性、新規性及び創作性を有すること）を満たせば、意匠権の登録後に、意匠権侵害行為に対して差止請求、損害賠償請求等が認められる。

②　著作権法上は、商品の形態が、著作権法の「美術の著作物」に該当する場合には、著作権法の保護が認められる。しかし判例によれば、量産される実用品の場合には、純粋美術と同視し得るような高度の芸術性を有する場合に限って「美術の著作物」に該当するとされる。

著作権法上の保護を認めた事例としては、仏壇彫刻事件（神戸地姫路支判昭54.７.９無体集11巻２号371頁）、アメリカTシャツ事件（東京地判昭56.４.20無体集13巻１号432頁）等があり、他方、著作権法上の保護を否定した事例としては、木目化粧紙事件（東京高判平３.12.17知裁集23巻３号808頁）等がある（なお、平成５年後の裁判例であるが、前掲第２節②１（注22）トリップトラップ（TRIPP TRAPP）事件（知財高判平27.４.14最高裁HP）においても、幼児椅子について「美術の著作物」に該当するとされた。もっとも、著作物性が認められる部分と類似しているとはいえないとされた。）。

③　旧法第１条第１項第１号は、他人の氏名、商号、商標等他人の商品たることを示す表示（商品表示）が広く認識されている場合に、その商品表示と同一又は類似の商品表示を使用し、その他人の商品表示と混同を生じさせる行為に対し、差止請求及び損害賠償請求等を認めている。

商品の形態は、本来その商品の実用的機能の発揮、美的効果の見地から選択されるものであり、商品の識別機能を持つものではないが、形態がその独自性、長期間の継続的な使用あるいは集中的な宣伝効果等によって商品識別機能を獲得した場合には、商品表示としても機能することになる。したがって、商品の形態も商品表示と認められる場合には、一定の要件（商品表示が広く認識されており、混同を惹起すること）のもとに、差止請求及び損害賠償請求等が認められている。実際に同号のもとで商品の形態にも商品表示性が認められた事例としては、前掲第２節②１（注15）ナイロール眼鏡枠事件（東京地判昭48.３.９無体集５巻１号42頁）、キーホルダー事件（東京地判平2.8.31特許と企業262号35頁、東京高判平3.11.28特許と企業278号47頁）のほか多数が挙げられる。

④　民法第709条は「故意又ハ過失ニ因リテ他人ノ権利ヲ侵害シタル者ハ之ニ因リテ生シタル損害ヲ賠償スル責ニ任ス」（平成16年改正前）と規定しており、商品の形態を模倣した商品を譲渡等する行為がこの要件を満たす場合には不法行為が成立する。

ただし、不法行為が成立しても、損害賠償請求が認められるのみで、差止請求は認められない。裁判例（前掲木目化粧紙事件）では、木目化粧紙の原画を製作し、これを原版として印刷した家具用化粧紙を販売していた原告が、同製品を写真撮影し、製版・印刷して家具用化粧紙として販売した被告に対し、差止め・損害賠償を求めた事例において、「被告製品の模様は、色調の微妙な差異を除けば、原告製品の模様と寸分違わぬ、完全な模倣（いわゆるデッドコピイ）であることが明らかである」として、民法第709条の不法行為に基づく損害賠償請求を認めたが、差止請求については、「特別にこれを認める法律上の規定の存しない限り」許されないとしている。

（注4）　裁判において本号が活用された事例としては、前掲第1節[2]4（注4）たまごっち事件（東京地判平10.2.25判タ973号238頁）、網焼きプレート事件（大阪地判平10.9.17判タ1021号258頁）、前掲第1節[2]3（注7）タオルセット事件（大阪地判平10.9.10知裁集30巻3号501頁）、前掲第1節[2]4（注4）腕時計事件（東京地判平11.6.29判時1692号129頁）、前掲第1節[2]3（注1）小型ショルダーバッグ（甲）事件（東京地判平13.1.30最高裁HP）、前掲第1節[2]4（注4）小型ショルダーバッグ（乙）事件（東京高判平13.9.26判時1770号136頁）等がある。

（注5）　諸外国の状況は、以下のとおりである。

①　ドイツ

ドイツ不正競争防止法は第1条に「業務上の取引において競争の目的をもって善良の風俗に反する行為をなす者に対しては、差止め及び損害賠償を請求することができる」との一般条項を有しており、同条項に基づき、判例法上「他人の成果の利用」の法理が確立しており、デッドコピーを規制している。

なお、「他人の成果の利用」の法理は、さらに以下の二つに分かれるとされる。

a．隷属的模倣　　他人の成果を手本として用い、自ら創作をなす行為であり、この場合は模倣自由の原則が妥当するが、特段の事情がある場合は違法とされる。違法性は、創作物の価値（競業上の特異性と市場における占有状態）と、模倣者側の特段の事情（出所混同の防止措置の懈怠、不正入手、信頼破壊、計画的妨害等）を考慮して判断される。

b．直接的利用　　労力とコストをかけて獲得された他人の成果を、機械的な複製方法で自らのコストを省きつつ、又は自らの改良を加えずに、自らの成果として利用する行為は、違法とされる。

② スイス

昭和61（1986）年の不正競争防止法全面改正の際に、ドイツの直接的利用の法理を実定法化し、デッドコピーを規制している。

スイス不正競争防止法第5条c項において、「不正行為を行う者」として「市場性の熟した他人の作業の成果を自ら固有の相当な費用を費やすことなく技術的な複製手段を通じてそのまま引き写し、利用する者」と規定されている。

③ 米国

コモンロー上、ミスアプロプリエーション（不正使用）の法理があるとされる。右法理の成立のためには、一般的には、a. 原告が当該物の制作に多大の時間・努力・資金を費やしたこと、b. 被告がその物をほとんどあるいは全く無償で利用したため、被告の行為が「種まかざる場所から刈り取る」ものと性格づけられること、c. 原告が被告の行為により損害を被っていること、が要件とされる。

2 要件

1 「商品の形態」「模倣する」

「商品の形態」「模倣する」に関しては、平成17年改正により、規定を明確化するために定義規定が設けられたので（「商品の形態」につき第2条第4項、「模倣する」につき第2条第5項）、該当部分を参照されたい。

2 「商品の機能を確保するために不可欠な形態」

商品の形態のうち、「商品の機能を確保するために不可欠な形態」については、その形態をとらない限り、商品として成立しえず、市場に参入することができないものであり、特定の者の独占的利用に適さないものであって、その模倣は競争上不正とはいえないため、「商品の形態」から除外することとした。

これは、平成17年改正前において、「当該他人の商品と同種の商品（同種の商品がない場合にあっては、当該他人の商品とその機能及び効用が同一又は類似の商品）が通常有する形態を除く」との規定であったが、その意義が不明確であるとの指摘がなされていたことから、判例の蓄積等を踏まえて、平成17年に改正されたものである。

したがって、平成17年改正前に、「商品の形態」から除外されていた形態については、改正後も除外されることになる。具体例としては次のようなものが想定できる。

① 端末機とプリンター等の間の接続用コードのプラグは、本体側の端子とかみあうようになっており、そのかみあう部分の形態は、プラグの商品の機能を確保するために不可欠な形態であり、この部分を模倣しても「不正競争」には当たらない。

② コップの形態として、中に液体を入れるためには側面と底面を有しているのは商品の機能を確保するために不可欠な形態である。しかし、コップの縁の形状や側面の模様が特徴的であるような場合、このような特徴的な部分まで模倣することは「不正競争」に該当する。

3 「貸し渡し」「貸渡しのために展示し」

本号では、意匠法等にならい、「貸し渡し」「貸渡しのために展示し」を対象となる行為としている。「貸し渡し」とは、単なる占有の移転ではなく、賃借権などの権利を設定した上での占有の移転をいう。これは、他人の商品形態を模倣した商品の提供行為の規制が事業者の営業上の利益を保護するものであることによるものである。

これに対して、混同惹起行為の規制は一般公衆の混同を防ぐ趣旨をも含むものであるから、物の現実的な支配の移転である「引き渡し」又は「引渡しのために展示し」の段階で差止めを認めることとしたものである。

4 模倣行為自体を「不正競争」としない理由

模倣行為自体を規制対象とすると試験研究のための模倣行為まで規制対

象とされるなど規制が過度になり、妥当ではない。このため、本号では、模倣行為自体を「不正競争」とはせず、模倣した商品を譲渡等する行為のみを「不正競争」とすることとしている。

5　請求権者

本号の請求主体は、原則として、形態模倣の対象とされた商品を自ら開発・商品化して市場に置いた先行開発者である(注１)。したがって、販売権者は原則として含まれないが、独占的販売権者については保護の主体とされた事例がある(注２)。

（注１）　エルメス・バーキン事件（東京地判平13．8．31判時1760号138頁）では、有名ブランドの商品を模倣した商品を販売する原告について請求主体性が否定された。また、猫の手シミュレーションゲーム事件（東京地判平12．7．12判時1718号127頁）では、共同して商品を開発した者など、商品を市場に置くに際し、費用や労力を投下した者にとっては、当該商品は「他人の商品」ではないため、このような者に対して本号に基づく請求はできないとした。

（注２）　キャディバッグ事件（東京地判平11．1．28判時1677号127頁）では、日本国内での商品の独占的販売権者について請求主体性が否定されたが、他方、ヌーブラ事件（大阪地判平16．9．13判時1899号142頁）、水切りざる事件（大阪地判平23．10．3判タ1380号212頁）では、商品の独占的販売権者が、不正競争防止法第２条第１項第３号の不正競争行為につき保護の主体となり得ることが認められている。

第5節　営業秘密に係る不正行為（第2条第1項第4号～第10号関係）

1　趣旨

第2条第1項第4号～第10号は、営業秘密に係る不正行為を「不正競争」の一類型として定めた規定である。

営業秘密の漏えいに対する法整備については、昭和40年代に検討された改正刑法草案において「企業秘密の漏示」に関する罪を設けることが議論されたが、職業選択の自由や内部告発、報道の自由などとの関係から強い反対論があり、とりわけ公害問題が深刻となっていた時代背景も影響して実現されなかった。

その後、昭和50年代後半以降の、特に急速な技術革新の進展や、経済社会の情報化などを背景として、製造ノウハウなどの技術情報の重要性が増大する一方、企業間の取引が増大し、営業秘密を他社に不正に取得、使用、開示されてしまうことが深刻な問題として認識されるようになり、民法第709条（不法行為）による損害賠償請求のみでは、保護が不十分であるとの認識が増大してきた。こうした状況と、GATT・ウルグアイ・ラウンド交渉における営業秘密の保護のニーズの高まりといった国際的な議論を背景に、平成2年改正により、営業秘密に係る不正行為の類型を規定し、営業秘密に係る不正行為に対し差止請求権を認める等の法整備を行った。

その後、平成5年改正により、法律の全体的整備を図り、わかりやすいものとするために、新たに独立した営業秘密の定義規定を設けて、第2条第1項第4号～第9号において営業秘密に係る不正行為を列挙し、さらに、用字・用語について現代語化を図った。

また、平成14（2002）年に策定された「知的財産戦略大綱」において、企業が営業秘密に関する管理強化のための戦略的なプログラムを策定できるよう、参考となるべき指針を作成すべきとされたことを受けて、平成15年1月に経済産業省が「営業秘密管理指針」をとりまとめた。

さらに、ネットワーク化の進展、情報技術の進歩、経済構造改革の加速による人材の流動化、グローバル化の中での企業の競争力の維持・強化のための技術的優位の重要性、アジア諸国の技術的台頭などを背景に、営業秘密に係る不正行為のうち、特に違法性の高い行為類型について平成15年改正において刑事罰の対象とする規定を導入し、その後、平成17年改正、平成18年改正及び平成21年改正においても保護の強化を行い、平成23年改正において営業秘密の内容を保護するための刑事訴訟手続の整備を行った。

その後、営業秘密管理指針については、平成27年１月に、営業秘密として差止請求等の法的保護を受けるために必要となる最低限の水準の対策を示したものとして全部改訂し(注)、その後、平成31年１月には、ビッグデータ、AIの活用といった第四次産業革命の進展を背景に、営業秘密の三要件に該当するための管理の在り方等について追加する改訂が行われた。

平成27年改正では、近年の企業の知財戦略としての「オープン&クローズ戦略」の広まりによる知財の秘匿化（営業秘密）の再認識、営業秘密漏えいに関する大型事案の顕在化等を背景に、営業秘密侵害品の譲渡等の規制の新設、営業秘密侵害罪の罰金刑の上限の引上げ等営業秘密の保護がさらに強化された。刑事罰については、後述の第７章に譲ることとする。

なお、裁判手続における営業秘密の保護については、平成16（2004）年の「裁判所法等の一部を改正する法律」により民事訴訟手続において、平成23年改正により刑事訴訟手続において、その保護が強化された。

（注）改訂前の「営業秘密管理指針」は営業秘密に関する不正競争防止法の解釈のみならず、情報管理に関するベストプラクティス及び普及啓発的事項も含んでいたが、「知的財産推進計画2014」における、「営業秘密管理指針において、法的に営業秘密として認められるための管理方法について、事業者にとってより分かりやすい記載とするよう改める」との記載を受け、改訂したものである。

2　営業秘密に係る不正行為の類型

営業秘密に係る不正行為は、大きく分けると以下のパターンに分類される。

［図表2－3－3］　営業秘密侵害行為類型（民事）

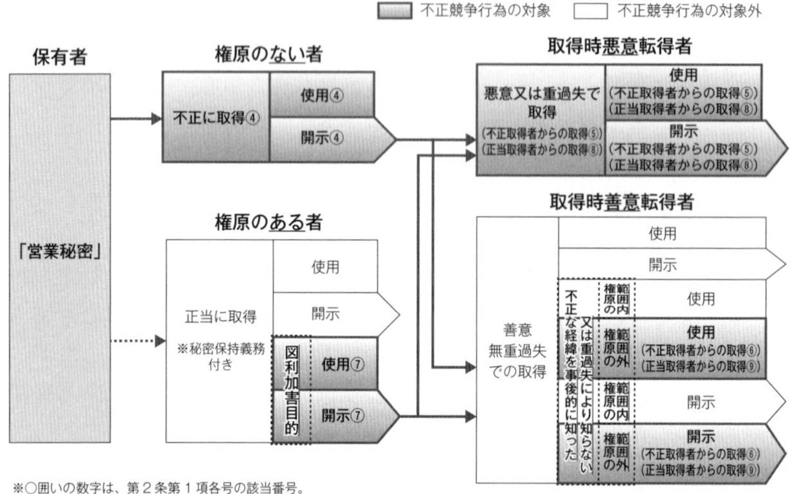

※○囲いの数字は、第2条第1項各号の該当番号。
※「悪意又は無過失」は、当該行為があったことを知っている、あるいは重大な過失により知らないことを示す。
※「善意・無重過失」は、当該行為があったことを、重大な過失なく知らないことを示す。
※**不正使用行為によって生じた物の取扱い**については、営業秘密の不正使用により生じた物の譲渡等も、**対象とする⑩**。

⑴　不正取得類型（第2条第1項第4号）

　営業秘密保有者から不正な手段で営業秘密を取得し、その取得した営業秘密を使用、開示する行為

⑵　信義則違反類型（第2条第1項第7号）

　営業秘密保有者から正当に示された営業秘密を不正に使用、開示する行為

⑶　転得類型（第2条第1項第5号・第6号・第8号・第9号）

①取得時悪意転得類型

(i)　第2条第1項第4号の営業秘密不正取得行為の介在について知って（悪意）又は重過失により知らないで営業秘密を取得し、その取得した営業秘密を使用、開示する行為（第2条第1項第5号）

(ii)　第2条第1項第7号の営業秘密不正開示行為の介在等について悪意又は重過失で営業秘密を取得し、その取得した営業秘密を使用、開示する行為（第2条第1項第8号）

②取得時善意転得類型

(i)　営業秘密を取得した後に、営業秘密不正取得行為（第２条第１項第４号）の介在について悪意又は重過失で当該営業秘密を使用、開示する行為（第２条第１項第６号）

(ii)　営業秘密を取得した後に、営業秘密不正開示行為（第２条第１項第７号）の介在等について悪意又は重過失で当該営業秘密を使用、開示する行為（第２条第１項第９号）

(4)　営業秘密侵害品譲渡等類型（第２条第１項第10号）

(1)～(3)の不正使用行為により生じた物を譲渡等する行為

1　第２条第１項第４号

（定義）

第二条　この法律において「不正競争」とは、次に掲げるものをいう。

四　窃取、詐欺、強迫その他の不正の手段により営業秘密を取得する行為（以下「営業秘密不正取得行為」という。）又は営業秘密不正取得行為により取得した営業秘密を使用し、若しくは開示する行為（秘密を保持しつつ特定の者に示すことを含む。次号から第九号まで、第十九条第一項第六号、第二十一条及び附則第四条第一号において同じ。）

本号は、窃取等の不正な手段により、営業秘密保有者から営業秘密を取得しようとする行為及び不正取得後に使用又は開示する行為は、取得行為自体の違法性が極めて強い行為であることから、これらを「不正競争」と位置付けたものである。

例えば、情報管理室の操作担当者に虚偽の事実を述べて顧客情報を印刷させて取得した行為[注１]、印刷機等の設計図の電子データを無断で複製し、これを使用・開示する行為[注２]等がこれに当たる。

「窃取、詐欺、強迫その他の不正の手段」の「窃取」「詐欺」「強迫」は、不正の手段の例示として挙げたものであり、「その他の不正の手段」とは、窃盗罪や詐欺罪等の刑罰法規に該当するような行為だけでなく、社会通念上、これと同等の違法性を有すると判断される公序良俗に反する手段を用

［図表2－3－4］　第2条第1項第4号類型

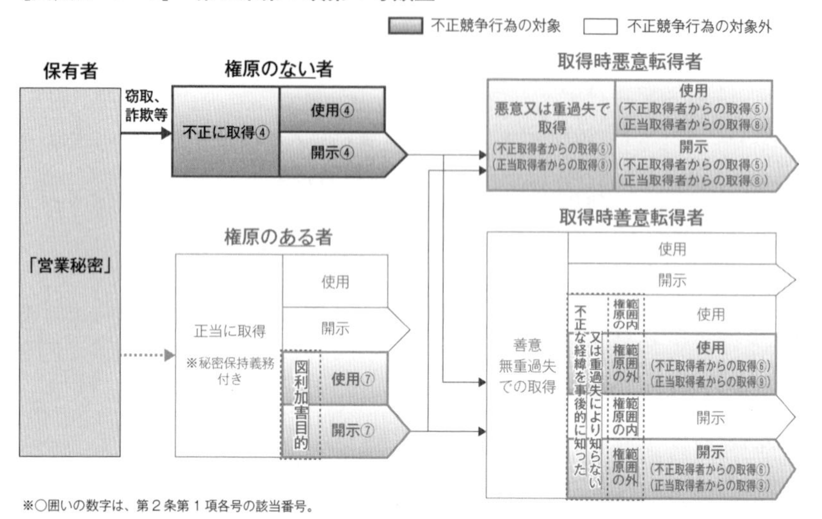

※○囲いの数字は、第2条第1項各号の該当番号。

いる場合もこれに含まれると解される。

営業秘密の「取得」とは、営業秘密を自己の管理下に置く行為をいい、営業秘密が記録されている媒体等を介して自己又は第三者が営業秘密自体を手に入れる行為、及び営業秘密自体を頭の中に入れる等、営業秘密が記録されている媒体等の移動を伴わない形で営業秘密を自己又は第三者のものとする行為が該当する。

本号に該当する営業秘密不正取得行為としては、例えば、営業秘密が記録されたUSBメモリを窃取する行為、営業秘密が記載された紙媒体を複写して取得する行為、営業秘密保有者のサーバに保存されている営業秘密が記録された電子データに不正にアクセスしてメールで自己のパソコンに送付して取得する行為、営業秘密保有者の会話や会議等を盗聴や電波傍受等で盗み聞きする方法で営業秘密を取得する行為等が考えられる。

なお、市場から購入した製品について自ら解析等を行って営業秘密を取得する行為（いわゆる「リバース・エンジニアリング(注3)」）については、本号に規定する、「窃取、詐欺、強迫」行為や「その他不正の手段」による行為には該当せず、本号に規定する「取得」には該当しないものと考えられる。

営業秘密の「使用」とは、営業秘密の本来の使用目的に沿って行われ、当該営業秘密に基づいて行われる行為として具体的に特定できる行為を意味する。具体的には、自社製品の製造や研究開発等の実施のために、他社製品の製造方法に関する技術情報である営業秘密を直接使用する行為や、事業活動等の実施のために、他社が行った市場調査データである営業秘密を参考とする行為等が考えられる。

営業秘密の「開示」とは、営業秘密を第三者が知ることができる状態に置くことをいい、営業秘密を非公知性を失わないまま特定の者に知られる状態に置くことも含む。具体的には、営業秘密を口頭で伝えたり、営業秘密が記録された電子データを特定の第三者に送信したり、ホームページに営業秘密を掲載したりすることのほか、営業秘密が化体された有体物（営業秘密記録媒体等又は営業秘密が化体された物件(注４)）の占有を移転することで他者に営業秘密を通知したりすることなどが考えられる。

（注１）　美術工芸品等販売顧客名簿事件（東京地判平11．７．23判時1694号138頁）。

（注２）　第１節②５⑶(注)セラミックコンデンサー事件（大阪地判平15．２．27最高裁HP）。

（注３）「リバース・エンジニアリング」とは、一般には、製品を解析、評価することによって、その構造・材質・成分・製法等その製品に化体している情報を抽出したり、抽出した情報を使用する行為を意味する。

（注４）　コエンザイムQ10事件（東京地判平22．４．28最高裁HP）では、コエンザイムQ10の生産菌自体が営業秘密であると認められた。

2　第２条第１項第５号

（定義）

第二条　この法律において「不正競争」とは、次に掲げるものをいう。

五　その営業秘密について営業秘密不正取得行為が介在したことを知って、若しくは重大な過失により知らないで営業秘密を取得し、又はその取得した営業秘密を使用し、若しくは開示する行為

［図表2－3－5］　第2条第1項第5号類型

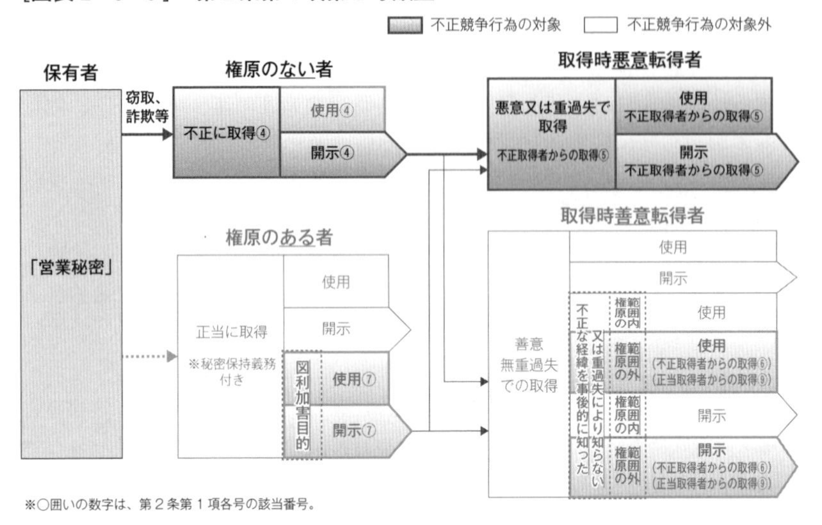

※○囲いの数字は、第2条第1項各号の該当番号。

本号は、第2条第1項第4号の営業秘密不正取得行為が介在したことを知って（悪意）、若しくは重大な過失により知らないで（重過失）営業秘密を取得する行為、及びその後の使用行為又は開示行為を「不正競争」と位置付けたものである。

例えば、会社の機密文書を窃取した従業者から、それが営業秘密であると知って、産業スパイが当該機密文書を受け取る行為等がこれに当たる。

「その営業秘密について営業秘密不正取得行為が介在したこと」の「介在」とは、自らが取得する前のいずれかの時点で不正取得行為がなされたことを意味する。

したがって、不正取得行為を行った者から直接取得する場合だけでなく、間接的に取得する場合であっても、取得時に不正取得行為の介在につき悪意・重過失であれば、その取得行為、取得後の使用・開示行為は本号の対象となる。

「知って、若しくは重大な過失により知らないで」のうち、「知って」（悪意）とは、営業秘密不正取得行為の介在の事実を知っていることをいい、

「重大な過失により知らないで」（重過失）とは、悪意と同視し得るほどの著しい注意義務違反がある場合をいう[注]。例えば、身元不詳のブローカー等から、なんら調査もせずに重要な技術情報を取得するなど、何らかの調査を行えば容易に不正取得行為の事実が判明するにもかかわらず、それを怠る場合が挙げられる。

（注）「重大な過失」の有無について、営業秘密侵害が争われた裁判例において、「不競法２条１項８号所定の『重大な過失』とは、取引上要求される注意義務を尽くせば、容易に不正開示行為等が判明するにもかかわらず、その義務に違反する場合をいうものと解すべきである。」と判示したものがある（知財高判平30．１．15判タ1452号80頁）。

3　第２条第１項第６号

（定義）

第二条　この法律において「不正競争」とは、次に掲げるものをいう。

六　その取得した後にその営業秘密について営業秘密不正取得行為が介在したことを知って、又は重大な過失により知らないでその取得した営業秘密を使用し、又は開示する行為

本号は、第２条第１項第４号の営業秘密不正取得行為の介在について善意・無重過失で営業秘密を取得した第三者が、その後悪意・重過失に転じた場合、当該第三者がその営業秘密を使用又は開示する行為を「不正競争」と位置付けたものである。

例えば、営業秘密を取得した後に、その営業秘密に関する産業スパイ事件が大々的に報道されて営業秘密不正取得行為が介在していた事実を知りながら、営業秘密を使用又は開示する行為がこれに当たる（ただし、適用除外規定（第19条第１項第６号）の適用により、契約等に基づき取得した権原の範囲内であれば、当該営業秘密を使用又は開示することができる。）。

［図表2－3－6］　第2条第1項第6号類型

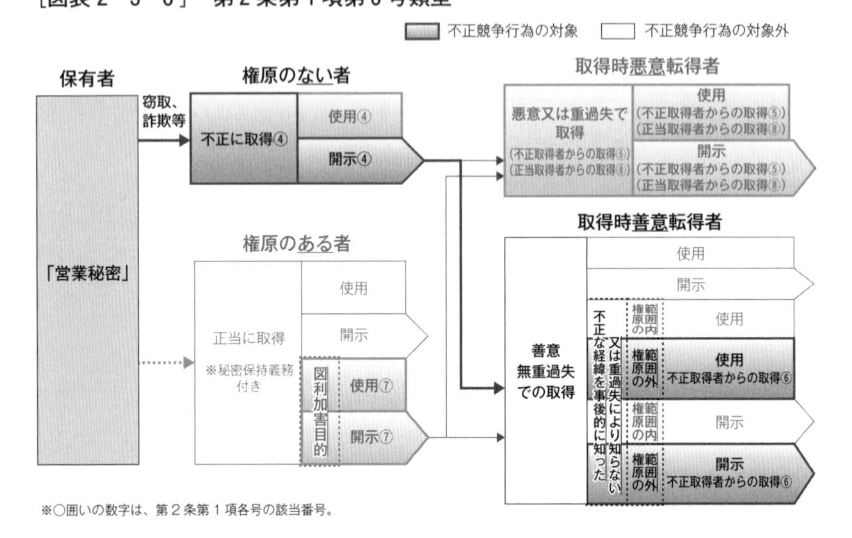

※○囲いの数字は、第2条第1項各号の該当番号。

4　第2条第1項第7号

（定義）
第二条　この法律において「不正競争」とは、次に掲げるものをいう。
　七　営業秘密を保有する事業者（以下「営業秘密保有者」という。）からその営業秘密を示された場合において、不正の利益を得る目的で、又はその営業秘密保有者に損害を加える目的で、その営業秘密を使用し、又は開示する行為

本号は、営業秘密の保有者が従業者、下請企業、ライセンシー等に対して営業秘密を示した場合に、その従業者等が不正の利益を得る目的又は営業秘密保有者に損害を加える目的で、その営業秘密を使用又は開示する行為を「不正競争」と位置付けたものである。契約により使用又は開示の制限が課されていなくとも、このような目的で使用又は開示が行われる場合には、信義則違反・違背が認められるので、差止請求等の対象としたもの

［図表２－３－７］　第２条第１項第７号類型

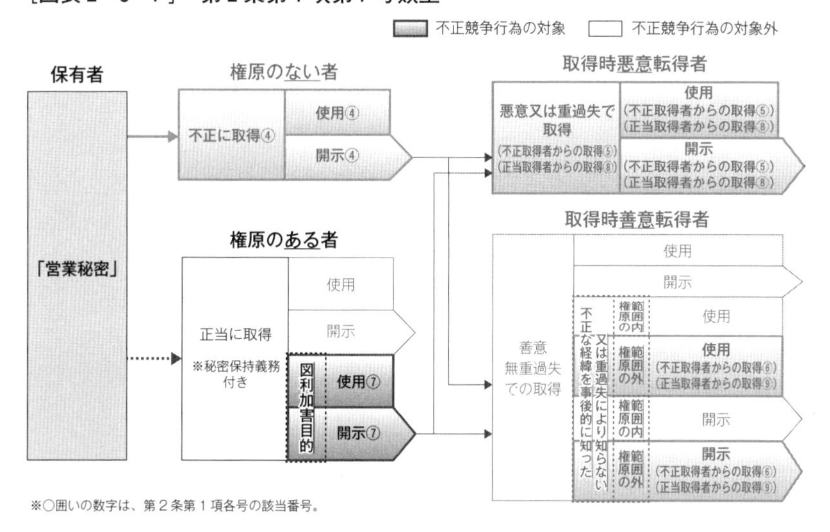

である。

「保有する事業者からその営業秘密を示された」とは、その営業秘密を不正取得以外の態様で営業秘密保有者から取得する場合であることを意味している。具体的には、営業秘密保有者から営業秘密を口頭で開示された場合や手交された場合、営業秘密へのアクセス権限を与えられた場合、営業秘密を職務上使用している場合などをいう。なお、営業秘密へのアクセス権限を有しているなど、「保有する事業者からその営業秘密を示された」に該当する場合であっても、「窃取、詐欺、強迫その他の不正の手段」により営業秘密を取得する行為は、不正な「取得」と評価すべきと解されるから、当該行為は第２条第１項第４号に該当する。

「不正の利益を得る目的」（図利目的）とは、競争関係にある事業を行う目的のみならず、広く公序良俗又は信義則に反する形で不当な利益を図る目的のことをいう。これには、自ら不正の利益を得る目的（自己図利目的）のみならず、第三者に不正の利益を得させる目的（第三者図利目的）も含まれる。「営業秘密保有者に損害を加える目的」（加害目的）とは、営業秘密の保有者に対し、財産上の損害、信用の失墜その他の有形無形の不当な損害を加える目的のことを指し、現実に損害が生じることは要しない。

例えば、学習器具並びに出版物の製作及び販売等を営業目的とする株式会社の代表取締役が、在職中に、従業者に依頼して顧客情報をフロッピーディスクにコピーさせた上、従業者からそれを受け取って自宅に持ち帰り、退職後に、不正の利益を得る目的等で当該顧客情報を用いて転職先企業において販売を開始する行為(注1)や、製造委託契約に基づいて示された婦人靴の設計情報（木型）を、自らの企業として存続等するために許されないことを認識しつつ、委託元の競業者となろうとしている第三者に開示する行為(注2)等がこれに当たる。

なお、平成21年改正前において、本号に係る目的は、「不正の競業その他の不正の利益を得る目的で、又はその保有者に損害を加える目的で」と規定されていたところ、同改正に際して、例示されていた「不正の競業その他の」という文言が削除されたが、実質的な変更はない。

（注1）　作務衣販売顧客情報事件（東京地判平16.5.14最高裁HP）。
（注2）　東京地判平29.2.9最高裁HP。

5　第2条第1項第8号

（定義）
第二条　この法律において「不正競争」とは、次に掲げるものをいう。
八　その営業秘密について営業秘密不正開示行為（前号に規定する場合において同号に規定する目的でその営業秘密を開示する行為又は秘密を守る法律上の義務に違反してその営業秘密を開示する行為をいう。以下同じ。）であること若しくはその営業秘密について営業秘密不正開示行為が介在したことを知って、若しくは重大な過失により知らないで営業秘密を取得し、又はその取得した営業秘密を使用し、若しくは開示する行為

本号は、営業秘密を取得する際に、以下のいずれかの「営業秘密不正開示行為」によるものであること若しくはそのような「営業秘密不正開示行

［図表２－３－８］　第２条第１項第８号類型

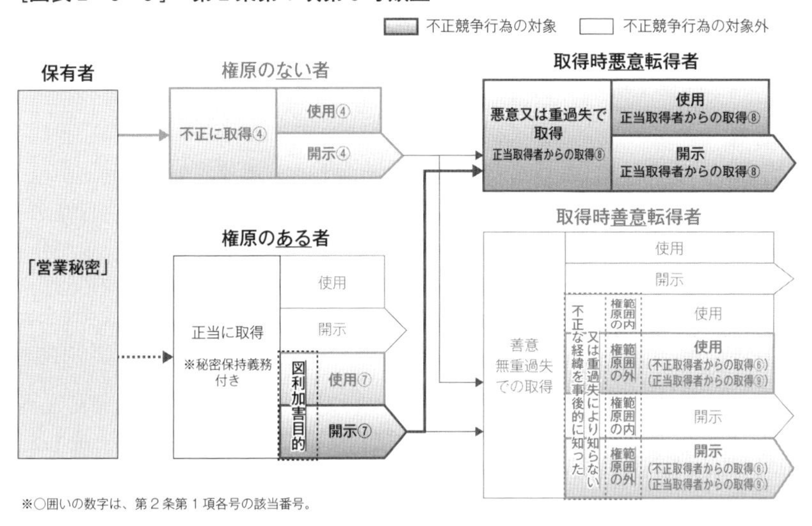

※○囲いの数字は、第２条第１項各号の該当番号。

為」が介在したことについて悪意・重過失で営業秘密を取得する行為、又はその取得した営業秘密を使用又は開示する行為を「不正競争」と位置付けたものである。なお、「営業秘密不正開示行為が介在したこと」の他に「営業秘密不正開示であること」を規定しているのは、第７号の行為者や守秘義務違反者の開示行為の直接の相手方となって営業秘密を取得する場合が含まれることを明確にするためである。

営業秘密不正開示行為は、以下のとおりである。

① 第２条第１項第７号に規定する不正の利益を得る目的で、又はその営業秘密保有者に損害を加える目的で営業秘密保有者から示された営業秘密を開示する行為

② 秘密を守る法律上の義務に違反して営業秘密を開示する行為

例えば、人材派遣事業等を主たる営業目的とする株式会社の従業者から、当該会社が保有する派遣スタッフの管理名簿等の不正開示を受け、そのことを知りながら当該名簿等を使用して勧誘等する行為(注)等がこれに当たる。

（注）　ハンドハンズ事件（東京地判平14.12.26最高裁HP）。

6　第2条第1項第9号

（定義）

第二条　この法律において「不正競争」とは、次に掲げるものをいう。

九　その取得した後にその営業秘密について営業秘密不正開示行為があったこと若しくはその営業秘密について営業秘密不正開示行為が介在したことを知って、又は重大な過失により知らないでその取得した営業秘密を使用し、又は開示する行為

本号は、営業秘密を取得した第三者が、取得後にその取得が営業秘密不正開示行為によるものであったこと又は営業秘密不正開示行為が介在したことについて悪意・重過失で、その営業秘密を使用又は開示する行為を「不正競争」と位置付けたものである。

[図表2－3－9]　第2条第1項第9号類型

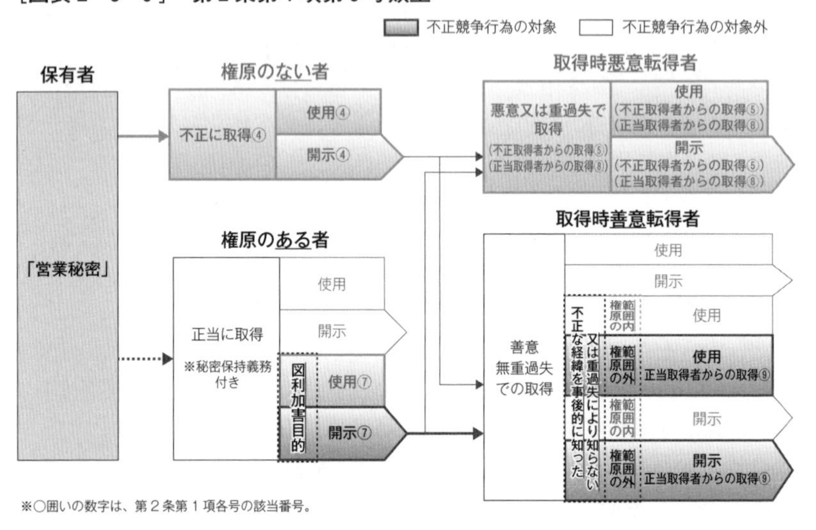

※○囲いの数字は、第２条第１項各号の該当番号。

例えば、営業秘密を取得した後に、営業秘密保有者から警告を受けて営業秘密不正開示行為が介在していた事実を知りながら、営業秘密を使用又は開示する行為がこれに当たる（ただし、適用除外規定（第19条第１項第６号）の適用があり得る。）。

7　第２条第１項第10号

（定義）

第二条　この法律において「不正競争」とは、次に掲げるものをいう。

十　第四号から前号までに掲げる行為（技術上の秘密（営業秘密のうち、技術上の情報であるものをいう。以下同じ。）を使用する行為に限る。以下この号において「不正使用行為」という。）により生じた物を譲渡し、引き渡し、譲渡若しくは引渡しのために展示し、輸出し、輸入し、又は電気通信回線を通じて提供する行為（当該物を譲り受けた者（その譲り受けた時に当該物が不正使用行為により生じた物であることを知らず、かつ、知らないことにつき重大な過失がない者に限る。）が当該物を譲渡し、引き渡し、譲渡若しくは引渡しのために展示し、輸出し、輸入し、又は電気通信回線を通じて提供する行為を除く。）

本号は、不正に取得した技術上の秘密[注1]を利用して製造された物品（以下、「営業秘密侵害品」という。）を製造した者がその物を譲渡等する行為、又は、当該物品を譲り受けた者が、その譲り受けた時に、その物が営業秘密侵害品であることにつき悪意若しくは重過失であった場合に、その物を譲渡等する行為を「不正競争」と位置付けたものである。

これは、営業秘密侵害品が広く流通している可能性があることから、米国等の諸外国の制度を踏まえ、営業秘密侵害品の譲渡等の規制を行うことにより営業秘密侵害に対する抑止力を向上させることを意図し、平成27年改正で創設された規定である。

本号の規制対象となる営業秘密侵害品とは、技術上の秘密を用いて製品を製造する行為により、製造された当該製品である。例えば、ある薬の組成物質の配合割合に関する営業秘密を用いて作られた薬や、ある車の組立技術に関する営業秘密を用いて作られた車が、これに当たる。

本号の主観要件として、営業秘密侵害品の譲受けの時点において悪意又は重過失である（取引上の慣行に照らし、悪意と同視し得るほどの著しい注意義務の違反がある[注2]。）ことが要求されている。これは、取引の安定性等の観点から、善意無重過失で営業秘密侵害品を譲り受けた者については、民事措置の対象とすることは適当でないとの配慮で付加された要件である[注3]（なお、営業秘密侵害品の譲渡等に対する刑事罰では故意が要求されている（第21条第1項第9号）。）。

また、不正使用行為の消滅時効の期間（第15条）が経過した後に当該使用行為に基づいて生じた営業秘密侵害品の譲渡等の行為は、適用除外となる（第19条第1項第7号）。

（注1）　平成27年改正前の第5条第1項では、「技術上の秘密（秘密として管理されている生産方法その他の事業活動に有用な技術上の情報であって公然と知られていないものをいう。）」との文言があったが、平成27年改正により、第2条第1項第10号において「技術上の秘密（営業秘密のうち、技術上の情報であるものをいう。）」との文言に変更された。これは、文言の明確化の観点からの変更であり、両者に実質的な差異はない。

（注2）　例えば、自社の取り扱う商品について、保有者の営業秘密の内容や侵害の状況等が具体的に記載された上で営業秘密侵害品である旨を指摘する警告状を受理したにもかかわらず、何ら調査を行わないままに当該商品の譲渡を行う場合、重過失が認められる可能性があるものと考えられる。

（注3）　この悪意又は重過失の主観要件は、裁判等においては、原告（被害者）側で主張・立証すべき請求原因事実であると考えられる（産業構造審議会知的財産分科会営業秘密の保護・活用に関する小委員会「中間とりまとめ」（平成27年2月）22頁（http://www.meti.go.jp/committee/sankoushin/chitekizaisan/eigyohimitsu/pdf/report02_01.pdf））。

第６節　限定提供データに係る不正行為（第２条第１項第11号～第16号関係）

1　趣旨

第２条第１項第11号～第16号は、限定提供データに係る不正行為を「不正競争」の一類型として定めた規定である。

IoT（Internet of Things）、ビッグデータ、AI（人工知能）等の情報技術が進展する第四次産業革命を背景に、データは企業の競争力の源泉としての価値を増している。気象データ、地図データ、機械稼働データ等については、共有・利活用されて新たな事業が創出され、我が国経済を牽引しうる高い付加価値が生み出されている。このような多種多様なデータがつながることにより新たな付加価値が創出される産業社会の実現に向けては、データの創出、収集、分析、管理等の投資に見合った適正な対価回収が可能な環境が必要である。

しかし、利活用が期待されるデータは、複製が容易であり、いったん不正取得されると一気に拡散して投資回収の機会を失ってしまうおそれがある。このため、データを安心して提供できる環境整備を目的として、商品として広く提供されるデータや、コンソーシアム内で共有されるデータ等、事業者等が取引等を通じて第三者に提供するデータを保護する制度として、「限定提供データ」に係る不正取得、使用、開示行為を不正競争として位置付けた。

対象となるデータは、利活用が期待されるものであることから、本制度の検討においては、データの提供者と利用者の保護のバランスを考慮しつつ、全体としてデータの流通・利活用が促進されるよう、悪質性の高い行為に限定して、無権原者による侵害行為や民事当事者間の取引に関する必要最低限の規律を設けることが基本方針とされた（注１）。

限定提供データに関する規律は民事措置の対象であるが、まだ事例の蓄積も少ない中で、事業者に対して過度の萎縮効果を生じさせないよう、刑事罰の対象とはなっていない。

なお、限定提供データの要件の考え方、「不正競争」に該当する又は該当しない行為の具体例等を盛り込んだガイドラインとして、平成31（2019）年１月に「限定提供データに関する指針」(注２)が公表されている。

（注１）　産業構造審議会知的財産分科会不正競争防止小委員会「データ利活用促進に向けた検討　中間報告（平成30年１月）」（https://www.meti.go.jp/report/whitepaper/data/pdf/20180124001_01.pdf）。

（注２）　経済産業省「限定提供データに関する指針（平成31年１月23日）」（https://www.meti.go.jp/policy/economy/chizai/chiteki/guideline/h31pd.pdf）。

2　限定提供データに係る不正行為の類型

限定提供データに係る不正行為は、以下のパターンに分類される。

(1)　不正取得類型（第２条第１項第11号）

限定提供データ保有者から不正な手段で限定提供データを取得し、その取得した限定提供データを使用、開示する行為

(2)　著しい信義則違反類型（第２条第１項第14号）

限定提供データ保有者から正当に示された限定提供データを不正に使用、開示する行為

(3)　転得類型（第２条第１項第12号・第13号・第15号・第16号）

①取得時悪意転得類型

(i)　第２条第１項第11号の限定提供データ不正取得行為の介在について知って（悪意で）限定提供データを取得し、その取得した限定提供データを使用、開示する行為（第２条第１項第12号）

(ii)　第２条第１項第14号の限定提供データ不正開示行為の介在等について知って（悪意で）限定提供データを取得し、その取得した限定提供データを使用、開示する行為（第２条第１項第15号）

②取得善意転得類型

(i)　限定提供データを取得した後に、限定提供データ不正取得行為（第２条第１項第11号）の介在について知って（悪意で）当該限定提供データを開示する行為（第２条第１項第13号）

(ii)　限定提供データを取得した後に、限定提供データ不正開示行為

［図表２－３－10］　限定提供データに係る不正行為

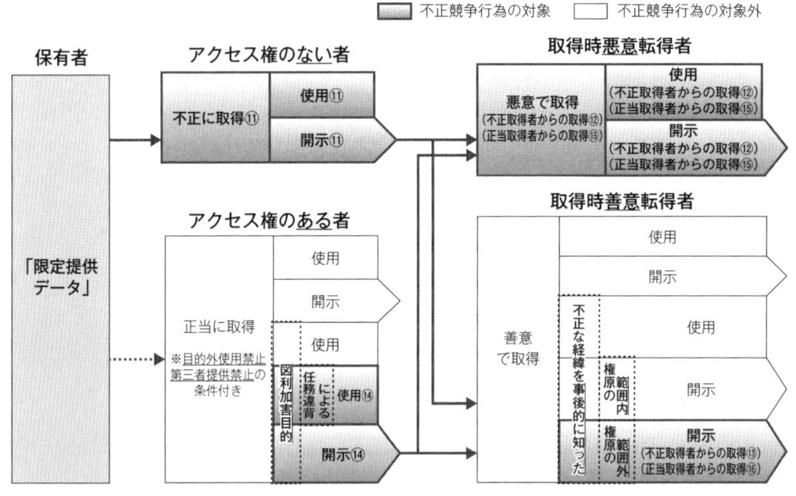

※○囲いの数字は、第２条第１項各号の該当番号。
※「悪意又は無過失」は、当該行為があったことを知っている、あるいは重大な過失により知らないことを示す。
※不正使用行為によって生じた物の譲渡等の行為は、対象としない。

（第２条第１項第14号）の介在等について知って（悪意で）当該限定提供データを開示する行為（第２条第１項第16号）

１　第２条第１項第11号

（定義）

第二条　この法律において「不正競争」とは、次に掲げるものをいう。

十一　窃取、詐欺、強迫その他の不正の手段により限定提供データを取得する行為（以下「限定提供データ不正取得行為」という。）又は限定提供データ不正取得行為により取得した限定提供データを使用し、若しくは開示する行為

本号は、窃取、詐欺、強迫、不正アクセス行為の禁止等に関する法律に違反する行為、刑法上の不正指令電磁的記録を用いる行為等の法令違反の

［図表2-3-11］　第2条第1項第11号類型

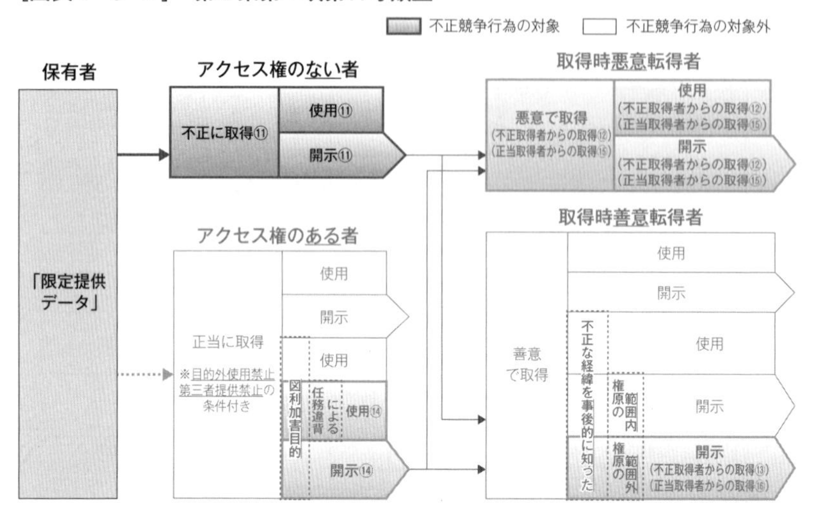

※○囲いの数字は、第2条第1項各号の該当番号。

行為や、社会通念上、これと同等の違法性を有すると判断される公序良俗に反する手段によって、ID・パスワードや暗号化等によるアクセス制限を施した管理を破り、限定提供データ保有者から限定提供データを取得する行為及びその取得後に使用又は開示する行為は、特に悪質性の高い行為であることから、これらの行為を「不正競争」と位置付けたものである。

ここでいう限定提供データの「取得」とは、データを自己の管理下に置くことをいい、データが記録されている媒体等を介して自己又は第三者がデータ自体を手に入れる行為や、データの映っているディスプレイを写真に撮る等、データが記録されている媒体等の移動を伴わない形で、データを自己又は第三者が手に入れる行為が該当する。

本号に該当する限定提供データ不正取得行為としては、例えば、他人の限定提供データにアクセスするためのパスワードを無断で入手して当該データを自己のサーバに格納する行為、限定提供データが保存されたUSBを窃取する行為、限定提供データ保有者の施設に侵入してデータを紙にプリントアウトして持ち去る行為等が考えられる。

限定提供データの「使用」とは、データを用いる行為であるが、具体例としては、データの作成、分析等に用いる行為が該当するものと考えられる。

本号に該当する使用行為としては、不正取得した限定提供データを用いてプログラムを作成する行為、営業（販売）活動を行う行為等が考えられる。

限定提供データの「開示」とは、データを第三者が知ることができる状態に置くことをいう。実際に第三者が知ることまでは必要がなく、必ずしも「開示」の相手方が「取得」に至っていることも必要ではない（例えば、誰でも閲覧可能なホームページに限定提供データを掲載した場合にも、「開示」に該当するものと考えられる。）。

本号に該当する開示行為としては、不正取得した限定提供データが記録された電子ファイルを第三者にメールで送付する行為、不正取得した限定提供データをサーバに保存した上で、当該サーバにアクセスするためのパスワードをそのサーバの所在とともに第三者に教示する行為等が考えられる。

2　第２条第１項第12号

（定義）
第二条　この法律において「不正競争」とは、次に掲げるものをいう。
　十二　その限定提供データについて限定提供データ不正取得行為が介在したことを知って限定提供データを取得し、又はその取得した限定提供データを使用し、若しくは開示する行為

本号は、第２条第１項第11号の限定提供データ不正取得行為が介在したことを知って（悪意）、限定提供データを取得する行為、及びその後の使用行為又は開示行為を「不正競争」と位置付けたものである。

限定提供データは、その性質上、容易に複製し、移転することが可能であるため、意図しない第三者に転々流通してしまうとデータが一気に拡散

[図表2－3－12]　第2条第1項第12号類型

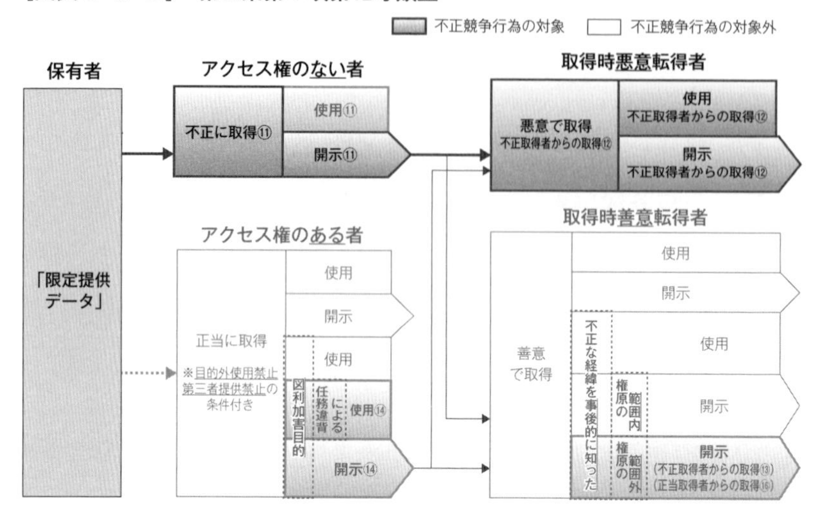

※○囲いの数字は、第2条第1項各号の該当番号。

してしまうおそれがあり、被害拡大防止のための救済措置を設ける必要がある。特に、限定提供データ不正取得行為が介在したことを知りながら（悪意）、限定提供データ保有者と契約関係のない第三者が限定提供データを取得し、さらに使用・開示する行為は、悪質性の高い行為である。したがって、本号を「不正競争」の対象としている。

例えば、限定提供データを窃取した者から、窃取した限定提供データであることを知りながら買い取る行為等がこれに当たる。

不正取得行為の介在について「悪意」である状態とは、不正行為の介在等を認識していることである。不正行為の介在等についてその真偽が不明であるにとどまる状態は悪意とはいえない。具体的には、「悪意」であるというためには、①限定提供データ不正取得行為の存在及び②限定提供データ不正取得行為が行われたデータと取得したデータが同一であること（データの同一性）の両者について認識していることが必要である。

「その限定提供データについて限定提供データ不正取得行為が介在した

こと」の「介在」とは、自らが取得する前のいずれかの時点で限定提供データ不正取得行為がなされたことを意味する（営業秘密における第２条第１項第５号と同様。）。したがって、不正取得行為を行った者から直接取得する場合だけでなく、間接的に取得する場合であっても、取得時に限定提供データ不正取得行為の介在につき悪意であれば、その取得行為、取得後の使用・開示行為は本号の対象となる。

なお、営業秘密においては、「悪意」に加え、重大な過失によって不正取得が介在したことを知らなかった場合（重過失）も「不正競争」の対象としているところ（第２条第１項第５号）、限定提供データでは重過失を対象としていない。したがって、転得者には「限定提供データ」について、不正の経緯の有無の確認等の注意義務や調査義務を課していない。

3　第２条第１項第13号

（定義）
第二条　この法律において「不正競争」とは、次に掲げるものをいう。
　十三　その取得した後にその限定提供データについて限定提供データ不正取得行為が介在したことを知ってその取得した限定提供データを開示する行為

本号は、第２条第１項第11号の限定提供データ不正取得行為の介在について知らず（善意）に限定提供データを取得した第三者が、その後悪意に転じた場合、当該第三者がその限定提供データを開示する行為を「不正競争」と位置付けたものである。

「限定提供データ」の取得時に不正行為の介在について善意であった者が、その後不正行為の介在を知った（悪意）場合は、限定提供データ保有者の被害拡大のための救済措置が必要である。一方で、取得時に善意であった者が、その後悪意に転じることにより、差止請求等によって突然事業活動の停止を余儀なくされるようなことがあれば、データを使用する事業活動へ萎縮効果を与え、ひいてはデータ流通や利活用の阻害要因ともなりかねない。

［図表２－３－13］　第２条第１項第13号類型

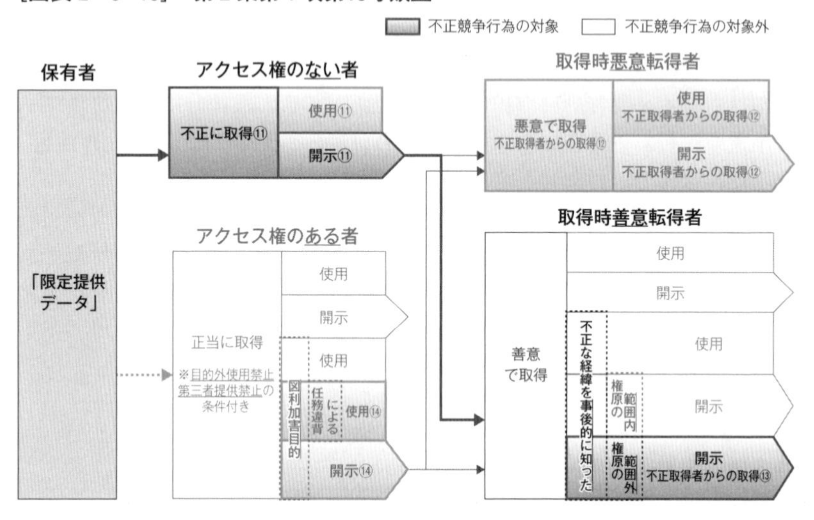

※○囲いの数字は、第２条第１項各号の該当番号。

　このため、限定提供データ保有者と利用者の保護のバランスを考慮し、取得後に悪意に転じた転得者については、拡散により限定提供データ保有者が甚大な損害を被るおそれがある開示行為に限定して「不正競争」に位置付けている（ただし、取引によって取得した権原の範囲内の開示行為については、適用除外とされている（第19条第１項第８号イ）。）。なお、営業秘密については、悪意に転じた後の使用行為も「不正競争」に位置付けられている（第２条第１項第６号）。

４　第２条第１項第14号

（定義）
第二条　この法律において「不正競争」とは、次に掲げるものをいう。
　十四　限定提供データを保有する事業者（以下「限定提供データ保有者」という。）からその限定提供データを示された場合において、不正の利益を得る目的で、又はその限定提供データ保有者に損害を加える目的で、その限定提供データを使用する行為（その限定提供データの管理に係る任務に違反して行うものに限る。）又は開示する行為

本号は、限定提供データ保有者が業務委託先、ライセンシー、コンソーシアムの会員、従業者等に対して限定提供データを示した場合に、その提供を受けた企業等が不正の利益を得る目的又は限定提供データ保有者に損害を加える目的（図利加害目的）を持って、その限定提供データを保有者から許されていない態様で使用又は開示する行為を、著しく信義則に違反する行為として「不正競争」と位置付けたものである。

具体的には、「限定提供データ保有者……からその限定提供データを示された」者が行う、以下の「①と②の要件を満たす使用行為」及び「①の要件を満たす開示行為」が「不正競争」に該当する。

「限定提供データ保有者……からその限定提供データを示された」とは、契約に従って限定提供データの提供を受けるなど不正取得以外の態様で限定提供データ保有者から限定提供データを取得する場合であることを意味する。

例えば、第三者開示禁止の旨が規定されたライセンス契約に基づいて限定提供データを取得した者が、第三者開示禁止であることを認識しつつ、当該データの一部を自社サービスに取り込み、顧客に開示する行為等が該当する。

①不正の利益を得る目的又は限定提供データ保有者に損害を加える目的（図利加害目的）を有すること

②限定提供データの管理に係る任務に違反して行う行為であること

①「不正の利益を得る目的で、又はその限定提供データ保有者に損害を加える目的」（図利加害目的）とは、以下(i)～(iii)に該当する場合をいう。

(i)契約の内容等から当該態様で使用又は開示してはならない義務が当事者にとって明らかであり、それを認識しているにもかかわらず、

(ii)当該義務に反して、自己又は第三者の利益を得る目的又は限定提供データ保有者に損害を加える目的をもって、取得したデータを使用又

[図表2-3-14]　第2条第1項第14号類型

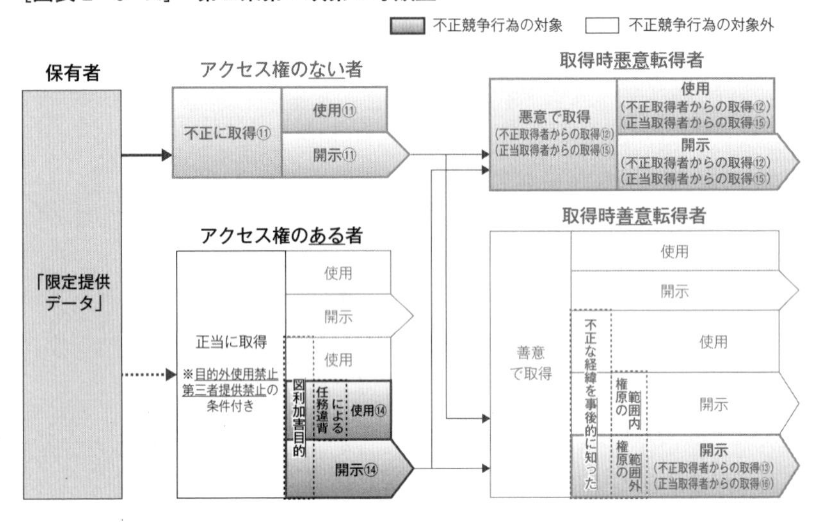

※○囲いの数字は、第2条第1項各号の該当番号。

は開示する場合

(iii)ただし、正当な目的がある場合には、図利加害目的は否定される。

ここでいう「不正の利益を得る目的（図利目的）」とは、競争関係にある事業を行う目的のみならず、広く公序良俗又は信義則に反する形で不当な利益を図る目的のことをいう。したがって、限定提供データ保有者と競合するサービスを行うことは、図利目的を肯定する要素となり得るものの、必須の要件とはならないと考えられる。

また、「保有者に損害を加える目的（加害目的）」とは、限定提供データ保有者に対し、財産上の損害、信用の失墜、その他有形無形の不当な損害を加える目的のことを指すが、現実に損害が生じることは要しない。

②「限定提供データの管理に係る任務」とは、当事者間で限定提供データ保有者のためにするという委託信任関係がある場合をいい、その有無は実態等を考慮して評価される。例えば、限定提供データ保有者のためにデータの加工を請け負う場合などは委託信任関係があり、新商品開発などの目

的で専らデータ取得者のためにデータを購入した場合などは委託信任関係がないと考えられる。

なお、限定提供データ保有者のためにする目的と同時に、正当取得者自身のためにする目的が併存する場合であっても、限定提供データ保有者のためにする行為であると評価されれば、「限定提供データの管理に係る任務」が存在する。

5　第２条第１項第15号

（定義）
第二条　この法律において「不正競争」とは、次に掲げるものをいう。
　十五　その限定提供データについて限定提供データ不正開示行為（前号に規定する場合において同号に規定する目的でその限定提供データを開示する行為をいう。以下同じ。）であること若しくはその限定提供データについて限定提供データ不正開示行為が介在したことを知って限定提供データを取得し、又はその取得した限定提供データを使用し、若しくは開示する行為

本号は、限定提供データを取得する際に、「限定提供データ不正開示行為」（第２条第１項第14号に規定する不正の利益を得る目的で、又はその限定提供データ保有者に損害を加える目的で、限定提供データ保有者から示された限定提供データを開示する行為）によるものであること又はそのような「限定提供データ不正開示行為」が介在したことを知って（悪意）、限定提供データを取得する行為、及びその後の使用行為又は開示行為を「不正競争」と位置付けたものである。

例えば、対価を払った会員のみに提供しているデータであることを知りながら、会員ではない者が会員から不正開示を受け、当該データをAI技術を利用したソフトウェア開発のために使用する行為等がこれに当たる。

この「悪意」の対象となる「限定提供データ不正開示行為」とは、第２条第１項第14号に規定する、不正の利益を得る目的又はその限定提供データ保有者に損害を加える目的（図利加害目的）で、限定提供データ保有者か

[図表2-3-15]　第2条第1項第15号類型

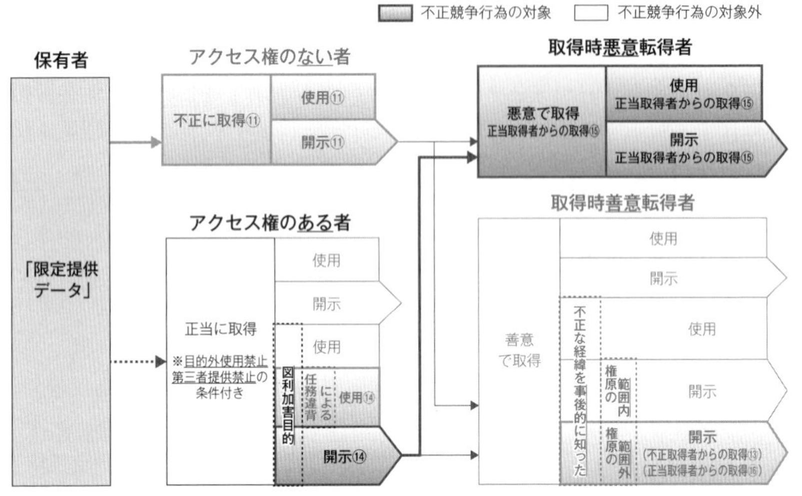

※○囲いの数字は、第2条第1項各号の該当番号。

ら示された限定提供データを開示する行為である。したがって、契約違反による開示であることを認識するだけでは足りない（営業秘密において、悪意の対象となる「営業秘密不正開示行為」として、図利加害目的での開示のみならず守秘義務違反等の契約違反による開示も含まれている点と異なる。）。

本号では、悪意の対象として、限定提供データ不正開示行為が「介在したこと」の他に、限定提供データ不正開示行為で「あること」を規定しているが、これは、第2条第1項第14号の開示行為の直接の相手方となって限定提供データを取得する場合は、その行為が限定提供データ不正開示行為を構成することになるためである。

なお、「営業秘密不正開示行為」においては、「悪意」に加え、重大な過失によって不正開示が介在したこと等について知らなかった場合（重過失）も「不正競争」の対象としている（第2条第1項第8号）ところ、「限定提供データ」では重過失を対象としていない。したがって、「限定提供データ」について、不正の経緯の有無の確認等の注意義務や調査義務を転得者に課していない。

6　第２条第１項第16号

（定義）

第二条　この法律において「不正競争」とは、次に掲げるものをいう。

　十六　その取得した後にその限定提供データについて限定提供データ不正開示行為があったこと又はその限定提供データについて限定提供データ不正開示行為が介在したことを知ってその取得した限定提供データを開示する行為

本号は、限定提供データを取得した第三者が、取得後にその取得が「限定提供データ不正開示行為」（第２条第１項第14号に規定する不正の利益を得る目的で、又はその限定提供データ保有者に損害を加える目的で限定提供データ保有者から示された限定提供データを開示する行為）によるものであったこと、又はそのような「限定提供データ不正開示行為」が介在したことを知って（悪意）、限定提供データを開示する行為を「不正競争」と位置付けたも

［図表２－３－16］　第２条第１項第16号類型

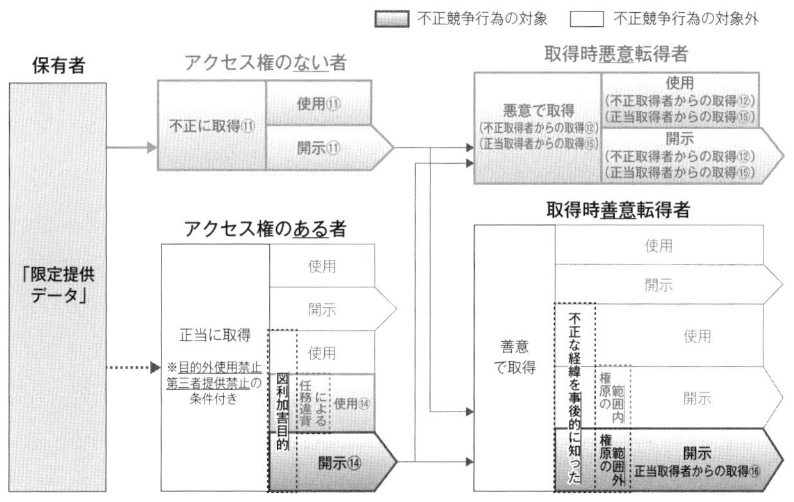

※○囲いの数字は、第２条第１項各号の該当番号。

のである（ただし、取引によって取得した権原の範囲内の開示行為については、適用除外とされている（第19条第1項第8号イ）。）。

なお、「営業秘密」においては、「悪意」に加え、重大な過失によって不正開示が介在したこと等について、知らなかった場合（重過失）も「不正競争」の対象としている（第2条第1項第9号）ところ、「限定提供データ」では重過失を対象としていない。したがって、「限定提供データ」について、不正の経緯の有無の確認等の注意義務や調査義務を転得者に課していない。

第７節　技術的制限手段に対する不正行為（第２条第１項第17号・第18号関係）

1　趣旨

第２条第１項第17号・第18号は、平成11年改正により、コンテンツの提供に際して無断コピーや無断アクセスを防ぐために用いられている技術的制限手段に対する不正行為を「不正競争」の一類型として定めた規定である。なお、「技術的制限手段」についての説明は、前述第１節2７を参照されたい。以下では、「不正競争」として規定される、「技術的制限手段」を無効化する装置等の提供行為について説明する。

コンテンツ提供事業者は、無断コピーや無断アクセスを防止する技術を用いて、媒体に記録されたコンテンツやネットワーク上で伝送されるコンテンツに、対価が支払われなければコピーを作成できない、又は視聴等できないように、コピー管理技術やアクセス管理技術を施しており、そのために資金・労力を投入している。しかし、これら技術的手段(注1)の無効化機能（例えば、コピーを防止する信号を付す管理技術に対して、その信号を除去する機能、又はコンテンツそのものを暗号化する管理技術に対して、そのコンテンツを復号化する機能）を有する装置やプログラム（以下、併せて「無効化装置等」という。）を用いて、技術的手段を無効化する行為や、これらの無効化装置等を提供する行為が行われるようになった。

このような事態に対処するため、各コンテンツ提供事業者は、技術的手段の高度化に努めてきているが、既存の無効化装置等に耐え得る技術的手段を開発しても、ほどなくこの新しい技術的手段に対する無効化装置等が発生することになる。

そこで、コンテンツ提供事業の存立基盤を確保し、コンテンツ提供事業者間の競争秩序を維持する観点から、平成11年改正により、技術的制限手段に関する研究開発を抑制しないため、技術的制限手段の試験又は研究のために用いられる影像や音の視聴又は記録を可能としてしまう装置又はプログラムの譲渡などの行為については、本法の規定を適用しないこととした上で、技術的制限手段の無効化装置等の提供行為を「不正競争」の一類型として規制することとした[注2]。

しかしながら、その後も、技術的制限手段を無効化し、違法な海賊版ゲームソフト等の使用を可能にする装置等の流通が横行していたこと等[注3]を踏まえ、コンテンツ提供事業者間の公正な競争秩序をより確実に確保するため、平成23年改正において、技術的制限手段に係る規律の強化を図るべく、技術的制限手段を無効化する機能以外の機能を併せて有する装置やプログラム（同改正以前は、「無効化機能のみを有する装置等」が規制の対象であった。）について、実質的にそれを無効化するために用いられている場合に対しても差止請求等を行い得る環境を整備するため、規制対象装置等の要件を見直すなど技術的制限手段に対する保護の強化を行った[注4]。また、この改正では、技術的制限手段を無効化する装置等の提供行為について刑事罰の対象とする規定も導入した。なお、刑事罰については、後述の第7章に譲ることとする。

その後、平成30年法改正において、技術的制限手段を無効化する装置やプログラムの提供行為等に加え、技術的制限手段無効化装置等に改造するサービス、技術的制限手段の無効化等を代行するサービス等の提供行為が増加している背景を踏まえ、新たに、技術的制限手段を無効化する役務の提供行為を不正競争に追加し、さらに、技術的制限手段を無効化する機能を有する不正なシリアルコード等がネットオークションで販売されている等の実態を踏まえ、技術的制限手段を無効化する指令符号の提供行為を不正競争に追加した。

なお、次の[参考]にあるような行為は、第3条及び第4条の「(他人の)営業上の利益」を侵害する行為には当たらないため、原則として、損害賠償や差止めのおそれはないものと考えられる。また、第21条第2項第4号の図利加害目的がないため、原則として、刑事措置の対象ともならないと考えられる。

[参考]：正当な目的での無効化装置等の提供行為の事例

正当な目的で無効化装置等や無効化役務を提供する行為であって、第３条、第４条に規定する「（他人の）営業上の利益を侵害」する行為に該当しないと考えられる行為として、又は第21条第２項第４号の図利加害目的がないと考えられる行為として、以下のような事例が挙げられる。

○製品の保守・修理のための無効化装置等の提供行為

製品の保守・修理を行うためには、当該製品で用いられている技術的制限手段を無効化することが必要な場合に、保守・修理を行う者に対し、その目的のために無効化装置等を提供する行為。

○指令符号の中古品の提供行為

自身が購入したビジネスソフトウェアを、自身のパソコンからアンインストールした後、中古品として譲渡する際に、当該ソフトウェアの購入時に付与された指令符号を、当該ソフトウェアと一緒に譲渡（提供）する行為。

（注１）　前述第１節②７にも記載したとおり、本法と著作権法を同時に改正したという経緯があり、著作権法にも、技術的保護手段及び技術的利用制限手段（平成28年改正で導入）が定義され、これらの回避規制が定められている。そこで、不正競争防止法の技術的制限手段と著作権法の技術的保護手段及び技術的利用制限手段を包括する概念として、「技術的手段」という用語を用いる。

（注２）　技術的制限手段に対する不正競争についての規定を盛り込んだ平成11年改正法については、文化庁長官官房著作権課内著作権法令研究会＝通商産業省知的財産政策室編『著作権法・不正競争防止法改正解説』（有斐閣、1999年）において詳細な解説を行っている。

（注３）　平成22（2010）年に策定された「知的財産推進計画2010」において、アクセスコントロール回避規制の強化を行うこととされた（知的財産戦略本部「知的財産推進計画2010」（平成22年５月決定）において、「製品開発や研究開発の萎縮を招かないよう適切な除外規定を整備しつつ、著作物を保護するアクセスコントロールの一定の回避行為に関する規制を導入するとともに、アクセスコントロール回避機器について、対象行為の拡大（製造及び回避サービスの提供）、対象機器の拡大（『のみ』要件の緩和）、刑事罰化及びこれらを踏まえた水際規制の導入によって規制を強化する。このため、法技術的観点を踏まえた具体的な制度改革案を2010年度中にまとめる。」とされた

(http://www.kantei.go.jp/jp/singi/titeki2/2010chizaisuisin_plan.pdf))。

また、我が国でも、「知的財産立国」を目指した取組みを継続しており、技術的制限手段無効化装置等の氾濫に起因する被害が放置されることは、新しい「日本コンテンツ」を日本国内のみならず世界に発信していく上での障害になると考えられた。

（注4）　著作権法においても、平成11年改正による技術的保護手段回避行為規制の導入後、平成23年1月の著作権分科会報告書において、「①CSS等の『暗号型』技術やゲーム機・ゲームソフト用の保護技術について、『技術』面にのみ着目するのではなく、契約等の社会的実態も含め、保護技術が社会的にどのような機能を果たしているかとの観点から評価し、複製等の支分権の対象となる行為を技術的に制限する『機能』を有していると評価される保護技術については、技術的保護手段の対象とすることが適当であること、②アクセスコントロール『機能』のみを有していると評価される保護技術について、著作権法の規制を及ぼすことは、時間的な制約等もあることから、技術的保護手段として位置付けるとの結論を得ることは適当ではないこと、③回避規制の在り方については、引き続き現行著作権法の整理が妥当であること等の結論を得た」(http://www.bunka.go.jp/seisaku/bunkashingikai/chosakuken/pdf/h2301_shingi_hokokusho.pdf) ことから、平成24年の法改正において、一部、アクセスコントロールの回避規制が導入された。

2　技術的制限手段に対する不正行為の類型

1　技術的制限手段に対する「不正競争」の定義――その1（第2条第1項第17号）

（定義）

第二条　この法律において「不正競争」とは、次に掲げるものをいう。

十七　営業上用いられている技術的制限手段（他人が特定の者以外の者に影像若しくは音の視聴、プログラムの実行若しくは情報（電磁的記録（電子的方式、磁気的方式その他人の知覚によっては認識することができない方式で作られる記録であって、電子計算機による情報処理の用に供されるものをいう。）に記録されたものに限る。以下この号、次号及び第八項において同じ。）の処理又は影像、音、プログラムその他の情報の記録をさせないために用いているものを除く。）により制限されている影像若しくは音の視聴、プログラムの実行若しくは情報の処理又は影像、音、プログラムその他の情報の記録（以下この号において「影像の視聴等」という。）を当該技術的制限手段の効果を妨げることにより可能とする機能を有する装置（当該装置を組み込んだ機器及び当該装置の部品一式であって容易に組み立てることができるものを含む。）、当該機能を有するプログラム（当該プログラムが他のプログラムと組み合わされたものを含む。）若しくは指令符号（電子計算機に対する指令であって、当該指令のみによって一の結果を得ることができるものをいう。次号において同じ。）を記録した記録媒体若しくは記憶した機器を譲渡し、引き渡し、譲渡若しくは引渡しのために展示し、輸出し、若しくは輸入し、若しくは当該機能を有するプログラム若しくは指令符号を電気通信回線を通じて提供する行為（当該装置又は当該プログラムが当該機能以外の機能を併せて有する場合にあっては、影像の視聴等を当該技術的制限手段の効果を妨げることにより可能とする用途に供するために行うものに限る。）又は影像の視聴等を当該技術的制限手段の効果を妨げることにより可能とする役務を提供する行為

本号は、単に経済的・金銭的な意味での利益だけでなく、コンテンツ及びそのコンテンツを提供するサービスへの「信用」といった無形の利益を含めた営業上の利益を確保することを目的として、音楽、映像等のコンテンツ提供事業者が、第18号のような「特定の者以外の者」に対してではなく、記録媒体又は視聴等機器の購入者や所持者の全てに対して、音楽、影像等を視聴（プログラムについては実行、情報については処理）又は記録を一律に禁止するために「技術的制限手段」を用いている場合に、その技術的制限手段の「効果を妨げる」機能を有する装置等を譲渡等する行為を「不正競争」として規定したものである。

具体的には、映画のビデオテープやDVDなどの記録媒体の中にコンテンツとともに記録されている制御用の信号を用いて当該コンテンツの録画を制限する方式や、所定の手続を踏んで製造、販売されている視聴等機器

［図表2－3－17］　規制の対象となる提供行為と装置・プログラム等の種類の関係

装置・プログラム等の種類		現行法の規律
無効化機能を有するものの提供行為	無効化機能しか持っていないもの	規制の対象
	無効化機能とその他の機能を併せて有するもの	無効化の用途に供するために提供する場合に限り規制の対象（後掲⒆参照）
無効化機能を有していないものの提供行為		規制の対象外
無効化する役務の提供行為		規制の対象

以外の機器では解読することができない形でコンテンツを暗号化している方式又は正規ゲームソフトに記録された信号を用い、当該ソフトと組になった正規のゲーム機器においてのみ当該ソフトの実行ができる方式に対して、それらの技術の効果を妨げるキャンセラーを販売等する行為[注1]、それらの技術の効果を妨げるプログラムをインターネットオークションで販売等する行為[注2]が該当する。

なお、本号と第18号との適用関係については、営業上用いられている技術的制限手段の態様に従って客観的、形式的に切り分けられており、本号において、第18号が適用される場合には本号は適用されない旨調整規定が設けられている。

本書では、無効化行為の前提となる「技術的制限手段」の定義（第2条第8項）に関する説明及び「プログラム」の定義（第2条第9項）に関する説明については、前述第1節②7及び8に記載しているので、当該記載も参照されたい。

（注1）　平成23年改正前の事案ではあるが、前掲第1節②7(4)（注）マジックコンピュータ（マジコン）事件（東京地判平21．2．27最高裁HP）では、携帯型ゲーム機を製造・販売する原告及び同ゲーム機用のゲームソフトを格納したゲーム・カードを製造・販売する原告らが、いわゆるマジコンと呼ばれる装置を輸入し、国内で販売していた被告らに対し、マジコンが同ゲーム機に係る技術的制限手段を無効化する装置に該当するとして求めていたマジコンの輸入・販売等の差止め及び在庫品の廃棄の請求が認められた。

（注２）　前掲第１節②７（注８）参照。

⑴　営業上用いられている

不正競争防止法において「営業」とは、判例上[注]、単に営利を直接に目的として行われる事業に限らず、事業者間の公正な競争を確保するという法目的からして、経済収支上の計算に立って行われる事業一般（病院経営等）を含むと広く解すべきものとされている。

本号の「営業上用いられている」についても、広範に事業一般に用いられる技術的制限手段を保護の対象としていると解することも可能であるが、ここでは、単に本号の行為が「不正競争」の一類型であることを明確にするための表現として用いているものである。

したがって、「技術的制限手段」をある営業活動のために用いていることを示しているにすぎず、事業活動と関係のない「技術的制限手段」、例えば、プライバシー保護の目的又は防衛上の目的で用いられている暗号などは含まれないこととなる。

（注）　前掲第２章（注２）及び第３章第２節②１（注６）天理教事件最高裁判決（最判平18．１．20民集60巻１号137頁）参照。

⑵　影像若しくは音の視聴

「影像若しくは音の視聴」とは、技術的制限手段が施される対象のうち、影像、音について制限がなされる行為を示したものである。

「影像」とは、映像、文字、図形など、人が視覚により感知するものをいい、「音」とは、音楽、音響など、人が聴覚により感知するものをいう。

したがって、「影像若しくは音の視聴」とは、映像、文字、図形等の視覚による感知又は音楽、音響等の聴覚による感知のいずれかの知覚による情報の取得及び認識をいう。

⑶　プログラムの実行

「プログラムの実行」とは、技術的制限手段が施される対象のうち、プログラムについて制限がなされる行為を示したものである。

「実行」とは、プログラムにより電子計算機を動作させる行為（run）をいう。

「プログラムの実行」を「影像若しくは音の視聴」と分けて規定するのは、影像又は音に関しては「視聴」に、プログラムに関しては「実行」について、それぞれ技術的制限手段が施されている実態を踏まえたものである。

⑷　情報（電磁的記録（電子的方式、磁気的方式その他人の知覚によっては認識することができない方式で作られる記録であって、電子計算機による情報処理の用に供されるものをいう。）に記録されたものに限る。）の処理

「情報」とは、「影像」、「音」、「プログラム」及びこれらに該当しない電子データを含む概念であり、「情報の処理」とは、技術的制限手段が施される対象のうち、情報について制限がなされる行為として、「視聴」、「実行」以外の行為として「処理」を位置付けたものである。

なお、「処理」とは、情報自体に働きかけて加工、消去等の変化を生ぜしめる行為をいう。一方、「プログラムの実行」は、プログラム自体に変化を生ぜしめる行為ではなく、プログラムの指令を実施して一の結果を得るものであり、両者は相違するため、「プログラムの実行」と「情報の処理」とを並立させて規定している。

また、「電磁的記録（電子的方式、磁気的方式その他人の知覚によっては認識することができない方式で作られる記録であって、電子計算機による情報処理の用に供されるものをいう。）に記録されたものに限る。」とあるのは、保護の対象となる「情報」を限定する趣旨であり、これにより、電子計算機による情報処理の対象となる情報であり、電磁的記録に記録されるものに対象を限定している。

⑸　影像、音、プログラムその他の情報の記録

「記録」とは、影像、音、プログラムその他の情報を記録媒体に固定させることを指す。

⑹　他人が特定の者以外の者に影像若しくは音の視聴、プログラムの実行若しくは情報の処理又は影像、音、プログラムその他の情報の記録をさせないために用いているものを除く

本号で規定されている「営業上用いられている技術的制限手段」は、かなり広範なものであり、続く第18号で規定される「他人が特定の者以外の者に影像若しくは音の視聴、プログラムの実行若しくは情報の処理又は影像、音、プログラムその他の情報の記録をさせないために営業上用いている技術的制限手段」も含まれる形となっている。

したがって、両者の間では制限を行う技術的な形態において相互に異なる点は存在しないことから、本号の対象となる技術的制限手段から第18号に規定される技術的制限手段を明示的に除くこととした。

(7)　制限されている影像若しくは音の視聴、プログラムの実行若しくは情報の処理又は影像、音、プログラムその他の情報の記録

技術的制限手段の施される目的となる事柄を指す。

(8)　（視聴・記録等を）当該技術的制限手段の効果を妨げることにより可能とする機能

営業上用いられている技術的制限手段により制限されている影像若しくは音の視聴、プログラムの実行若しくは情報の処理又は影像、音、プログラムその他の情報の記録を可能とする機能を指す。すなわち、第２条第８項に規定する技術的制限手段の効果を弱化又は無効化することをいうものである。

「効果を妨げることにより」の文言は、こうした機能を持つ装置が営業上の利益を害する又は害するおそれがある場合には、技術的制限手段を営業上用いている者が当該技術的制限手段を施す際に意図した効果が妨げられていることを確認的に規定した文言である[注]。この点、この文言がなくとも、第３条及び第４条の「（他人の）営業上の利益」の侵害であることという要件によって実体法上は同じ意味となるものの、判例等においてはこの要件について争いがあることや、不正競争防止法を行為規範として見た場合に第２条の文言のみから妨害装置等に該当するものが明確かつ直接に判断できる方が望ましいため、この文言が入れられているものである。

（注）　譲渡後に購入者が購入時に同包された説明書に沿って改造プログラムをインターネット上のサイトから無償で入手し、内蔵プログラムをアップデートすることによってはじめて技術的制限手段の効果を妨げる機能を実際に発現することができる衛星チューナーについて、平成27年改正前法下の第２条第１項第11号・第21条第２項第４号に該当するとして、不正競争防止法違反の被疑事実で逮捕され、その後、有罪判決となった事件がある（VISIONPRO事件、一般財団法人デジタルコンテンツ協会「平成27年度産業経済研究委託事業 コンテンツ保護の技術的手段に係る法制度及び技術動向等に関する調査研究報告書」（平成28年３月））。

(9)　装置

「装置」とは、一定の機能を有する機器の内蔵品という意味で用いている。

例えば、具体的には、影像の視聴を制限するために記録媒体に付された信号を解除する機能を有するチップがこれに該当する。一方、チップでもそれだけで解除する機能の一部しか有していないものなどは、「機能を有する装置」に該当しないこととなる。

(10)　機器

「機器」とは、機械と器具を包括した概念として用いられる用語である。このうち、機械とは、「比較的に複雑な一定の動的仕掛け、からくりを有する物」であり、「その規模の大小、構造の精粗等を問わず、広く用いられ」ている（法令用語辞典）。一方、器具は「単なるうつわ、道具に限らず、比較的簡単な仕掛けを有する機械に近いものを含むものとして用いられる」（同）。

例えば、具体的には、影像の視聴を制限するために記録媒体に付された信号を解除する機能を有するチップを内蔵する箱体の機器を指す。

(11)　当該装置を組み込んだ機器

「（無効化）機能を有する装置」とだけ規定した場合、例えばDVDの暗号解除装置であるマクロビジョン･キャンセラーだけであれば違法であるが、同キャンセラーを一体化して組み込んだ機器である内蔵DVDプレーヤーは適法、という誤解を招きかねない。

もっとも、「妨げる」機能を有する装置を内蔵する機器（例えば、影像の記録を制限する信号が付されたDVDの当該信号の効果を解除する装置を内蔵した記録機器）を提供する行為は、当該機器に内蔵されている無効化機能を有する装置だけを提供する行為と同様の公正競争阻害効果を有しているため、同様に、「不正競争」の対象に含めることが適当であるとして、「当該装置を組み込んだ機器……を含む」との規定を加えている。

したがって、本来規制の対象とされている無効化機能を有する装置の提供と認められる行為であれば、こうした装置を組み込んだ機器についても規制の対象となることを確認的に規定しているものであり、キャンセラー内蔵DVDプレーヤーも本法の対象とする趣旨である。

(12)　当該装置の部品一式であって容易に組み立てることができるもの

技術的制限手段の無効化装置だけでなく、「当該装置の部品一式であって容易に組み立てることができるもの」、すなわち、いわゆる組み立てキットの提供行為についても、当該装置自体の提供行為と同様に、公正な競争を阻害する効果を有することから、こうした脱法的な行為に対処するため、平成23年改正時に本文言を加えている(注)。

なお、無効化装置を構成する部品の一部の提供行為についても、これにより技術的制限手段を用いている事業者の営業上の利益が害されるおそれがある場合には、民事的救済が認められ得ると考えられる。

また、複数の者が部品を分割して提供する行為が、部品一式の提供行為の共犯と考えられる場合は、刑事罰の対象となり得ると考えられる。

（注）　産業構造審議会知的財産政策部会技術的制限手段に係る規制の在り方に関する小委員会報告書「技術的制限手段に係る不正競争防止法の見直しの方向性について」（平成23年2月）8頁参照。

(13)　当該プログラムが他のプログラムと組み合わされたもの

「妨げる」機能のみを有するプログラムと別の機能を有するプログラムが組み合わされたプログラム（例えば、影像の記録を制限する信号が付されたDVDの当該信号の効果を解除するプログラムと圧縮された電子的情報を映像化するプログラムが組み合わされたプログラム）を記録した記録媒体若しくは記憶した機器又は組み合わされたプログラムを提供する行為は、解除するプログラムだけを提供する行為と同様の公正競争阻害効果を有しているため、同様に、「不正競争」の対象として含めることが適当であるため、「当該プログラムが他のプログラムと組み合わされたものを含む」との規定を加えている。

すなわち、「当該プログラム（技術的制限手段の効果を妨げる機能のみを有するプログラム）が他のプログラムと組み合わされたもの」とは、当該プログラムがその機能を格別に変更することなく、単に組み合わされたと認められるものを想定している。したがって、本来他の機能を有するプログラムとして作成されたものに、たまたま「技術的制限手段の効果を妨げる機能のみを有するプログラム」が外見上形式的に含まれているようなものは、ここでいう「当該プログラムが他のプログラムと組み合わされたもの」には含まれないものと考えられる。

(14)　プログラム……を記録した記録媒体若しくは記憶した機器

プログラムの提供が譲渡、引渡し、輸出入の形で行われる場合は、当該プログラムが記録された記録媒体や当該プログラムが記憶された機器がこれらの具体的な提供行為となるため、このような表現としている。

一方、電気通信機器回線を通じてプログラムを提供する場合は、プログラム自体を送信することとなるため、このような表現を用いていない。

(15)　指令符号（電子計算機に対する指令であって、当該指令のみによって一の結果を得ることができるものをいう。次号において同じ。）を記録した記録媒体若しくは記憶した機器

近年、技術的制限手段を施して、コンテンツ・プログラムや情報等の流通を行うビジネスモデルが増える中、当該手段の効果を妨げる行為の手法やその技術等の提供の形態も多様化している。

そのような中で、ビジネスソフト等に施された技術的制限手段を不正に解除するためのシリアルコードや暗号解除キーの提供が多く見られることから、技術的制限手段の無効化に直接寄与するような技術的制限手段の効果を妨げる機能を有する符号（不正に生成、入手されたシリアルコード等）を提供する行為を「不正競争」と位置付けた。

具体的には、無効化装置等の提供と同様に、技術的制限手段の無効化に直接寄与するような技術的制限手段を無効化するための符号（使用のための認証プロセスにおいて入力を求められるシリアルコード等の情報）を提供する行為を「不正競争行為」と位置付けている。なお、「指令符号」の定義として、プログラムの定義（第２条第９項）に倣い、上記の括弧書きのように規定した。

(16)　譲渡し、引き渡し……輸出し、若しくは輸入し

技術的制限手段の効果を妨げる装置等を譲渡したり、引き渡したりする行為は、公正競争に直接的な影響を及ぼすため、これらの行為を「不正競争」として規定している。

一方、当該装置等を製造する行為はそれだけで直ちに公正な競争を阻害することにつながらないため、対象としていない(注)。

また、当該装置等の提供がそれぞれ多くの無効化行為を呼び起こしコンテンツ提供事業者に大きな被害をもたらす蓋然性が高いのに比べ、一件一件の無効化行為自体は、互いに独立に行われ、その被害も限定的である。その一方で、個々の無効化行為を一件ずつ捕捉し、民事訴訟の対象とすることは困難である。

このため、コンテンツの取引秩序の維持のための本法による規制においては、無効化装置等の提供に係る行為を対象とし、無効化行為そのものは対象としていない。ただし、無効化行為そのものについては、個々の事例に応じて民法上の違法性が評価されることとなると考えられる。例えば、自社の製品開発に活かす目的で行うリバースエンジニアリング（市場で購入した他社製品の機器やプログラム等を調査・解析し、そこに含まれているアイデアやノウハウ等を抽出すること）については、技術的制限手段の効果を妨げる行為であって、本号、第18号に規定する装置、プログラム、指令符号の提供等の行為に該当しないと考えられる。

（注）　平成11年に技術的制限手段無効化装置等に関する規制を導入したときには、製造行為については、例えば、技術的制限手段を研究する過程で製造に当たる行為をする可能性があり、規制は緩くしておき、技術開発や自由な情報利用という方向の価値を実現するようにした方が良いとの指摘がなされ、製造行為は、技術開発への悪影響への配慮から規制対象とはせず、無効化装置等の提供に限ると整理された。

その後、平成23年の改正時には、製造行為については、既存の法令によって一定程度の対応が可能であり、今後とも無効化装置等の国内での製造実態とこれに伴う影響等を注視しながら対応を検討することが適当、とされた（前掲(12)（注）「技術的制限手段に係る不正競争防止法の見直しの方向性について」参照）。

(17)　譲渡若しくは引渡しのために展示し

技術的制限手段の効果を妨げる装置等を譲渡や引渡しの目的をもって展示する行為は、譲渡、引渡し行為と同様、技術的制限手段が担保しているコンテンツ提供事業者の信用を低下させる効果を有しており、信用の低下による営業上の利益を侵害される事業者がこれを停止又は防止することができることとすることが必要である。

(18)　電気通信回線を通じて提供する

プログラム又は指令符号の場合は、これを記録した記録媒体を譲渡等するだけでなく、電気通信回線を通じて提供する行為も実態上行われているが、公正な競争を阻害する程度において、差異がないものと認められることから、「不正競争」に含めている。

(19)　当該装置又は当該プログラムが当該機能以外の機能を併せて有する場合にあっては、影像の視聴等を当該技術的制限手段の効果を妨げることにより可能とする用途に供するために行うものに限る

平成11年に技術的制限手段に係る不正行為についての規制が導入された際は、規制の対象となる行為の範囲は、無効化機能のみを有する装置等（いわゆる「のみ」要件）の提供行為と規定された[注1]。しかしながら、その後、無効化機能とともに、それ以外の機能（例えば、音楽プレイヤー等の機能）も併せて有し、「のみ要件」を満たさないと主張される装置等が散見されるようになり、コンテンツ事業者等の被害が甚大となったことから、平成23年改正時に、規制対象範囲を拡大するため、「のみ」要件が緩和されるに伴い、設けられた規定である。

無効化機能とそれ以外の機能を併せて有する装置等については、技術的制限手段を無効化する用途に供するために提供される場合と、無効化以外の用途に供するために提供される場合があり得る。そこで、本規定は、不正競争と評価し得る範囲に規制を絞り込む観点から、提供態様や使用実態等に鑑みた場合、当該装置等を、無効化の用途に供するために提供する行為に限って不正競争として規制するために設けられたものである。

「用途」とは、装置等の機能・特徴に応じた使い途をいう。「（技術的制限手段を無効化する）用途に供するために」に当たるか否かは、無効化機能とそれ以外の機能を併せて有する装置等の提供の実態（例えば、広告宣伝の方法や内容、装置等の提供先等の提供態様）、ユーザーの一般的な利用実態等を総合的に考慮し判断されることとなる[注2]。

また、本来の機能として画像処理といった技術的制限手段の無効化以外の機能を有する装置であって、記録や視聴等の制限をするために付されている信号を検知しない装置や、そのような装置を内蔵する機器（いわゆる無反応機器）については、結果的に技術的制限手段を無効化する機能を有するとも評価し得る。しかしながら、これを規制すると記録や視聴等を制限するあらゆる信号に対応する措置を装置や機器に施すよう強制することとなるため、関連機器の製造業者に過大な負担を課すこととなることや(注３)、コンテンツ提供事業者の十分な自助努力を促す観点からも「不正競争」の対象としないことが適当である。この点、これら無反応機器については、通常、技術的制限手段を無効化する機能以外の機能を必ず有しており、また、その提供行為は、技術的制限手段を無効化する用途に供するためのものではないと考えられるため、規制対象にはならないと考えられる(注４)。

なお、指令符号については、専ら無効化の用途に供されるものであるから、装置やプログラムのように、技術的制限手段の無効化機能以外の機能を併せて有する場合が想定されないため、当該規定の対象としていない。

（注１）　規制は必要最小限にすべきとの基本原則から、映像や音の視聴等装置の提供事業者への過度な抑制効果に適切に配慮した措置である。

（注２）　複数の独立したプログラムが記録媒体に記録されており、そのうちの一つが「無効化機能」のみを有するプログラムであった場合は、本号の括弧書きに該当する（「併せて有する」）場合ではなく、本号の他の要件を満たす限り、原則、規制対象となるものと考えられる。

（注３）　あらゆる信号に対応する措置を装置や機器に施そうとすると、装置や機器の容積や重量が増え、装置や機器の最小化・軽量化の需要に応えられないことや、各信号の各規格に係るロイヤリティが価格に影響せざるを得ないこと、また、各技術的制限手段のバージョンアップやアップデートに応じて、ユーザーが購入し手元に保有する装置や機器も何かしらの方法でバージョンアップ等する必要が生ずることなどの不都合が指摘される。

（注４）　例えば、アナログ情報からデジタル情報へ変換する過程で技術的制限手段である信号に反応しないことにより偶然無効化機能を有してしまうアナログ情報をデジタル情報に変換する機能を有する装置の提供行為が挙げられる。

(20)　又は影像の視聴等を当該技術的制限手段の効果を妨げることにより可能とする役務を提供する行為

新たに、無効化装置等の提供と同等とみなされる技術的制限手段を無効化する役務（サービス）の提供行為を不正競争に位置付けるため、平成30年法改正により、当該規定を設けている。

例えば、ユーザーからゲーム機（装置）を預かり、海賊版ゲームの実行を可能とする装置（技術的制限手段の無効化を可能とする装置）に改造し、変換するサービス、ユーザーの代わりに、試用版ソフトウェアに施された技術的制限手段を装置等を用いて無効化し、正規版と同等のソフトウェアとして使用できる状態にするサービス等がある。

なお、役務の提供行為について、前掲⒆のような例外規定を設けていないのは、役務の場合には、装置やプログラムの場合と異なり、無効化役務とそれ以外の役務を分離することは困難であるためである。

2　技術的制限手段に対する「不正競争」の定義――その2（第2条第1項第18号）

（定義）

第二条　この法律において「不正競争」とは、次に掲げるものをいう。

十八　他人が特定の者以外の者に影像若しくは音の視聴、プログラムの実行若しくは情報の処理又は影像、音、プログラムその他の情報の記録をさせないために営業上用いている技術的制限手段により制限されている影像若しくは音の視聴、プログラムの実行若しくは情報の処理又は影像、音、プログラムその他の情報の記録（以下この号において「影像の視聴等」という。）を当該技術的制限手段の効果を妨げることにより可能とする機能を有する装置（当該装置を組み込んだ機器及び当該装置の部品一式であって容易に組み立てることができるものを含む。）、当該機能を有するプログラム（当該プログラムが他のプログラムと組み合わされたものを含む。）若しくは指令符号を記録した記録媒体若しくは記憶した機器を当該特定の者以外の者に譲渡し、引き渡し、譲渡若しくは引渡しのために展示し、輸出し、若しくは輸入し、若しくは当該機能を有するプログラム若しくは指令符号を電気通信回線を通じて提供する行為（当該装置又は当該プログラムが当該機能以外の機能を併せて有する場合にあっては、影像の視聴等を当該技術的制限手段の効果を妨げることにより可能とする用途に供するために行うものに限る。）又は影像の視聴等を当該技術的制限手段の効果を妨げることにより可能とする役務を提供する行為本号は、営業上の利益を確保することを目的として、音楽、映像等のコンテンツ提供事業者が、契約の相手方又は契約により特定された者以外の者によるコンテンツの視聴、記録を制限するために「技術的制限手段」を用いている場合に、その技術的制限手段の「効果を妨げる」機能を有する装置等を特定の者以外の者に譲渡等する行為を「不正競争」として規定したものである。

具体的には、衛星放送又は有料ケーブルテレビジョン放送におけるペイパービューサービス等契約者以外の者によってはスクランブルを解除できないように暗号が施されているものに対して、この技術の効果を妨げるスクランブル解除装置を販売等する行為が該当する。

⑴　他人

「他人」とは、第２条第１項第１号等と同様に、技術的制限手段を用いる主体となるものを指す。「他人」に含まれるものとしては、自然人、法人の他、権利能力なき社団や団体、企業グループ等がある。

⑵　特定の者

限られた範囲の者を指す。具体的には、一定の料金を支払うのと引換えに音楽、映像等のコンテンツの提供を受ける者が該当する。

⑶　他人が特定の者以外の者に影像若しくは音の視聴、プログラムの実行若しくは情報の処理又は影像、音、プログラムその他の情報の記録をさせないために営業上用いている（もの）

第17号で規定している「営業上用いられている技術的制限手段」とは、音楽、映像等のコンテンツ提供事業者が一律に視聴、実行若しくは処理又は記録を制限する技術的制限手段を用いている場合であり、本号で規定している「技術的制限手段」とは、単独の音楽、映像等の提供事業者が「特定の者」に限り視聴、実行若しくは処理又は記録が可能となるように技術的制限手段を用いている場合を想定している。

なお、第17号で解説したとおり、本号に該当する技術的制限手段が第17号から除かれるよう第17号に調整規定が置かれている。

⑷　当該機能を有するプログラム若しくは指令符号を電気通信回線を通じて提供する

プログラム又は指令符号について、電気通信回線を通じた提供を規制するのは、第17号と同じ趣旨であるが、本号において装置や記録媒体等を提供する場合とは異なり、「当該特定の者以外の者に」という文言が入っていないのは、インターネットのホームページに掲載する形態で提供する場合等、特定の者への提供と一体化する形態であっても、これを違法とする趣旨である。

第８節　ドメイン名に係る不正行為（第２条第１項第19号関係）

（定義）
第二条　この法律において「不正競争」とは、次に掲げるものをいう。
　十九　不正の利益を得る目的で、又は他人に損害を加える目的で、他人の特定商品等表示（人の業務に係る氏名、商号、商標、標章その他の商品又は役務を表示するものをいう。）と同一若しくは類似のドメイン名を使用する権利を取得し、若しくは保有し、又はそのドメイン名を使用する行為

1　趣旨

本号は、平成13年改正により、不正の利益を得る目的又は他人に損害を加える目的で、他人の特定商品等表示と同一又は類似のドメイン名を使用する権利を取得し、若しくは保有し、又はそのドメイン名を使用する行為を「不正競争」の一類型として定めた規定である。

ドメイン名は、本来、インターネット上のいわば「住所」を示す、サーバを特定するための文字・数字等の配列にすぎない。しかし、近年のインターネットの急速な普及に伴いインターネットを通じたビジネス活動の重要性が高まり、ドメイン名は極めて高い価値を有するに至った。すなわち、事業者は、自己の社名や製造・販売する商品名と関連のあるドメイン名を登録してウェブサイトを開設し、一方、消費者は、ドメイン名と企業名、商品名とを関連付け、ドメイン名を手がかりとしてウェブサイトにアクセスすることが日常化しつつある。そのため、事業者と消費者をインターネット上で結びつける接点となるドメイン名は、事業者が効果的なインターネット上のビジネスを行うために、極めて重要な価値を有するに至っている。

しかし、ドメイン名は、原則として誰もが先着順に登録することができ

る制度となっており、かつ、登録に際し、例えば商標登録出願において行われるような実質的な審査は行われていない。そこで、このようなドメイン名の登録制度を逆手にとり、第三者が有名企業や著名な商品の名称及びそれらと類似の文字・数字等の配列をドメイン名に登録した上でウェブサイト上でビジネスを行うことにより、事業者が永年にわたって築き上げた知名度や信頼にフリーライドしたり、ウェブサイト上で商標権者等の信用を傷つけたり、取得したドメイン名を商標権者等に対して不当に高い価格で買い取らせようとするなどの行為が、世界各国で頻発している。

このような状況の中、WIPO（世界知的所有権機関）の「周知商標の保護規則に関する共同勧告（Joint Recommendation Concerning Provisions on the Protection of Well-Known Marks）」（1999年9月制定。以下、「WIPO勧告」という。）、ICANN（the Internet Corporation for Assigned Names and Numbers）の「ドメイン名統一紛争処理方針（Uniform Domain Name Dispute Resolution Policy。1999年10月制定。以下、「UDRP」という。）」、米国の「反サイバースクワッティング消費者保護法（Anticyber-squatting Consumer Protection Act）」（1999年11月制定。以下、「米国法」という。）等、ドメイン名について生じている各種の問題に対してルールを整備する努力が世界的になされた（前掲第1節②9［図表2-3-2］参照(注1)。）。

我が国においては、「.jp」ドメイン名を管理する（一社）日本ネットワークインフォメーションセンター（JPNIC）がUDRPを日本にローカライズしたJPドメイン名紛争処理方針（2000年7月制定。以下、「JPDRP」という。）を策定し、同年10月より、日本弁理士会と日本弁護士連合会が共催で運営している日本知的財産仲裁センター（旧工業所有権仲裁センター）において、JPDRPに基づくJPドメイン名に関する紛争の処理が行われている(注2)。

しかし、このような裁判外紛争処理制度においては、当事者はいつでも裁判に訴えることが可能であること、登録機関とは契約関係にない商標権者等が裁判所の原告又は被告となる場合には、実体法が判断基準となり、裁判外紛争処理方針と裁判所との判断の間に齟齬が生じるおそれがあることなどから、実体法の整備が必要との意見が各方面から出されていた(注3)(注4)。

以上のような国内外の動向を踏まえ、平成13年改正により、ドメイン名を不正に取得等する行為を新たに「不正競争」の一類型として規制することにした。

（注1）　WIPO勧告は、特許庁ホームページ（http://www.jpo.go.jp/indexj.htm）において、米国法、UDRP及びJPDRPは、（一社）日本ネットワークインフォメーションセンター（JPNIC）ホームページ（http://www.nic.ad.jp/）においてそれぞれ閲覧可能である。

（注2）　ドメイン名の紛争処理において、適用される規則や紛争処理機関は、紛争の対象となるドメイン名の種類によって異なる。「.jp」ドメイン名については、前述本文のとおりJPDRPを適用して日本知的財産仲裁センターにおいて紛争の処理が行われる。一方、「.com」「.org」「.net」、「.info」等の分野別トップレベルドメイン（gTLD）については、UDRPを適用してWIPO仲裁センター等の仲裁機関において紛争の処理が行われる（前掲第1節②9［図表2-3-2］参照。）。なお、WIPO仲裁センターにおける2015年のドメイン名に関する紛争処理事件数は2,754件（前年比4.5％増）、対象となったドメイン名は4,364件であった（WIPO公表資料：http://www.wipo.int/export/sites/www/about-wipo/en/dgo/pdf/ambassadors_briefing_022016.pdf）。

また、「.uk」、「.cn」などの各国・地域に割り当てられた国コードトップレベルドメイン（ccTLD）については、そのccTLDを管理している組織ごとに独自の紛争処理手続が設けられている。

（注3）　平成13年改正にかかわらず、不正競争防止法においてドメイン名に関する一定の紛争を解決することは可能である。すなわち、ドメイン名は、その文字列の組合せを自由に選択できる点を利用して、自らの商品等を識別する機能を持つことが可能であることから、不正競争防止法第2条第1項第1号及び第2号の「商品等表示」の一つとして保護を受け得る（前掲第1節②9（注1）ジャックス・ドメイン名事件（富山地判平12.12.6判時1734号3頁）、ジェイフォン・ドメイン名事件（東京地判平13.4.24判時1755号43頁）、アークエンジェルズ事件（大阪地判平21.4.23最高裁HP）参照。）。しかしながら、同項第1号・第2号では、ドメイン名が商品又は営業の表示として使用されている場合にしか規制の対象とならないといった限界がある。したがって、例えば、ドメイン名を登録しただけでウェブサイトは開設せず、商標権者に不当な価格で売りつけようとする行為や、ドメイン名を使用したウェブサイト上で、事業活動は一切行わず、ポルノグラフィカルな写真を掲載して商標権者等の信用を傷つけるような行為は、不正競争防止法の規制の対象とすることは困難であると解されていた。

（注4）　産業構造審議会情報経済部会第一次提言（平成12年8月）は、「ドメインネームは、いわばインターネット上の『住所』である。リアル空間上の『住所』は自らで決めることはできないが、ドメインネームは先着順で自ら好きなものを選択することができる。この結果、他人の商標等と同一又は類似のドメインネームを取得・使用することが可能であり、こうしたドメインネームを高額で転売しようとしたり、アダルトサイトを運営するなどして、商標権者等との間で紛争となるケースが生じている。このような問題を解決するために、昨年末、民間サイドによる統一紛争処理手続が開始されるとともに、米国は、昨年、法的ルールの整備を行った。したがって、我が国においても、法的なルール整備（他人の商標等と同一又は類似のドメインネームの不正の目的の取得・使用の規整）が必要である」との答申を出している。また、情報通信技術（IT）戦略本部が発表した「e-Japan重点計画」においても、「ドメイン名利用の適正化」として、「ドメイン名の価値の高まりとともに、ドメイン名が実質的な審査なく先着順に取得できることから、ドメイン名と商標等の抵触を巡る紛争が増加し、電子商取引等の阻害や国際問題になっている。したがって、ドメイン名利用の適正化について、国際的な動向も踏まえつつ必要な措置を講ずる。ⅰ）2001年中に、商標等と同一又は類似のドメイン名の不正取得等の防止を図るため『不正競争防止法の一部を改正する法律案』を国会に提出するなど、ドメイン名利用の適正化を図るための所要の制度整備を行う」との決定がなされた。

2　要件

1　不正の利益を得る目的で、又は他人に損害を加える目的で

第2条第1項第19号では、主観的要件として、「不正の利益を得る目的」又は「他人に損害を加える目的」（いわゆる図利目的又は加害目的）という二つの類型を規定している。前者は、公序良俗、信義則に反する形で自己又は他人の利益を不当に図る目的を、後者は、他者に対して財産上の損害、信用の失墜といった有形無形の損害を加える目的をそれぞれ指すものと考えられる。

不正競争防止法においては、「図利加害目的」（第2条第1項第7号等）や「不正の目的（不正の利益を得る目的、他人に損害を加える目的その他の不正の目的）」（第19条第1項第2号）といった異なる主観的要件が定められている。本号において、主観的要件として「図利加害目的」を規定したのは、保護

対象に周知性又は著名性を要件としないこと(注１)、ドメイン名の使用行為に限らず取得､保有行為をも対象とすることとの関係から､「図利加害目的」に当たらない主観的態様に基づく行為まで規制すべき実体上の必要性はないと考えられるためである。

いかなる場合に図利加害目的が認められるかについては、個別具体の事案に応じた裁判所の判断に委ねられることとなるが、図利加害目的が認められる行為の例としては、

①　特定商品等表示の使用者がその特定商品等表示をドメイン名として使用できないことを奇貨として、当該特定商品等表示の使用者に不当な高額で買い取らせるために、当該特定商品等表示と同一又は類似のドメイン名を先に取得・保有する行為

②　他人の特定商品等表示を希釈化・汚染する目的で当該特定商品等表示と同一又は類似のドメイン名のもと、アダルトサイトを開設する行為

等の行為が考えられる(注２)。

また、米国法、UDRP及びJPDRPにおいて例示されている不正の目的を認定するにあたっての考慮要因や、それらに基づく裁判例、裁定例の判示事項は、本号の解釈にあたっての一つの参考になるものと思われる(注３)。

（注１）　本号の保護対象について、周知性又は著名性の要件を不要としたのは、①ドメイン名の登録制度は先着順となっているため、同じドメイン名を登録することはできないことから、特定商品等表示に化体した信用等の保護に加え、ドメイン名の登録制度に乗じた営業妨害行為を防ぐことにあり、保護対象を周知性又は著名性のあるものに限定する必要はないこと、②インターネット上のビジネスは、広がりが早く短期間で周知・著名になり得るため、周知性・著名性を獲得する以前に、第三者により特定商品等表示と同一又は類似のドメイン名を取得される可能性が高く、それを回避する必要があること、③ドメイン名はサイバー空間上で用いられるため地域性が問題とならないこと、④米国法、UDRP及びJPDRPにおいても、周知性は要件としていないこと等によるものである。

（注２）　MP３ドメイン名事件（東京地判平14.７.15判時1796号145頁）では、「『不正の利益を得る目的で』とは『公序良俗に反する態様で、自己の利益を不当に図る目的がある場合』と解すべきであり、単に、ドメイン名の取得、使用

等の過程で些細な違反があった場合等を含まないものというべきである。また、『他人に損害を与える目的』とは『他人に対して財産上の損害、信用の失墜等の有形無形の損害を加える目的のある場合』と解すべきである。例えば、①自己の保有するドメイン名を不当に高額な値段で転売する目的、②他人の顧客吸引力を不正に利用して事業を行う目的、又は、③当該ドメイン名のウェブサイトに中傷記事や猥褻な情報等を掲載して当該ドメイン名と関連性を推測される企業に損害を加える目的、を有する場合などが想定される」と判示された。

（注3）　なお、UDRP及びJPDRPでは、「登録者が、当該ドメイン名（の登録）についての権利又は正当な利益を有していないこと」が、申立人の主張が認められるための独立の要件とされている。しかし、このような事情は、図利目的又は加害目的の有無を判断する中で考慮され得ると考えられるため、本法では、同様の要件を独立に設けることはしていない。

2　特定商品等表示

「特定商品等表示」とは、「人の業務に係る氏名、商号、商標、標章その他の商品又は役務を表示するもの」を指す。第2条第1項第1号・第2号において規定されている「商品又は営業を表示するもの」との表現と異なり、本号においては「商品又は役務を表示するもの」との表現を用いている。これは、ドメイン名の特性に照らして考えた場合、商品等表示の例示中「商品の容器若しくは包装」は含まれず、本号において保護対象の例示としては「人の業務に係る氏名、商号、商標、標章」とすべきであり、また、ドメイン名紛争に関する国際的なルールにおいては、保護の対象をいずれも「商品・役務の表示」としていることとの整合性を図ったことによる。

なお、「特定商品等表示」に該当するためには、同項第1号・第2号における「商品等表示」と同じく、表示が自他識別機能又は出所識別機能を備えていることが必要である。したがって、自他識別機能、出所識別機能を有しない普通名称や慣用表示、自己の氏名等を用いる場合には、本号の保護には該当しないものと考えられる。

3　同一若しくは類似

規制の対象となるドメイン名は、他人の特定商品等表示と「同一若しくは類似」のものである。類似性の判断については、基本的には現行規定（第2条第1項第1号等）のもとで判例等が示してきた判断基準が妥当するものと考えられる(注1)(注2)。

（注1）　前掲第1節②9（注1）ジャックス・ドメイン名事件（富山地判平12.12.6判時1734号3頁）では、「『JACCS』と『jaccs』とを対比すると、アルファベットが大文字か小文字かの違いがあるほかは、同一である。そして、実際上、小文字のアルファベットで構成されているドメイン名がほとんどであることに照らせば、大文字か小文字かの違いは重要ではないというべきである」と判示された（同判断は高裁でも維持された（名古屋高金沢支判平13.9.10最高裁HP)。)。

（注2）　前掲①（注3）ジェイフォン・ドメイン名事件（東京地判平13.4.24判時1755号43頁）では、「被告が本件ウェブサイト上に表示した本件表示は、『J-PHONE』、『ジェイフォン』、『J-フォン』を横書きにしたものであって、本件ウェブサイト上の前記の『J-PHONE』と同一ないし類似するものである」と判示された（同判断は高裁でも維持されている（東京高判平13.10.25最高裁HP)。)。

4　ドメイン名を使用する権利を取得し、若しくは保有し、又はそのドメイン名を使用する行為

「ドメイン名を使用する権利」とは、ドメイン名登録機関に対してドメイン名の使用を請求できる権利を指す(注)。

ドメイン名を使用する権利を「取得」する行為には、ドメイン名の登録機関に対する登録申請によってドメイン名を使用する権利を自己のものとする場合のほか、登録機関からドメイン名の登録を認められた第三者から移転を受けることによってドメイン名を使用する権利を自己のものとする場合、登録機関からドメイン名の登録を認められた第三者からドメイン名の使用許諾を受ける場合も含まれる。

ドメイン名を使用する権利を「保有」する行為とは、ドメイン名を使用する権利を継続して有することを指す。「ドメイン名を使用する権利を取得」する行為は、継続的な行為ではなく一回的な行為と解されるため、「取

得」のみを規制する場合には、ドメイン名の取得時点では、図利加害目的を有していなかったが、後になって図利加害目的を有するに至った場合を規制することができないこととなる。このため、実効的な救済を図る観点から、「保有」というドメイン名を使用する権利を継続して有する行為を、本号の規制の対象とすることとした。

ドメイン名を「使用する行為」とは、ドメイン名をウェブサイト開設等の目的で用いる行為を指す。

（注）「ドメイン名使用権」なる権利が新たに法律によって創設されるわけではない。

3　救済措置

ドメイン名を不正に取得等する行為に対しては、第3条及び第4条、第5条に基づく差止請求及び損害賠償請求等が可能である。ドメイン名については、差止めの内容として、ドメイン名の使用（特定の使用方法又は使用全般の）禁止、さらにはドメイン名の登録抹消も求め得ると考えられる[注1]。

第5条第3項第5号において、ドメイン名の損害額の推定規定が設けられている。これは、「不正競争」によって営業上の利益を侵害された者が損害賠償請求を行う場合、ライセンス料相当の金額を損害額として請求できることとしたものである。例えば、商標権者が、第三者によってその商標を含むドメイン名を使用することにつき、通常請求しているライセンス料が存在するのであれば、商標権者が第三者からそのライセンス料を得ることが確実であったにもかかわらず、ドメイン名の不正取得等により現実にはそのライセンス料を得られないこととなり、ライセンス料相当額の損害賠償を請求することが適当と考えられる。

なお、本号が規定するドメイン名に係る不正行為については、当事者間の民事的請求に委ね、刑事罰の対象としていない[注2]。ただし、不正の目的で他人の商品等表示と同一又は類似のドメイン名を商品等表示として使用し、他人の商品又は営業と混同を生じさせる行為をした場合には、第21条第2項第1号に該当し、刑事罰の対象となる。

（注1）　移転を可能とする明文規定を置くことについては、商標法等において救済方法としての登録移転に関する規定が置かれていないこととの法的整合

性等の理由から見送られることとなった。

（注2）　不正競争防止法は、その法目的（第1条参照）の実現手段として、当事者間の差止請求、損害賠償請求等の民事的な規制を基本としており、消費者に誤認混同を与える等の公益の侵害が著しい行為類型のみを刑事罰の対象としている（前述第1部第2章③、第2部第2章及び後述第2部第7章①、同旨）。

このような不正競争防止法の体系を踏まえると、ドメイン名に関する行為類型は、消費者の誤認混同が要件とされていないこと等からして、刑事罰の対象とすることは適当ではないものと考えられる。また、米国法においても、ドメイン名の不正取得等の行為について刑事罰で対応するという方向にはなっていない。以上のような理由から、第2条第1項第19号には、罰則が設けられていない。

第9節　誤認惹起行為（第2条第1項第20号関係）

（定義）
第二条　この法律において「不正競争」とは、次に掲げるものをいう。
　二十　商品若しくは役務若しくはその広告若しくは取引に用いる書類若しくは通信にその商品の原産地、品質、内容、製造方法、用途若しくは数量若しくはその役務の質、内容、用途若しくは数量について誤認させるような表示をし、又はその表示をした商品を譲渡し、引き渡し、譲渡若しくは引渡しのために展示し、輸出し、輸入し、若しくは電気通信回線を通じて提供し、若しくはその表示をして役務を提供する行為

1　趣旨

本号は、商品・役務の原産地等について誤認を生じさせるような表示を行う行為等を「不正競争」の一類型として定めた規定である。

なお、平成5年改正前不正競争防止法（旧法）では、第1条第1項第3号は虚偽の原産地誤認惹起行為、第4号は産出、製造、加工地誤認惹起行為、第5号は商品の品質、内容等の誤認惹起行為を対象としていたが、平成5年改正により、国際的なハーモナイゼーション等の観点から「役務」の質、内容等の誤認惹起行為を「商品」と並んで規制の対象とすることとし、また、旧法第3号及び第4号の関係を整理し、虚偽か否かを問わず「原産地」の誤認惹起行為を対象とすることとし、さらに、誤認惹起行為としてこれらの行為類型の一本化を図ることとした(注)。

（注）不当景品類及び不当表示防止法（景品表示法）においても、第5条で不当表示規制が設けられており、またその細目が公正取引委員会の告示で指定されており、不正競争防止法第2条第1項第20号と重複する不当表示行為も多い。
　その他、商品等の表示を規定した法律で本号と関連が深いものとしては、原産地に関する表示では「特定農林水産物等の名称の保護に関する法律」（地理

的表示法）（平成26年法律第84号）及び「酒税の保全及び酒類業組合等に関する法律」（昭和28年法律第７号）第86条の６第１項に基づく「酒類の地理的表示に関する表示基準」（平成27年国税庁告示第19号）、食品に関する表示では「食品表示法」（平成25年法律第70号）等がある。

2　要件

1　広告若しくは取引に用いる書類若しくは通信

「広告」とは、公衆に対してなされる表示のうち営業目的をもってなされたものを指すとされる。

「取引に用いる書類」とは、注文書、見積書、送り状、計算書、領収書等を指し、取引に用いる「通信」とは、メール、FAX、インターネット注文、電話等の、取引上現れる表示行為中書類以外の通信形態の一切のものをいう。

2　原産地(注１)

「原産地」とは、商品が生産、製造又は加工され商品価値が付与された地のことをいう(注２)。原産地表示であることが明記されていなくても、表示が付された商品全体を観察し、商品の需要者又は取引者が、当該表示を商品の原産地表示と認識する表示であれば原産地表示に当たる(注３)(注４)。

（注１）　平成５年改正前においては、虚偽の表示の使用による原産地の誤認惹起行為（第１条第３号）、及び産出、製造、加工地の誤認惹起行為（同条第４号）を対象としていた。平成５年改正前の立法経緯を見ると、第１条第３号は、昭和９（1934）年の旧法制定時に、虚偽を要件とした原産「地」の誤認惹起行為を対象とする趣旨で規定されたものであり、他方、同条第４号は、昭和25（1950）年の改正時に、虚偽か否かを問わず、「商品ガ産出、製造若ハ加工セラレタル国」の誤認惹起行為を対象とする趣旨で追加された規定である。その後、昭和40（1965）年に、マドリッド協定のリスボン改正に対応するため、第４号について、「商品ガ産出、製造若ハ加工セラレタル国」と規定されていた条文中の「国」の部分が「地」に改められた。ここで、「産出、製造若ハ加工セラレタル地」と「原産地」とは同義と解されていたことから、第４号については、虚偽か否かを問わず原産地を誤認させる行為を規制することとなった。この結果、第３号は常に第４号に包含されることとなっ

た。そこで、平成5年改正法においては、旧法第3号及び第4号の関係を整理し、虚偽か否かを問わず「原産地」の誤認惹起行為を対象とすることとした。

（注2）　原石ベルギーダイヤ事件（東京高判昭53．5．23刑月10巻4・5号857頁）では、「天然の産物であつてもダイヤモンドのように加工のいかんによつて商品価値が大きく左右されるものについては、その加工地が一般に『原産地』と言われている」と、商品価値が付与された地を基準として原産地を判断している。

（注3）　中国製カバン事件（大阪地判平13．2．27最高裁HP）。

（注4）　上記（注3）中国製カバン事件のほか、原産地の誤認表示に該当するとされた事件としては、「柿の葉茶」等の文字・図形の商標権を有する原告が「京の柿茶」等の文字からなる表示を付した商品を販売した被告を訴えた、京の柿茶事件（東京地判平6．11．30判時1521号139頁）、一般市場向けヘアピンを製造、販売する原告がイタリア国旗と「イタリアンタイプ」との表示等を付したヘアピンを販売する被告を訴えた、世界のヘアピンコレクション事件（大阪地判平8．9．26知裁集28巻3号429頁）、「氷見うどん」の商標を保有して当該商標を付した麺類を販売する原告が「越中氷見名物」等の表示を付したうどんを販売する被告を訴えた、氷見うどん事件（富山地高岡支判平18．11．10判時1955号137頁、名古屋高金沢支判平19．10．24判時1992号117頁）等がある。

3　（商品の）品質、内容、製造方法、用途若しくは数量

商品に関する誤認惹起表示は、商品の品質、内容(注1)、製造方法、用途又は数量についての誤認を惹起せしめる表示でなければならない(注2)。

判例上、「品質」を誤認させるような表示であると判断された例として、加工食品の原料に関する誤認表示(注3)、古米や未検査米を新米とした表示(注4)、酒税法上「みりん」とは認められない液体調味料に「本みりん」であるかのようにした表示(注5)、ろうそくの燃焼時に発生する煤の量等に関する誤認表示(注6)、国や公的機関等による認定・保証があるかのようにした表示(注7)(注8)(注9)、特許発明の実施品であるかのようにした表示(注10)等がある。また、中古自動車の走行距離数に関する表示も「品質」に関する表示に該当するものと考えられる。

「製造方法」とは、商品の製造に用いられる方法をいう（例えば、食塩の流下式製塩法など）。

「用途」とは、商品の特徴に応じた使い途をいう（例えば、燃料であれば自動車用、ジェット推進航空機用など）。

（注1）　トナーカートリッジを装着すると原告プリンターのディスプレイに現れる「シテイノトナーガソウチャクサレテイマス」との表示の「シテイノトナー」について、「原告プリンターに用いられるべきものと定めたトナーカートリッジであると理解するものと考えられる。……プリンターメーカーが純正品と非純正品がその品質により異なるものであると取り扱っている実態からすれば、需要者は、原告プリンターに用いられるべきものとは、プリンターメーカーの原告が原告プリンターに相応しい一定の品質、内容を有するものとして定めたトナーカートリッジであると理解するものと認められる。」とし、不正競争防止法第2条第1項第14号（現行第20号）にいう「品質、内容」の表示であると認められた（大阪地判平29．1．31判時2351号56頁）。

（注2）　旧法第1条第1項第5号は、昭和25年の改正の際に新たに設けられた規定であり、当初においては、商品の品質、内容、数量に関する誤認惹起行為を規制の対象としていた。その後、昭和40年の改正において、パリ条約第10条の2第3項第3号が新たに設けられたことに伴い、条約上禁止の対象となった商品の「性質、製造方法、特徴、用途、数量」に対して、従来の規定の中に含まれるかどうか必ずしも明確でない「製造方法、用途」を追加したという経緯がある。

（注3）　ミートホープ事件（札幌地判平20．3．19最高裁HP）では、牛肉に鶏肉や豚肉を混ぜて製造したミンチ肉に、あたかも牛肉のみを原料とするかのようにした表示について、商品の品質及び内容を誤認させる表示であるとした。

（注4）　日本ライス事件（大阪地判平20．4．17最高裁HP）では、古米や未検査米、福井県産でない新米等を詰めた商品に「福井県産新米コシヒカリ100％」とした表示は、商品の原産地、品質及び内容を誤認させる表示であるとした。

（注5）　本みりんタイプ事件（京都地判平2．4．25判時1375号127頁）では、酒税法上「みりん」とは認められない液体調味料をあたかも「本みりん」であるかのような表示は、商品の品質を誤認させる表示であるとした。

（注6）　ろうそく事件（大阪地判平16．6．1最高裁HP、大阪高判平17．4．28最高裁HP）では、販売するろうそくに「燃焼時に発生する煤の量が90％減少。火を消したときに生じるにおいも50％減少」とした表示は、実験の結果そのよ

うな効果は認められず、商品の品質を誤認させる表示であるとした。

（注７）　清酒特級事件（最決昭53．３．22刑集32巻２号316頁）では、清酒の級別認定制度の下で「級別の審査・認定を受けなかつたため酒税法上清酒二級とされた商品であるびん詰の清酒に清酒特級の表示証を貼付する行為は、たとえその清酒の品質が実質的に清酒特級に劣らない優良のものであつても」商品の品質・内容につき誤認を生ぜしめる虚偽の表示に該当するとした。

（注８）　フランジガスケット材事件（大阪地判平７．２．28判時1530号96頁）では、主たる用途を「建築物の屋根・壁・天井」として建設大臣の不燃材料認定を受けた不燃認定番号を、これとは全く用途の異なるフランジガスケット材に表示することは、誤認惹起表示に当たるとした。

（注９）　電子ブレーカ事件（大阪地判平24．９．13判タ1392号304頁、知財高判平25．３．28最高裁HP）では、PSE表示は、電気用品安全法の規定する技術基準に適合している旨同法所定の適合検査で証明されたことを示す表示であり、電子ブレーカにとって不正競争防止法第２条第１項第13号（現行第20号）が規定する「品質」に関する表示に該当するとした上で、電気用品安全法所定の検査を受けていない電子ブレーカに付したPSE表示は、品質を誤認させるような表示であるとした。

（注10）　巻き爪矯正具事件（大阪地判平24．11．８最高裁HP）では、一般に商品に付された特許の表示は、不正競争防止法第２条第１項第13号（現行第20号）が規定する「品質」の表示といえるとし、実際には特許発明の実施品ではなくなったにもかからず、「国際的な特許で保護」、「特許を取得している専用のワイヤー」等と商品に付した表示は、品質を誤認させるような表示であるとした。

４　役務の質、内容、用途若しくは数量

役務に関する誤認惹起表示は、役務の質、内容、用途又は数量についての誤認を惹起せしめる表示でなければならない[注１]。

「役務」とは、他人のために行う労務又は便益であって、独立して取引の目的たりうべきものをいう[注２]。

（注１）　前述第１部第１章⑧④のとおり、平成５年改正前においては、商品の品質、内容、製造方法、用途、数量に係る誤認惹起行為を規制していたが、役務の質、内容等に係る誤認惹起行為は規制の対象外であった。しかしながら、同号の規定が導入された昭和25年当時に比し、我が国経済のサービス化は著

しく、役務に係る競争も激化しており、国際的に見ても、米国、ドイツ、スイスをはじめとする先進諸国の立法例においては、商品と役務を区別することなく、その品質、内容等に関する誤認惹起行為を規制の対象とするのが通例であった。このような状況を踏まえ、平成5年の改正時に、役務の質、内容等に係る誤認惹起行為が追加された。

（注2）　家電量販店比較広告事件（前橋地判平16.5.7判時1904号139頁、東京高判平16.10.19判時1904号128頁）では、事業者が商品の価格を安くして販売することは「役務」に該当しないとした。

5　誤認させるような表示

「誤認させるような表示」に該当するかどうかは、個別・具体の事案に応じて、当該表示の内容や取引界の実情等、諸般の事情が考慮された上で、取引者・需要者に誤認を生じさせるおそれがあるかどうかという観点から判断される(注1)。

「○○タイプ」等を伴った表示でも、その言葉の表現形式の如何によっては誤認させるような表示に該当する場合がある(注2)。一方、周知著名な商標の一部となっている地名表示は、製造地と異なる表示であっても原産地を誤認させるような表示に該当しない場合がある(注3)。

本号はあらゆる表示の誤認惹起を規制するものではなく、本号の誤認惹起表示に該当するためには、本号に列挙された事実に関する誤認を惹起させるような表示でなければならない。もっとも、本号に列挙された事実を直接誤認させる表示をしていなくても、間接的に品質、内容等を誤認させるような表示であれば、誤認惹起行為に該当し得る(注4)。

（注1）　ライナービヤー事件（東京地判昭36.6.30下民集12巻6号1508頁、東京高判昭38.5.29判時342号16頁、最判昭40.6.4判時414号35頁）では、「ライナービヤー」という酒税法の「ビール」でない飲料について、我が国においては、「ビール」と「ビヤー」とが同意義に使用されており、ビールと異質のものであることを示す為の表示として「ビヤー」を使用したとしても、ビールであると誤認するおそれはあり、誤認惹起行為に該当するとした。また、前掲3（注7）清酒特級事件（最決昭53.3.22刑集32巻2号316頁）等がある。

（注2）　前掲3（注5）本みりんタイプ事件（京都地判平2.4.25判時1375号127

頁）では、「本みりん」の部分が中央に黒色で最も目立ち易く大きな書体で記載され、その下に金色の地に白抜きで小さく「タイプ」と「調味料」と二行に書き分けて構成され、消費者には「本みりん」の部分が強く印象に残り、「タイプ」と「調味料」の部分はほとんど目にとまらないものになっているとして、本件表示は、あたかも本みりんであるかのように商品の品質・内容に誤認を生じさせるとした。そして、「本みりんタイプ調味料」という表示は本みりんと異なる調味料を示す表示として業界に定着しているとの被告の主張に対し、「本みりんタイプ調味料」という表示が言葉それ自体としては本みりんとは別の商品を示すものとみることができるとしても、その言葉の表現形式の如何によっては同一の商品であるとの誤認混同を生ずることはあり、前記のような紛らわしい表現形式をとった本件表示が正当であるということはできないとした。

（注3）　モズライトギター事件（知財高判平20.8.28判時2032号128頁）では、日本で製造したエレキギター等に付した「マルMマークmosrite」及び「of California」の構成からなる標章について、当該標章は「カリフォルニア州製の」という意味というより、商品のイメージを表す付加的表示として特定の会社が製造販売したギターであることを示す周知著名な商標となっているものであり、日本における取引者・需要者もそのように理解していると認められるとして、原産地を誤認させる表示には当たらないとした。

（注4）　商品の「価格」については列挙事由に含まれていないが、「価格」に関して虚偽表示をした場合について、品質、内容に関する誤認惹起表示であることを肯定した事案として前掲2（注2）原石ベルギーダイヤ事件（東京高判昭53.5.23刑月10巻4・5号857頁）がある。なお、「価格」は品質、内容に含まれないとした事案として前掲4（注2）家電量販店比較広告事件（前橋地判平16.5.7判時1904号139頁、東京高判平16.10.19判時1904号128頁）がある。

3　他人の商品又は役務を利用した不当表示行為

他社の売れ筋商品又は役務に便乗して自己の商品又は役務の内容、品質について優良誤認を惹起せしめる寄生的広告行為(注1)、競業他者の商品又は役務と自己の商品の比較をして自己の商品の優秀さを強調する比較広告行為(注2)、わずかな数量の売れ筋商品で需要者をひきつけて別の商品を売りつけるおとり広告(注3)など、他人の商品又は役務を利用して自己の商品又は役務の内容、品質が著しく優良であるとの誤認を惹起せしめるような不当な広告行為は、誤認惹起行為に該当する可能性がある。

なお、これらの不当な広告行為は、不正競争防止法第２条第１項第１号の混同惹起行為や同項第２号の著名表示冒用行為、同項第21号の信用毀損行為、また景品表示法によって規制される場合もある。

（注１） 香りのタイプ事件（原審東京地判昭55. 1 .28無体集12巻１号１頁、前掲第２節②４（注）東京高判昭56. 2 .25無体集13巻１号134頁）では、被告商品が世界的に著名な様々な香水と「香りのタイプ」が同じであると広告する行為について、「香りの調子又は香りのタイプの点において同じであるとの趣旨を表現しているにすぎず、両者の香りそのものが同一であるとまで断じているわけではないことが明らかであるから」、需要者が、被告商品と著名な香水とが同一の香りであると誤認することはないから商品の内容に関する誤認を惹起しないとしており、他人の商品又は役務を広告に使用する行為が直ちに誤認惹起行為になるわけではない、と判示した。

（注２） 比較広告は、真実の情報に基づくものであるならば、消費者に対し商品や役務の選択の情報を提供するというプラスの面もあることから、比較それ自体が不正競争になるわけではなく、比較広告の内容に虚偽、欺瞞性がある場合に品質、内容の誤認惹起行為に該当する。この点、比較広告が問題となった事案としては、広告内容の真実性が問題となったガム比較広告事件（東京地判平16.10.20最高裁HP）や、新車の輝き事件（知財高判平17. 8 .10最高裁HP）がある。また、前掲②４（注２）家電量販店比較広告事件では、広告内容の真実性を問題とすることなく、被告の表示には商品又は役務の品質、内容に関する誤認惹起行為がないとしている。

（注３） ヤマハ特約店事件（名古屋地判昭57.10.15判タ490号155頁）は、広告に表示された商品の供給量等が著しく限定されているにもかかわらず、限定されていることが明瞭に記載されていない場合に商品の「数量」について誤認させる行為として誤認惹起行為に該当し得るとした。なお、ヤマハピアノ事件（名古屋地判平５. １ .29判時1482号148頁）では、販売する意思がない商品を広告に使用し、広告した商品について虚偽の説明をする行為を一体として捉え、信用毀損行為（平成27年改正前第２条第１項第14号）として広告差止請求を認めた。

4 請求権者

本号の民事上の請求主体は、本号の誤認惹起行為によって「営業上の利益を侵害され、又は侵害されるおそれがある者」(注)である。したがって、一般消費者には原則として請求主体性が認められない（後述第4章第1節2 2参照）。

（注）　通常、競争関係にある事業者がこれに該当すると考えられる。
前掲2 5（注1）ライナービヤー事件（東京地判昭36．6．30下民集12巻6号1508頁、東京高判昭38．5．29判時342号16頁、最判昭40．6．4判時414号35頁）では、酒類販売業者又は一般の需要家がビールではない発泡酒「ライナービヤー」を「ビール」と誤認したことが認められるから、酒税法上のビールを製造販売している会社（4社）である原告らは、その誤認された「ビヤー」の表示については、その営業上の利益が侵害され又は侵害されるおそれがあるとして、原告らの差止請求を認めた。

第10節　信用毀損行為（第２条第１項第21号関係[注]）

（定義）

第二条　この法律において「不正競争」とは、次に掲げるものをいう。

二十一　競争関係にある他人の営業上の信用を害する虚偽の事実を告知し、又は流布する行為

（注）本号に関する近時の裁判例としては、以下のものがある。

○　混同惹起行為と信用毀損行為に関する裁判例

観賞用水槽内の水を排出するための吸水パイプの販売を巡り、原告の製品の模倣品の販売中止等を求めるなどと記載した文書を、原告の製品を取り扱う問屋及び小売店（原告の販売特約店）に対して送付したという事案において、被告による被告各製品の販売が第２条第１項第１号の不正競争に当たらないことが認定され、当該文書が被告の信用を害する虚偽の事実を告知するものであるとした（東京地判平27.12.10最高裁HP）。

○　著作権と信用毀損行為に関する裁判例

被告会社によるプログラム著作権侵害に基づく請求には理由がないと認定した上で、「被告会社は、原告会社が……製品を開発して販売することが、被告会社……の製品の著作権を侵害する旨を、原告会社の取引先その他の第三者に告知し、流布してはならない」と言い渡した裁判例がある（東京地判平27.９.17最高裁HP）。

○　実用新案権と信用毀損行為に関する裁判例

「被告は、技術評価書を提示することなく、換言すれば、有効性に特段の問題もない権利であるかのようにして、原告商品を販売していた８業者に原告商品が実用新案権に抵触するものと認識している旨を告知し、その点についての各８業者の認識の有無、今後の対応、見解について、２週間以内に書面で回答するよう求める旨の通知を送付したのであるから、これは、競争関係にある他人の営業上の信用を害する虚偽の事実の告知に該当するといわざるを得ない」と判示した裁判例がある（大阪地判平27.３.26最高裁HP）。

○　信用毀損行為に基づく損害賠償責任の注意義務について

特許権侵害訴訟に関するプレスリリースについて、「プレスリリースを行うに当たっては、あらかじめ、他者の実施行為等について、事実の調査を尽くし、特許権侵害の有無を法的な観点から検討し、侵害しているとの確証を得た上で、プレスリリースを行うべき注意義務がある」と判示した裁判例がある（大阪地判平27. 2 .19最高裁HP）。

○　パテントプールに属する特許権につきFRAND（fair, reasonable, and non-discriminatory）宣言をした場合において

FRAND宣言をした被告プール特許権者が、FRAND条件によるライセンスを受ける意思のある原告に差止請求権を行使することが権利の濫用として許されず、原告から原告製品を購入した小売店に差止請求権を行使することも権利の濫用として許されないにもかかわらず、これを行使できるかのように記載した点において虚偽の事実を告知するものであるとして、現第21号の不正競争に該当すると認定したものの、当該告知がFRAND宣言をしている特許権者による差止請求権の行使に関するアップル対サムスン事件知財高裁大合議判決・決定（iPhone大合議事件判決・決定）（知財高決平26. 5 .16判タ1402号166頁）前であったことから、故意・過失を否定した裁判例がある（東京地判平27. 2 .18判タ1412号265頁）。

○　信用毀損行為と廃棄請求について

報告書が、原告の営業上の信用を害する虚偽の事実を記載した部分を含むものであり、当該報告書を交付することは現不正競争防止法第２条第１項第21号に該当することを認定の上、当該報告書は、本件侵害行為を組成した物に当たるものであるところ、当該記載が報告書の記載内容全体と不可分一体に結びついているものというべきであるとして、報告書全部の廃棄を認めた裁判例がある（東京地判平26. 5 .16最高裁HP）。

1　趣旨

本号は、競争関係にある者が、客観的真実に反する虚偽の事実を告知し、又は、流布して、事業者にとって重要な資産である営業上の信用を害することにより、競業者を不利な立場に置き、自ら競争上有利な地位に立とうとする行為を「不正競争」の一類型として定めた規定である。昭和９年に不正競争防止法が制定されたときに、パリ条約第10条の２第３項第２号に対応するため設けられた。

平成５年改正により、旧法の第１条第１項第６号でいう「陳述」を、法令用語例に合わせ「告知」と書き改めたものであり、内容的には実質的な変更はない。

なお、本号が規定する信用毀損行為については、当事者間の民事的請求に委ね、刑事罰の対象としていない(注)。

（注）　後述第７章[2]参照。ただし、刑法第233条の信用毀損及び業務妨害罪として処罰される場合がある（山本庸幸『要説 不正競争防止法〔第４版〕』222～223頁（社団法人発明協会、2006年））。

2　要件

1　競争関係

本号の適用には、競争関係が存在することを要件とする。したがって、非競争者間における誹謗等の信用毀損行為は、本号の問題ではなく、一般不法行為の問題として処理される。競争関係は、双方の営業につき、その需要者又は取引者を共通にする可能性があることで足りる(注)。

（注）　ハンガークリップ特許警告事件（東京地判平18．8．8最高裁HP）。なお、東京地判平27．9．29最高裁HPも、同旨。

2　他人

当該告知等の行為によって信用を害される「他人」が特定されていることが必要である。もっとも、当該「他人」の名称自体が明示されていなくても、当該告知等の内容及び業界内周知の情報から、当該告知等の相手方となった取引先において、「他人」が誰を指すのか理解できるのであれば、それで足りるとされる(注)。

（注）　不正競争防止法第２条第１項第21号は「競争関係にある他人の営業上の信用を害する」虚偽の事実の告知・流布行為を不正競争行為とするものであるから、当該告知等の行為によって信用を害される他人が特定されていることが必要である、としつつ「他社製品」がどの企業の製品であるかは明示されておらず、当該他人の名称自体が明示されていなくても、当該告知等の内容及び業界内周知の情報から、当該告知等の相手方となった取引先において「他人」が誰を指すのか理解できるのであれば、それで足りると解すべきである、とした裁判例もある（東京地判平18．7．6最高裁HP）。

信用毀損行為を組成する文書等を受け取った者に特定の者の商品等を想起させる内容が記載されていれば足り、当該文書等に「他人」の氏名又は名称が明示されている必要はないとした裁判例もある（前掲1（注）ハンガークリップ特許警告事件）。

同様の裁判例として、被告が原告の取引先に特許権侵害に関する通知を送付したという事案において、原告取引先に対する通知書に原告の会社名等は明示されていないが、これを受領した原告取引先においては、通知書に記載された「仕入先」が原告を指しており、本件通知が原告に関するものであることを当然に認識し得たと認められるとしたものもある（東京地判平27.3.24最高裁HP、知財高判平27.9.29最高裁HP）。

3　虚偽の事実

「虚偽の事実」とは、客観的真実に反する事実のことである。

したがって、行為者自らが虚構したものであると、他人が虚構したものであるとを問わず、また、表現を緩和したものであっても、表現の実質的内容が事実に反している場合は、これに含まれることとなる[注]。

（注）　名誉毀損に関する判例（脱ゴーマニズム宣言事件（最判平16.7.15民集58巻5号1615頁））を引用して、現不正競争防止法第2条第1項第21号にいう「虚偽の事実」とは客観的事実に反する事実をいうところ、そこにいう事実は証拠等により虚偽か否かが判断可能な客観的事項をいい、事実ではない主観的な見解ないし判断、証拠等による証明になじまない物事の価値、善悪、優劣についての批評や論議ないし法的な見解の表明は、事実を摘示するものではなく、意見ないし論評の表明の範ちゅうに属すると解すべきである、とした裁判例がある（東京地判平27.9.25最高裁HP）。

4　告知・流布

(1)　告知

「告知」とは、自己の関知する事実を、特定の人に対して個別的に伝達する行為をいい、例えば、来店した客に対して競争事業者の商品の欠点を知らせる等の行為がこれに該当する。

(2)　流布

「流布」とは、事実を不特定の人又は多数の人に対して知られるような態様において広める行為をいい、例えば、新聞紙上に競争事業者の商品を誹謗するような広告を掲載する等の行為がこれに該当する。

3　権利侵害の告知

知的財産権侵害など他人の権利侵害の事実や訴訟提起の事実を、相手方の取引先企業等に対して告知する行為は、訴訟活動として正当になされた行為であれば、正当な権利行使の一環として違法性を阻却すると考えられているが、そうでない場合には、本号に該当する場合がある（注１）。なお、相手方が自己の権利を侵害していることを理由に訴訟を提起する行為自体は、原則として裁判を受ける権利の行使であり、正当行為として違法性はないと考えられており、本号の問題にはならない（注２）。

（注１）　バイエル事件（東京高判平14．８．29判時1807号128頁）では、相手方の製品を使用する取引先企業に対し特許権を侵害する旨を告知する行為と本法における虚偽事実の陳述流布行為について、競業者の取引先に対する警告が、特許権の権利行使の一環としてされたものか、それとも特許権者の権利行使の一環としての外形をとりながらも、社会通念上認められる範囲を超えた内容、態様となっているか、という規範及びその考慮要素が示された。

その後、紙おむつ処理容器事件（知財高判平25．２．１判時2179号36頁。なお、最決平26．11．18判例集未登載において上告棄却により確定。）において、知財高裁は、「原告及び被告の顧客に対し、原告の保有する知的財産権の侵害の事実を知った場合には、侵害者に対して権利行使して自社事業を守る旨の一般的な意向を表明したに止まること、イ号物件は、本件通知書送付の３か月余り後に登録された本件特許権を侵害するものであったこと、原告は、本件通知書送付の約４か月後に本訴を提起したことが認められる」とした上で、「本件通知書の送付は、原告が知的財産権の行使の一環として行ったものであり、被告の信用を毀損して原告が市場において優位に立つことを目的としたものとはいえず、内容ないし態様においても社会通念上著しく不相当であるとはいえず、権利行使の範囲を逸脱するものとはいえない。また、イ号物件は、本件意匠権を侵害するものではないが、原告が、イ号物件を本件登録意匠の類似の範囲に含まれると解したことに全く根拠がないとはいえないなどの諸事情を総合考慮すれば、原告の告知行為を違法であると評価することはできない」と判示して、上記バイエル事件を踏襲したものと言い得る。

（注２）　不動産の測量を巡る紛争（不正競争防止法に関する事件ではない。）において、「訴えの提起が相手方に対する違法な行為といえるのは、当該訴訟において提訴者の主張した権利又は法律関係が事実的、法律的根拠を欠くものであるうえ、提訴者が、そのことを知りながら又は通常人であれば容易にそのことを知り得たといえるのにあえて訴えを提起したなど、訴えの提起が裁判制度の趣旨目的に照らして著しく相当性を欠くと認められるときに限られるものと解するのが相当である」とした判例（最判昭63.１.26民集42巻１号１頁）がある。

第11節　代理人等の商標冒用行為（第２条第１項第22号関係）

（定義）

第二条　この法律において「不正競争」とは、次に掲げるものをいう。

二十二　パリ条約（商標法（昭和三十四年法律第百二十七号）第四条第一項第二号に規定するパリ条約をいう。）の同盟国、世界貿易機関の加盟国又は商標法条約の締約国において商標に関する権利（商標権に相当する権利に限る。以下この号において単に「権利」という。）を有する者の代理人若しくは代表者又はその行為の日前一年以内に代理人若しくは代表者であった者が、正当な理由がないのに、その権利を有する者の承諾を得ないでその権利に係る商標と同一若しくは類似の商標をその権利に係る商品若しくは役務と同一若しくは類似の商品若しくは役務に使用し、又は当該商標を使用したその権利に係る商品と同一若しくは類似の商品を譲渡し、引き渡し、譲渡若しくは引渡しのために展示し、輸出し、輸入し、若しくは電気通信回線を通じて提供し、若しくは当該商標を使用してその権利に係る役務と同一若しくは類似の役務を提供する行為

1　趣旨

本号は、外国（パリ条約の同盟国・世界貿易機関の加盟国・商標法条約締約国）において商標に関する権利を有する者の代理人又は代表者（その行為の日前１年以内に代理人又は代表者であった者を含む。）による商標冒用行為を「不正競争」の一類型として定めた規定である。

本号は、パリ条約第６条の７第２項に対応するため、昭和40年改正時により追加された規定であり、商標に関する権利者の保護を国際的に強化することを目的としたものである。

本来、商標権は属地性の原則により、当該登録国においてのみ効力を有

するのが原則であるが、本号は、国際的な「不正競争」の禁止という観点からこの原則を拡張したものである。

また、平成6年改正、同8年改正により、保護対象国に世界貿易機関の加盟国、商標法条約の締約国も含まれることとなった。

なお、本号が規定する代理人等の商標冒用行為については、当事者間の民事的請求に委ね、刑事罰の対象としていない(注)。

（注）　後述第7章[2]参照。

2　要件

1　商標に関する権利

商標に関する権利とは、パリ条約の同盟国、世界貿易機関の加盟国及び商標法条約の締約国における商標に関する権利を意味する。

単に商標権というと狭く解釈されるおそれがあるため、商標に関する権利という表現を用いている。

また、商標に関する権利が商標に関する質権等のような商標権以外の権利を含まないことを明確にするために「商標権に相当する権利に限る」旨を注意的に規定している。

2　サービスマーク

パリ条約上は、「商標ニ関スル権利」について、「trademark」ではなく、「mark（標章）」の語を使用していることから、サービスマークも含むという見解が有力であったが、我が国では、特に同条約第6条の7において登録異議の申立て、登録の無効等、登録制度を前提とした規定が置かれているとの考え方により、サービスマークは含まないとの解釈を採ってきた。

しかし、平成3（1991）年の商標法改正によりサービスマークの登録制度が導入されたことに対応し、平成5年改正時に、サービス（役務）に関する商標の使用についても本号による保護を認めることとした。

第４章　民事上の措置（第３条～第15条関係）

第１節　差止請求権（第３条関係）

（差止請求権）
第三条　不正競争によって営業上の利益を侵害され、又は侵害されるおそれがある者は、その営業上の利益を侵害する者又は侵害するおそれがある者に対し、その侵害の停止又は予防を請求することができる。
２　不正競争によって営業上の利益を侵害され、又は侵害されるおそれがある者は、前項の規定による請求をするに際し、侵害の行為を組成した物（侵害の行為により生じた物を含む。第五条第一項において同じ。）の廃棄、侵害の行為に供した設備の除却その他の侵害の停止又は予防に必要な行為を請求することができる。

1　趣旨

本条は、「不正競争」によって営業上の利益を侵害され、又は侵害されるおそれがある者は、その営業上の利益を侵害する者又は侵害するおそれがある者に対し、その侵害の停止又は予防を請求すること及び侵害の行為を組成した物の廃棄等を請求することを認めるものである。

平成５年改正前不正競争防止法（旧法）では、営業秘密に係る不正行為を除いては、将来の違法行為の禁止を求める予防請求権及び違法状態又は違法行為組成物の廃棄・除却を求める廃棄・除却請求権についての明文の規定を欠いていた。しかしながら、不正競争の防止という目的を達成するためには、現在の侵害行為の停止を求めるだけでは不十分であり、旧法下の判例上でも、本法の差止請求権として予防請求権及び廃棄・除却請求権が認められてきていた(注)。

このような判例法理を明確化する趣旨からも、平成５年改正時において、予防請求権及び廃棄・除却請求権が明文化された。

（注）　フットボール・シンボルマーク事件（大阪高判昭56．７．28無体集13巻２号560頁）（後掲第３節④１（注）大阪地判昭55．７．15無体集12巻２号321頁、前掲第３章第２節②１（注２）最判昭59．５．29民集38巻７号920頁の控訴審。）、スコッチウィスキー事件（大阪地判昭57．２．26無体集14巻１号58頁）、八番ラーメン事件（金沢地小松支判昭48.10.30無体集５巻２号416頁）、ダイワ釣具事件（東京地判昭55．４．18無体集13巻２号536頁、東京高判昭56．７．20無体集13巻２号529頁）などがある。

2　要件

１　営業上の利益を侵害され、又は侵害されるおそれがある者

差止請求権を行使するには、不正競争によって営業上の利益が侵害され、又は侵害されるおそれがあることが必要である。

「営業」とは、商法上は、「営利目的のために同種の行為を反復継続する意図をもって行うこと」と解されており、一般的には利潤を得る目的の営利事業が中心となる。しかしながら、利潤獲得を図らないまでも収支相償を目的とした事業を反復継続して行っている事業であれば、同様に不正行為からの保護の必要性が認められることから広く経済上その収支計算の上に立って行われるべき事業を含む。

「利益」とは、事業者が営業上得られる経済的価値をいう。収支計算上の利益が中心となるが、事業活動における信用・名声・ブランド価値等の事実上の利益を含む。「利益」は、現存していることを必要とする。

「おそれ」とは、現実に利益を侵害されることまでは必要でなく、不正行為により自己の営業上の利益が侵害される相当の可能性があれば足りる(注１)(注２)。

（注１）　前掲第３章第９節②５（注１）及び第３章第９節④（注）ライナービヤー事件（東京高判昭38．５．29判時342号17頁）では、「虞」について、「将来利益を侵害される確定的関係ないしは利益侵害の発生につき相当の可能性があれば足りる」と判示している。

（注2）　マックバーガー事件（最判昭56.10.13民集35巻7号1129頁）では、現不正競争防止法第2条第1項第1号にいう商品の混同の事実が認められる場合には、特段の事情がない限り営業上の利益を害されるおそれがあるものとした。

2　請求権者

「不正競争」に対し差止め等を請求することができるのは、当該「不正競争」によって「営業上の利益を侵害され、又は侵害されるおそれがある者」である。

判例[注1]上、ライセンシー[注2]、公益法人、病院、特定非営利活動法人等の公益事業や非営利事業を目的とする者にも認められている[注3]。広く経済上その収支計算の上に立って行われるべき事業を含むとの「営業」の趣旨を踏まえれば、地方公共団体や国であっても、事業活動を行う者である限り、請求権者となり得る。もっとも、一般消費者には原則として請求主体性が認められない。

（注1）　前掲第3章第2節[2]1（注2）フットボール・シンボルマーク事件（最判昭59.5.29民集38巻7号920頁、後掲第3節[4]1（注）大阪地判昭55.7.15無体集12巻2号321頁、前掲[1]（注）大阪高判昭56.7.28無体集13巻2号560頁の上告審。）では、商品化事業グループの一員についても営業上の利益を害されるおそれが認められる場合があるとした。

（注2）　ライセンシーに請求権を認めたものに、龍村織事件（東京地判昭51.9.29無体集8巻2号400頁）、ボルト商標事件（東京地判昭58.8.31判タ514号257頁）、前掲[1]（注）八番ラーメン事件（金沢地小松支判昭48.10.30無体集5巻2号416頁）、札幌ラーメンどさん子事件（東京地判昭47.11.27無体集4巻2号635頁）、ポルシェ・サングラス事件（福井地判昭60.1.25無体集19巻3号551頁）がある。

（注3）　特殊法人又は病院等の公益事業であっても収支相償を目的とする場合には、差止請求権者となり得ることを認めており、判例は、公益法人、病院等の事業も「営業上ノ利益ヲ害セラルル虞アル者」としている。すなわち、前掲第3章第2節[2]1（注6）京橋中央病院事件（東京地判昭37.11.28下民集13巻11号2395頁、「京橋病院」という個人病院を経営する医師の「京橋中央病院」に対する名称使用の差止めを認めた事例。）、及び、前掲第3章第2節[2]1（注6）都山流尺八協会事件（大阪高決昭54.8.29判タ396号138頁、財

団法人都山流尺八楽会の「都山流尺八協会」なる名称を使用する事業者に対する名称使用の差止めを認めた事例。）がある。また、前掲第3章第8節1（注3）アークエンジェルズ事件（大阪地判平21.4.23最高裁HP）では、ある特定非営利活動法人の略称である「アーク」等と類似する「アークエンジェルズ」なる名称を使用する事業者に対する名称使用の差止めを認めた。

3　侵害行為組成物等

「侵害の行為を組成した物」とは、他人の商品等表示の付された看板、営業秘密が記録された物件媒体等をいう。

「侵害の行為により生じた物」とは、営業秘密や限定提供データを用いて製造された製品等をいう。なお、「侵害の行為を組成した物」には「侵害の行為により生じた物」も含まれる。

「侵害の行為に供した設備」とは、他人の商品形態を模倣するための製造機械や営業秘密を使用するための装置等をいう。

「その他の侵害の停止又は予防に必要な行為」には、営業秘密を内容とする電子データの消去等が含まれる(注)。

（注）　主文で「営業秘密に係る電子データ及びその複製物を廃棄せよ。」と命じた裁判例（アルミナ長繊維事件（大阪地判平29.10.19最高裁HP））がある。

第２節　損害賠償請求権（第４条関係）

（損害賠償）
第四条　故意又は過失により不正競争を行って他人の営業上の利益を侵害した者は、これによって生じた損害を賠償する責めに任ずる。ただし、第十五条の規定により同条に規定する権利が消滅した後にその営業秘密又は限定提供データを使用する行為によって生じた損害については、この限りでない。

1　趣旨

民法第709条は、「故意又は過失によって他人の権利又は法律上保護される利益を侵害した者は、これによって生じた損害を賠償する責任を負う」としているところ(注)、不正競争防止法第４条は、「不正競争」による営業上の利益の侵害がこの要件を充足することを確認的に規定したものである。

（注）　平成16年改正前の民法第709条は、法文上、「権利侵害」を要件としていた。

2　営業秘密又は限定提供データに係る不正行為に対する損害賠償請求権

営業秘密又は限定提供データに係る不正使用行為に対する差止請求権については、社会関係又は法律関係の早期確定の必要性等から、第15条において３年間の短期消滅時効と20年間の除斥期間を規定している。

損害賠償請求権についても、この趣旨を踏まえ、当該期間を経過した不正使用行為について差止請求は認められないものの損害賠償請求については使用が継続するかぎり請求されることにならないように、ただし書において、損害賠償請求権の対象となる損害の範囲を差止請求権が時効又は除斥期間により消滅するまでの使用による損害に限定したものである。

本条の規定は、民法第709条の請求を排除するものではないため、同一の社会的事実に該当する行為であっても、当事者は、民法第709条の要件事実に該当する事実を主張して民法上の損害賠償請求を行うことも、不正競争防止法第４条の要件事実に該当する事実を主張して本条の損害賠償請求を行うことも可能である。

したがって、同条に基づく損害賠償請求権が消滅しても、不正使用状況が民法第709条の要件に該当する場合には民法に基づく請求ができることとなる。

第３節　損害の額の推定等（第５条関係）

（損害の額の推定等）

第五条　第二条第一項第一号から第十六号まで又は第二十二号に掲げる不正競争（同項第四号から第九号までに掲げるものにあっては、技術上の秘密に関するものに限る。）によって営業上の利益を侵害された者（以下この項において「被侵害者」という。）が故意又は過失により自己の営業上の利益を侵害した者に対しその侵害により自己が受けた損害の賠償を請求する場合において、その者がその侵害の行為を組成した物を譲渡したときは、その譲渡した物の数量（以下この項において「譲渡数量」という。）に、被侵害者がその侵害の行為がなければ販売することができた物の単位数量当たりの利益の額を乗じて得た額を、被侵害者の当該物に係る販売その他の行為を行う能力に応じた額を超えない限度において、被侵害者が受けた損害の額とすることができる。ただし、譲渡数量の全部又は一部に相当する数量を被侵害者が販売することができないとする事情があるときは、当該事情に相当する数量に応じた額を控除するものとする。

２　不正競争によって営業上の利益を侵害された者が故意又は過失により自己の営業上の利益を侵害した者に対しその侵害により自己が受けた損害の賠償を請求する場合において、その者がその侵害の行為により利益を受けているときは、その利益の額は、その営業上の利益を侵害された者が受けた損害の額と推定する。

３　第二条第一項第一号から第九号まで、第十一号から第十六号まで、第十九号又は第二十二号に掲げる不正競争によって営業上の利益を侵害された者は、故意又は過失により自己の営業上の利益を侵害した者に対し、次の各号に掲げる不正競争の区分に応じて当該各号に定める行為に対し受けるべき金銭の額に相当する額の金銭を、自己が受けた損害の額としてその賠償を請求することができる。

一　第二条第一項第一号又は第二号に掲げる不正競争　当該侵害に係る商品等表示の使用
二　第二条第一項第三号に掲げる不正競争　当該侵害に係る商品の形態の使用
三　第二条第一項第四号から第九号までに掲げる不正競争　当該侵害に係る営業秘密の使用
四　第二条第一項第十一号から第十六号までに掲げる不正競争　当該侵害に係る限定提供データの使用
五　第二条第一項第十九号に掲げる不正競争　当該侵害に係るドメイン名の使用
六　第二条第一項第二十二号に掲げる不正競争　当該侵害に係る商標の使用

4　前項の規定は、同項に規定する金額を超える損害の賠償の請求を妨げない。この場合において、その営業上の利益を侵害した者に故意又は重大な過失がなかったときは、裁判所は、損害の賠償の額を定めるについて、これを参酌することができる。

1　趣旨

損害額の立証責任はその請求を行う被害者の側にあるのが原則である。

この点、「不正競争」による営業上の利益の侵害による損害は、経済活動を通じて発生するため、損害額を立証することが困難であることに鑑み、本条は、被害者の立証の負担を軽減するため、一定の「不正競争」行為類型については侵害者が譲渡した物の数量に、被侵害者がその侵害の行為がなければ販売することができた物の単位数量当たりの利益の額を乗じた額を被侵害者の損害の額とすることができる（第5条第1項）とする算定方式を導入するとともに、侵害者が侵害の行為により受けた利益の額を損害の額と推定する（同条第2項）他、一定の「不正競争」行為類型については使用許諾料相当額を損害の額として請求できる（同条第3項）こととした。いずれも被害者の救済手続の充実を図るため、特許法等の産業財産権四法にならい平成5年改正及び平成15年改正時に設けられた規定である。

2 逸失利益の立証容易化（第5条第1項）

1　第5条第1項の趣旨

侵害品が販売されると、原告製品の販売が減少し営業上の利益が損なわれる。こうした原告製品の販売減少による損害は、侵害行為により原告が喪失した販売数量に基づき算定され、この喪失販売数量は、一般に侵害品の販売数量のうちどれだけを原告が販売し得たかにより計算されるものである。しかしながら、この損害は、侵害者の営業努力や代替品の存在等、種々の事情によって影響を受けるため、原告は、その因果関係の立証が非常に困難であり、実務上は損害賠償請求を断念するケースが多くなるものと想定される。

このため、特許法第102条第1項等と同様の規定を新設し、侵害者の営業努力や代替品の存在等の事情が存在するなど、侵害品の譲渡数量全て又は一部を原告が販売することができないとする事情があることを侵害者に立証させることにより、結果的に合理的な損害額の認定がされるようにしたものである。

＊　第5条第2項との相違

第5条第2項は、侵害者が受けている利益を、被侵害者が受けた損害の額と推定する規定である。同項に基づくと、侵害者が利益を上げていない場合や侵害者の利益額が小さい場合には、逸失利益に見合った賠償がなされず、十分に救済されない可能性がある。また、立証の際に、被侵害者は侵害者の利益額を証明しなければならないため、依然として立証が困難であるとの指摘がある。したがって、第5条第1項はこのようなケースの際に適しているものと考えられる。

2　対象となる類型

本算定方式については、経験則上、侵害行為とそれによる損害との間に直接的な因果関係が成立しているとは言い難い「不正競争」行為についてまで、規定の適用を及ぼすことは適当ではないため、不正競争防止法においては、産業財産権四法と同様に解することができ、一義的に因果関係が成立し得ると考えられる行為類型のみ限定して対象とすることとした。

具体的には、以下に示す、第２条第１項第１号〜第３号、第４号〜第９号のうち技術上の秘密に関するもの、第10号〜第16号、そして第22号である。

(1)　対象とする「不正競争」行為

①　第２条第１項第１号・第２号・第22号については、商標類似と考えられ、他人の商品等表示等を使用した商品を市場で譲渡することによって、被侵害者（当該他人）がその商品を販売することができないという因果関係が成り立つことが商標法第38条第１項と同様に考えられるため対象とする。

②　第２条第１項第３号については、意匠類似と考えられ、他人の商品の形態を模倣した商品を市場で譲渡することによって、被侵害者（当該他人）がその商品を販売することができないという因果関係が成り立つことが意匠法第39条第１項と同様に考えられるため対象とする。

③　第２条第１項第４号〜第９号のうち技術上の秘密に関するもの及び同項第10号については、特許類似と考えられ、不正に取得した技術上の秘密を使用した商品を市場で譲渡することによって、被侵害者がその商品を販売することができないという因果関係が成り立つことが特許法第102条第１項と同様に考えられるため対象とする。

④　第２条第１項第11号〜第16号については、例えば、不正に取得したデータセット（DVD等）を販売することで、被侵害者がその商品であるデータセットを販売することができないという因果関係が成り立つと考えられるため、対象とする。

(2)　対象としない「不正競争」行為

①　第２条第１項第４号〜第９号のうち顧客名簿等の営業上の秘密に関するものについては、営業上の秘密が化体された商品を譲渡したわけではなく、顧客名簿の情報を使用することにより本来成立するはずであった契約の受注を逸失したものであることから、必ずしも経験則上、本算定方式が妥当するとはいえず、他の産業財産権四法と同様に考えることは困難であるため対象としない。

②　第２条第１項第17号〜第21号については、産業財産権四法と類似の他人の成果冒用行為ではなく、他人の成果を冒用して商品を販売している

ことにより被侵害者のシェアを奪っている類型とは必ずしもいえないため対象としない。

3　要件

(1)　その侵害の行為を組成した物を譲渡したとき

平成10年改正による特許法第102条第1項等も「譲渡」のみ規定しているところ、この趣旨については「『譲渡』以外の場合（『貸渡し』等）についても、本規定の算定方法が妥当する場合には、この考え方を参考にした損害賠償額の算定が可能」と説明されている(注1)。

また、平成14年特許法等改正の際にも同様に「全ての侵害行為を列挙することは困難なため、代表的なケースとして、『譲渡』の場合を規定したものである。引渡数量、サービス提供回数等の譲渡数量以外の場合についても、本規定の算定ルールが妥当する場合には、この考え方を参考にした算定を可能」と説明し、平成10年改正の趣旨を確認している(注2)。

このように、本規定は、行為態様に応じた柔軟な解釈が可能な規定であり、仮に厳格に行為類型を追加するとすれば、かえって規定の適用を狭めるおそれがあるため、不正競争防止法の規定についても特許法等と同様に「譲渡」のみ規定することとした。

なお、「侵害の行為を組成した物」の意義、「侵害の行為により生じた物」との関係は、第3条第2項と同じである（前述第1節②3参照）。

（注1）　特許庁総務部総務課工業所有権制度改正審議室編『平成10年改正工業所有権法の解説』18頁（社団法人発明協会、1998年）参照。

（注2）　特許庁総務部総務課制度改正審議室編『平成14年改正産業財産権法の解説』61頁（社団法人発明協会、2002年）参照。

(2)　被侵害者の当該物に係る販売その他の行為を行う能力に応じた額を超えない限度において

特許法第102条第1項は、「特許権者又は専用実施権者の実施の能力に応じた額を超えない限度において」と規定されているが、これは、権利者の実施能力を超える譲渡数量を権利者の損害と考えることは不適当であるとの趣旨であり、この趣旨は不正競争防止法にも妥当する。

この特許法の趣旨を踏まえれば、被侵害者が商品等表示や営業秘密を使用した商品を生産する能力や販売する（譲渡）能力等を意味するものと解されるが、これら一連の行為の結果は「販売」である。したがって、販売する能力を代表例として「販売その他の行為を行う能力」と規定することにした。

(3)　ただし、譲渡数量の全部又は一部に相当する数量を被侵害者が販売することができないとする事情があるときは、当該事情に相当する数量に応じた額を控除するものとする

被侵害者の販売減少という損害は、市場において生じる損害であるため、侵害者の営業努力、市場における代替品の存在等の事情によっては、そもそも、侵害者の譲渡した侵害品の数量全てを被侵害者が販売することができたとはいえない場合がある。

こうした場合まで、本条第１項本文の規定により、算定される額全額を損害額とすることは適当ではないため、同項ただし書の規定により、こうした事情があるときは、当該事情に相当する数量に応じた額を控除することとしたものである(注)。

具体的には、侵害者の努力により多数の商品を販売したような場合には、被侵害者の損害賠償額の調整については、ただし書の「被侵害者が販売することができないとする事情」の要件について、個別具体的に認定を行うことにより、妥当な損害額の調整が行われると解される。

（注）　なお、前掲第３章第２節②１（注20）楽らく針事件（東京地判平19.12.26最高裁HP）は、不正競争防止法第５条第１項で請求されたもののうち、同項ただし書により推定の覆滅が認められた部分について、同条第３項が補充的に適用されるとしている。

4　不正競争防止法の特質に応じた運用

不正競争防止法は行為規制法であり、権利付与法である特許法のように排他的独占権に基づいて、直ちに侵害品と権利者製品が市場において補完関係に立つと擬制することはできないため、裁判所においては、不正競争防止法の特徴に配慮して、適切に運用がなされるべきである。

すなわち「侵害の行為がなければ販売することができた」等の規定の運用においては侵害品と権利者製品の市場における補完関係にも配慮し、個別具体的な事情を勘案して適切に認定されることが必要である。

例えば、いわゆる偽ブランド商品については、購買力の乏しい若年層を対象として、極めて低廉な価格で販売されているような場合には、侵害品と真正品との間で需要者層が大きく異なっており、侵害品と真正品との完全な補完関係を認めることは困難である(注)。

（注）　なお、市場の競合に関する事件としては、商標権侵害訴訟において、「商標法38条1項所定の『商標権者がその侵害行為がなければ販売することができた』か否かについては、商標権者が侵害品と同一の商品を販売しているか否か、販売している場合、その販売の態様はどのようなものであったか、当該商標と商品の出所たる企業の営業上の信用等とどの程度結びついていたか等を総合的に勘案して判断すべきである」と判示した裁判例がある（東京地判平13.10.31判時1776号101頁）。

3　損害額の推定（第5条第2項）

1　第5条第2項の趣旨

本項は、「不正競争」によって営業上の利益を侵害された者が、侵害者に損害賠償の請求を行う場合、侵害者が侵害行為によって受けた利益を損害の額と推定することを規定したものである。侵害を受けた者は、侵害行為による侵害者の利益の額を立証すれば、その利益の額が損害の額と推定され、推定を覆す特段の事情や侵害者の反証がないかぎり、その利益の額の賠償を受けることができる。

本項は、「不正競争」によって営業上の利益を侵害された者が、その損害の額を立証することは必ずしも容易ではなく、実務上は損害賠償請求を断念するなど、十分な賠償を受けられないことに鑑み、特許法、商標法（現行特許法第102条第2項、現行商標法第38条第2項）等にならい、立証の負担を軽減するために平成5年改正時に設けられたものである。

判例は、従来から特許法、商標法等の規定を類推適用することにより、被害の実効的救済を図る努力をしてきており、本規定は、このような判例法理を明文化し、救済手続面での充実を図ることとしたものである。

2　対象となる類型

本項の規定は、「不正競争」によって営業上の利益を侵害された者が、侵害者が得た利益の額を立証すれば、その利益の額が被害者の損害の額と推定するものである。したがって、侵害者の利益が被害者の逸失利益と観念され得る場合にのみその適用が図られるべきであるが、本項においては第2条第1項に規定する「不正競争」の類型全てを対象としている(注)。

（注）　産業構造審議会知的財産政策部会「不正競争防止法の見直しの方向」（平成4年12月中間答申）においては、誤認惹起行為（現行第2条第1項第20号）、信用毀損行為（同項第21号）を行った者の得た利益の額を被害者の損害の額とみなし得る場合が必ずしも多くないと考えられることから、かかる行為に対する推定規定の適用を認めることは適当ではないとされていたが、立法にあたっては、本項の規定が推定規定にとどまるものであることを考慮し、不正競争の類型全てを対象とし、具体的な適用の可否については具体的事案における裁判所の判断に委ねることとした。

3　利益の額

本項にいう「利益の額」の意義について、粗利益の額（販売価格から製造原価を差し引いたもの）を指すとする立場や、純利益の額（粗利益の額からさらに管理費、広告宣伝費等の諸経費を差し引いたもの）を指すとする立場がある。判例には粗利益の額としたものと純利益の額としたものがある(注1)(注2)(注3)。

（注1）　粗利益の額としたものとして、前掲第3章第2節②1（注15）ナイロール眼鏡枠事件（東京地判昭48.3.9無体集5巻1号42頁）。

（注2）　純利益の額としたものとして、投げ釣り用天秤事件（東京地判昭53.10.30無体集10巻2号509頁）。

（注3）「利益」は侵害者の売上げから、被侵害者がn個の製品を販売した後に、侵害行為がなければさらにα個の販売が可能であると仮定した場合に、このn個からn＋α個までの製品の製造に要する費用（限界費用）のみを控除すべきであるとするいわゆる限界利益説が主張されており、かかる考え方をとったとも考えられる裁判例も出ている（シャベルカー玩具形態事件（東京地判平9.2.21判時1617号120頁）等）。

4　使用許諾料（ライセンス料）相当額の請求（第5条第3項）

1　第5条第3項の趣旨

本項は、「不正競争」によって営業上の利益を侵害された者が、侵害者に損害賠償の請求を行う場合、使用許諾料に相当する額を損害額として請求できることを規定したものである。本条第1項と同様、平成5年改正時に、特許法、商標法（現行特許法第102条第3項、現行商標法第38条第3項）等の規定にならい、被害者に対する実効的な救済を図るために設けられた規定である（なお、本項第5号は平成13年改正により追加された。また、平成15年改正により第3項柱書から「通常」の文言が削除された。）。

判例は、従前から特許法等の規定を類推適用して、使用許諾料相当額を被害者の損害額として請求することを認めていた(注)。本項は、このような判例法理を明文化し、救済手続面での充実を図ったものである。

（注）　フットボール・シンボルマーク事件（大阪地判昭55.7.15無体集12巻2号321頁、前掲第1節1(注)大阪高判昭56.7.28無体集13巻2号560頁、前掲第3章第2節2 1（注2）最判昭59.5.29民集38巻7号920頁の第一審。）、浮子規格表示事件（大阪地判昭56.3.27無体集13巻1号336頁）、前掲第1節1（注）スコッチウィスキー事件（大阪地判昭57.2.26無体集14巻1号58頁）、スペース・インベーダー事件（東京地判昭57.9.27無体集14巻3号593頁）。

2　対象となる類型

(1)　第5条第3項第1号

本号は、混同惹起行為（第2条第1項第1号）及び著名表示冒用行為（同項第2号）について、商品等表示の使用に関する使用許諾料が請求できることとしている。

商品等表示の中には、商標権の登録されているものも登録されていないものも存在するが、現実の取引では、商標権の登録されていないものについても、周知又は著名な商品等表示に関する使用許諾契約が締結されている。

(2)　第5項第3項第2号

本号は、他人の商品の形態を模倣した商品を譲渡等する行為（第2条第

1項第3号）について、商品の形態の使用に関する使用許諾料を請求できることとしている。

商品の形態の中には、意匠権の登録されているものも登録されていないものも存在するが、現実の取引では、意匠権の登録されていないものについても、例えば、玩具、文具、日用雑貨品、陶磁器などについてその形態に関する使用許諾契約が締結されている。

(3)　第5条第3項第3号

本号は、営業秘密に係る不正行為（第2条第1項第4号～第9号）について、営業秘密の使用に関する使用許諾料を請求できることとしている。いわゆるノウハウ等について使用許諾契約が締結されている。

営業秘密の中には、企業の人事情報やネガティブ情報など、一般に使用許諾契約が想定されないものもあり、営業秘密について包括的に本項の適用対象とすることについて議論のあるところであるが、具体的な適用の可否については、具体的事案における裁判所の判断に委ねることとした。

(4)　第5条第3項第4号

本号は、限定提供データに係る不正行為（第2条第1項第11号～第16号）については、現実の取引として、使用許諾契約が締結されていることから、限定提供データの使用に関する使用許諾料を請求できることとしている。

(5)　第5条第3項第5号

本号は、ドメイン名に係る不正行為（第2条第1項第19号）について、ドメイン名の使用に関する使用許諾料を請求できることとしている。

(6)　第5条第3項第6号

本号は、代理人等の商標冒用行為（第2条第1項第22号）について、商標の使用に関する使用許諾料を請求できることとしている。国内登録商標又は商品等表示と同様に現実の取引で、使用許諾契約が締結されている。

3　受けるべき金銭の額

「受けるべき金銭の額」については、他に許諾例がある場合にはその例を参考とすることができ(注1)、また、他に許諾例が存在しない場合は、それぞれの分野での料率の一般的な相場（周知表示、著名表示については商標権、商品形態については意匠権等）を参考にすることができる(注2)。

また、平成15年改正により、改正前不正競争防止法第5条第2項（現行法における第5条第3項に相当）柱書の「通常」の文言が削除されたが、これは、当該規定に「通常」の文言があることにより、認定される使用料相当額が、業界相場等を参考にして認定されるおそれや、訴訟当事者間の間に生じている諸般の事情（競業関係、取引関係等）を考慮できないことなど、被告が侵害行為を行って裁判で敗訴しても、誠実にライセンスを受けていた者と同じ使用料を支払えばよく、結果的に「侵害し得」であるとの指摘があった。したがって、特許法等と同様に、使用料相当額の認定規定における「通常」の文言を削除した。

（注1）　前掲1（注）スペース・インベーダー事件（東京地判昭57．9．27無体集14巻3号593頁）では、原告が原告商品の類似品の製造に関して、1台あたり25,000円の許諾料を得ていることから、その額に製造台数を乗じた額を通常受けるべき額とする判示がなされた。

（注2）　前掲1（注）浮子規格表示事件（大阪地判昭56．3．27無体集13巻1号336頁）では、一般の商標権の使用料が3～5パーセントであることが裁判所に顕著であること、及び当該表示の特殊性（主商標としてではなく、副次的な規格表示として案出されたもので、当初から顧客吸引力を念頭に置いてのものでないこと）を考慮して、売上高の1パーセントの額を認定した。

5　使用許諾料相当額を超える請求等（第5条第4項）

本項前段は、第5条第3項の使用許諾料相当額を超える損害の請求を妨げないことを、本項後段は、侵害者に故意又は重大な過失がなかったときは裁判所がこれを参酌することができることを規定したものである。

第４節　技術上の秘密を取得した者の当該技術上の秘密を使用する行為等の推定（第５条の２関係）

（技術上の秘密を取得した者の当該技術上の秘密を使用する行為等の推定）
第五条の二　技術上の秘密（生産方法その他政令で定める情報に係るものに限る。以下この条において同じ。）について第二条第一項第四号、第五号又は第八号に規定する行為（営業秘密を取得する行為に限る。）があった場合において、その行為をした者が当該技術上の秘密を使用する行為により生ずる物の生産その他技術上の秘密を使用したことが明らかな行為として政令で定める行為（以下この条において「生産等」という。）をしたときは、その者は、それぞれ当該各号に規定する行為（営業秘密を使用する行為に限る。）として生産等をしたものと推定する。

1　趣旨

営業秘密の使用行為の立証責任は、当該営業秘密の被侵害者の側にあるのが原則である。しかしながら、そのような使用行為は侵害者の内部領域（工場、研究所等）で行われることが多いため、被侵害者がその立証に関する証拠を収集することは極めて困難な場合も多い。

また、技術上の営業秘密を不正に取得した者については、当該営業秘密を使用することが通常であるとの経験則が存在する。

これらを踏まえ、平成27年改正時に、営業秘密の不正使用行為に関する一定の事実の立証責任を侵害者に転換する本条が設けられた。

2　当事者の立証事項

立証責任の公平な分配と適正な真実発見の観点から、侵害者（被告）による営業秘密の不正使用行為が推定されるためには、

①　対象となる情報が被侵害者（原告）の営業秘密であり、生産方法等の

技術上の情報であること

② 侵害者（被告）による第２条第１項第４号、第５号又は第８号に該当する営業秘密不正取得行為があったこと

③ 侵害者（被告）が被侵害者（原告）の営業秘密を用いて生産することのできる物を生産等していること

を被侵害者（原告）が立証する必要がある。

被侵害者（原告）が上記前提事実（①～③）の立証に成功した場合は、侵害者（被告）による営業秘密の不正使用行為が推定される。

これに対し、営業秘密を不正に取得したものの、それを使用していなかった侵害者（被告）としては、自己の不使用の事実を積極的に立証することによって、推定を覆していくこととなる。例えば、侵害者（被告）は、被侵害者（原告）の提訴に係る自社の製品の具体的製造工程を明らかにする、被侵害者（原告）から営業秘密を取得した後には当該製品を製造していないことを立証する、といった防御を行うことが想定される。

3 要件

1 技術上の秘密

営業秘密には、技術上の情報と営業上の情報が含まれる（第２条第６項）が、本条の推定規定が適用され得るのは、技術上の情報であり、本条では「技術上の秘密」という。なお、この文言は第２条第１項第10号における「技術上の秘密」と同義であり、営業秘密のうち、技術上の情報であるものをいう（注）。

さらに、本条においては、技術上の情報のうち以下の①生産方法及び②その他政令で定める情報に限られている。これは、推定規定の対象を特に立証が困難と考えられる情報に限定することによって、侵害者側の応訴負担に配慮したことによる。

① 生産方法

物の生産に直接寄与する技術（自動車の組立技術、化学物質の生成技術等）のみならず、その生産工程におけるエネルギー、原材料の投入量等の効率化を図る技術、コストカット技術等も含まれる。

②　その他政令で定める情報

今後の技術進歩に応じ、将来的に別の技術情報を推定の対象とすべきニーズが生じた場合に備え、生産方法以外の技術情報については、政令で定めることとしている。現在のところ、ビッグデータ、AIの実装等によるデータの利活用の進展を背景に、情報の分析や評価に係る技術情報が、「その他政令で定める情報」として不正競争防止法施行令（以下「政令」という。）に規定されている（平成30年11月1日施行）。

○不正競争防止法施行令（平成30年政令第252号）

> **（技術上の秘密の内容）**
> **第一条**　不正競争防止法（以下「法」という。）第五条の二の政令で定める情報は、情報の評価又は分析の方法（生産方法に該当するものを除く。）とする。

ここでいう「情報の評価又は分析の方法」の具体例としては、(i)血液を化学的に分析する技術、(ii)機器の稼働情報（センサーデータ等）から機器の状況を評価する技術、(iii)カメラ画像やセンサー、GPSデータ等を分析し、交通の混雑状況を評価（予測）する技術等が考えられる。

なお、政令上、「情報の評価又は分析の方法」について、「（生産方法に該当するものを除く。）」と規定されている。これは、生産のプロセスにおいて使用される製品の品質検査等の分析・評価技術については、法律で明示されている「生産方法」（上記①参照）の対象となっていると解されるため、政令の規定からそのような技術を除外することで重複を避ける趣旨である。

（注）　前掲第3章第5節2 7（注1）参照。

2　第二条第一項第四号、第五号又は第八号に規定する行為（営業秘密を取得する行為に限る。）

第2条第1項第4号、第5号及び第8号に掲げる不正競争行為は、営業秘密の取得時点で、それが営業秘密であることについて悪意又は重過失があるケースである。そのようなケースでは、当該営業秘密を不正使用する蓋然性が高い。したがって、これらの類型は本条の対象となっている。

他方で、第２条第１項第６号、第７号及び第９号に掲げる不正競争行為は、営業秘密の取得時点で、それが営業秘密であることについて悪意又は重過失がないケースであるため、そうではないケースに比べて営業秘密を不正使用する蓋然性が相対的に低いと考えられるため本条の対象外とした。

3　その行為をした者が当該技術上の秘密を使用する行為により生ずる物の生産その他技術上の秘密を使用したことが明らかな行為として政令で定める行為（以下この条において「生産等」という。）をしたとき

推定規定が適用されるためには、被侵害者の営業秘密と侵害者の行為との間に一定の関連性があることが必要である。

例えば、生産方法についていえば、侵害者（被告）が、被侵害者（原告）の営業秘密を用いて生産することのできる物を生産していること、すなわち、被侵害者（原告）の営業秘密に属する技術を用いて製造される製品の機能、品質、コスト等、競合他社との差別化要因となり得る点において共通する物を侵害者（被告）が生産していることを意味する。

これは、不正に取得された技術と全く関係のない製品の生産等についてまで営業秘密を不正に使用する行為が推定されることは不当であると考えられる一方で、被侵害者が生産する物と全く同一の製品を生産する行為にのみ推定の効果を及ぼすとすると、逆に推定規定が適用される場面が著しく限定されてしまうことに配慮した要件である。本条では、現に被侵害者が営業秘密を用いて生産している物のみならず、その営業秘密を転用して実際に生産できる物であれば、推定規定の対象となることとした。

なお、政令第１条における「情報の評価又は分析の方法（生産方法に該当するものを除く。）」を用いて物の生産（法第５条の２）を行う場合についても推定規定の対象となり得る。

また、「その他政令で定める情報」として政令で定められた「情報の評価又は分析の方法」における、当該技術上の秘密を使用したことが明らかな行為については、「法第二条第一項第十号に規定する技術上の秘密（情報の

評価又は分析の方法（生産方法に該当するものを含む。）に係るものに限る。）を使用して評価し、又は分析する役務の提供」と規定された。

○不正競争防止法施行令（平成30年政令第252号）

> **（技術上の秘密を使用したことが明らかな行為）**
> **第二条**　法第五条の二の政令で定める行為は、法第二条第一項第十号に規定する技術上の秘密（情報の評価又は分析の方法（生産方法に該当するものを含む。）に係るものに限る。）を使用して評価し、又は分析する役務の提供とする。

この政令第２条の「情報の評価又は分析の方法」に「生産方法に該当するものを含」めているのは、「生産方法」のうち、「情報の評価又は分析の方法……に係るもの」を用いて、政令第２条における役務の提供を行う場合を推定規定の対象とすることを明確化したものである。

4　対象となる事例

①　原告の保有する「生産方法」である技術上の秘密を不正取得した被告が、当該情報を使用する行為により生ずる物の生産を行っている場合

（具体例）

原告の保有する技術上の秘密	被告の技術上の秘密を使用したことが明らかな行為
生産方法（第５条の２） （例） ○自動車組立技術 ○化学品の原材料情報	技術上の秘密を使用する行為により生ずる物の生産（第５条の２） （例） ○当該組立技術を用いて生産できる自動車の生産 ○当該原材料情報を用いて生産できる化学品の生産

②　原告の保有する「情報の評価又は分析の方法（生産方法に該当するものを除く。）」である技術上の秘密を不正取得した被告が、当該情報を使用して評価し、又は分析する役務の提供を行っている場合

（具体例）

原告の保有する技術上の秘密	被告の技術上の秘密を使用したことが明らかな行為
情報の評価又は分析の方法（生産方法に該当するものを除く。）（政令第１条） （例） ○血液を化学的に分析して当該分析結果より特定疾患のリスクを評価する方法 ○機器の稼働情報（センサーデータ）を分析し、分析結果より将来の機器の稼働状況を評価する方法	技術上の秘密（情報の評価又は分析の方法（生産方法に該当するものを含む。）に係るものに限る。）を使用して評価し、又は分析する役務の提供（政令第２条） （例） ○当該分析・評価方法を用いてできる、血液分析による特定疾患リスクの評価結果を提供するサービスの提供 ○当該分析·評価方法を用いてできる､機器診断サービスの提供

③　原告の保有する「生産方法のうち、情報の評価又は分析の方法に該当するもの」である技術上の秘密を不正取得した被告が、当該情報を使用して評価し、又は分析する役務の提供を行っている場合

（具体例）

原告の保有する技術上の秘密	被告の技術上の秘密を使用したことが明らかな行為
生産方法のうち、情報の評価又は分析の方法に該当するもの（第５条の２） （例） ○自動車製造工程で用いられているの鉄の強度分析方法	生産方法のうち、情報の評価又は分析の方法に該当するものを使用して評価し、又は分析する役務の提供（政令第２条） （例） ○当該強度分析方法を用いてできる、鉄製品の検査サービスの提供

④　原告の保有する「情報の評価又は分析の方法（生産方法に該当するものを除く。）」である技術上の秘密を不正取得した被告が、当該情報を使用する行為により生ずる物の生産を行っている場合

（具体例）

原告の保有する技術上の秘密	被告の技術上の秘密を使用したことが明らかな行為
情報の評価又は分析の方法	情報の評価又は分析の方法（生産方法に該当するも

（生産方法に該当するものを除く。）（政令第1条） （例） ○血液分析サービスに用いている分析手順（検体（血液）の分析時の温度設定、検体に対して適量の試薬を投入するタイミング）	のを除く。）を使用して生ずる物の生産（第5条の2） （例） ○当該分析手順を設計情報として用いてできる血液分析装置の生産

第５節　具体的態様の明示義務（第６条関係）

（具体的態様の明示義務）
第六条　不正競争による営業上の利益の侵害に係る訴訟において、不正競争によって営業上の利益を侵害され、又は侵害されるおそれがあると主張する者が侵害の行為を組成したものとして主張する物又は方法の具体的態様を否認するときは、相手方は、自己の行為の具体的態様を明らかにしなければならない。ただし、相手方において明らかにすることができない相当の理由があるときは、この限りでない。

1　趣旨

「不正競争」に係る侵害訴訟を提起する場合、原告は、相手方の「不正競争」行為を特定して、侵害があった旨を主張しなければならない。その侵害行為の中核は、特許法と同様に相手方の「物又は方法」の特定であるため、例えば、ある物を生産する方法の営業秘密が相手方の工場内で実施されているような場合については、原告が訴状において相手方の侵害行為を特定することが困難であり、結果的に原告が敗訴となるといったケースが想定される。

したがって、不正競争防止法においても、特許法第104条の２と同様の規定を設けることにより、原告のみならず、相手方にも侵害行為の特定に積極的に関与させ、訴訟審理の促進・争点の明確化を図るものである。

2　具体的態様の明示を拒否できる場合

主張すべき内容が何もない場合や自己の具体的態様の内容に営業秘密が含まれている場合(注)等には「相当の理由」があるとして、相手方（被告）の判断により具体的態様の明示を拒むことができる場合がある。ただし、仮に自己の具体的態様の内容に営業秘密が含まれる場合であっても、営業秘密の中核となる部分ではなく、その周辺部分の有用情報については具体的態様の明示義務を免れることができないことがあり得る。

「相当の理由」があるとは認められないにもかかわらず、相手方が規定に従った対応をしないときについての制裁措置は設けていないものの、こうした不誠実な訴訟対応については、最終的には裁判官の心証に影響を与えることもあると考えられる。

（注）　この点、平成16年改正により秘密保持命令制度が導入されたことを踏まえると、自己の具体的態様の内容に営業秘密が含まれていることで、ただちに「相当の理由」があると解すべきではない（産業構造審議会知的財産分科会営業秘密の保護・活用に関する小委員会「中間とりまとめ」（平成27年２月）20頁参照、http://www.meti.go.jp/committee/sankoushin/chitekizaisan/eigyohimitsu/pdf/report02_01.pdf）。

3　不正競争防止法における意義

不正競争防止法においては、混同惹起行為、著名表示冒用行為、及び商品形態模倣行為（第２条第１項第１号～第３号）については、原則市場において侵害品等を入手することが容易であるので、第６条の活用場面は少ないとも考えられるが、まだ市場に侵害品が出回っていない段階での差止請求をする場合、本規定の活用により原告の立証容易化が図られるものと考えられる。

第６節　書類の提出等（第７条関係）

（書類の提出等）

第七条　裁判所は、不正競争による営業上の利益の侵害に係る訴訟においては、当事者の申立てにより、当事者に対し、当該侵害行為について立証するため、又は当該侵害の行為による損害の計算をするため必要な書類の提出を命ずることができる。ただし、その書類の所持者においてその提出を拒むことについて正当な理由があるときは、この限りでない。

２　裁判所は、前項本文の申立てに係る書類が同項本文の書類に該当するかどうか又は同項ただし書に規定する正当な理由があるかどうかの判断をするため必要があると認めるときは、書類の所持者にその提示をさせることができる。この場合においては、何人も、その提示された書類の開示を求めることができない。

３　裁判所は、前項の場合において、第一項本文の申立てに係る書類が同項本文の書類に該当するかどうか又は同項ただし書に規定する正当な理由があるかどうかについて前項後段の書類を開示してその意見を聴くことが必要であると認めるときは、当事者等（当事者（法人である場合にあっては、その代表者）又は当事者の代理人（訴訟代理人及び補佐人を除く。）、使用人その他の従業者をいう。以下同じ。）、訴訟代理人又は補佐人に対し、当該書類を開示することができる。

４　裁判所は、第二項の場合において、同項後段の書類を開示して専門的な知見に基づく説明を聴くことが必要であると認めるときは、当事者の同意を得て、民事訴訟法（平成八年法律第百九号）第一編第五章第二節第一款に規定する専門委員に対し、当該書類を開示することができる。

５　前各項の規定は、不正競争による営業上の利益の侵害に係る訴訟における当該侵害行為について立証するため必要な検証の目的の提示について準用する。

1　趣旨

平成8年全面改正前の旧民事訴訟法第312条は、文書提出義務を当事者が訴訟において引用した文書など三つの場合のみに認めていた。しかしながら、知的財産侵害訴訟において損害の額を立証するための相手方所持文書が必ずしも常に同条各号に該当するとは限らないことから、特許法等の産業財産権四法においては、当事者の申立てにより、裁判所は当事者に対し、損害の計算をするために必要な書類の提出を命ずることができることを規定していた。

「不正競争」による損害についても、相手方所持書類を提出させることによって、その計算を容易にする必要性は、特許権侵害等の場合と異なることはないため、平成5年改正により、損害の計算をするために必要な書類の提出を命ずる規定を設けることとした（第7条第1項）。

また、平成11年に「侵害行為について立証するため……必要な書類」を提出対象として追加した特許法第105条と同様に、平成15年改正では、従来の、損害の計算をするための書類提出命令に加えて、原告による侵害行為の立証が困難であることに鑑み、侵害行為の立証に必要な書類を提出命令の対象とした。その際、書類中に記載されている営業秘密が不必要に開示されることを避けるため、裁判官のみによるインカメラ審理手続により審理を行うことができるとした（第2項）(注)。

平成16年改正では、インカメラ審理手続の際に、裁判所が書類の提出を拒む正当な理由があるかどうかについて意見を聴くことが必要であると認める場合は、当事者等に対して当該書類を開示することができることとした（第3項）。

さらに、平成30年改正では、インカメラ審理手続を書類提出の必要性の判断にも利用できるようにするとともに、インカメラ審理手続への専門委員の関与も可能とされた（第4項）。

（注）どの程度の侵害の疑いがあれば書類提出命令が認められるのかについて、営業秘密侵害が争われた裁判例では、「当事者間の衡平の観点から模索的な文書提出命令の申立ては許されるべきではないことや、当事者が文書提出命令に従わない場合の制裁の存在（民事訴訟法224条）等を考慮すると、そこにお

ける証拠調べの必要性があるというためには、その前提として、侵害行為があったことについての合理的疑いが一応認められることが必要であると解すべきである」と判示したものがある（東京地決平27.7.27判タ1419号367頁）。

2　インカメラ審理手続

書類提出命令にあたっては、書類提出の必要性の有無及び、その所持者に提出を拒む「正当な理由」があるかどうかが判断される。書類提出の必要性については、例えば、営業秘密侵害訴訟において、対象となる営業秘密がソフトウェア関連技術や人工知能に関する技術である場合等、原告の書類提出の申立書のみで裁判所が証拠書類としての必要性の判断を行うことが困難な場合が想定される。

また、書類の所持者にその書類提出を拒む「正当な理由」があるときは、提出を拒むことができる。この「正当な理由」としては、相手方が書類を保存していることを期待できない場合や相手方の書類に営業秘密が含まれる場合等が考えられるが、それが営業秘密を含む書類（又は検証物）であっても、訴訟追行上の必要性の観点から証拠として提出されることが、原告の立証容易化、充実した適正な審理のために必要な場合があると考えられる。

このため、「不正競争」による営業上の利益の侵害に係る訴訟においても、特許法第105条と同様に、営業秘密を含む書類についても書類提出命令の対象とし、一方で書類中に記載されている営業秘密が不必要に開示されることを避けるため、書類提出の必要性や提出を拒む「正当な理由」の判断において、裁判官のみによるインカメラ審理手続により行うことができることとした。

提出を拒む「正当な理由」の存否については、民事訴訟法第223条のインカメラ審理手続とは異なり、営業秘密であれば直ちに提出義務が生じなくなるわけではなく、営業秘密を開示することにより書類所持者が受ける不利益と、書類が提出されないことにより訴訟当事者が受ける不利益とを比較衡量して判断を行うこととなる(注1)。

また、この書類提出の必要性又は「正当な理由」の有無を判断するためにインカメラ審理に提示された書類については、何人も開示を求めることができない（第７条第２項）とされているが、侵害行為の立証の容易化と営業秘密の保護とのバランスを図る観点から、書類提出の必要性又は正当な理由があるかどうかについて、提示された書類を開示して意見を聴くことが必要であると認める場合には、裁判所の裁量により、当事者等、訴訟代理人又は補佐人に対し当該書類を開示することができることとされている（第３項）。

さらに、書類提出の必要性又は「正当な理由」の有無の判断においてインカメラ審理に提示される書類は、一般民事訴訟と比較して技術的に複雑であり、専門的知見の必要性が高い。このため、インカメラ審理において、裁判所が専門的知見を必要とするときは、民事訴訟法に規定された専門委員(注2)を関与させることができる規定も導入されている（第４項）。

なお、この際に提示された書類の内容に当事者の保有する営業秘密が含まれ、当該営業秘密が開示されることにより、当該営業秘密に基づく当事者の事業活動に支障を生ずるおそれがある場合には、当事者の申立てにより裁判所が当事者等に対し、秘密保持命令（第10条。詳細は、後述第９節参照）を発することができる。

（注１）　第７条第１項ただし書の「正当な理由」について、営業秘密侵害が争われた裁判例では、「営業秘密の保護に関しては、民事訴訟法及び不正競争防止法上の手当がされていること……からすれば、本件文書に相手方の営業秘密を含むものがあってもそれだけでは原則として上記正当な理由には当たらないと解すべきであり、……証拠調べの必要性に照らして、単に本件文書が相手方の営業秘密を含むと抽象的に主張するのみでは、相手方においてその提出を拒むことについて正当な理由があるとは到底認められない」と判示したものがある（前掲1（注）東京地決平27.7.27判タ1419号367頁）。

（注２）　知的財産関係訴訟等の専門訴訟の審理には、専門的知見を要することが多いことから、専門的知見を裁判所に提供することを目的として、民事訴訟法において専門員制度（第１編第５章第２節第１款）が設けられている。

3　検証

物を生産する方法に係る営業秘密侵害の場合、対象となる製造装置等を裁判所に直接持ち込んで調べたり、相手方の工場内において製造装置を調べたりすること（検証）が必要な場合もあるため、検証物の提示についても書類提出の規定を準用している（第５項）。

第７節　損害計算のための鑑定（第８条関係）

（損害計算のための鑑定）
第八条　不正競争による営業上の利益の侵害に係る訴訟において、当事者の申立てにより、裁判所が当該侵害の行為による損害の計算をするため必要な事項について鑑定を命じたときは、当事者は、鑑定人に対し、当該鑑定をするため必要な事項について説明しなければならない。

1　趣旨

不正競争防止法に係る訴訟においては、損害の計算に必要な書類の提出を求めることができるが（第７条第１項）、

① 提出される書類の量が膨大であり、経理・会計の専門家でない裁判官、弁護士にとっては、書類を正確かつ迅速に理解することが困難、
② 提出された書類が、略語等で表記されている場合、その内容について説明を受けることなしに理解することが困難、
③ 提出された書類に対し、民事訴訟法の当事者照会制度（同法第163条）や民事訴訟規則の鑑定人の発問（同規則第133条）等の制度を活用しても、相手方が説明に応じない場合、それらの書類を解読して計算することは困難、

といった場合が想定される。また、被告製品の販売数、売上額、利益率について、原告・被告両当事者間の主張に大きな相違が見られる場合、損害額の認定を迅速かつ適正に行うことが困難な場合も想定される。

このため、特許法第105条の２と同様に、損害額の立証の容易化・迅速化を図る観点から、当事者の申立てにより、裁判所が公認会計士等の計算鑑定人を選任し、当該鑑定人に対する説明義務を当事者に課し、損害の計算に必要な事項を裁判所に報告させる規定を設けた。

第８節　相当な損害額の認定（第９条関係）

（相当な損害額の認定）
第九条　不正競争による営業上の利益の侵害に係る訴訟において、損害が生じたことが認められる場合において、損害額を立証するために必要な事実を立証することが当該事実の性質上極めて困難であるときは、裁判所は、口頭弁論の全趣旨及び証拠調べの結果に基づき、相当な損害額を認定することができる。

1　趣旨

「不正競争」による営業上の利益の侵害による損害は、経済活動を通じて発生するため、損害額を立証することは極めて困難である。

この点、民事訴訟法第248条には「損害の性質上その額を立証することが極めて困難」な場合に裁判所が相当な損害額の認定を可能とする規定があり、この規定が適用されれば原告の立証負担は軽減される。

しかしながら、例えば、不正競争防止法第５条第１項の逸失利益の立証容易化規定を適用して、被侵害者の利益額を算出する際に、侵害行為以外の要因（例えば景気の変動等）で、被侵害者の商品等表示を使用した商品の値下げがあった場合には、その要素を正確に把握して計算すれば正しい被侵害者の利益額が得られるため、計算不可能とはいえず、民事訴訟法第248条の「損害の性質上」極めて困難とは一義的にはいえない場合がある。

その他にも、

①　被侵害者の商品等表示や営業秘密の寄与度がどの程度のものであるかについて立証するのは困難であるが、計算不可能とはいえないため、民事訴訟法第248条の「損害の性質上」極めて困難とは一義的にはいえない場合、

②　被侵害者の商品等表示を使用した商品を侵害者が販売している際

に、その販売数量を立証することに極めて高いコストがかかり、一定の努力を払ってもなお、全てを証明することが極めて困難である場合等が想定される。

このため、特許法第105条の3と同様に、不正競争防止法に係る訴訟においても、損害額の立証が困難な場合における証明度の軽減が図られるよう、民事訴訟法とは別途の規定を置き、その趣旨が確実に及ぶようにした。

第９節　秘密保持命令（第10条関係）

（秘密保持命令）

第十条　裁判所は、不正競争による営業上の利益の侵害に係る訴訟において、その当事者が保有する営業秘密について、次に掲げる事由のいずれにも該当することにつき疎明があった場合には、当事者の申立てにより、決定で、当事者等、訴訟代理人又は補佐人に対し、当該営業秘密を当該訴訟の追行の目的以外の目的で使用し、又は当該営業秘密に係るこの項の規定による命令を受けた者以外の者に開示してはならない旨を命ずることができる。ただし、その申立ての時までに当事者等、訴訟代理人又は補佐人が第一号に規定する準備書面の閲読又は同号に規定する証拠の取調べ若しくは開示以外の方法により当該営業秘密を取得し、又は保有していた場合は、この限りでない。

一　既に提出され若しくは提出されるべき準備書面に当事者の保有する営業秘密が記載され、又は既に取り調べられ若しくは取り調べられるべき証拠（第七条第三項の規定により開示された書類又は第十三条第四項の規定により開示された書面を含む。）の内容に当事者の保有する営業秘密が含まれること。

二　前号の営業秘密が当該訴訟の追行の目的以外の目的で使用され、又は当該営業秘密が開示されることにより、当該営業秘密に基づく当事者の事業活動に支障を生ずるおそれがあり、これを防止するため当該営業秘密の使用又は開示を制限する必要があること。

2　前項の規定による命令（以下「秘密保持命令」という。）の申立ては、次に掲げる事項を記載した書面でしなければならない。

一　秘密保持命令を受けるべき者

二　秘密保持命令の対象となるべき営業秘密を特定するに足りる事実

三　前項各号に掲げる事由に該当する事実

3　秘密保持命令が発せられた場合には、その決定書を秘密保持命令を受けた者に送達しなければならない。
4　秘密保持命令は、秘密保持命令を受けた者に対する決定書の送達がされた時から、効力を生ずる。
5　秘密保持命令の申立てを却下した裁判に対しては、即時抗告をすることができる。

1　趣旨

不正競争行為に関する訴訟では、提出された証拠に営業秘密が含まれる場合がある。この場合、証拠に含まれる営業秘密の漏えいを防止するための手段としては、民事訴訟法第92条の閲覧等の制限の手続や、不正競争防止法による差止請求・損害賠償請求等が存在していた。

しかし、このような手段では不十分であり、諸外国の立法例を参考にしつつ、営業秘密であっても証拠として提出させ、その上で当該営業秘密を保護する制度が必要である旨の指摘がなされていた。このため、平成16（2004）年の「裁判所法等の一部を改正する法律」[注1]による改正により、証拠等に営業秘密が含まれる場合に、裁判所の命令によって当該営業秘密の使用及び開示を禁止する、「秘密保持命令」制度が導入され、平成17年4月1日より施行された（これと同様の制度が、特許法・実用新案法（平成5年改正前旧実用新案法を含む。）・意匠法・商標法・著作権法に導入された。）。なお、本規定は民事訴訟[注2]にのみ設けられた措置であり、営業秘密に関する刑事訴訟（不正競争防止法第21条第1項第1号〜第9号・第3項・第4項）には適用されない。

（注1）　秘密保持命令の導入、インカメラ審理手続の整備、営業秘密が問題となる訴訟における公開停止の要件・手続規定の整備を盛り込んだ「裁判所法等の一部を改正する法律」については、立案業務を担当した司法制度改革推進事務局員の執筆による近藤昌昭＝齊藤友嘉『司法制度改革概説 第2巻――知的財産関係二法／労働審判法』（商事法務、2004年）において詳細な解説を行っている。

（注2）　特許法事件において、侵害差止めを求める仮処分申立事件が特許法の「侵害に係る訴訟」に該当し、民事保全事件においても秘密保持命令の申立てが

許されるとしたものがある（最決平21．1．27民集63巻1号271頁）。理由中で、秘密保持命令の趣旨を、相手方当事者の訴訟目的外使用等による自らの事業活動への支障を危惧することにより、営業秘密保有者が、営業秘密を訴訟に顕出することを差し控え、十分な主張立証ができないという事態を回避するためと解し、本案訴訟と争点を共通にする仮処分事件でも上記事態が生じ得ることに異なるところはない旨が述べられている。

2　秘密保持命令による禁止行為

秘密保持命令は、①当該営業秘密を当該訴訟の追行の目的以外の目的で使用すること、②当該営業秘密に係る第10条第1項の規定による命令を受けた者以外の者に開示することの2点を禁止している。

当該訴訟追行目的での当該営業秘密の使用については、秘密保持命令の対象からは除外されている。これは、訴訟当事者の防御権を確保するためにはこのような使用を認める必要があるとともに、訴訟手続の中で営業秘密を保護する制度が整備されることにより、訴訟追行目的への使用により営業秘密が公知になる可能性は極めて低いことによるものである。

一方、訴訟追行目的での当該営業秘密の開示については、秘密保持命令の対象であり、禁止されている（秘密保持命令を受けた者への開示を除く。）。これは、訴訟追行目的のためでも当該営業秘密が開示されたならば、営業秘密の要件の一つである非公知性を欠くことになり、その価値が著しく損なわれるからである。

なお、秘密保持命令に違反して当該営業秘密を使用又は開示した場合には、刑事罰の対象となる（第21条第2項第6号）。刑事罰の詳細についての記述は、後述の第7章⑩2に譲ることとする。

3　秘密保持命令の要件及び手続

秘密保持命令が発令される可能性があるのは、①準備書面の記載又は証拠(注)に営業秘密が含まれていること（第10条第1項第1号）、②当該営業秘密が当該訴訟の追行の目的以外の目的で使用され、又は開示されることにより、当該営業秘密に基づく事業活動に支障を生ずるおそれがあり、これを防止するため当該営業秘密の使用又は開示を制限する必要があること

（第10条第1項第2号）の2点について、いずれにも該当する旨の疎明がなされた場合である。ただし、秘密保持命令の申立ての時までに秘密保持命令の名宛人が当該準備書面又は証拠以外の方法で当該営業秘密を取得し、又は保有していたものである場合は、発令の対象とはならない（第10条第1項柱書ただし書）。

秘密保持命令は、当事者による申立てがあった場合に発令することができるが、その際の申立ては、

①　秘密保持命令を受けるべき者

②　秘密保持命令の対象となるべき営業秘密を特定するに足りる事実

③　「準備書面の記載又は証拠に営業秘密が含まれていること」、「当該営業秘密が当該訴訟の追行の目的以外の目的で使用され、又は開示されることにより、当該営業秘密に基づく事業活動に支障を生ずるおそれがあり、これを防止するため当該営業秘密の使用又は開示を制限する必要があること」に該当する事実

を記載した書面で行わなければならないものとされている（第10条第2項）。

秘密保持命令が発せられた場合には、名宛人の手続保障の観点から、その決定書を名宛人に送達すべきものとされ、秘密保持命令は決定書が送達された時から効力を生ずるものとされている（第10条第3項・第4項）。

秘密保持命令を却下した裁判に対しては、即時抗告をすることができる（第10条第5項）が、秘密保持命令を発令した決定は直ちに確定する。他方、秘密保持命令が発令された場合には即時抗告はできず、通常の秘密保持命令の取消しの手続（第10節参照）により対処することとなる。

（注）　準備書面については、既に提出されているか今後提出されるかを問わない。また、証拠についても、既に取り調べられているか今後取り調べられるかを問わない。

第10節　秘密保持命令の取消し（第11条関係）

（秘密保持命令の取消し）

第十一条　秘密保持命令の申立てをした者又は秘密保持命令を受けた者は、訴訟記録の存する裁判所（訴訟記録の存する裁判所がない場合にあっては、秘密保持命令を発した裁判所）に対し、前条第一項に規定する要件を欠くこと又はこれを欠くに至ったことを理由として、秘密保持命令の取消しの申立てをすることができる。

2　秘密保持命令の取消しの申立てについての裁判があった場合には、その決定書をその申立てをした者及び相手方に送達しなければならない。

3　秘密保持命令の取消しの申立てについての裁判に対しては、即時抗告をすることができる。

4　秘密保持命令を取り消す裁判は、確定しなければその効力を生じない。

5　裁判所は、秘密保持命令を取り消す裁判をした場合において、秘密保持命令の取消しの申立てをした者又は相手方以外に当該秘密保持命令が発せられた訴訟において当該営業秘密に係る秘密保持命令を受けている者があるときは、その者に対し、直ちに、秘密保持命令を取り消す裁判をした旨を通知しなければならない。

1　趣旨

裁判所が発した秘密保持命令の取消しについては、秘密保持命令の申立者又は秘密保持命令を受けた者が、訴訟記録が存在する裁判所（訴訟記録が存在する裁判所がない場合には秘密保持命令を発した裁判所）に対して申立てを行うことにより、取り消されることとなる。

取消しの事由としては、発令のいずれかの要件（①準備書面の記載又は証拠に営業秘密が含まれていること、②当該営業秘密が当該訴訟の追行の目的以外の目的で使用され、又は開示されることにより、当該営業秘密に基づく事業活動に支障を生ずるおそれがあり、これを防止するため当該営業秘密の使用又は開示を制限する必要があること）を欠くこと又は欠くに至ったことである。具体的には、証拠に含まれている営業秘密の内容が既に特許出願されており、その後公開されたため営業秘密としての要件を満たさなくなった場合等が挙げられる。

2　取消しの手続

秘密保持命令の取消しの申立てについての裁判があった場合には、裁判所がその決定書を申立てをした者及び相手方に送達しなければならない（第11条第２項）。

取消しの申立ての裁判については、即時抗告をすることができるが、秘密保持命令を取り消す裁判は確定しなければ効力を生じない（第11条第３項・第４項）。

秘密保持命令が複数人に発令され、その後一部の名宛人に対する秘密保持命令が取り消された場合には、裁判所は、その秘密保持命令を取り消す裁判があった旨を直ちに当該者以外の秘密保持命令の名宛人に通知しなければならないこととされている（第11条第５項）。

これは、秘密保持命令を取り消されていない他の名宛人にとっては、秘密保持命令を受けている者に対する開示行為は適法である一方、取り消された者に対する開示行為は違法になるとともに、秘密保持命令を取り消された者への開示により、その者から営業秘密が漏えいするおそれが発生するためである。

3　秘密保持命令の有効期間

秘密保持命令の効力は、秘密保持命令を受けた者に決定書が送達された時から発生する。また、秘密保持命令は、取消しが確定するまでその効力を有する。このため、営業秘密の要件を満たさなくなった場合であっても、秘密保持命令の取消しの手続を経てはじめて、秘密保持命令が取り消されることとなる[注]。

（注）　これは、民事訴訟法第92条第３項と同様の考え方である。

第11節　訴訟記録の閲覧等の請求の通知等（第12条関係）

（訴訟記録の閲覧等の請求の通知等）

第十二条　秘密保持命令が発せられた訴訟（全ての秘密保持命令が取り消された訴訟を除く。）に係る訴訟記録につき、民事訴訟法第九十二条第一項の決定があった場合において、当事者から同項に規定する秘密記載部分の閲覧等の請求があり、かつ、その請求の手続を行った者が当該訴訟において秘密保持命令を受けていない者であるときは、裁判所書記官は、同項の申立てをした当事者（その請求をした者を除く。第三項において同じ。）に対し、その請求後直ちに、その請求があった旨を通知しなければならない。

2　前項の場合において、裁判所書記官は、同項の請求があった日から二週間を経過する日までの間（その請求の手続を行った者に対する秘密保持命令の申立てがその日までにされた場合にあっては、その申立てについての裁判が確定するまでの間）、その請求の手続を行った者に同項の秘密記載部分の閲覧等をさせてはならない。

3　前二項の規定は、第一項の請求をした者に同項の秘密記載部分の閲覧等をさせることについて民事訴訟法第九十二条第一項の申立てをした当事者の全ての同意があるときは、適用しない。

1　趣旨

訴訟記録からの営業秘密の漏えいの防止に関しては、民事訴訟法第92条の規定による第三者の閲覧等の制限があるが、同条では当事者による閲覧等は禁止されていない(注)。このため、例えば法人が当事者等である場合、秘密保持命令を受けていない従業者などが法人から委任を受け、事実上自由に訴訟記録の閲覧等の請求手続を通じて営業秘密を知ることが可能になるおそれがある。

このため、秘密保持命令が発せられた訴訟（全ての秘密保持命令が取り消された訴訟を除く。）に係る訴訟記録については、民事訴訟法第92条第１項の決定（営業秘密が記載された部分の閲覧等の請求を当事者に限定する決定）がされている場合において、①当事者から民事訴訟法第92条第１項の秘密記載部分の閲覧等の請求がされ、かつ②その請求の手続を行った者が秘密保持命令を受けた者ではないときは、裁判所書記官は、民事訴訟法第92条第１項の申立てをした当事者に対し、その請求後直ちにその請求があった旨を通知しなければならないこととしている。

これにより、通知を受けた当事者は、請求手続を行った者に対する秘密保持命令の申立てができることとなる。そして、秘密保持命令の発令を得るのに必要な期間（閲覧等の請求があった日から２週間。その期間内にその者に対する秘密保持命令の申立てがあったときは、その申立てについての裁判の確定までの間）は、その手続を行った者の閲覧等は制限される。ただし、営業秘密の保有者である申立てをした当事者全ての同意があるときは、これらの規定を適用されず、閲覧が可能となる。

（注）　原則として、訴訟記録の閲覧は何人も請求することができ（民事訴訟法第91条第１項）、また利害関係を疎明した場合には、第三者であっても、訴訟記録の謄写等の請求ができる（同条第３項）ところ、同法第92条第１項は、秘密記載部分の閲覧等の請求をすることができる者を当事者に制限する決定である（兼子一原著＝松浦馨ほか『条解 民事訴訟法〔第２版〕』379頁（弘文堂、2011年））。

第12節　当事者尋問等の公開停止（第13条関係）

（当事者尋問等の公開停止）

第十三条　不正競争による営業上の利益の侵害に係る訴訟における当事者等が、その侵害の有無についての判断の基礎となる事項であって当事者の保有する営業秘密に該当するものについて、当事者本人若しくは法定代理人又は証人として尋問を受ける場合においては、裁判所は、裁判官の全員一致により、その当事者等が公開の法廷で当該事項について陳述をすることにより当該営業秘密に基づく当事者の事業活動に著しい支障を生ずることが明らかであることから当該事項について十分な陳述をすることができず、かつ、当該陳述を欠くことにより他の証拠のみによっては当該事項を判断の基礎とすべき不正競争による営業上の利益の侵害の有無についての適正な裁判をすることができないと認めるときは、決定で、当該事項の尋問を公開しないで行うことができる。

2　裁判所は、前項の決定をするに当たっては、あらかじめ、当事者等の意見を聴かなければならない。

3　裁判所は、前項の場合において、必要があると認めるときは、当事者等にその陳述すべき事項の要領を記載した書面の提示をさせることができる。この場合においては、何人も、その提示された書面の開示を求めることができない。

4　裁判所は、前項後段の書面を開示してその意見を聴くことが必要であると認めるときは、当事者等、訴訟代理人又は補佐人に対し、当該書面を開示することができる。

5　裁判所は、第一項の規定により当該事項の尋問を公開しないで行うときは、公衆を退廷させる前に、その旨を理由とともに言い渡さなければならない。当該事項の尋問が終了したときは、再び公衆を入廷させなければならない。

1　趣旨

憲法第82条は裁判公開の原則を定めており、一般公衆が裁判を傍聴することが可能であることから、特許権等の侵害に関する訴訟や営業秘密に係る不正競争に関する訴訟には困難な点があるとされてきた。つまり、裁判において営業秘密が公開されることにより、かえって権利者の不利益を生じる可能性があるという懸念があった。

しかし、憲法第82条の定める裁判の公開原則の趣旨は、裁判を一般に公開して裁判が公正に行われることを制度として保障し、ひいては裁判に対する国民の信頼を確保しようとすることにあると解されているものの、営業秘密との関係で裁判の公開を困難とする真にやむを得ない事情があり、なおかつ裁判の公開によりかえって適正な裁判を行うことができない場合にまで、憲法が裁判の公開を求めていると解するのは困難である。

このため、平成16（2004）年の「裁判所法等の一部を改正する法律」（平成16年法律第120号）による改正により、これらの訴訟において公開停止を行う場合の要件と手続を明確に定めることとした。

これと同様の規定は、不正競争防止法の他、特許法及び実用新案法に設けられている（意匠法、商標法、著作権法については、従前どおり憲法第82条及び裁判所法第70条の一般規定に基づき判断することとなる。）。

2　公開停止を行う場合の要件

当事者尋問等の公開停止は、①当事者等が公開の法廷で当該事項について陳述をすることにより当該営業秘密に基づく事業活動に著しい支障を生ずることが明らかであることから当該事項について十分な陳述ができないこと、②当該陳述を欠くことにより他の証拠のみによっては当該事項を判断の基礎とすべき不正競争による営業上の利益の侵害の有無についての適正な裁判をすることができないこと、という二つの要件をともに満たさなければならない。

二つの要件を満たしている場合には、裁判官の全員一致により、決定で、当該事項の尋問を公開しないで行うことができる。

3　公開停止を行う場合の手続

裁判所は、公開停止の決定をするにあたっては、あらかじめ当事者等の意見を聴かなければならないものとしている（第13条第２項）。これは、公開停止の決定がされるか否かは、営業秘密の保有者である当事者等及びその相手方に重大な影響を与える事柄であり、公開の法廷で十分な陳述をできない事項の有無は陳述をする当事者等の意見を直接聴かなければ適切な判断が難しいためである。

また、裁判所は当事者等からその陳述すべき事項の要領を記載した書面の提出をさせることができ、その提出された書類については、インカメラ審理（詳細は前述第６節2を参照）を行うことができる（第13条第３項）。この書面については、相手側に開示される可能性はある（第13条第４項）が、この書面の開示の際には、当事者は秘密保持命令を申し立てることができる。

また、裁判所法第70条の特則として、①尋問を公開しない場合には、公衆を退廷させる前にその旨を理由とともに言い渡さなければならず、②当該事項の尋問が終了したときは、再び公衆を入廷させなければならないことを定めている（第13条第５項）。

第13節　信用回復の措置（第14条関係）

（信用回復の措置）
第十四条　故意又は過失により不正競争を行って他人の営業上の信用を害した者に対しては、裁判所は、その営業上の信用を害された者の請求により、損害の賠償に代え、又は損害の賠償とともに、その者の営業上の信用を回復するのに必要な措置を命ずることができる。

本条は、「不正競争」により、営業上の信用を害された者が、金銭賠償に代え、又は金銭賠償とともに営業上の信用を回復するのに必要な措置を請求することを認めたものである。

例えば、「不正競争」が行われた結果、粗悪品が出回る等により営業上の信用が害されるような場合を想定したものである。

平成５年改正前不正競争防止法（旧法）は、混同惹起行為（現第２条第１項第１号）、営業秘密に係る不正行為（同項第４号～第10号）、信用毀損行為（同項第21号）、代理人等の商標冒用行為（同項第22号）についてのみ、特にこれらの行為によって営業上の信用が害される場合が多いことに鑑み、信用回復措置請求権を規定していたが、他の「不正競争」の類型についても、当該「不正競争」によって営業上の信用を害されるケースを排除することはできないので、平成５年改正時に、全ての類型を対象とし、被害者の救済の充実を図ることとした。

判例は、営業上の信用回復の措置として、新聞等への謝罪広告を認めている。

第14節　不正行為に対する差止請求権の消滅時効（第15条関係）

（消滅時効）
第十五条　第二条第一項第四号から第九号までに掲げる不正競争のうち、営業秘密を使用する行為に対する第三条第一項の規定による侵害の停止又は予防を請求する権利は、その行為を行う者がその行為を継続する場合において、その行為により営業上の利益を侵害され、又は侵害されるおそれがある営業秘密保有者がその事実及びその行為を行う者を知った時から三年間行わないときは、時効によって消滅する。その行為の開始の時から二十年を経過したときも、同様とする。
2　前項の規定は、第二条第一項第十一号から第十六号までに掲げる不正競争のうち、限定提供データを使用する行為に対する第三条第一項の規定による侵害の停止又は予防を請求する権利について準用する。この場合において、前項中「営業秘密保有者」とあるのは、「限定提供データ保有者」と読み替えるものとする。

1　趣旨

営業秘密を使用した生産、販売、研究開発活動等が長期間継続している場合には、その使用行為を基盤とした事業活動が活発に展開されることとなり、その段階での差止請求権の行使を認めることは、事業活動の停止を通じて雇用、金融、取引関係に著しい影響を与えることになる。このため、営業秘密の使用行為をめぐる社会関係、法律関係の早期安定に対する社会的ニーズは極めて強い。

また、営業秘密は、保有者が常時、秘密管理の努力を払っていなければ、その保護要件を失うという特殊性を有しており、本法もそのような営業秘密保有者の努力に対するバックアップとして不正行為から保護するという目的を有しており、このような観点からは、長期にわたる不正行為の継続を放置しているような営業秘密保有者に対しては法的保護を与える必要性が減少してくることになる。

したがって、営業秘密に係る差止請求権の行使については、一定期間の経過に伴いその行使を制限する必要性が高いものの、他方、民法の消滅時効規定（民法第167条）を解釈論上当然に適用ありと考えることが困難なため、平成２年改正において、消滅時効等を明定することとしたものである。

本法において営業秘密に関して「不正競争」と位置付けられた類型は、営業秘密の不正取得行為、不正使用行為、不正開示行為の三つの態様に分類されるが、第15条によって消滅時効等が適用される行為は、継続的な不正使用行為に対する停止請求権のみである。これは、取得・開示行為においては、行為自体の継続性がないため停止を考える余地がないからである。

また、以上の趣旨は平成30年に新設された限定提供データの制度にも共通するため、本条第２項では限定提供データについても消滅時効の規定が適用されることとしている。

2　侵害の事実及びその行為を行う者を知った時から３年

消滅時効の期間については、不法行為による損害賠償請求権につき「損害及び加害者を知った時」を始期として３年間の消滅時効が規定されていることから（民法第724条）、不法行為法の延長線上に位置付けられる営業秘密に係る不正競争行為に対する差止請求権についても、同様の観点から３年間としたものである。

「継続する場合」を要件としたのは、使用を停止している状態では保有者も差止請求権を行使する可能性が乏しく、この期間を消滅時効期間に入れることは適当ではないからである。

3　行為の開始の時から20年

本条後段による期間制限は、規定が置かれた平成２年改正当時は、契約上の守秘義務の履行請求権の消滅時効（民法第167条第１項において、10年間）とのバランスを考慮し、10年とされていたが、侵害発生時点から長期間が経過している場合であっても、被害者救済を図る必要がある事例が生じていることや、10年を超えてもなお、ある営業秘密が企業の事業活動の基幹であり続けるようなケースも見受けられることから、平成27年改正により、20年へと延長された。

なお、本条は、「民法の一部を改正する法律の施行に伴う関係法律の整備等に関する法律」（平成29年法律第45号）による改正が予定されている(注1)。すなわち、平成29年民法（債権関係）改正(注2)により、民法上、不法行為債権に関する20年の制限期間は消滅時効期間とされる（改正後の民法第724条）ことに伴い、不法行為法の延長線上に位置付けられる本条の差止請求権についても、同様の改正がなされる予定である。

（注1）　令和2（2020）年4月1日施行予定。

（注2）「民法の一部を改正する法律」（平成29年法律第44号）。令和2（2020）年4月1日施行予定。

第5章　国際約束に基づく禁止行為（第16条～第18条関係）

本法第16条～第18条においては、国際約束に基づく禁止行為が規定されている。

ここで規定する三類型について、本法は、民事上の措置を与えているものではなく、刑事罰のみを規定する（法定刑については、後述第7章⑧参照）。

第1節　外国の国旗等の商業上の使用禁止（第16条関係）

（外国の国旗等の商業上の使用禁止）

第十六条　何人も、外国の国旗若しくは国の紋章その他の記章であって経済産業省令で定めるもの（以下「外国国旗等」という。）と同一若しくは類似のもの（以下「外国国旗等類似記章」という。）を商標として使用し、又は外国国旗等類似記章を商標として使用した商品を譲渡し、引き渡し、譲渡若しくは引渡しのために展示し、輸出し、輸入し、若しくは電気通信回線を通じて提供し、若しくは外国国旗等類似記章を商標として使用して役務を提供してはならない。ただし、その外国国旗等の使用の許可（許可に類する行政処分を含む。以下同じ。）を行う権限を有する外国の官庁の許可を受けたときは、この限りでない。

2　前項に規定するもののほか、何人も、商品の原産地を誤認させるような方法で、同項の経済産業省令で定める外国の国の紋章（以下「外国紋章」という。）を使用し、又は外国紋章を使用した商品を譲渡し、引き渡し、譲渡若しくは引渡しのために展示し、輸出し、輸入し、若しくは電気通信回線を通じて提供し、若しくは外国紋章を使用して役務を提供してはならない。ただし、その外国紋章の使用の許可を行う権限を有する外国の官庁の許可を受けたときは、この限りでない。

３　何人も、外国の政府若しくは地方公共団体の監督用若しくは証明用の印章若しくは記号であって経済産業省令で定めるもの（以下「外国政府等記号」という。）と同一若しくは類似のもの（以下「外国政府等類似記号」という。）をその外国政府等記号が用いられている商品若しくは役務と同一若しくは類似の商品若しくは役務の商標として使用し、又は外国政府等類似記号を当該商標として使用した商品を譲渡し、引き渡し、譲渡若しくは引渡しのために展示し、輸出し、輸入し、若しくは電気通信回線を通じて提供し、若しくは外国政府等類似記号を当該商標として使用して役務を提供してはならない。ただし、その外国政府等記号の使用の許可を行う権限を有する外国の官庁の許可を受けたときは、この限りでない。

（罰則）

第二十一条

２　次の各号のいずれかに該当する者は、五年以下の懲役若しくは五百万円以下の罰金に処し、又はこれを併科する。

七　第十六条、第十七条又は第十八条第一項の規定に違反した者

1　趣旨

本条は、パリ条約第６条の３の規定（国の紋章等の保護）(注１)を実施するため、外国の国旗等の商業上の使用を禁止する規定であり(注２)、その保護法益は外国の国の威信、外国の国民の名誉感情である(注３)。第16条に該当する場合、５年以下の懲役若しくは500万円以下の罰金、又は懲役と罰金が併科される（第21条第２項第７号）。

第１項は、外国の国旗、国の紋章その他の外国の記章（記章とは象徴的図形をいい、旗章、紋章を含む概念である。）の商標としての使用を禁止するものである。

第２項は、そのうち特に国の紋章について、商品の原産地を誤認させるような方法での使用を禁止するものである。

第３項は、外国の政府若しくは地方公共団体の監督用、証明用の印章、記号（バター、チーズ、肉などの生産物や貴金属について、これらを特産品とする国において存在する）の商標としての使用を禁止するものである。

ただし、いずれも使用の許可を行う権限を有する外国の官庁の許可を受けたときは、本法の対象とはならない。

なお、商業上の使用の禁止の対象となる外国の記章については、平成５年改正前不正競争防止法（旧法）では、「主務大臣ノ指定」によることとされており、通商産業大臣の告示によって行われていた。

しかしながら、国際情勢の急激な変化に伴い、保護の対象たる国家自体の消長が著しく、指定された国家自体が存在しなくなる場合等が想定された。

仮に、対象となる国家が消滅した場合は、告示を取り消すこととなるが、告示においては、罰則の適用等について経過措置が定められないこととなっていることから、平成５年改正により、告示に代え、省令で定めることとした[(注４)]。

また、旧法の「主務大臣ノ指定」は、昭和９年に本法が制定されて以来平成５年まで、商工大臣及び通商産業大臣がその所掌事務たる「不正競争」の防止の観点から行ってきたところであったが、平成５年改正法においては、旧法下での運用を明確化し、責任の所在を明らかにする趣旨からも、「主務大臣ノ指定」を「通商産業省令」（現経済産業省令）と改めることとした[(注５)]。

（注１）　工業所有権の保護に関するパリ条約については、日本語訳（https://www.jpo.go.jp/shiryou/s_sonota/fips/paris/pc/chap1.htm）と英語訳（https://www.wipo.int/treaties/en/ip/paris/）が各URLで公開されている。

（注２）　商標法では、第４条第１項第１号、第２号及び第５号に基づき、外国国旗等を商標として登録できないこととしている。一方、本法では、外国国旗等を商標として使用すること、外国国旗等を商標として使用した商品を譲渡等すること、及び、外国国旗等を商標として使用して役務を提供することを禁止している。

（注３）　このように本法では、日本の国旗や紋章、日本の政府又は地方公共団体の監督用、証明用の印章、記号についての商標としての使用は保護されない。もっとも、WIPO（世界知的所有権機関）のcommunication procedureを通じ

て、パリ条約の同盟国においては、外国の国旗等として保護されることになる。

（注4）「不正競争防止法第十六条第一項及び第三項並びに第十七条に規定する外国の国旗又は国の紋章その他の記章及び外国の政府若しくは地方公共団体の監督用若しくは証明用の印章又は記号並びに国際機関及び国際機関を表示する標章を定める省令」（制定当時は不正競争防止法第九条第一項及び第三項並びに第十条）。経済産業省ホームページに、掲載している（http://www.meti.go.jp/policy/economy/chizai/chiteki/hatashourei.html）。

また、WIPO（世界知的所有権機関）が提供するArticle 6ter Structured Searchというデータベースにおいては、国名やキーワード等で検索することが可能である（http://www.wipo.int/ipdl/en/6ter/search-struct.jsp）。当該データベースは、年2回のペースで更新される（http://www.wipo.int/article6ter/en/general_info.html）。

（注5）旧法（第4条）は、日本国の紋章等で日本の所轄官庁より使用の許可を受けた者は、その紋章等が外国の紋章等と同一又は類似のものであっても、使用することができる旨規定していた。しかし、国境を超えた経済活動が活発になっている今日、外国の紋章等と混同を招くような紋章を我が国の紋章等として使用していたり、また、民間事業者に使用の許可を与えることは我が国の国際的信用の確保という観点から見て妥当でないと考えられた。したがって、平成5年改正により、旧法第4条第4項に相当する規定は設けないこととした。

第２節　国際機関の標章の商業上の使用禁止（第17条関係）

（国際機関の標章の商業上の使用禁止）

第十七条　何人も、その国際機関（政府間の国際機関及びこれに準ずるものとして経済産業省令で定める国際機関をいう。以下この条において同じ。）と関係があると誤認させるような方法で、国際機関を表示する標章であって経済産業省令で定めるものと同一若しくは類似のもの（以下「国際機関類似標章」という。）を商標として使用し、又は国際機関類似標章を商標として使用した商品を譲渡し、引き渡し、譲渡若しくは引渡しのために展示し、輸出し、輸入し、若しくは電気通信回線を通じて提供し、若しくは国際機関類似標章を商標として使用して役務を提供してはならない。ただし、この国際機関の許可を受けたときは、この限りでない。

（罰則）

第二十一条

２　次の各号のいずれかに該当する者は、五年以下の懲役若しくは五百万円以下の罰金に処し、又はこれを併科する。

七　第十六条、第十七条又は第十八条第一項の規定に違反した者

1　趣旨

本条は、国際機関（政府間の国際機関及びこれに準ずるもの）の公益を保護するために、その標章を、これらの機関と関係があると誤認させるような方法で商標として使用することを禁じたものである[注1]。

ただし、国際機関の許可を受けたときは、「不正競争」行為とはならない。

なお、平成５年改正前不正競争防止法（旧法）では、対象をパリ条約の同盟国の加盟する「政府間」国際機関の標章としており、民間国際機関の標章は含まれていなかった。しかし、現代の国際社会においては、民間国際機関であっても政府間国際機関に準じた極めて重要な役割を果たすに至っ

ているものも存在することから、そのような民間国際機関についても、その標章の無断使用から保護することが必要であると考えられた。したがって、平成５年改正により、本規定の対象を政府間の国際機関の標章に限定せず、必要に応じ、民間国際機関の標章を保護対象とすることとした。

具体的には、政府間国際機関の標章として、国際連合、国際原子力機関、国際刑事警察機構、世界気象機関、万国郵便連合、世界知的所有権機関（WIPO）、世界貿易機関（WTO）、アジア太平洋経済協力（APEC）の標章等多数の標章が、政府間国際機関に準ずるものの標章として、国際オリンピック委員会の標章が、経済産業省令(注２)で定められている。

（注１）　商標法では、第４条第１項第３号に基づき、国際機関を表示する標章を商標として登録できないこととしている。一方、本法では、国際機関の標章を商標として使用すること、国際機関の標章を商標として使用した商品を譲渡等すること、及び、国際機関の標章を商標として使用して役務を提供することを禁止している。

（注２）　前掲第１節①（注４）参照。

第３節　外国公務員等に対する不正の利益の供与等の禁止（第18条関係）

1　趣旨

本条は、OECD（経済協力開発機構）の「国際商取引における外国公務員に対する贈賄の防止に関する条約」（以下、「OECD外国公務員贈賄防止条約」という。平成９（1997）年12月署名、平成11（1999）年２月発効）(注１)を国内的に実施するため、平成10年改正において追加された規定である。

同条約は、国際的な商取引における外国公務員への不正な利益の供与が、国際的な競争条件を歪めているとの認識のもと、これを防止することにより、国際的な商活動における公正な競争の確保を図ることを目的としている。これは、事業者間の公正な競争及びこれに関する国際約束の的確な実施を確保することを目的とする不正競争防止法と軌を一にするものであることから、同条約の国内的な実施に際し、本法の改正により手当されたものである。

条約上の義務として実施法で担保される必要があるのは、国際商取引における利益獲得を目的とした外国公務員に対する利益供与の犯罪化の構成要件、罰則、場所的適用範囲等に関することであり、本法はこれら義務を担保している。

また、平成13（2001）年には、条約加盟各国の国内実施法の制定の進展等を踏まえ、犯罪構成要件を国際的に整合的なものとし、条約をより効果的に実施する観点から、いわゆる適用除外規定の削除（平成13年改正前不正競争防止法第10条の２第３項）及び外国公務員等の定義の拡大（同法第10条の２第２項第３号）に関する法改正が行われた。この改正を受けて、法律で規定する者に準ずる者について定める政令（「不正競争防止法第十八条第二項第三号の外国公務員等で政令で定める者を定める政令」（平成13年政令第388号））が制定され、平成30年には「不正競争防止法施行令」と名称変更された（政令の詳細は、後述4４参照）。

さらに、平成16（2004）年には、条約加盟各国の動向等を踏まえ、国民の国外犯処罰を導入（平成17年１月１日より施行）するとともに、国際商取引に関連する企業において、外国公務員贈賄行為を予防するための自主的アプローチを支援することを目的とし、「外国公務員贈賄防止指針」を策定した（注２）。

（注１）OECD外国公務員贈賄防止条約は、「CONVENTION ON COMBATING BRIBERY OF FOREIGN PUBLIC OFFICIALS IN INTERNATIONAL BUSINESS TRANSACTIONS」という。

なお、条約及び条約の注釈の原文及び邦訳の全文については、通商産業省知的財産政策室監修『外国公務員贈賄防止――解説改正不正競争防止法』（有斐閣、1999年）を参照されたい。また、原文（http://www.oecd.org/daf/anti-bribery/ConvCombatBribery_ENG.pdf）と邦訳（http://www.mofa.go.jp/mofaj/gaiko/oecd/jo_shotori_hon.html）が各URLで公開されている。

（注２）「外国公務員贈賄防止指針」（平成29年改訂版）は、経済産業省ホームページを参照（http://www.meti.go.jp/policy/external_economy/zouwai/pdf/GaikokukoumuinzouwaiBoushiShishin20170922.pdf）。また、外国公務員贈賄防止ウェブサイト（http://www.meti.go.jp/policy/external_economy/zouwai/index.html）も参照。

2　第18条第１項

（外国公務員等に対する不正の利益の供与等の禁止）

第十八条　何人も、外国公務員等に対し、国際的な商取引に関して営業上の不正の利益を得るために、その外国公務員等に、その職務に関する行為をさせ若しくはさせないこと、又はその地位を利用して他の外国公務員等にその職務に関する行為をさせ若しくはさせないようにあっせんをさせることを目的として、金銭その他の利益を供与し、又はその申込み若しくは約束をしてはならない。

（罰則）

第二十一条

２　次の各号のいずれかに該当する者は、五年以下の懲役若しくは五百万円以下の罰金に処し、又はこれを併科する。

七　第十六条、第十七条又は第十八条第一項の規定に違反した者

1　第18条第１項の趣旨

本項は､国際的な商取引に関して営業上の不正の利益を得るために行う、外国公務員等の職務に関する作為、不作為等をなさしめることを目的とした利益の供与、その申込み又はその約束を禁止し、刑事罰の対象としている（第21条第２項第７号）(注)。

（注）インドネシア、ベトナム及びウズベキスタンにおける日本の円借款事業（有償資金協力事業）を巡る不正利益供与事案（東京地判平27.2.4判例集未登載。被告人３名に、懲役２年（執行猶予３年)、懲役３年（執行猶予４年)、懲役２年６か月（執行猶予３年)、被告人会社に対し9,000万円の罰金が科された）を含め、平成10年に不正競争防止法に外国公務員不正利益供与罪（外国公務員贈賄罪）が創設されて以降平成27年までに同法違反で訴追された事例は４件ある。４件の事案概要は、前掲1(注２)「外国公務員贈賄防止指針」(平成29年改訂版）を参照されたい（同指針34頁以下)。

2　何人も

本規定の規制対象となる行為を日本国内で行う全ての者が、本法の対象となり得るものである。すなわち、日本国民及び外国人がその属性に関係なく、日本国内で罪とされる行為の全部又は一部を行った場合には、本法の適用を受けるものである。

また、日本国民については、日本国外で罪とされる行為を行った場合についても、本法の適用を受けるものである（後述「3場所的適用範囲」参照)。

3　国際的な商取引に関して

「国際的な商取引」とは、国際的な商活動を目的とする行為、すなわち貿易及び対外投資を含む国境を超えた経済活動に係る行為を意味している。具体的には、①取引当事者間に渉外性がある場合、②事業活動に渉外性がある場合、のいずれかに係る行為を意味している。法の適用にあたっての最終的な解釈は、裁判所に委ねられているが、例えば、

①　日本に主たる事務所を有する商社が、X国内のODA事業（例えば橋などの建設）の受注を目的として、日本でX国公務員に贈賄する事例

②　Y国に主たる事務所を有する日系の建設業者が、東京のY国の大使

館の改築工事の受注を目的として、日本でY国公務員に贈賄する事例などが国際的な商取引に当たるとして本規定の対象となると考えられる。

なお、本要件は、平成13年改正により追加されたものである（現第18条第１項（平成17年改正前第11条第１項）に「国際的な商取引に関して」を追加し、平成13年改正前第10条の２第３項（以下、第３節において「適用除外規定」という。）(注)を削除した）。

平成13年改正前に設けられていた適用除外規定は、贈賄側の主たる事務所と収賄側の外国公務員等の属する国が同一である場合には、条約が犯罪化を義務づけている国際商取引における不正の利益供与等には当たらないと解していたことから設けられていたものであった。しかしながら、加盟各国の条約実施法において、我が国と同様の考えに基づき適用除外規定を設けている国はなかったため、犯罪構成要件の国際的調和を図る観点から、この規定を削除した。また、適用除外規定の削除に伴い、条約上の要件である「国際商取引において（in the conduct of international business）」を踏まえて、「国際的な商取引に関して」を条文上付加し、処罰対象を明確化した（これにより上記②のような事例では、贈賄側の主たる事務所と収賄側の外国公務員等の属する国が同一であっても、国際的な商取引であれば処罰対象に含まれることが明確化された）。

（注）　平成13年改正前の不正競争防止法第10条の２第３項は、「前項第一号から第三号まで及び第五号の外国が第一項に規定する利益の供与又はその申込み若しくは約束をする者の主たる事務所（法人の代表者又は法人若しくは人の代理人、使用人その他の従業者が、その法人又は人の業務に関し、当該利益の供与又はその申込み若しくは約束をする場合にあっては、その法人又は人の主たる事務所）が存する外国である場合には、同項の規定は、適用しない。」という内容であった。

４　外国公務員等に対し、……金銭その他の利益を供与し、又はその申込み若しくは約束をしてはならない

本規定は、外国公務員等に対し、不正に利益の供与を行うこと、又はその申込みをすること、若しくはその約束をすることを禁止している。

「外国公務員等に対し」とは、利益の申込み、約束、供与の相手方が実質

上外国公務員等であることを意味している。外国公務員等以外の第三者に対し金銭その他の利益を供与し、又はその申込み、約束をした場合であっても、当該外国公務員等と当該第三者の間に共謀がある場合、当該外国公務員等の親族が当該利益の収受先になっている場合など、実質的には当該外国公務員等に対して利益の供与が行われたと認められる場合、外国公務員等が第三者を道具として利用し、当該第三者に当該利益を収受させた場合については、外国公務員贈賄罪が成立し得る。

「利益」とは、条約上の要件である「その他の不当な利益（any undue . . . other advantage）」を踏まえ、金銭、物品、情交等およそ利益と考えられるもの全てを含み得る（後掲「9　金銭その他の利益」参照）ものである。

「供与」とは、賄賂として金銭その他の利益を単に提供するにとどまらず、相手方である外国公務員等が受け取ることをいう。

「申込み」とは、外国公務員等に対し、賄賂であることを認識し得るような状況のもとで金銭その他の利益の収受を促す行為であり、相手方がこれに対応する行為を必要としない。

「約束」とは、贈収賄当事者間の金銭その他の利益の授受についての合意を指す。

なお、競争相手との関係で特段の有利な取扱いを受けることを目的としない、通常の社会的儀礼の範囲内での接待、贈答は本法の対象にはならないが、個別のケースについて、企業側に不正な利益獲得の目的があったかどうかは、利益が供与されたときの状況、当該公務員の属する国の社会常識等、様々な要素を踏まえて判断されるものと解される。

5　外国公務員等

「外国」とは、我が国以外の国を意味しており、我が国が国家として未承認の国も含まれる。

外国公務員等については、本条第２項に、五つに分類して定義されている（後述④参照）。

6　営業上の不正の利益

「営業上の利益」とは、条約上の要件である「商取引又は他の不当な利益（business or other improper advantage）」を踏まえた、不正競争防止法上の用語であり、事業者が「営業」を遂行していく上で得られる有形無形の経済的価値その他の利益一般をいう。

また、「不正の利益」とは、公序良俗又は信義則に反するような形で得られるような利益を意味している。

具体的には、取引の獲得、工場建設や商品の輸出入等に係る許認可の獲得が該当する。例えば、販売目的のためのものではなく、現地において自らが生活するために最低限必要な食糧の調達のための便宜は、一般的には、「営業上の不正の利益」とはいえないと考えられる。外国公務員等にかかる旅費、食費などの経費負担や贈答については、「外国公務員贈賄防止指針」（平成29年改訂版。前掲1（注２））において、「営業上の不正の利益」を得るための支払と判断される可能性が大きいと考えられる行為、「営業上の不正の利益」を得るための支払とは必ずしも判断されない可能性がある行為等について例示等している。

7　職務に関する行為

「職務に関する行為」とは、当該外国公務員等の職務権限の範囲内にある行為はもちろん、職務と密接に関連する行為を含むものである（刑法第197条（収賄罪）の規定中の「職務」と同義）。刑法の贈収賄罪における、職務と密接に関連する行為に関する判例としては、慣習上当該公務員が行っている事務を職務密接関連行為と認めたもの、職務の遂行のために関係者に対し各種働きかけを行ったもの等が挙げられる。

8　その外国公務員等に、その職務に関する行為をさせ若しくはさせないこと、又はその地位を利用して他の外国公務員等にその職務に関する行為をさせ若しくはさせないようにあっせんをさせることを目的として

利益供与の目的が外国公務員等の作為・不作為又は他の外国公務員等の作為・不作為のあっせんであることが要件である。

「あっせん」については、当該公務員の権限の範囲外の行動であっても、

その地位を利用して他の外国公務員等の職務に関する事項についてその公務員に対する「あっせん」を行わせることも含まれる。

外国公務員等以外の者に対する「あっせん」は、本法の対象にはならない。

9　金銭その他の利益

「金銭その他の利益」とは、金銭や財物等の財産上の利益にとどまらず、およそ人の需要・欲望を満足させるに足りるものを意味しており、金融の利益、家屋・建物の無償貸与等、接待・供応、担保の提供、異性間の情交、職務上の地位などの一切の有形、無形の利益がこれに該当し得る。

3　第21条第8項（場所的適用範囲）

（罰則）

第二十一条

8　第二項第七号（第十八条第一項に係る部分に限る。）の罪は、刑法（明治四十年法律第四十五号）第三条の例に従う。

1　趣旨

場所的適用範囲とは、裁判権を行使するにあたって、その場所で生じた事項に対して自国の刑法を準拠法とし、その定めるところに従って処理することが可能とされる範囲をいう。

場所的適用範囲については、主に次のような考え方がある。

①　属地主義（国内犯処罰）

自国の領域内で犯された犯罪については、犯人の国籍いかんにかかわらず、自国の刑罰法規を適用する主義

②　属人主義（国民の国外犯処罰）

自国の国民によって犯された犯罪については、その犯罪地のいかんにかかわらず、自国の刑罰法規を適用する主義

国際刑法上は、国家はその領土権に基づき、その領土内で行われた行為に対してその国の刑法を適用することができることを原則とする一方、領

土外で行われた行為にも相当の理由があれば、その国の刑法を適用できると考えられている。

2　場所的適用範囲の設定

OECD条約は、場所的適用範囲の設定については、同条約第４条１において、「締約国は、自国の領域内において外国公務員に対する贈賄の全部又は一部が行われた場合」に、これを犯罪化するよう求められており、属地主義が義務づけられている。

一方、同条約第４条２において、「国外において自国の国民によって行われた犯罪について裁判権を設定している締約国は、そのような裁判権の設定に関する原則と同一の原則により、外国公務員に対する贈賄についても、国外において自国の国民によって行われた場合において自国の裁判権を設定するため、必要な措置をとる」としている。

我が国刑法においては、第１条で原則として属地主義を採用しており、犯罪の構成要件の一部をなす行為が国内で行われ、又は構成要件の一部である結果が国内で発生した場合には当該犯罪に我が国刑事法が適用されると解されている。

これを外国公務員等への不正の利益供与との関係で整理すれば、外国公務員等を我が国に招いて利益の申込み、約束、供与のいずれか一つでも行われた場合において、我が国の法である不正競争防止法が適用されるのはもちろんであり、我が国国内から海外に電話、FAX、電子メール等により利益供与の申込み又は約束のいずれかが行われた場合においても、実際に利益供与が行われたかどうかにかかわらず不正競争防止法が適用される。

さらに、利益の申込み、約束、供与という一連の行為が国内から国外にわたって行われ、全体が一つの犯罪を構成する場合、すなわち、電話、FAX、電子メール等により利益供与の申込み又は約束が国内で行われ、それに続く利益供与が海外で行われた場合、全体を包括して国内犯と捉えることができるとされている。

このため、我が国では、従来は属地主義の原則に従い国内で行われた行為を処罰の対象とするとともに、国内で行われた共謀に基づいて、海外で行われた利益供与のケースまで含めて相当広範に処罰対象としていた。

一方、条約に基づいて、各締約国の措置の同等性を確保するため、条約締約国の実施法の整合性審査が行われており、我が国は平成11（1999）年の同審査において属人主義を採用するよう強く勧告された。

さらに、平成16年の段階で、条約の締約国35か国のうち、外国公務員不正利益供与罪につき国民の国外犯を処罰していない国は、日本、カナダ、アイルランド、アルゼンチンのみであった。

このため、平成16年改正により、外国公務員不正利益供与罪（外国公務員贈賄罪）については属人主義を採用し、日本国民が行った日本国外での行為について、処罰対象を拡大した（平成17年改正前の第14条第３項（現第21条第８項））。

[参考]：海外支店の従業員等が本社からの指示等を受けて行う利益供与について

日本企業の海外支店の従業員等が日本にある本社からの指示等を受けて利益供与を行った場合、本法がいかに適用されるかについては、①両者が共謀共同正犯となる場合、②現地で行為を行った海外支店の従業員等が正犯、指示等を行った日本にある本社の従業員等が共犯（教唆犯、幇助犯）となる場合の２通りに分けて、次のとおり整理をすることができる。

①　両者が共謀共同正犯となる場合

日本にある本社の従業員等と実際に利益供与を行った海外支店の従業員等の間に共謀が存在し、両者が共謀共同正犯となる場合であって、例えば、日本から電話をして海外支店の従業員等と相談をした等その共謀が２か国にまたがって行われている場合には、理論的には、日本及び当該国が共謀の行われた場所であり、共謀共同正犯の犯罪の一部が日本国内で行われたこととなるため、国内犯として両者について本法が適用されると解される。

②　現地で行為を行った海外支店の従業員等が正犯、指示等を行った日本にある本社の従業員等が共犯（教唆犯、幇助犯）となる場合

この場合、海外で実行行為を行った海外支店の日本人従業員等については、日本国内において教唆、幇助を行った本社の従業員等とともに、本法が適用されると解される。

4　第18条第２項（外国公務員等の定義）

（外国公務員等に対する不正の利益の供与等の禁止）
第十八条
２　前項において「外国公務員等」とは、次に掲げる者をいう。
　一　外国の政府又は地方公共団体の公務に従事する者
　二　公共の利益に関する特定の事務を行うために外国の特別の法令により設立されたものの事務に従事する者
　三　一又は二以上の外国の政府又は地方公共団体により、発行済株式のうち議決権のある株式の総数若しくは出資の金額の総額の百分の五十を超える当該株式の数若しくは出資の金額を直接に所有され、又は役員（取締役、監査役、理事、監事及び清算人並びにこれら以外の者で事業の経営に従事しているものをいう。）の過半数を任命され若しくは指名されている事業者であって、その事業の遂行に当たり、外国の政府又は地方公共団体から特に権益を付与されているものの事務に従事する者その他これに準ずる者として政令で定める者
　四　国際機関（政府又は政府間の国際機関によって構成される国際機関をいう。次号において同じ。）の公務に従事する者
　五　外国の政府若しくは地方公共団体又は国際機関の権限に属する事務であって、これらの機関から委任されたものに従事する者

１　第18条第２項の趣旨

本項は、利益供与等の相手方となる外国公務員等の定義を規定したものである（注）。

本法の対象となる外国公務員等は次の五つに分類される。なお、平成13年改正において、本項第３号に規定されている外国公務員等に準ずる者を政令で定めることとする法改正を行い、同年12月に「不正競争防止法第十一条第二項第三号の外国公務員等で政令で定める者を定める政令を制定した（現「不正競争防止法施行令」（平成30年政令第252号）。同政令の詳細は、後述４参照）。

（注）　本項各号は、OECD条約第1条4(a)（「外国公務員」とは、外国の立法、行政又は司法に属する職にある者（任命されたか選出されたかを問わない。）、外国のために公的な任務を遂行する者（当該外国の公的機関又は公的な企業のために任務を遂行する者を含む。）及び国際機関の職員又はその事務受託者をいう。）を規定したものである。なお、同条約第1条4(b)において、「『外国』には、国から地方までのすべての段階又は区分の政府を含む」とされている。

2　第18条第2項第1号（外国の政府又は地方公共団体の公務に従事する者）

本号は、外国（外国の地方公共団体も含む。）の立法、行政、司法機関に属する職にある者を規定している。

「政府」とは、国の統治権を有する機関を総括した用語である。

なお、政党、政党職員及び公務員の候補者は、条約上外国公務員の定義に含まれないため、本法の対象とはされていない(注)。

（注）　他方で、外国の政党、政党職員及び公務員の候補者を対象とする贈賄罪の法制を有する国もあることに留意が必要である。

3　第18条第2項第2号（外国の政府関係機関の事務に従事する者）

本号は、外国の政府関係機関（公共の利益に関する特定の事務を行うために特別の法令によって設立された組織で、日本でいう特殊法人及び特殊会社等に相当）の事務に従事する者を規定している。

また、「事務に従事する者」については、「職員」とした場合、特定の者が本規定の対象たる機関の職員であるか否かを判断する際に、例えば、雇用契約が正式に締結されていないような場合に当該者を公務員といえるかどうかの区別が微妙なケースもあると考えられることから、「事務に従事する者」と規定し、その者の果たす機能に着目して、当該機関の事務を行っているか否かで外国公務員等であるか否かを判断することとしたものである。

なお、「外国の特別の法令により設立されたもの」とは、その機関を設立することを目的とする特別な法律が存在するような機関を対象としているものであり、公益法人や会社等一定の要件を満たせば設立できるような民

［図表２－５－１］　第18条第２項第３号の構成

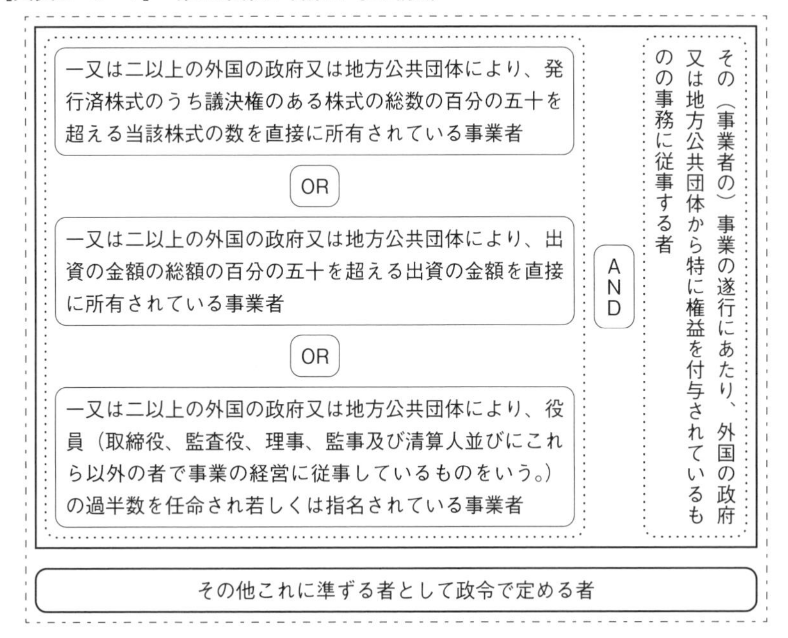

事法規に根拠をもつ法人は含まれない。

４　第18条第２項第３号（外国の公的な企業の事務に従事する者）

本号は、公的な企業であって、他の企業と対等の条件で競争を行っていない企業の職員等は、外国公務員の定義に含めるべきとされている条約の注釈を受け規定されたもので(注１)、外国の政府又は地方公共団体に支配される事業者のうち、当該政府等から特に権益を付与されている事業者の事務に従事する者を外国公務員等として定義している。

公的な企業の定義については、条約の注釈において具体的に例示されており、それに基づき本号は、公的な企業を、

①　外国の政府又は地方公共団体が、発行済株式のうち議決権のある株式の総数の過半数の株式を所有している場合における事業者

② 外国の政府又は地方公共団体が、出資の総額の過半に当たる出資を行っている場合における事業者

③ 外国の政府又は地方公共団体が、役員（取締役、監査役、理事、監事、清算人等）の過半数を任命若しくは指名している場合における事業者

のいずれかに該当する事業者であって、かつ、その事業の遂行にあたり、外国の政府又は地方公共団体から特に権益を付与されているものの事務に従事する者その他これに準ずる者として政令で定める者と規定している。

「事業者」とは、不正競争防止法上の用語であり、私企業のみならず、一般的に個人、公益法人、地方公共団体、国など事業活動を行っているものを含む。

「権益」とは、「権利及びそれに伴う利益」という意味であり、具体的には、特定の企業に継続的に付与される補助金や一定の分野における独占権等を想定している。すなわち、「特に権益を付与されている事業者」とは、優遇された補助金、独占権等を有しており、民間企業とは実質的に同等な基盤において活動していないものを指す(注2)。

なお、平成13年改正は、公的な企業の範囲について、外国政府等に「株式の過半数」を所有される企業に加え、「議決権の過半数」を保有される企業等も「公的な企業」に含めることを目的とし、諸外国の会社制度や外国政府等の会社支配のあり方、外国政府等が会社に付与する特権等の変化に柔軟に対応できるようにするため、本法第18条第2項第3号に規定する者に準ずる者について、政令で定めることとした。

（注1）「国際商取引における外国公務員に対する贈賄の防止に関する条約の注釈」（Commentaries on the Convention on Combating Bribery of Foreign Public Officials in International Business Transactions）14及び15。注釈の内容は、http://www.oecd.org/daf/anti-bribery/ConvCombatBribery_ENG.pdfから参照されたい。

（注2） 前掲1（注1）通商産業省知的財産政策室監修『外国公務員贈賄防止』58頁参照。

○　**不正競争防止法施行令（平成30年政令第252号）**

（外国公務員等で政令で定める者）

第三条　法第十八条第二項第三号の政令で定める者は、次に掲げる事業者（同号に規定する事業者を除く。）であってその事業の遂行に当たり外国の政府又は地方公共団体から特に権益を付与されているものの事務に従事する者とする。

一　一又は二以上の外国の政府又は地方公共団体により、総株主の議決権の百分の五十を超える議決権を直接に保有されている事業者

二　株主総会において決議すべき事項の全部又は一部について、外国の政府又は地方公共団体が、当該決議に係る許可、認可、承認、同意その他これらに類する行為をしなければその効力が生じない事業者又は当該決議の効力を失わせることができる事業者

三　一又は二以上の外国の政府、地方公共団体又は公的事業者により、発行済株式のうち議決権のある株式の総数若しくは出資の金額の総額の百分の五十を超える当該株式の数若しくは出資の金額を直接に所有され、若しくは総株主の議決権の百分の五十を超える議決権を直接に保有され、又は役員（取締役、監査役、理事、監事及び清算人並びにこれら以外の者で事業の経営に従事しているものをいう。次項において同じ。）の過半数を任命され若しくは指名されている事業者（第一号に掲げる事業者を除く。）

２　前項第三号に規定する「公的事業者」とは、法第十八条第二項第三号に規定する事業者並びに前項第一号及び第二号に掲げる事業者をいう。この場合において、一又は二以上の外国の政府、地方公共団体又は公的事業者により、発行済株式のうち議決権のある株式の総数若しくは出資の金額の総額の百分の五十を超える当該株式の数若しくは出資の金額を直接に所有され、若しくは総株主の議決権の百分の五十を超える議決権を直接に保有され、又は役員の過半数を任命され若しくは指名されている事業者は、公的事業者とみなす。

ａ．政令第３条第１項第１号について

外国の政府又は地方公共団体により総株主の議決権の過半数を保有されている事業者を定めたものである。法第18条第２項第３号は、１株１議決権株式を前提として、「株式の過半数」を規定しているが、１株複数議決権株式の発行が可能な国又は種類株式の発行が可能な国において、当該政府等が株式を過半数所有していないが、議決権を過半数保有している場合が想定でき、これを公的な企業の対象とする規定である。

なお、外国の政府又は地方公共団体が株式の過半数を所有している場合は、法第18条第２項第３号により適用されることとなる（本号の柱書において、法に規定がある事業者は除かれている）。

ｂ．政令第３条第１項第２号について

イギリス、フランスのようにいわゆる黄金株（Special Share、Preference Share等の別称）に付随する特別な権限（定款の規定変更の同意権、資産譲渡の拒否権等）を当該政府に保有されている事業者、又はイタリアのように法令において特別な権限を当該政府に保有されている事業者等、会社の最高意思決定機関である株主総会における決議の効力を生じさせる際に、外国政府等の同意や承認を必要とする事業者、又は外国政府等により当該決議の効力を失わせることができる事業者を公的な企業の対象とする規定である。

黄金株とは、一般的に、国営企業（運輸、通信、エネルギー等）を民営化する際に、経営は自由にさせながらも、国益を害する事項が生じることを防止するため、定款の規定変更に係る同意権等の特別な権限が付随した１株の株式とされている。この国益を害する事項とは、例えば、イギリスのCable & Wireless社の定款においては、

①　いかなる人も株式の15％以上所有すること又は単独若しくは共同での15％以上の議決権を行使することはできない

②　イギリス人でないかぎり、業務執行会長（chairman of the Company）又は首席業務執行取締役（chief executive of the Company）に就くことができない

等の規定を変更することであり、これを防止するため黄金株所有者である政府の同意を必要としているものである。

また、イタリアは、特別な権限が株に付随するものではなく、法令において政府に特別な権限を認めており、会社の解散、合併、定款の規定の変更等に対する拒否権を特別な権限として保有している。なお、具体的な企業として、イギリスでは前出のCable & Wireless社の他に、British Energy社等22社、フランスではElf-Aquitane社等３社、イタリアではENEL社等６社が当該政府に特別な権限を保有されていることが判明している（なお、以上の記載は平成13（2001）年９月現在のものである。）。

ｃ．政令第３条第１項第３号及び第２項について

外国政府等により支配される事業者に支配される事業者等、間接的に支配的な影響力を及ぼされている事業者を公的な企業とする規定である。政令第３条第２項の前段では、法第18条第２項第３号に規定する事業者並びに政令第３条第１項第１号及び第２号に掲げる事業者を「公的事業者」と定義し、政令第３条第２項の後段では、その公的事業者に支配される事業者を「みなし公的事業者」として、政令第３条第１項第３号により連鎖させる規定である。

5　第18条第２項第４号（公的国際機関の公務に従事する者）

本号でいう国際機関は組織の形態や権限の範囲にかかわらず、国家、政府その他の公的機関によって形成される国際機関(注)に限られており（本法第17条の国際機関とは定義が異なる）、したがって、国際オリンピック委員会等の民間機関により構成されている国際機関は対象にはならない。

（注）　公的国際機関の具体例として、国連、UNICEF（国連児童基金）、ILO（国際労働機関）、WTO（世界貿易機関）等が挙げられる。

6　第18条第２項第５号（外国政府等から権限の委任を受けている者）

外国の政府又は地方公共団体、国際機関から権限の委任を受けてその事務を行う者を指している。すなわち、外国政府等、国際機関が自らの権限として行うこととされている事務、例えば、検査や試験等の事務について、当該外国政府等から当該事務に係る権限の委任を受けて行う者を念頭に置いている。

例えば、化学プラント建設にあたり、当該国の法律に基づく設備設置等

の許認可等を受ける際に、事前に環境基準をクリアするかどうかについて検査、試験等を行う当該国の指定検査機関、指定試験機関等の職員等を想定している。

逆に、外国政府等と委任契約等を結んで、権限の委任なしに外国政府等が発注する仕事を処理する者、具体的には国費で発注する調査事業を委託したシンクタンク、公共事業を受注した建設会社等の職員等は、本法の対象にならない。

第６章　適用除外等（第19条～第20条関係）

第１節　適用除外規定（第19条関係）

（適用除外等）

第十九条　第三条から第十五条まで、第二十一条（第二項第七号に係る部分を除く。）及び第二十二条の規定は、次の各号に掲げる不正競争の区分に応じて当該各号に定める行為については、適用しない。

一　第二条第一項第一号、第二号、第二十号及び第二十二号に掲げる不正競争　商品若しくは営業の普通名称（ぶどうを原料又は材料とする物の原産地の名称であって、普通名称となったものを除く。）若しくは同一若しくは類似の商品若しくは営業について慣用されている商品等表示（以下「普通名称等」と総称する。）を普通に用いられる方法で使用し、若しくは表示をし、又は普通名称等を普通に用いられる方法で使用し、若しくは表示をした商品を譲渡し、引き渡し、譲渡若しくは引渡しのために展示し、輸出し、輸入し、若しくは電気通信回線を通じて提供する行為（同項第二十号及び第二十二号に掲げる不正競争の場合にあっては、普通名称等を普通に用いられる方法で表示をし、又は使用して役務を提供する行為を含む。）

二　第二条第一項第一号、第二号及び第二十二号に掲げる不正競争　自己の氏名を不正の目的（不正の利益を得る目的、他人に損害を加える目的その他の不正の目的をいう。以下同じ。）でなく使用し、又は自己の氏名を不正の目的でなく使用した商品を譲渡し、引き渡し、譲渡若しくは引渡しのために展示し、輸出し、輸入し、若しくは電気通信回線を通じて提供する行為（同号に掲げる不正競争の場合にあっては、自己の氏名を不正の目的でなく使用して役務を提供する行為を含む。）

三　第二条第一項第一号に掲げる不正競争　他人の商品等表示が需要者の間に広く認識される前からその商品等表示と同一若しくは類似の商品等表示を使用する者又はその商品等表示に係る業務を承継した者がその商品等表示を不正の目的でなく使用し、又はその商品等表示を不正の目的でなく使用した商品を譲渡し、引き渡し、譲渡若しくは引渡しのために展示し、輸出し、輸入し、若しくは電気通信回線を通じて提供する行為

四　第二条第一項第二号に掲げる不正競争　他人の商品等表示が著名になる前からその商品等表示と同一若しくは類似の商品等表示を使用する者又はその商品等表示に係る業務を承継した者がその商品等表示を不正の目的でなく使用し、又はその商品等表示を不正の目的でなく使用した商品を譲渡し、引き渡し、譲渡若しくは引渡しのために展示し、輸出し、輸入し、若しくは電気通信回線を通じて提供する行為

五　第二条第一項第三号に掲げる不正競争　次のいずれかに掲げる行為

イ　日本国内において最初に販売された日から起算して三年を経過した商品について、その商品の形態を模倣した商品を譲渡し、貸し渡し、譲渡若しくは貸渡しのために展示し、輸出し、又は輸入する行為

ロ　他人の商品の形態を模倣した商品を譲り受けた者（その譲り受けた時にその商品が他人の商品の形態を模倣した商品であることを知らず、かつ、知らないことにつき重大な過失がない者に限る。）がその商品を譲渡し、貸し渡し、譲渡若しくは貸渡しのために展示し、輸出し、又は輸入する行為

六　第二条第一項第四号から第九号までに掲げる不正競争　取引によって営業秘密を取得した者（その取得した時にその営業秘密について営業秘密不正開示行為であること又はその営業秘密について営業秘密不正取得行為若しくは営業秘密不正開示行為が介在したことを知らず、かつ、知らないことにつき重大な過失がない者に限る。）がその取引によって取得した権原の範囲内においてその営業秘密を使用し、又は開示する行為

七　第二条第一項第十号に掲げる不正競争　第十五条第一項の規定によ

り同条に規定する権利が消滅した後にその営業秘密を使用する行為により生じた物を譲渡し、引き渡し、譲渡若しくは引渡しのために展示し、輸出し、輸入し、又は電気通信回線を通じて提供する行為

八　第二条第一項第十一号から第十六号までに掲げる不正競争　次のいずれかに掲げる行為

イ　取引によって限定提供データを取得した者（その取得した時にその限定提供データについて限定提供データ不正開示行為であること又はその限定提供データについて限定提供データ不正取得行為若しくは限定提供データ不正開示行為が介在したことを知らない者に限る。）がその取引によって取得した権原の範囲内においてその限定提供データを開示する行為

ロ　その相当量蓄積されている情報が無償で公衆に利用可能となっている情報と同一の限定提供データを取得し、又はその取得した限定提供データを使用し、若しくは開示する行為

九　第二条第一項第十七号及び第十八号に掲げる不正競争　技術的制限手段の試験又は研究のために用いられる同項第十七号及び第十八号に規定する装置、これらの号に規定するプログラム若しくは指令符号を記録した記録媒体若しくは記憶した機器を譲渡し、引き渡し、譲渡若しくは引渡しのために展示し、輸出し、若しくは輸入し、若しくは当該プログラム若しくは指令符号を電気通信回線を通じて提供する行為又は技術的制限手段の試験又は研究のために行われるこれらの号に規定する役務を提供する行為

2　前項第二号又は第三号に掲げる行為によって営業上の利益を侵害され、又は侵害されるおそれがある者は、次の各号に掲げる行為の区分に応じて当該各号に定める者に対し、自己の商品又は営業との混同を防ぐのに適当な表示を付すべきことを請求することができる。

一　前項第二号に掲げる行為　自己の氏名を使用する者（自己の氏名を使用した商品を自ら譲渡し、引き渡し、譲渡若しくは引渡しのために展示し、輸出し、輸入し、又は電気通信回線を通じて提供する者を含む。）

二　前項第三号に掲げる行為　他人の商品等表示と同一又は類似の商品

等表示を使用する者及びその商品等表示に係る業務を承継した者（その商品等表示を使用した商品を自ら譲渡し、引き渡し、譲渡若しくは引渡しのために展示し、輸出し、輸入し、又は電気通信回線を通じて提供する者を含む。）

1 適用除外規定（第19条第1項）

第19条第1項は、第2条第1項に規定される「不正競争」に形式上該当するものであっても、差止請求権、罰則等の規定が適用されない場合を規定したものである。

差止請求権、損害賠償、損害額の推定等、書類の提出、信用回復の措置、消滅時効、罰則の規定は、第19条第1項各号に掲げる「不正競争」の区分に応じ、当該各号に定める行為については、適用されないこととしている。

1　商品及び営業の普通名称・慣用表示（第19条第1項第1号）

(1)　趣旨

本号は、混同惹起行為（第2条第1項第1号）、著名表示冒用行為（同項第2号）、誤認惹起行為（同項第20号）、代理人等の商標冒用行為（同項第22号）に対する適用除外を規定したものである。商品又は営業の普通名称や慣用表示は、特定人の独占に適さないことから、これを普通に用いる方法で使用する行為、これを普通に用いる方法で使用した商品の譲渡等をする行為、又はこれを普通に用いる方法で使用して役務を提供する行為を適用除外とするものである。

なお、平成5年改正前不正競争防止法（旧法）は営業の普通名称を明記していなかったが、判例は、営業の普通名称を適用除外の対象と解釈しているので、平成5年改正法において確認的に明記することとした[注1]。

(2)　ぶどうを原料又は材料とする物

原産地名もそれが普通名称化していれば本号の適用除外規定の対象となるが、本号は、ぶどうを原料又は材料とする物の原産地の名称であって普通名称となったものについては、例外的に適用除外規定の対象としないことを規定している。この規定は、マドリッド協定第４条に基づいて導入されたものである。

ここでいう、ぶどうを原料又は材料とする物には、例えば、シャンパン、コニャック等が含まれる。

⑶　普通名称・慣用されている商品等表示

「普通名称」とは、商品又は営業の一般的な名称として使用されているものである（普通名称の例：弁当、酒、醤油等）(注２)。単に性状、品質、機能等を説明的に表現するものや、原産地を表示するものは普通名称に該当する。なお、普通名称の単なる組合せも、普通名称になる。もっとも、商品との関係で出所識別力を有する場合には普通名称とはならない(注３)。

「慣用表示」とは、「商品の普通名称」にはなっていないが、取引者間において一般に慣習上自由に使用されている表示一般をいう（慣用表示の例：「幕の内」、床屋の渦巻看板等）。

⑷　普通に用いられる方法

「普通に用いられる方法」とは、普通名称又は慣用表示の使用の態様が、一般取引上普通に行われる程度のものであることをいう。

したがって、普通名称又は慣用表示であってもこれを極めて特殊な字体で表すとか特別の図案を施すとか、特定の商品を指示するに足るよう特に技巧を施して使用することは、「普通に用いられる方法」とはいえない(注４)。

（注１）　普通名称又は慣用表示を商品や役務を表示するものとして使用等しても、自他識別力及び出所識別力を有していないものとして商品等表示性が認められない場合もあり得る。

（注２）　黒酢事件（鹿児島地判昭61.10.14無体集18巻３号334頁）では、「黒酢」が普通名称と認められた。また、タヒボ茶事件（大阪高判平11.10.14最高裁HP）では、「タヒボ」という表示について南米産の樹木茶の原材料を指すものとして普通名称と認められた。

（注３）　すのこバスマット事件（大阪地判平５.９.30判例集未登載）では「すのこバスマット」という表示が普通名称に該当するとした。

（注４）　本号に対応する旧法第２条第１項第１号の「普通ニ使用セラルル方法」について、つゆの素事件（名古屋地判昭40.８.６判時423号45頁）では、旧法第２条第１項第１号における「『普通に使用される方法』とは、右普通名称使用の態様が、一般取引上普通に行われる程度のものたることをいうものと

解すべきところ、その認定については、当該商品の具体的取引過程の実状に基づきこれを判断すべきものであって、当該取引において、一般に他の文字、図形、記号ないしは附飾を使用すべき合理的理由ないし必要あるときは、これらのものを組み合わせて使用することは許さるべきものと解する」と判示した。

Dフラクション事件（大阪地判平12.12.14最高裁HP）では、マイタケから抽出される物質の普通名称である「D fraction」を、特殊なロゴのかたちで使用した場合には「普通に用いられる方法」ではないとした。

2　自己の氏名の不正の目的でない使用（第19条第1項第2号）

⑴　趣旨

本号は、混同惹起行為（第2条第1項第1号）、著名表示冒用行為（同項第2号）、代理人等の商標冒用行為（同項第22号）に対する適用除外を規定したものであり、自己の氏名を使用する利益は本人自身が享受すべきであるから、不正の目的がなく使用する場合には適用除外とするものである。

⑵　自己の氏名

「自己の氏名」の意義に関して、判例には、法人名について適用除外を認めなかった事例があり[注1]、他方、芸名・雅号等について、本号の適用を認めた事例がある[注2]。

⑶　不正の目的

「不正の目的」とは、具体的には不正の利益を得る目的、他人に損害を加える目的その他の不正の目的をいう[注3]。

なお、平成5年改正前不正競争防止法では「善意ニ」の用語が使われているが、法令用語上、「善意」の語については、ある事項についての知・不知に関して使われるので、平成5年改正において明確化の趣旨から書き換えられた。

（注1）　山葉楽器事件（静岡地浜松支判昭29.9.16下民集5巻9号1531頁）は、表示選択の自由度の大きい法人名については、その名称として自己の氏名を使用する必然性に乏しいとして、第19条第1項第2号に対応する平成5年改正前不正競争防止法第2条第1項第3号の適用除外（「自己ノ氏名ヲ善意ニ使用スル行為」）を認めなかった事例である。

（注2）　花柳流舞踊事件（大阪地判昭56.3.30無体集13巻1号507頁）は、「花柳」

姓の日本舞踊の家元から「花柳」姓を与えられた弟子に対して、「花柳流」がその使用の差止めを求めた事件で、当該弟子の芸名について「我が国独特の家元制度の実態からすると、各門弟の芸名は、たとえそれが右のような個人識別機能を併有しているとしても、それも所詮は宗家あっての芸名であることには相違ないと解される。すなわち、いずれにせよ門弟の芸名は宗家に完全に従属しているものと解すべきである。したがって、前記（ロ）の主張（筆者注：許諾を得ているのであるから適法であるという主張）も法律上有効な主張と考えられる」と判示の上、事実関係を総合して「不正競争の目的を認めることはできない。すなわち、……は善意であったことが認められる」と結論づけた事例である。

なお、知財高判平25．２．28最高裁HPでは「控訴人は、それまでに存在し周知となっていた『花柳流』、『花柳』又は『花柳流花柳会』の名称を含む個人ないし法人と実質的同一性を有するものとは認められず、また、設立時において控訴人代表者は上記周知となっていた名称を当然知っていたものと認められるから、『花柳流』、『花柳』又は『花柳流花柳会』の名称を使用する控訴人の行為が、『自己の氏名』を『不正の目的』でなく使用するものとして不正競争防止法19条１項２号に該当するということはできない」と判示された。

（注３）「不正の目的」はなかったものと認められた事例として、わたなべ皮ふ科事件（大阪地判平21．７．23判時2073号117頁）がある。

3　周知性獲得以前からの先使用（第19条第１項第３号）

本号は、混同惹起行為（第２条第１項第１号）に対する適用除外を規定したものであり、他人の商品等表示が周知性を獲得する以前から不正の目的でなく使用している場合には、既得権の保護の見地から、先使用権を認め、適用除外とするものである。他人の商品等表示が周知性を獲得する「前から」使用しているといえるためには、原則として、商品等表示の周知性獲得以前から使用を継続しているものでなければならない。使用態様や、商品等表示を変更した場合や、使用を中断した場合は、表示使用継続の同一性を失わない程度の変更であれば、使用の継続があると認められる[注]。

（注）　フシマンバルブ事件（東京地判昭44．３．19判時559号60頁）では、原告がフシマン株式会社という商号を使用しており、被告が株式会社フシマンバルブ製作所という商号から株式会社フシマンバルブへと使用態様を変更した場合

に、被告の周知性獲得以前からの使用を否定した。

4　著名性獲得以前からの先使用（第19条第1項第4号）

本号は、著名表示冒用行為（第2条第1項第2号）に対する適用除外を規定したものであり、他人の商品等表示が著名性を獲得する以前から不正の目的でなく使用している場合には、既得権の保護の見地から、先使用権を認め、適用除外の対象とするものである。

5　日本国内において最初に販売された日から起算して3年の経過（第19条第1項第5号イ）

(1)　趣旨

他人の商品の形態を模倣した商品を譲渡等する行為が「不正競争」と観念されるのは、先行者が資金・労力を投下して商品化した成果にフリーライドすることが競争上不正と観念されるからである(注1)。このような趣旨に鑑みれば、模倣を禁止するのは先行者の投資回収の期間に限定することが適切である(注2)。

諸外国の状況を見ると、例えば、ドイツでは、判例上、禁止の対象となる模倣の客体は投資回収相当期間を経ていないものに限定されており、また、スイスでも同様の解釈がされている。

(2)　3年としたことについて

先行者の投資回収期間を一律に決することは困難であるが、差止めという効果が事業活動に重大な影響を与えることに鑑みれば、政策的見地から一定の確定期間を定めることが適切である。

国際的には、平成5（1993）年に欧州委員会において採択された「共同体意匠に関するEC規則案」では、短ライフサイクルのデザイン保護を目的として、模倣禁止権を付与する非登録デザイン権の導入が提唱され、その権利期間はデザインの公表時から3年間とされた。また、韓国の「不正競争防止及び営業秘密保護に関する法律」でも、「商品の試製品製作など商品の形態が備えられた日から3年間が経過した商品」については、商品形態の模倣に対する法規制の適用が排除された。

これらの国際的ハーモナイゼーションの観点を踏まえ(注3)、他人の商品の形態を模倣した商品を譲渡等する行為を禁止する期間については、平成５年改正において形態模倣からの保護を導入した際に３年間という期間が適切であると考えられた。この点については、平成17年改正において、この規定を第２条第１項第３号から適用除外規定に移す際にも検討されたが、従前と同様に３年という期間が適切とされた。

(3)　保護期間の終期の起算点

投資回収の期間を確保するという趣旨に鑑みれば、市場での投資回収活動が外見的に明らかになる時点を捉えて、商品の形態の模倣を禁止する期間の起算点とすることが適切である。そこで、保護期間の終期の起算点は[(注４)]、商品が日本国内で販売開始された日とした（平成17年改正）。

「日本国内において最初に販売された」とは、日本国内で売買契約が締結されることを意味するものではなく、日本国内の需要者に向けて販売が行われることを意味する[(注５)(注６)]。

「販売」とは、業とする目的をもって、対価を得て物を第三者に提供する行為をいう。業としての売却である以上、ただ１回の売却でも販売といえる[(注７)]。

「最初に販売された日」とは、市場での投下資金、労力の回収活動が外見的に明らかになった時点をいい、原則として商品の有償譲渡を開始した日をいう。もっとも、必ずしも一般の取引市場を通じての販売に限るものではなく、本格的出荷の前のサンプル出荷なども含むとされている[(注８)(注９)]。また、「最初に販売された日」の対象となる「他人の商品」とは、保護を求める商品形態を具備した最初の商品を意味するのであって、このような商品形態を具備しつつ、若干の変更を加えた後続商品を意味するものではないとされている[(注10)]。

（注１）　本号の趣旨をこのように解した上で、本号に基づき差止めや損害賠償を請求し得る主体は、形態模倣の対象とされた商品を、「自ら開発・商品化して市場に置いた者に限られる」とした判例として、前掲第３章第４節[2]５（注２）キャディバッグ事件（東京地判平11.１.28判時1677号127頁）、前掲第３章第４節[2]５（注１）エルメス・バーキン事件（東京地判平13.８.31判時1760号138頁）がある。また、独占的販売権者も保護の主体となり得るとした判例として、前掲第３章第４節[2]５（注２）ヌーブラ事件（大阪地判平16.

9.13判時1899号142頁）がある。

（注2）　日本国内において最初に販売された日から3年が経過した商品の形態を模倣した商品を譲渡等する行為については、第2条第1項第3号の対象とはならない。ただし、その場合であっても、商品の形態が、商品等表示として需要者の間に広く認識されるようになれば、第2条第1項第1号の対象となり、また、民法第709条における不法行為の要件を満たせば、損害賠償の対象となり得るのは言うまでもない。この点、本号は、「3年を経過した後の模倣行為については、当該模倣行為が公正な競争秩序を破壊する著しく不公正な方法で行われ、その結果、先行者に営業上、信用上の損害を被らせた場合など、公正かつ自由な競争として許容される範囲を著しく逸脱する行為と認められる特段の事情がない限り、違法性を欠き不法行為に該当しないものと定めた趣旨である」と判示した家具調仏壇事件（大阪高判平15.7.29最高裁HP）がある。

（注3）　共同体意匠に関するEC規則案第9条においては、「第9条　第3条及び第4条の条件を満たす意匠は、それが、デザイナー若しくは正当なその継承者によって、又はデザイナーが行った行為の結果として若しくはデザイナーによってもたらされた情報に基づいて第三者によって共同体の公衆に公表された日から3年間、手続の履行なしに、非登録共同体意匠として保護される。」（仮訳）とされていた。

なお、同規則案は、2001年12月に欧州閣僚理事会において規則として採択された（無登録共同体意匠の保護期間（3年）については、欧州共同体意匠理事会規則第11条⑴に規定されている。https://www.jpo.go.jp/shiryou/s_sonota/fips/pdf/ec/ec6_02j.pdf）。

韓国の不正競争防止及び営業秘密保護に関する法律第2条においては、以下のとおり、規定されている（仮訳）。

「第2条（定義）　この法で使われる用語の定義は、次の通りである。

1．“不正競争行為”とは、次の各号の一に該当する行為をいう。

リ．他人が製作した商品の形態（形状・模様・色彩・光沢又はこれらを結合したことをいい、試製品又は商品紹介書上の形態を含む。以下同じ）を模倣した商品を譲渡・貸与又はこのための展示をしたり輸入・輸出する行為。但し、次のいずれか一つに該当する行為を除外する。

⑴商品の試製品製作など商品の形態が備えられた日から3年が経過した商品の形態を模倣した商品を譲渡・貸与又はこのための展示

をしたり輸入・輸出する行為」

（注4）　保護期間の開始時期を定めるものではない。したがって、個別の事案によっては販売前であっても保護される場合がある。

（注5）　インターネットを通じた通信販売やカタログ販売の場合には、仕向地が日本国内であることや広告が日本語でされていること等を勘案して実質的に、国内市場に向けた販売といえるか否かを判断することになる。

（注6）　保護期間の終期の起算点を、日本国内での販売開始としたのは、販売開始時期の調査が国内のみで済み、保護の終期が客観的に把握しやすくなることのみならず、国内企業・国外企業を問わず、日本国内の需要者において公平に扱われるようにするためである。

（注7）　形態模倣が争われた事案ではなく、周知表示の混同惹起行為について争われた事案ではあるが、パイロメーター事件（大阪高判昭37.10.31下民集13巻10号2188頁）では、1個の商品の1回の売却でも販売に当たるとしている。

（注8）　ハートカップS事件（仮処分：神戸地決平6.12.8知裁集26巻3号1323頁、本案：名古屋地判平9.6.20判例集未登載）では卸問屋への出荷などを販売に該当するとした。本案事件では、「販売」とは、市場での投下資本、労力の回収活動が外見的に明らかになった時点、すなわち、商品をはじめて市場に出荷した時点と解すべきとし、金型を発注した時点や現物がない段階で契約を締結したというだけではまだ「最初に販売した」とはいえないが、サンプル出荷の時点では「最初に販売した」といえるとした。

（注9）　前掲第3章第4節1（注1）スティック加湿器事件（知財高判平28.11.30判時2338号96頁）は、「最初に販売された日」とは「他人の商品」の保護期間の終期を定めるための起算日にすぎず、「他人の商品」は取引の対象となり得る物品でなければならないが、現に販売されていることを要件として求めているとはいえない旨判示した。その上で、規定の趣旨からみて、保護期間の始期としての「最初に販売された日」は「実際に商品として販売された場合のみならず、見本市に出す等の宣伝広告活動を開始した時を含むことは、立法者意思から明らかであるから、商品の販売が可能となった状態が外見的に明らかとなった時をも含む」旨判示し、展示会や見本市に出展した時点で、特段の事情のない限り開発商品化を完了し販売可能段階に至ったことが外見的に明らかになったと認め、保護期間の始期とした。

（注10）　空調ユニットシステム事件（東京高判平12.2.17判時1718号120頁）、ミニバスケット事件（大阪地判平23.7.14判時2148号124頁）。

6　模倣商品の善意取得者保護（第19条第１項第５号ロ）

本号は、商品の形態を模倣した商品を譲渡等する行為（第２条第１項第３号）に対する適用除外を規定したものであり、模倣商品を譲り受けた者が、その譲り受けの際、その商品が模倣商品であることについて善意・無重過失であった場合には、取引の安全の保護の見地から、適用除外とするものである。

重過失は、商品の譲り受け時に、取引上当然払うべき通常の注意義務を尽くした場合に模倣の事実を容易に知りえたか否かを判断する。重過失の判断の基礎となる事情には商品の周知性、商品形態の特殊性、輸入者の業態等がある[注]。

（注）　善意取得が否定された事例としては、「被告が時計の輸入販売を業とする有限会社であること、原告らが時計の分野において我が国の代表的な製造販売会社であり、原告ら商品については、原告らが配布する商品カタログに掲載されていたほか、広く宣伝広告活動がされ、少なからぬ数量の商品が販売されたこと……、原告ら商品が従来の商品に見られない形態上の特徴を有するところ、被告商品がいずれも対応する原告ら商品の特徴を有し、その形態が極めて類似していること、被告商品については、その輸入に関する送り状は提出されているものの、輸入取引の際の状況を具体的に明らかにする証拠が何ら提出されていないこと、などの事情に照らすと、被告において、被告商品を輸入した時に被告商品が原告ら商品の形態を模倣した商品であることを知らず、かつ、知らないことにつき重大な過失がなかったということは、到底できない」と判示した、前掲第３章第１節②４（注４）腕時計事件（東京地判平11.６.29判時1692号129頁）がある。また、ヌーブラ事件（大阪地判平18.１.23最高裁HP）においても、輸入時の善意無重過失が否定された（なお、別のヌーブラ事件（前掲第３章第１節②３（注３）及び４（注４）大阪地判平17.９.８判時1927号134頁、大阪高判平18.４.19最高裁HP）においては、商品の形態が実質的に同一であるとまではいえないとされた）。

7　営業秘密の善意取得者保護（第19条第１項第６号）

本号は、後述８の営業秘密侵害品の譲渡等を除く営業秘密に係る「不正競争」（第２条第１項第４号～第９号）に対する適用除外を規定したものである。

本法では第三者が営業秘密を取得した際には不正取得・開示行為の事実について善意・無重過失でも、事後的に悪意になった場合には、このような第三者（事後的悪意者）の使用行為又は開示行為も不正行為として位置付けている。このような事後的悪意者の行為を「不正競争」として差止請求等の対象とすることは、営業秘密保有者の保護に資するものの、他方で、対価を払ってノウハウを取得した第三者に不測の損害を与え、取引の安全を害することとなる。

したがって、本号は、営業秘密を善意・無重過失で取得した場合には、当該営業秘密に関して契約等に基づき取得した権原の範囲内で、当該営業秘密を使用又は開示できることとするものである。

8　営業秘密侵害品の譲渡等（第19条第１項第７号）

本号は、営業秘密侵害品に係る「不正競争」（第２条第１項第10号）に対する適用除外を規定したものである。

営業秘密に係る不正行為に対する差止請求権の期間制限に関する第15条は、継続的な不正使用行為に対する差止請求権について、侵害の「事実及びその行為を行う者を知った時」から３年間の消滅時効と、侵害行為の開始から20年の除斥期間を定めている。

この第15条に定める期間が経過した後は、使用行為そのものが差止請求の対象とならないのに対して、当該期間経過後の当該使用行為によって生産された営業秘密侵害品の譲渡等のみを規制することは均衡を失すると考えられる。

したがって、本号は、不正使用行為の消滅時効又は除斥期間が経過した後に当該使用行為に基づいて生じた営業秘密侵害品の譲渡等の行為を適用除外とするものである。

9　限定提供データの善意取得者保護（第19条第１項第８号イ）

本号は、限定提供データ不正開示行為の介在等について知らずに取得した者について、その後悪意に転じた場合であっても、悪意に転じる前に契約等に基づき取得した権原の範囲内での開示行為については不正競争とはしないとの適用除外を規定したものである。

ここでいう「権原の範囲内」とは、限定提供データを取得した際の取引（売買、ライセンス等）において定められた条件（開示の期間、目的、態様に関するもの）の範囲内という意味である。なお、形式的に契約期間が終了するものの、契約関係の継続が合理的に期待される契約の場合、継続された契約は「権原の範囲内」であると考えられる。

10　限定提供データと同一のオープンなデータ（第19条第１項第８号ロ）

本号は、相手を特定・限定せずに無償で広く提供されているデータ（以下「オープンなデータ」という。）は、誰でも自由に使うことができるものであることから、このようなデータと同一の限定提供データを取得し、又はその取得したデータを使用し、若しくは開示する行為を適用除外とするものである。

「無償」とは、データの提供を受けるにあたり、金銭の支払いが必要ない（無料である）場合を想定しているが、金銭の支払いが不要であっても、データの提供を受ける見返りとして自らが保有するデータを提供することが求められる場合や、そのデータが付随する製品を購入した者に限定してデータが提供される場合等、データの経済価値に対する何らかの反対給付が求められる場合には、「無償」には該当しないものと考えられる。

「公衆に利用可能」とは、不特定かつ多数の者が、当該データにアクセスできることを指す。例えば、誰でも自由にホームページ上に掲載された当該データにアクセスできる場合等がこれに当たる。

本号の適用除外の対象となる「無償で公衆に利用可能となっている情報」とは、例えば、政府提供の統計データや、インターネット上で自由に閲覧可能なデータ等が該当すると考えられる。全くの無条件で利用可能となっているものに限らず、利用において一定の義務（例えば、出典の明示等）は課されるものの、不特定かつ多数の者が当該データにアクセスできる場合も、これに当たる。

また、「同一」とは、そのデータがオープンなデータと実質的に同一であることを意味する。具体的には、年次順に並んでいるオープンなデータを昇順に並び替える場合、元となるオープンなデータの一部又は全部を単純かつ機械的に並び替えている場合などが該当する。

11　試験又は研究のために用いられる装置等の譲渡等（第19条第１項第９号）

本号は、技術的制限手段に対する不正行為（第２条第１項第17号・第18号）に対する適用除外を規定したものである。

音楽､映像等のコンテンツを制作者から収集し提供する事業者にとって、技術的制限手段は競争の基礎となる「信用」を担うものであり、技術的制限手段が確実であるか否かはより重要な要素となる。このため、提供業者は、より優秀な技術的制限手段を生み出すべく、自らの使用している手段（想定される無効化に係る技術）が確実に管理できるか否かを自ら又は第三者において調査し、その確実性をさらに高めることとしている。また、現に用いられている他人の技術的制限手段についても、その手段がどの程度優れているか等を研究しつつ、自らの技術的制限手段のレベルを把握するために、研究を行っている。そして、コンテンツ提供事業者は、機器メーカーやソフトウェアハウスとは異なり、規制対象となる無効化機能を有する装置、プログラム又は指令符号を独自に作成する能力がないことが想定されるため、これらの装置、プログラム又は指令符号の供給を受けなければ、どの技術的制限手段を用いるかの試験を行うことができなくなってしまう。

また、役務の提供行為についても同様のことが該当しうる。

したがって、本号は、技術的制限手段の試験又は研究のために用いられる装置等の譲渡等の行為及び技術的制限手段の試験研究目的で行われる役務の提供行為を、適用除外とするものである。

なお、産業全体の競争の促進のために、法律により保護されている権利（又は利益）を制限するとの考え方に立っている規定としては、特許法第69条第１項(注)などがある。

（注）　特許法第69条第１項は、「特許権の効力は、試験又は研究のためにする特許発明の実施には、及ばない。」と規定する。

2　混同防止表示付加請求（第19条第２項）

1　趣旨

本項は、適用除外規定により、自己の氏名を不正の目的でなく使用等する者、又は他人の商品等表示が需要者の間に広く認識される前からその商品等表示と同一又は類似の商品等表示を使用等する者の表示の使用継続を受忍しなければならない者の不利益に鑑み、両者間の利益の再調整を図るため、その使用者に対して混同を防ぐために適当な表示を付すことの請求を認めるものである。

2　第19条第2項第1号

第19条第2項第1号は、「自己の氏名を使用する者」に対して同項に基づく請求を行うことができることを規定しているが、括弧書内の規定は、自己の氏名を使用した商品を、自ら譲渡、引渡し等した場合を含むとしている。当該規定の趣旨は、平成5年改正前の第2条第2項ただし書の規定（「単ニ商品ヲ販売、拡布又ハ輸出スル者ニ対シテハ此ノ限ニ在ラズ」）と同じである。つまり、商品を製造していない単なる流通業者等に対しては当該請求は認められないという趣旨である。

3　第19条第2項第2号

第19条第2項第2号は、「他人の商品等表示と同一又は類似の商品等表示を使用する者及びその商品等表示に係る業務を承継した者」に対し、同項に基づく請求を行うことができることを規定しているが、同号括弧書の趣旨については、同項第1号括弧書の規定と同様である（上記2参照）。

第2節　政令等への委任（第19条の2関係）

（政令等への委任）
第十九条の二　この法律に定めるもののほか、没収保全と滞納処分との手続の調整について必要な事項で、滞納処分に関するものは、政令で定める。
2　この法律に定めるもののほか、第三十二条の規定による第三者の参加及び裁判に関する手続、第八章に規定する没収保全及び追徴保全に関する手続並びに第九章に規定する国際共助手続について必要な事項（前項に規定する事項を除く。）は、最高裁判所規則で定める。

本条は、平成27年改正により、営業秘密侵害罪に当たる行為によって得た財産等の任意的没収・追徴に係る規定（第21条第10項～第12項）、没収に関する手続等の特例に関する規定（第7章）、没収・追徴保全等の手続に関する規定（第8章）及び没収・追徴の裁判の執行及び保全についての国際共助手続等に関する規定（第9章）が設けられたことに伴い、それらの規定に関する政令等への委任について定めたものである。

本条第1項は、本法の規定に基づく没収保全命令により処分が禁止された財産について、国税徴収法（昭和34年法律第147号）に基づく滞納処分による差押えがあった場合の手続の調整に関して、政令で定めることとしたものである。本項に関連する政令としては、「没収保全と滞納処分との手続の調整に関する政令」（平成11年政令第402号）[注1]がある（同政令は、「組織的な犯罪の処罰及び犯罪収益の規制等に関する法律」（平成11年法律第136号）に基づくものであるが、本法第35条第4項により、本法に基づく没収保全手続にも適用されることとなる。）。

本条第2項は、没収の裁判に関する手続等の詳細について、最高裁判所規則で定めることとしたものである。本項に基づく最高裁判所規則としては、「不正競争防止法による保全手続等に関する規則」（平成27年最高裁判所規則第10号）(注2)がある。

（注1）　http://elaws.e-gov.go.jp/search/elawsSearch/elaws_search/lsg0500/detail?lawId=411CO0000000402。

（注2）　http://www.courts.go.jp/vcms_lf/huseikyousouboushikisoku-20160101.pdf。

第３節　経過措置（第20条関係）

（経過措置）
第二十条　この法律の規定に基づき政令又は経済産業省令を制定し、又は改廃する場合においては、その政令又は経済産業省令で、その制定又は改廃に伴い合理的に必要と判断される範囲内において、所要の経過措置（罰則に関する経過措置を含む。）を定めることができる。

本条は、本法の規定に基づき政令又は経済産業省令を制定又は改廃する場合において、その制定又は改廃に伴い合理的に必要と判断される範囲内において、その政令又は省令において所要の経過措置（罰則に関する経過措置を含む。）を定めることができることを規定したものである。

本法第５条の２は、同条の適用対象となる技術上の秘密（生産方法を除く。）及び同条の要件となる「技術上の秘密を使用したことが明らかな行為」を政令で定める旨規定している。第16条及び第17条は、同条に基づき保護が図られる外国の国旗、国際機関の標章等を経済産業省令で定める旨規定している。本法第18条第２項第３号は、同号に規定している外国公務員等に準ずる者を政令で定める旨規定している。また、第19条の２は、国税徴収法に基づく滞納処分による差押えがあった場合の手続の調整に関して、政令で定める旨規定している。

そこで、本法第５条の２、第16条～第18条及び第19条の２の規定に基づき制定された政令又は省令においては、本条により、その制定又は改廃に伴い合理的に必要と判断される場合に所要の経過措置を定めることが可能となる。

第7章　罰則（第21条〜第22条関係）

1　趣旨

本法は、事業者の営業上の利益という私益と、公正な競争秩序の維持という公益を保護法益としており、その実現手段としては、当事者間の差止請求、損害賠償請求等の民事的請求を基本としつつも、公益の侵害の程度が著しく、当事者間の民事的請求にのみ委ねられることが妥当でない行為類型については刑事罰の対象としている。

2　処罰の対象（第21条第1項・第2項）

事業者間の公正な競争を適切に確保する観点から、本法は、

① 営業秘密に係る不正競争行為（営業秘密侵害罪）

② 不正の目的をもって行う混同惹起行為（第2条第1項第1号）又は誤認惹起行為（同項第20号）

③ 他人の著名な商品等表示に係る信用・名声を利用して不正の利益を得る目的、又は当該信用・名声を害する目的で行う著名表示冒用行為（同項第2号）

④ 不正の利益を得る目的で行う他人の商品の形態を模倣した商品を譲渡等する行為（同項第3号）

⑤ 不正の利益を得る目的、又は営業上技術的制限手段を用いている者に損害を加える目的で行う技術的制限手段を無効化する機能を有する装置等を譲渡等する行為、技術的制限手段の効果を妨げることにより可能とする役務を提供する行為（同項第17号・第18号）

⑥ 商品又は役務の品質、内容等について誤認させるような虚偽の表示をする行為

⑦ 外国の国旗等の商業上の使用（第16条）

⑧ 国際機関の標章の商業上の使用（第17条）

⑨　外国公務員等に対する不正の利益の供与等（外国公務員不正利益供与罪、又は外国公務員贈賄罪という。第18条）

を刑事罰の対象としている。

また、裁判所による秘密保持命令（第10条）の実効性を担保する観点から、

⑩　秘密保持命令違反行為

についても、刑事罰の対象としている。

他方、限定提供データに係る不正競争行為（第2条第1項第11号～第16号）、ドメイン名に係る不正行為（同項第19号）、信用毀損行為（同項第21号）、代理人等の商標冒用行為（同項第22号）については、当事者間の民事的請求に委ね、刑事罰の対象としていない。

なお、営業秘密に係る不正競争行為については、第2条第1項第4号～第9号に定める「不正競争」行為のうち、特に違法性の高い行為類型について、平成15年改正及び平成17年改正において刑事罰の対象として類型化し、平成21年改正においてその処罰対象範囲を見直し、新たに類型化し、さらに、平成27年改正においても、処罰範囲を拡大した。

また、技術的制限手段に係る不正競争行為については、特に違法性の高い行為について、平成23年改正において刑事罰の対象とし、平成30年改正においてその刑事罰の対象となる範囲を拡大したものである。

以下、上記①～⑩の行為の処罰について詳述することとする（ただし、⑦～⑨に掲げる行為については、それぞれ各条における解説に委ねる。）。

3　営業秘密侵害行為等への刑事罰（第21条第1項各号・第2項第6号・第3項各号・第4項）

1　刑事罰の概要

営業秘密侵害に係る刑事罰の対象となるもの（第21条第1項第1号～第9号・第2項第6号・第3項第1号～第3号・第4項）の概要は、以下のとおりである。

これらは、営業秘密に係る「不正競争」について民事上の差止請求等の対象となるものとの比較の上で、特に違法性が高いと認められる侵害行為について、平成15年改正によって刑事罰（営業秘密侵害罪）が導入されるに

至り、その後も退職者処罰規定の導入（平成17年改正）、法定刑の引上げ（平成17年改正、平成18年改正、平成27年改正）、営業秘密の目的要件の変更、従業者等による営業秘密の領得への刑事罰の導入（平成21年改正）、転得者処罰範囲の拡大、及び未遂処罰規定の導入（平成27年改正）などの改正が段階的に重ねられた。

また、営業秘密が外国に流出した場合、流出した営業秘密を基底とした営業活動や研究・開発活動も当該外国で行われる可能性が高く、それらの活動に起因する新たなイノベーションや雇用、利潤等が外国において生じるという意味において、営業秘密の流出が国内に留まる場合に比して、我が国経済に与える悪影響が大きいと言い得ることから、平成27年改正により、国外における営業秘密の不正使用行為などの一定の行為について、その他の営業秘密侵害罪に比べて重い法定刑とする海外重罰規定が置かれた（第21条第3項（後述2⑽〜⑿を参照））。

さらに、平成27年改正により、領得行為を除く営業秘密侵害罪について未遂処罰規定が設けられた（第21条第4項）。

2　各営業秘密侵害罪の解説

(1)　第21条第1項第1号

（罰則）

第二十一条　次の各号のいずれかに該当する者は、十年以下の懲役若しくは二千万円以下の罰金に処し、又はこれを併科する。

一　不正の利益を得る目的で、又はその営業秘密保有者に損害を加える目的で、詐欺等行為（人を欺き、人に暴行を加え、又は人を脅迫する行為をいう。次号において同じ。）又は管理侵害行為（財物の窃取、施設への侵入、不正アクセス行為（不正アクセス行為の禁止等に関する法律（平成十一年法律第百二十八号）第二条第四項に規定する不正アクセス行為をいう。）その他の営業秘密保有者の管理を害する行為をいう。次号において同じ。）により、営業秘密を取得した者

［図表２－７－１］ 営業秘密侵害罪の類型（第21条第１項・第３項）

○不正な手段（詐欺・恐喝・不正アクセスなど）による取得のパターン

（１号）図利加害目的で、詐欺等行為又は管理侵害行為によって、営業秘密を不正に取得する行為

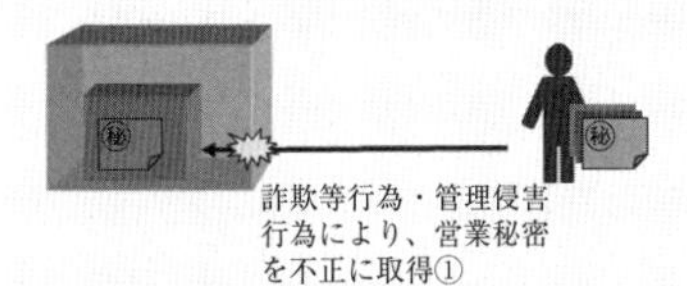

（２号）不正に取得した営業秘密を、図利加害目的で、使用又は開示する行為

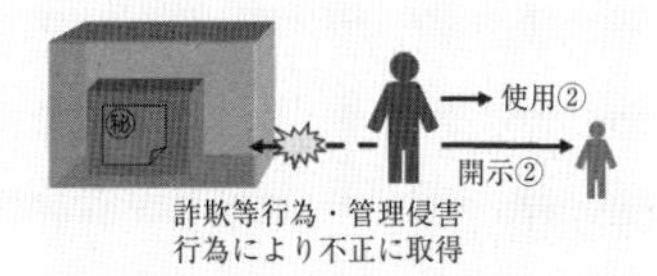

○正当に営業秘密が示された者による背信的行為のパターン

（３号）営業秘密を保有者から示された者が、図利加害目的で、その営業秘密の管理に係る任務に背き、（イ）媒体等の横領、（ロ）複製の作成、（ハ）消去義務違反＋仮装、のいずれかの方法により営業秘密を領得する行為

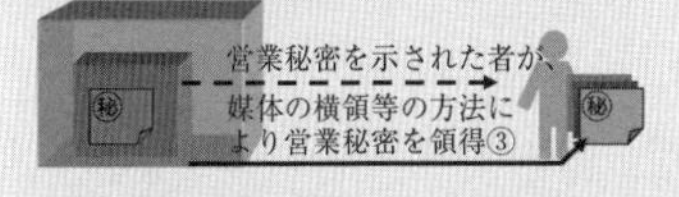

（４号）営業秘密を保有者から示された者が、第３号の方法によって領得した営業秘密を、図利加害目的で、その営業秘密の管理に係る任務に背き、使用又は開示する行為

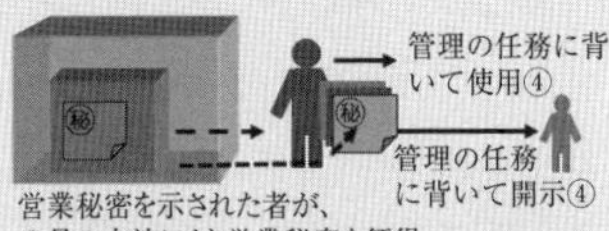

（５号）営業秘密を保有者から示された現職の役員又は従業者が、図利加害目的で、その営業秘密の管理に係る任務に背き、営業秘密を使用又は開示する行為

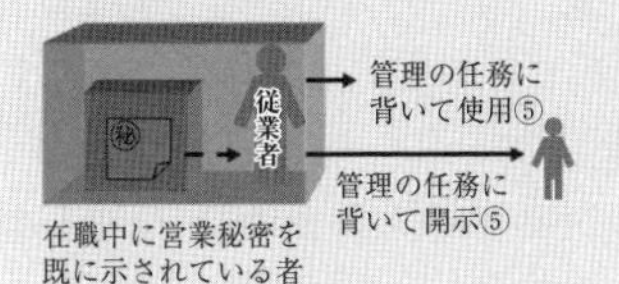

（６号）営業秘密を保有者から示された退職者が、図利加害目的で、在職中に、その営業秘密の管理に係る任務に背いて営業秘密の開示の申込みをし、又はその営業秘密の使用若しくは開示について請託を受け、退職後に使用又は開示する行為

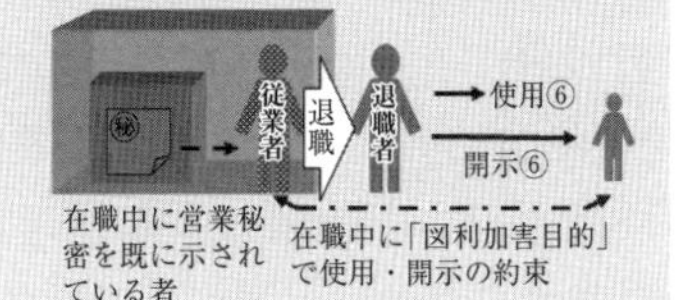

○転得者による使用・開示のパターン

（７号）図利加害目的で、②、④～⑥の罪に当たる開示（海外重罰の場合を含む）によって取得した営業秘密を、使用又は開示する行為（２次的な取得者を対象）

（８号）図利加害目的で、②、④～⑦の罪に当たる開示（海外重罰の場合を含む）が介在したことを知って営業秘密を取得し、それを使用又は開示する行為（３次以降の取得者をすべて対象）

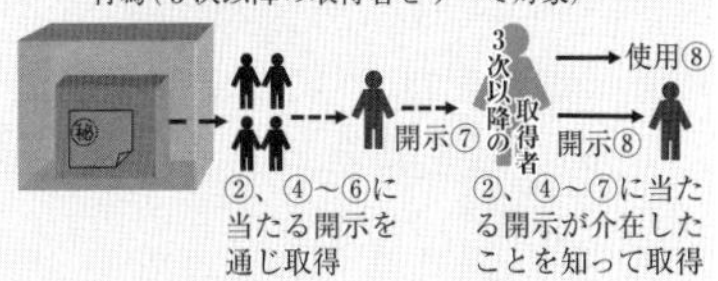

※３次以降の取得者までの転々流通の過程で善意者が存在したとしても、当該３次以降の取得者が、いずれかの者による「不正な開示」が介在したことを知って取得し、不正使用・開示した場合は、処罰対象となり得る。

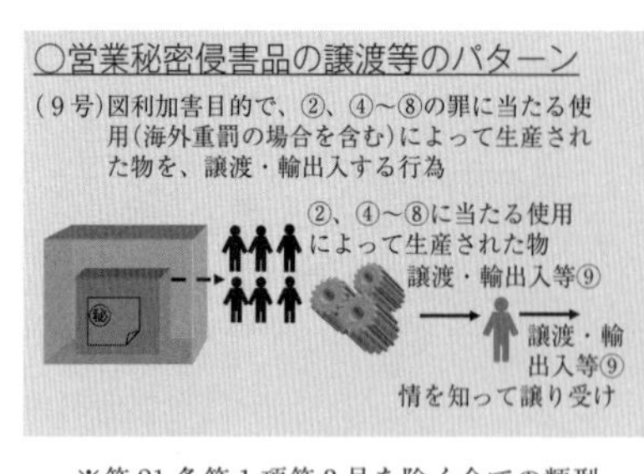

※第21条第１項第３号を除く全ての類型について、その未遂行為も処罰の対象（第21条第４項）

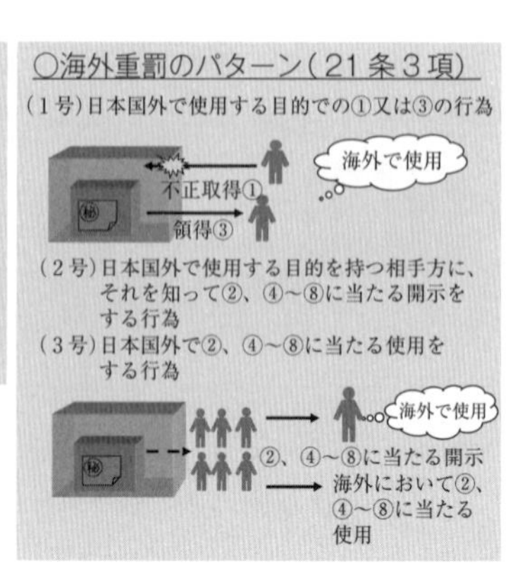

①　**趣旨**

本罪は、営業秘密を、図利加害目的をもって違法性が高い態様で不正に取得する行為に対して刑事罰を科すものである。

民事上の営業秘密不正取得行為（第２条第１項第４号）は、目的要件による限定がなく、かつ、その行為態様を「不正の手段」と広範に規定しているのに対し、本罪は、これに明確化の見地から絞り込みを行い、「不正の利益を得る目的」又は「営業秘密保有者に損害を加える目的」（以下「図利加害目的」という。）を要件とし、かつ、その行為態様を「詐欺等行為」又は「管理侵害行為」に限定している。

②　**要件**

（i）図利加害目的

処罰範囲を明確に限定するため、各号ごとに違法性を基礎付ける目的要件が付されている。具体的には、「不正の利益を得る目的」又は「営業秘密保有者に損害を加える目的」と規定されている。

「不正の利益を得る目的」とは、公序良俗又は信義則に反する形で不当な利益を図る目的のことをいい、自ら不正の利益を得る目的（自己図利目的）のみならず、第三者に不正の利益を得させる目的（第三者図利目的）も含まれる。営業秘密保有者の営業秘密を、自ら不正に使用して不当に収益を上げる目的（自己図利目的）や、開示した者に不正に使用させることによって、その者に不当な収益を上げさせる目的（第三者図利目的）においては、営業秘密保有者と自己又は第三者とが競争関係にある必要はない。したがって、第三者には外国政府機関等も含まれる。また、公序良俗又は信義則に反する形であれば、その目的は経済的利益か、非経済的利益かを問うものではない[注]。

具体的には、金銭を得る目的で第三者に対し営業秘密を不正に開示する行為や、外国政府を利する目的で営業秘密を外国政府関係者に不正に開示する行為等が本号に該当する。なお、「退職の記念」や「思い出のため」といった自己の満足を図る目的であっても、直ちに「図利加害目的」が否定されるわけではなく、その他の個別具体の事情を踏まえた上で、非経済的な図利目的又は後述する加害目的が認められる場合もある。

「営業秘密保有者に損害を加える目的」とは、営業秘密保有者に対し、財産上の損害、信用の失墜その他の有形無形の不当な損害を加える目的のことをいい、現実に損害が生じることは要しない。

具体的には、営業秘密保有者に営業上の損害を加えるため又はその信用を失墜させるため、営業秘密をインターネット上の掲示板に書き込む行為等が該当する。

（注）　不正競争防止法と同様に図利加害目的要件を有する背任罪（刑法第247条）の「自己……の利益を図」る目的について、「自己の利益を図る目的とは身分上の利益その他すべての自己利益を図る目的であれば足り、必ずしも財産上の利益を図る目的である必要はない」と判示している（大判大３.10.16刑録20輯1867頁）。

[参考]：図利加害目的に当たらないもの

図利加害目的に当たらないものとして、公益の実現を図る目的で、事業者の不正情報を内部告発する行為（①）、労働者の正当な権利の実現を図る目的で、労使交渉により取得した保有者の営業秘密を、労働組合内部（上部団体等）に開示する行為（②）、残業目的で、権限を有する上司の許可を得ずに、営業秘密が記載等された文書やUSBを自宅に持ち帰る行為（③）等が挙げられる。

①は、内部告発の対象となる事業者の不正な情報は、「営業秘密」としての

法的保護の対象とならない上、内部告発は社会公共の利益の増進という公益を図ることを意図するものであるから、このような場合には図利加害目的には当たらないからである。②は、労働組合内部における情報共有行為については、労働者の正当な権利保護等のための組合活動の一環として行われる情報共有等を意図した行為である限り、図利加害目的には当たらないからである。③は、使用者の明示の許可を得ずに営業秘密が記載された書面等を持ち帰った場合であっても、営業秘密保有者の業務を遂行するために自宅等で残業をする意図にすぎないときは、同様に、図利加害目的には当たらないからである。

ただし、上記のような行為については営業秘密侵害罪の構成要件としての図利加害目的に該当しないというにとどまり、各企業における社内規程の違反行為となったり、民事責任の対象となったりする可能性があることとは別である。

なお、第21条第1項各号（第1号～第9号）は、全て図利加害目的を構成要件としているところ、その意義はいずれも上記と同じである。

(ii)　詐欺等行為

詐欺等行為とは、人を欺くこと、人に暴行を加えること、又は人を脅迫することを意味し、これらは、刑法上の詐欺罪、強盗罪、恐喝罪の実行行為である、欺罔行為、暴行、脅迫に相当する。平成21年改正により、営業秘密の不正取得について、方法による限定がなくなったため(注)、営業秘密を口頭で聞き出す行為等も含まれることになった。

また、営業秘密にアクセスすることが可能な人間を買収や甘言によってそそのかして、営業秘密を漏示させるような行為は、漏示した人間が処罰対象（第21条第1項第4号・第5号等）になり得るので、これをそそのかすなどした者はその共犯として処罰対象になり得る。なお、不正な開示によって取得した営業秘密を、不正使用又は不正開示した場合には、同項第7号の正犯として処罰対象となり得る。

（注）　平成21年改正前においては、不正取得罪は、営業秘密保有者の管理に係る営業秘密記録媒体等の取得又は当該営業秘密記録媒体等の記載又は記録の複製を作成することのいずれかの方法に限定されていた（平成21年改正前不正競争防止法第21条第1項第2号イ及びロ）。

⒤ 管理侵害行為

「管理侵害行為」とは、財物の窃取、施設への侵入、不正アクセス行為（不正アクセス行為の禁止等に関する法律（平成11年法律第128号）第2条第4項に規定する不正アクセス行為をいう。）その他の営業秘密保有者の管理を害する行為をいう。これらは、刑法上の窃盗罪、建造物侵入罪、不正アクセス行為の禁止等に関する法律違反の罪の実行行為である、窃取、侵入、不正アクセス行為に相当する。

㋐ 財物の窃取

「財物の窃取」とは、刑法上の窃盗罪の実行行為に相当するものである。

財物は、刑法上の財物と同義であるが、「財物の窃取」が「営業秘密の取得」の手段となる場合に限られる。

平成21年改正前は、「窃取」の対象物が「書面又は記録媒体」に限定されていたが、試作品のように、その他の物件に営業秘密が化体している場合等も考えられ、そのような場合であっても営業秘密の保護の必要性は異ならないことから、営業秘密に関係する財物一般に対象物の範囲が拡張された。

㋑ 施設への侵入

「施設への侵入」とは、刑法上の建造物等侵入罪の実行行為に相当するものである。

施設とは、営業秘密が現に管理されている施設をいう。営業秘密保有者が管理している施設のほか、営業秘密保有者が営業秘密の記録（データ）を保存しているホストサーバの管理を外部委託している場合のように、営業秘密保有者の意思に基づき営業秘密を管理している他人の施設も含まれる。

㋒ 不正アクセス行為

「不正アクセス行為」とは、不正アクセス行為の禁止等に関する法律第2条第4項に定義される「不正アクセス行為」を意味する。

具体的には、ネットワーク（電気通信回線）に接続されたコンピュータについて、ネットワークを通じて他人の識別符号又はアクセス制御機能による特定利用の制限を免れることができる情報若しくは指令を入力して、アクセス制御機能による当該コンピュータの利用制限を免れ、その制限されている利用を実行し得る状態にさせる行為である。

㈤　その他の営業秘密保有者の管理を害する行為

「その他の営業秘密保有者の管理を害する行為」とは、他人の営業秘密を不正取得するために営業秘密保有者の営業秘密の管理を外部から害する行為のうち、条文上列挙されている「財物の窃取」、「施設への侵入」、「不正アクセス行為」を除いたものを指す。これは、今後の情報通信技術等の急速な進歩によって可能となるハイテクを用いた悪質な手口などにも適切に対応できるよう、また、不正な取得の類型は多種多様であることをふまえ、限定列挙ではない形で規定したものである。例えば、保有者の会話や会議等を盗聴や電波傍受等で盗み聞きする方法で、営業秘密を取得する行為等が考えられる。

なお、「営業秘密保有者」とは、第２条第１項第７号において「営業秘密を保有する事業者」と定義されており、その意義は「営業秘密を正当な権原に基づいて取得して保持している者」であると解され、第21条における「営業秘密保有者」もこれと同義である。よって、不正取得者については、「営業秘密保有者」と解することはできない。また、秘密保持契約の下に営業秘密のライセンスを受けたライセンシーについては、営業秘密を使用する正当な権原を与えられた者であり、「営業秘密保有者」に該当するものと解される。

(iv)　営業秘密の取得

不正競争防止法における営業秘密の「取得」とは、営業秘密を自己の管理下に置く行為をいい、営業秘密が記録されている媒体等を介して自己又は第三者が営業秘密自体を手に入れる行為、及び営業秘密自体を頭の中に入れる等、営業秘密が記録されている媒体等の移動を伴わない形で営業秘密を自己又は第三者のものとする行為が該当する。

(2)　第21条第１項第２号

（罰則）

第二十一条　次の各号のいずれかに該当する者は、十年以下の懲役若しくは二千万円以下の罰金に処し、又はこれを併科する。

二　詐欺等行為又は管理侵害行為により取得した営業秘密を、不正の利

益を得る目的で、又はその営業秘密保有者に損害を加える目的で、使用し、又は開示した者

① 趣旨

本罪は、営業秘密を第21条第1項第1号の手段によって不正に取得した後に、図利加害目的をもってその営業秘密を不正に使用又は開示するという行為に対し、刑事罰を科すものである。

② 要件

(i) 詐欺等行為又は管理侵害行為により取得した営業秘密

第21条第1項第1号の実行行為によって不正取得された営業秘密をいう。

「詐欺等行為」又は「管理侵害行為」によって営業秘密を取得すれば足り、その取得時には「不正の利益を得る目的」又は「営業秘密保有者に損害を加える目的」を有している必要はない。取得時に図利加害目的を有していなくても、不正な手段で取得した営業秘密を図利加害目的で使用・開示する行為は、違法性の高い非難されるべき法益侵害行為といえるからである。

(ii) 営業秘密の使用又は開示

営業秘密の「使用」とは、営業秘密の本来の使用目的に沿って行われ、当該営業秘密に基づいて行われる行為として具体的に特定できる行為を意味する。具体的には、自社製品の製造や研究開発のために、他社製品の製造方法に関する技術情報である営業秘密を直接使用する行為や、事業活動のために、同業他社が行った市場調査データである営業秘密を参考とする行為などが考えられる。

営業秘密の「開示」とは、営業秘密を第三者に知られる状態に置くことをいい、営業秘密を非公知性を失わないまま特定の者に知られる状態に置くことも含む。具体的には、営業秘密を口頭で伝えたり、営業秘密が記録された電子データを特定の第三者に送信したり、ホームページに営業秘密を掲載したりすることのほか、営業秘密が化体された有体物の占有を移転することで他者に営業秘密を通知したりすることなどが考えられる。

(3)　第21条第１項第３号

> （罰則）
> **第二十一条**　次の各号のいずれかに該当する者は、十年以下の懲役若しくは二千万円以下の罰金に処し、又はこれを併科する。
> 三　営業秘密を営業秘密保有者から示された者であって、不正の利益を得る目的で、又はその営業秘密保有者に損害を加える目的で、その営業秘密の管理に係る任務に背き、次のいずれかに掲げる方法でその営業秘密を領得した者
> イ　営業秘密記録媒体等（営業秘密が記載され、又は記録された文書、図画又は記録媒体をいう。以下この号において同じ。）又は営業秘密が化体された物件を横領すること。
> ロ　営業秘密記録媒体等の記載若しくは記録について、又は営業秘密が化体された物件について、その複製を作成すること。
> ハ　営業秘密記録媒体等の記載又は記録であって、消去すべきものを消去せず、かつ、当該記載又は記録を消去したように仮装すること。

①　趣旨

本罪は、営業秘密保有者から示された者が、図利加害目的をもって、その営業秘密の管理に係る任務に背いて、権限なく営業秘密を営業秘密保有者の管理支配外に置く意思の発現行為に対し、刑事罰を科すものである。

本罪は、平成21年改正により設けられたものである。退職者の転職の自由や取引先の営業の自由等に配慮するとともに、処罰対象範囲の明確性の観点から一定の方法による営業秘密の領得行為に処罰対象を限定している。

②　要件

(i)　営業秘密保有者から示された

「営業秘密保有者から示された」とは、その営業秘密を不正取得以外の態様で営業秘密保有者から取得した場合であることを意味している。具体的には、営業秘密保有者から営業秘密を口頭で開示された場合や手交された場合、営業秘密へのアクセス権限を与えられた場合、営業秘密を職務上使

用している場合などをいう。

なお、営業秘密へのアクセス権限を有しているなど、「営業秘密保有者から示された者」に該当する場合であっても、その立場を利用して委託信任関係に違背した「領得」の方法によらず、「詐欺等行為」又は「管理侵害行為」によって営業秘密を取得する行為は、不正な「取得」と評価すべきと解されるから、当該行為は第21条第1項第1号の罪の対象となる。

(ii) 営業秘密の管理に係る任務

「営業秘密の管理に係る任務」とは、「営業秘密を保有者から示された者」が、営業秘密保有者との委任契約や雇用契約等において一般的に課せられた秘密を保持すべき任務や、秘密保持契約等によって個別的に課せられた秘密を保持すべき任務を意味する。

第21条第1項第4号以下の構成要件要素である「営業秘密の管理に係る任務」も同義である。

営業秘密保有者から営業秘密を示された者は、この任務を負っている限り、その立場（在職者・退職者・取引先）にかかわらず、いずれも本罪の主体となり得る。

(iii) 営業秘密の領得

営業秘密の「領得」（第21条第1項第3号柱書）とは、営業秘密を保有者から示された者が、その営業秘密を管理する任務に背いて、権限なく営業秘密を保有者の管理支配外に置く意思の発現行為をいう。

不正競争防止法は、領得の方法として、①営業秘密記録媒体等又は営業秘密が化体された物件を横領する行為（同号イ）、②営業秘密記録媒体等の記載若しくは記録について、又は営業秘密が化体された物件について、その複製を作成する行為（同号ロ）、③営業秘密記録媒体等の記載又は記録であって、消去すべきものを消去せず、かつ、当該記載又は記録を消去したように仮装する行為（同号ハ）、を規定している。

「横領」（同号イ）とは、営業秘密保有者から預かった営業秘密が記録された媒体等又は営業秘密が化体された物件を自己の物のように利用・処分する（ことができる状態に置く）ことをいう。

具体的には、営業秘密が記録されたファイルであって持ち出しが禁止されたものを無断で外部に持ち出す行為などが該当する。

「複製を作成する」（同号ロ）とは、印刷、撮影、複写、録音その他の方法により、営業秘密記録媒体等の記載若しくは記録又は営業秘密が化体された物件と同一性を保持するものを作成することをいう。

具体的には、営業秘密が記録されたデータであって複製が禁止されたものを無断でコピーする行為や、営業秘密である電子データのファイルをメール送付するために添付する行為などが該当する。

「消去すべきものを消去せず」（同号ハ）とは、営業秘密を消去すべき義務がある場合において、これに違反して営業秘密を消去しないことをいう。また、「当該記載又は記録を消去したように仮装すること」とは、自己の記録媒体等に保存された営業秘密の記載又は記録を消去した旨の書面を交付する行為のように、実際には記載等を消去していないにもかかわらず、既に消去されているかのような虚偽の外観を作出することをいう。

具体的には、プロジェクト終了後のデータ（営業秘密）消去義務に違反して当該データ（営業秘密）を消去せずに自己のパソコンに保管し続け、営業秘密保有者からの問い合わせに対して、消去した旨の虚偽の回答をする行為などが該当する。

[参考]：領得に当たらないもの

第3号が列挙する領得に当たらないものとしては、①権限を有する上司の許可を受け、営業秘密をコピーしたり、営業秘密が記載された資料を外部に持ち出したりする行為、②将来、競業活動に利用するかもしれないと思いつつ、媒体を介さずに営業秘密を記憶するだけの行為、③将来、競業活動に利用するかもしれないと思いつつ、プロジェクト終了後のデータ消去義務に反して営業秘密を消去し忘れ自己のパソコンに保管し続けていたが、営業秘密保有者からの問い合わせを受け、その後にデータを消去する行為等が挙げられる。

ただし、これらの行為は営業秘密侵害罪の構成要件としての領得に該当しないというにとどまり、各企業における社内規程の違反行為となったり、民事責任の対象となったりする可能性があることとは別である。

なお、第21条第1項第3号（海外重罰の場合を含む。）のみ未遂処罰規定の対象外とされている。これは、営業秘密を領得する行為については、その他の営業秘密侵害行為（不正取得、使用、開示等）に比べて、未遂と評価できる範囲が狭いと考えられることや、主に従業者に適用可能性のある行為類型であることから、従業者の日々の業務活動に無用な萎縮効果が生じないよう細心の注意を払う必要があるといった事情を総合的に考慮して、未遂犯処罰規定の対象外としたものである。

(4) 第21条第1項第4号

（罰則）
第二十一条　次の各号のいずれかに該当する者は、十年以下の懲役若しくは二千万円以下の罰金に処し、又はこれを併科する。
四　営業秘密を営業秘密保有者から示された者であって、その営業秘密の管理に係る任務に背いて前号イからハまでに掲げる方法により領得した営業秘密を、不正の利益を得る目的で、又はその営業秘密保有者に損害を加える目的で、その営業秘密の管理に係る任務に背き、使用し、又は開示した者

① 趣旨

本罪は、営業秘密を正当取得した者（営業秘密保有者から営業秘密を示された者）が、営業秘密を領得した後に、図利加害目的をもってその営業秘密を不正に使用又は開示するという行為に対し、刑事罰を科すものである。

なお、退職者については、第21条第1項第5号においては処罰対象から除外されているものの、たとえ退職者であっても、営業秘密保有者から営業秘密を正当に示されたにもかかわらず、営業秘密保有者との間の委託信任関係に違背して、同項第3号に規定する方法で営業秘密を領得し、図利加害目的で、これを不正に使用又は開示するような一連の行為については、違法性が高く、許されるものではないため、本号においては、このような行為については営業秘密保有者の役員又は従業者に限定することなく処罰対象としている。

② 要件

(i) 領得した営業秘密

第21条第1項第3号の実行行為によって領得された営業秘密をいう。

同項第3号イ～ハまでの方法によって営業秘密を領得すれば足り、その領得時に「不正の利益を得る目的」又は「営業秘密保有者に損害を加える目的」を有している必要はない。領得時に、図利加害目的を有していなくても、不正な手段で領得した営業秘密を図利加害目的で使用・開示する行為は、違法性の高い非難されるべき法益侵害行為といえるからである。

(ii) その営業秘密の管理に係る任務に背き、使用し、又は開示した

営業秘密を領得した後､その営業秘密を使用又は開示する場合において、本罪の対象となるのは、その営業秘密の管理に係る任務に背いた使用又は開示のみである。したがって、営業秘密保有者から営業秘密を示された者であって営業秘密を領得した者が、領得後に、営業秘密保有者の正当な業務のために営業秘密を使用したり開示したりする行為は本罪の対象から除外される。

(5) 第21条第1項第5号

（罰則）

第二十一条　次の各号のいずれかに該当する者は、十年以下の懲役若しくは二千万円以下の罰金に処し、又はこれを併科する。

五　営業秘密を営業秘密保有者から示されたその役員（理事、取締役、執行役、業務を執行する社員、監事若しくは監査役又はこれらに準ずる者をいう。次号において同じ。）又は従業者であって、不正の利益を得る目的で、又はその営業秘密保有者に損害を加える目的で、その営業秘密の管理に係る任務に背き、その営業秘密を使用し、又は開示した者（前号に掲げる者を除く。）

① 趣旨

本罪は、営業秘密を正当取得した者（営業秘密保有者から営業秘密を示された者）が、図利加害目的をもって営業秘密を不正に使用又は開示する行為に対し刑事罰を科すものである。この行為類型は、刑法上の背任罪に相

当する。なお、第21条第1項第4号の罪に当たる場合には、本号は適用されない。

本罪の主体は、営業秘密を営業秘密保有者から示された「その役員……又は従業者」（すなわち、現職の役員又は従業者）に限定されている。これは、役員又は従業者以外の者については、営業秘密保有者から示された営業秘密を保持する義務の有無が個別の契約関係や取引関係によって定まり、一義的に明確ではないため、取引関係への萎縮効果をもたらすおそれがあること、また、退職者については、その転職の自由にも配慮する必要があることから、定型的に守秘義務を負っており、営業秘密の不正な使用又は開示に高い違法性が認められる、現職の役員又は従業者に対象を限定するものである。

② 要件

(i) 役員、これらに準ずる者

「役員」とは、本号に規定されているとおり、「理事、取締役、執行役、業務を執行する社員、監事若しくは監査役又はこれらに準ずる者」をいう。

この点、本法は第18条においても「役員」について規定しているところ、同条は、外国公務員等に対する不正の利益の供与等を禁止する規定であり、「国際商取引における外国公務員に対する贈賄の防止に関する条約」に対応させる観点から、処罰対象としてではなく、贈賄の相手方として、外国における多様な組織形態の事業者を念頭に、「役員」の意義を広汎に規定している。

他方、本号は、事業者間の公正な競争を確保する目的から我が国における営業秘密に係る不正競争行為を刑事罰の対象とする規定であるため、本号に定める「役員」は、日本における事業者の組織形態を前提として、第18条に定める「役員」とは異なり、処罰対象として規定する必要があるため、第18条とは別の定義を置くこととした。

そして、本法において営業秘密に対する侵害行為を刑事罰によって禁止する趣旨は、公正な競争秩序の維持にあることから、「公正且つ自由な競争」を目的と掲げる独占禁止法の「役員」と基本的に同様に規定すべきと考えられるため、独占禁止法の定義（第2条第3項）から、従業者に相当する部分を除き、本号の「役員」の定義として、「理事、取締役、執行役、業務を執行する社員、監事若しくは監査役又はこれらに準ずる者」と定義したものである。

なお、「これらに準ずる者」とは、事業者の業務執行権限を持つ者に対して影響をもたらし得る、当該事業者の顧問や相談役などの地位にある者をいう。

(ii)　従業者

「従業者」には、使用者と労働契約関係のある労働者、及び「労働者派遣事業の適正な運営の確保及び派遣労働者の保護等に関する法律」（いわゆる労働者派遣法）に基づく派遣労働者が含まれる。派遣労働者も、同法第24条の4により、派遣先の営業秘密について法律上の守秘義務を負っており、また、労働者も派遣労働者も、事業者から指揮命令を受ける内部者として、日常的に事業者の営業秘密に接する立場にあるため、この立場を利用して営業秘密を不正に使用又は開示する行為は違法性が高いと考えられるからである。

これに対して、請負人及びその従業者は、法律上明定された守秘義務を負うわけではなく、また、事業者から指揮命令を受けているわけでもなく、いわば外部者であることから、労働者や派遣労働者と比較して、同様の行為について違法性が低いと考えられるため、請負人及びその従業者は、ここでいう「従業者」には当たらないものと解される。

(6)　第21条第1項第6号

（罰則）

第二十一条　次の各号のいずれかに該当する者は、十年以下の懲役若しくは二千万円以下の罰金に処し、又はこれを併科する。

六　営業秘密を営業秘密保有者から示されたその役員又は従業者であった者であって、不正の利益を得る目的で、又はその営業秘密保有者に損害を加える目的で、その在職中に、その営業秘密の管理に係る任務に背いてその営業秘密の開示の申込みをし、又はその営業秘密の使用若しくは開示について請託を受けて、その営業秘密をその職を退いた後に使用し、又は開示した者（第四号に掲げる者を除く。）

① 趣旨

本罪は、第21条第1項第5号と同様に、営業秘密を正当取得した者（営業秘密保有者から営業秘密を示された者）が、図利加害目的をもって営業秘密を不正に使用又は開示する行為に対し刑事罰を科すものである。本号も、第21条第1項第4号の罪に当たる場合には、適用されない。

本罪の主体は、「営業秘密を営業秘密保有者から示された役員又は従業者であった者」（すなわち、元役員又は元従業者）である。

現職の役員及び従業者については、事業者との委任契約又は雇用契約において一般的に課せられた秘密を保持すべき義務を課せられていることから、同項第5号において、営業秘密を不正に使用又は開示する行為を刑事罰の対象としている。

一方、元役員及び元従業者については、前述1⑸②のとおり、営業秘密を保持する義務の有無は一義的に明確ではないため、原則として刑事罰の対象とはしていない。

ただし、在職中に営業秘密の不正開示行為の申込みや、不正使用行為又は不正開示行為の請託の受諾等の準備行為がなされた上、その後、営業秘密の不正使用又は不正開示が行われた場合には、在職中の段階で負っている守秘義務に違反しているといえ、当罰性が認められることから、平成17年改正により、このような場合については、同項第5号と同様に、刑事罰の対象に含めることとしたものである。

② 要件

(i) 役員又は従業者であった者

「役員又は従業者であった者」とは、過去に事業者が営業秘密を示したその役員又は従業者であった者を意味するものである。

(ii) 在職中に、その職を退いた後に

「在職中に」とは、営業秘密を保有する事業者の現職の役員又は従業者である時期のことであり、「その職を退いた後に」とは、その事業者である法人から退職して以降のことを指す。

本罪が成立するためには、在職中に営業秘密の不正開示の申込み又は不正使用若しくは不正開示の請託の受諾が行われ、かつ退職後にその営業秘密についての不正使用又は不正開示が行われることが必要である。

(iii)　その営業秘密の開示の申込みをし

「開示の申込み」とは、営業秘密を保有する事業者からその営業秘密にアクセスする権限を与えられていない者に対して、営業秘密を開示するという一方的意思を表示することを意味する。

開示の申込みをする相手方と、実際に営業秘密を開示する相手方とが同一人である必要はないが、両者が全く無関係の場合は、一連の行為とはみなされない。

また、「営業秘密の開示の申込み」は、営業秘密を開示することを相手方に申し出る必要があるので、営業秘密の開示の申込みを伴わない、単なる転職の申出等はここには含まれない。

なお、「使用の申込み」がないのは、営業秘密の「使用」とは営業秘密を知っている人が自らの意思で行う行為であり、「使用を申し込む」ということが想定されないからである。

(iv)　その営業秘密の使用若しくは開示について請託を受けて

「請託」とは、営業秘密保有者から営業秘密を示された役員又は従業者に対し、営業秘密の保有者からその営業秘密にアクセスする権限を与えられていない第三者が、秘密保持義務のある営業秘密を使用又は開示するよう依頼することである。

「請託を受けて」というためには、その請託を引き受けることが必要であり、単に第三者から依頼されただけでは成立しない。

ただし、請託の受諾は黙示でも構わない。

(v)　図利加害目的の係り方

本罪においては、図利加害目的は「開示の申込みをし」「使用若しくは開示について請託を受けて」と「使用」「開示」の双方に係るものである。これは、二次的取得者による営業秘密の不正な使用又は開示に対する刑事罰を規定する第21条第１項第７号と同じ考え方である。

(7)　第21条第１項第７号

（罰則）

第二十一条　次の各号のいずれかに該当する者は、十年以下の懲役若しくは二千万円以下の罰金に処し、又はこれを併科する。

七　不正の利益を得る目的で、又はその営業秘密保有者に損害を加える目的で、第二号若しくは前三号の罪又は第三項第二号の罪（第二号及び前三号の罪に当たる開示に係る部分に限る。）に当たる開示によって営業秘密を取得して、その営業秘密を使用し、又は開示した者

① **趣旨**

本罪は、営業秘密の不正開示を通じ、図利加害目的をもってその営業秘密を取得した者（いわゆる「二次的取得者」）が、さらに図利加害目的をもってその営業秘密を不正に使用又は開示する行為に対し刑事罰を科すものである。本罪は、営業秘密にアクセスする正当な権限を有していない者が、営業秘密を不正な開示により取得して、これを不正に使用又は開示する行為を刑事罰の対象とするものである。

そもそも、営業秘密の不正開示等をそそのかすなどして、不正開示により営業秘密を取得する行為は、第21条第１項第１号～第６号の罪の共犯に当たり得る。

他方で、そのようにして不正に取得した営業秘密をさらに使用又は開示する行為については、平成15年改正では刑事罰の対象ではなかったところ、こうした二次的取得者による使用、開示に加担した者については、共犯規定が及ばない可能性があったことから、平成17年改正により、二次的取得者による営業秘密の不正な使用・開示を刑事罰の対象とした。

② **要件**

(i)　図利加害目的の係り方

本罪については、不正開示により営業秘密を取得した時点から違法性の認識が必要であると考えられるので、取得の時点及びその後の不正使用又は不正開示の時点のいずれにおいても目的要件を満たさない限り、本罪は成立しない。

(ii)　第二号若しくは前三号の罪又は第三項第二号の罪（第二号及び前三号の罪に当たる開示に係る部分に限る）に当たる開示によって

第21条第１項第２号と、同項第４号～第６号の各号に規定されている方法、及び同条第３項第２号による営業秘密の不正な「開示」を指す。

具体的には、不正に取得した営業秘密を図利加害目的で開示する行為（第2号）、営業秘密保有者から営業秘密を示された者が、その営業秘密の管理に係る任務に背いて領得したその営業秘密を図利加害目的で開示する行為（第4号）、営業秘密保有者から営業秘密を示された役員又は従業者が、その営業秘密を図利加害目的でその営業秘密の管理に係る任務に背いて開示する行為（第5号）、営業秘密保有者から営業秘密を示された役員又は従業者であった者が、図利加害目的で、在職中に、その営業秘密の管理に係る任務に背いてその営業秘密の開示の申込みをし、又はその営業秘密の使用若しくは開示について請託を受けて、その営業秘密を退職後に開示する行為（第6号）及びこれらの営業秘密不正開示行為を、相手方が日本国外において使用する目的を有することを知って行う場合（第3項第2号）のことである。

「……の罪に当たる開示によって」とは、刑法上の盗品譲受け等に関する罪における「盗品その他財産に対する罪に当たる行為によって」（刑法第256条第1項）と同様の規定であり、前提となる犯罪（本法第21条第1項第2号・第4号～第6号）は、構成要件該当性・違法性を備えた行為であれば足りると解される。

なお、前提となる犯罪から第1号及び第3号の罪が除かれているのは、これらの罪が「開示」を構成要件要素としておらず、またこれらの罪に該当する者が営業秘密を開示した場合には、その段階で第2号又は第4号の各罪に該当することとなるからである。

(8)　第21条第1項第8号

（罰則）

第二十一条　次の各号のいずれかに該当する者は、十年以下の懲役若しくは二千万円以下の罰金に処し、又はこれを併科する。

八　不正の利益を得る目的で、又はその営業秘密保有者に損害を加える目的で、第二号若しくは第四号から前号までの罪又は第三項第二号の罪（第二号及び第四号から前号までの罪に当たる開示に係る部分に限る。）に当たる開示が介在したことを知って営業秘密を取得して、その営業秘密を使用し、又は開示した者

① 趣旨

本罪は、営業秘密の最初の不正開示を通じてその営業秘密を取得した者（いわゆる「二次的取得者」）以降の者からの不正開示を通じ、図利加害目的をもってその営業秘密を取得した者（いわゆる「三次以降の取得者」）が、さらにその営業秘密を図利加害目的をもって不正に使用又は開示する行為に対し刑事罰を科すものである。

平成27年改正までは、二次的取得者の使用・開示行為について処罰規定がある（第21条第1項第7号）ものの、三次以降の取得者は、一次的取得者又は二次的取得者の共犯と評価されない限り、処罰の対象とはなっていなかった。他方で、近年の情報通信技術の高度化により営業秘密が容易に拡散され得ることや、不正に開示された営業秘密を不正使用・開示する転得者には、他者の営業秘密であることを知りながら不正使用・開示したことに独自の当罰性が生じており、これは三次以降の取得者であっても異なることはないと考えられることから、平成27年改正により設けられた規定である。これにより、二次取得者については、第21条第1項第7号が適用され、三次以降の取得者については同項第8号が適用されることとなる。

② 要件

(i) 図利加害目的の係り方

本罪についても、第1項第7号と同様に、取得の時点及びその後の不正使用又は不正開示の時点のいずれにおいても目的要件を満たさない限り、本罪は成立しない。

(ii) 第二号若しくは第四号から前号までの罪又は第三項第二号の罪（第二号及び第四号から前号までの罪に当たる開示に係る部分に限る。）に当たる開示が介在したことを知って

第21条第1項第2号と、同項第4号～第7号の各号、同条第3項第2号（海外重罰規定が適用される開示行為）に規定されている方法による不正な「開示」がなされた営業秘密であることを知っていることを指す。「介在したことを知って」とは、自らの営業秘密の取得時に、その取得時までの営業秘密の転々流通の過程においてなされた開示行為のいずれかが「不正な開示」行為であることを知っていることを意味する。その営業秘密の転々流通の過程で善意者が存在したとしても、いずれかの者による「不正な開

示」が介在したこと知ってその営業秘密を取得して、それを不正使用・開示した者は処罰対象となり得る。例えば、A→B_1→B_2→……→B_n→Cと営業秘密が渡ったときに、AやB_1の開示が不正開示であることをB_nが知らない場合（B_n→Cの開示は不正開示でない場合）であっても、CがB_nから開示を受けて営業秘密を取得する時に、AやB_1の開示行為が営業秘密不正開示行為であったことを知っていたのであれば、その営業秘密をCがさらに使用・開示する行為は処罰対象となり得る。

(9)　第21条第１項第９号

（罰則）

第二十一条　次の各号のいずれかに該当する者は、十年以下の懲役若しくは二千万円以下の罰金に処し、又はこれを併科する。

九　不正の利益を得る目的で、又はその営業秘密保有者に損害を加える目的で、自己又は他人の第二号若しくは第四号から前号まで又は第三項第三号の罪に当たる行為（技術上の秘密を使用する行為に限る。以下この号及び次条第一項第二号において「違法使用行為」という。）により生じた物を譲渡し、引き渡し、譲渡若しくは引渡しのために展示し、輸出し、輸入し、又は電気通信回線を通じて提供した者（当該物が違法使用行為により生じた物であることの情を知らないで譲り受け、当該物を譲渡し、引き渡し、譲渡若しくは引渡しのために展示し、輸出し、輸入し、又は電気通信回線を通じて提供した者を除く。）

①　趣旨

平成27年改正により、営業秘密侵害品の譲渡・輸出入等が「不正競争」に追加された（第２条第１項第10号）ことに伴い、図利加害目的をもって営業秘密侵害品の譲渡･輸出入等を行う行為に対し刑事罰を科すものである。（営業秘密侵害品に係る規制が規定された趣旨等は、前述第３章第５節②７を参照）。

② 要件

(i) 自己又は他人の第二号若しくは第四号から前号まで又は第三項第三号の罪に当たる行為（技術上の秘密を使用する行為に限る。以下この号及び次条第一項第二号において「違法使用行為」という。）

第21条第1項第2号と、第4号～第8号の各号、第3項第3号（海外重罰規定が適用される使用行為）に規定されている方法による違法な「使用」行為を指す。「自己又は他人の」とは、違法使用行為を行った者が自らが営業秘密侵害品を譲渡等する場合と、違法使用行為者ではない者が営業秘密侵害品を譲り受けて、当該営業秘密侵害品を譲渡等する場合が本号の対象となることを明らかにしたものである。

(ii) （違法使用行為により）生じた物

本号の対象となる「生じた物」は、第2条第1項第10号とその射程を同じくするものであり、技術上の営業秘密を用いて製品を製造する行為により製造された当該製品である。

(iii) 譲渡し、引き渡し、譲渡若しくは引渡しのために展示し、輸出し、輸入し、又は電気通信回線を通じて提供

本号の対象となる行為は、第2条第1項第10号とその内容が同じものである。

(iv) 当該物が違法使用行為により生じた物であることの情を知らないで譲り受け、当該物を譲渡し、引き渡し、譲渡若しくは引渡しのために展示し、輸出し、輸入し、又は電気通信回線を通じて提供した者を除く

第2条第1項第10号においては、取引の安定性等の観点から、営業秘密侵害品を譲り受けた時に、その物が「営業秘密侵害品」であることにつき善意又は無重過失の者は規制の対象外とされていることから、本号の対象からも、営業秘密侵害品を譲り受けた時に、その物が「営業秘密侵害品」であることを知らなかった者を除くこととしたものである（刑法の故意犯処罰の原則から、営業秘密侵害品であることを知らないことつき重大な過失があったとしても処罰対象とはしていない。）。

(10)　第21条第３項第１号

（罰則）
第二十一条
３　次の各号のいずれかに該当する者は、十年以下の懲役若しくは三千万円以下の罰金に処し、又はこれを併科する。
一　日本国外において使用する目的で、第一項第一号又は第三号の罪を犯した者

①　趣旨

平成27年改正により設けられた海外重罰規定の一つであり、日本国外において使用する目的で、第21条第１項第１号に規定する不正取得又は同項第３号に規定する領得行為を行った者を海外重罰の対象とするものである。

②　要件

(i)　日本国外において使用する目的

不正取得・領得した営業秘密を、日本国外で使用する目的を指し、この目的は、確定的に日本国外で使用する目的を有する場合だけでなく、日本国内で使用する目的に加えて、日本国外での使用の可能性も意識しているといった未必的な認識で足りる。また、不正取得・領得の際にそのような目的を有していれば、実際に日本国外での使用に至らなくても本罪は成立し得る。

(ii)　第一項第一号又は第三号の罪を犯した者

本号は、営業秘密を不正に取得する行為又は領得する行為について法定刑を引き上げる類型であることから、第１項各号の営業秘密侵害罪のうち、不正取得（第21条第１項第１号）と領得（第21条第１項第３号）の類型を引用したものである。

(11)　第21条第３項第２号

（罰則）
第二十一条
３　次の各号のいずれかに該当する者は、十年以下の懲役若しくは三千万

円以下の罰金に処し、又はこれを併科する。
二　相手方に日本国外において第一項第二号又は第四号から第八号までの罪に当たる使用をする目的があることの情を知って、これらの罪に当たる開示をした者

① **趣旨**

平成27年改正により設けられた海外重罰規定の一つであり、相手方が日本国外においてその営業秘密を使用する目的を有することを知って、第21条第1項第2号、同項第4号から第8号までに規定する営業秘密不正開示行為を行った者を海外重罰の対象とするものである。

② **要件**

(i) 相手方に日本国外において第一項第二号又は第四号から第八号までの罪に当たる使用をする目的があることの情を知って

自らが営業秘密を開示しようとする相手方が、日本国外において営業秘密侵害罪（第21条第1項第2号・第4号～第8号）に当たる使用行為をする目的があることを知っていることを指す。相手方の日本国外使用目的も未必的な認識で足り、また、相手方が実際に日本国外での使用に至らずとも本罪は成立し得る。

なお、自らの開示が営業秘密侵害罪に該当する場合、その相手方が、その営業秘密を不正使用する行為は、転得者処罰の規定（第21条第1項第7号、第8号）に該当することが多いと考えられるが、営業秘密侵害の態様は様々であり、転得者処罰以外の規定が適用される可能性も否定できないことから、処罰のすきまが生じないよう、「第一項第二号又は第四号から第八号までの罪に当たる使用をする目的」と、使用行為が規定されている類型を全て引用することとしている。

(ii) これらの罪に当たる開示

「これらの罪」とは、「第一項第二号又は第四号から第八号まで」を指し、開示行為を処罰対象とする全ての類型を海外重罰の対象とするものである。

(12)　第21条第3項第3号

> （罰則）
> **第二十一条**
> 3　次の各号のいずれかに該当する者は、十年以下の懲役若しくは三千万円以下の罰金に処し、又はこれを併科する。
> 三　日本国内において事業を行う営業秘密保有者の営業秘密について、日本国外において第一項第二号又は第四号から第八号までの罪に当たる使用をした者

①　趣旨

平成27年改正により設けられた海外重罰規定の一つであり、日本国内外において事業を行う営業秘密保有者の営業秘密について、日本国外において第21条第1項第2号、同項第4号から第8号までに規定する不正使用行為を行った者を海外重罰の対象とするものである。

②　要件

（i）日本国内において事業を行う営業秘密保有者の営業秘密について

本号は、日本国外において営業秘密の不正使用行為を行う行為を処罰するものであり、不正使用行為の「国外犯」(注)を処罰する規定である。その他の営業秘密侵害罪の国外犯については、その対象となる営業秘密を「日本国内において事業を行う営業秘密保有者の営業秘密」に限定していること（第21条第6項）から、本号の対象となる営業秘密にも同様の限定を設けるものである（国外犯については、後述⑩参照）。

（ii）日本国外において第一項第二号又は第四号から第八号までの罪に当たる使用をした者

「第一項第二号又は第四号から第八号まで」とは、使用行為を処罰対象とする全ての類型を指しており、これらの罪に当たる使用行為を日本国外で行った場合に、海外重罰の対象とするものである。

（注）国外犯とは、犯罪の場所が国内にない場合をいう。

(13) 第21条第４項（営業秘密侵害罪の未遂処罰）

（罰則）
第二十一条
４ 第一項（第三号を除く。）並びに前項第一号（第一項第三号に係る部分を除く。）、第二号及び第三号の罪の未遂は、罰する。

近年の情報通信技術の高度化等を背景として、営業秘密侵害の手口が巧妙化し、また、一度営業秘密が不正取得されるとインターネットを通じて瞬時に拡散されてしまう危険性が高まっているにもかかわらず、構成要件的結果が発生しなくては処罰できないとすると、営業秘密の保護の観点から不十分であることから、平成27年改正により、領得行為を除く営業秘密侵害罪について未遂処罰規定が設けられた。

未遂処罰規定の対象となる営業秘密侵害罪は、営業秘密の領得に関する罪（第21条第１項第３号及び第３項第１号に規定する領得）以外の全ての営業秘密侵害罪である。上記(3)で前述したとおり、営業秘密の領得に関する罪については、未遂と評価できる範囲が狭いと考えられることや、従業者の日々の業務活動に無用な萎縮効果が生じないよう細心の注意を払う必要があることといった事情を総合的に考慮して、未遂処罰の対象としていない。

(14) 第21条第２項第６号（秘密保持命令違反）

（罰則）
第二十一条
２ 次の各号のいずれかに該当する者は、五年以下の懲役若しくは五百万円以下の罰金に処し、又はこれを併科する。
六 秘密保持命令に違反した者

① 趣旨

第10条に規定する「秘密保持命令」に違反して、秘密保持命令の対象となっている営業秘密について当該訴訟の追行の目的以外に使用し、又は当該秘密保持命令を受けた者以外の者に開示する行為は、刑事罰の対象としている。

これは、秘密保持命令の実効性を刑事罰で担保することにより、司法秩序を維持するとともに、当該営業秘密の財産的価値を保護するためである。

4　混同惹起行為及び著名表示冒用行為への刑事罰（第21条第２項第１号・第２号）

（罰則）
第二十一条
２　次の各号のいずれかに該当する者は、五年以下の懲役若しくは五百万円以下の罰金に処し、又はこれを併科する。
一　不正の目的をもって第二条第一項第一号又は第二十号に掲げる不正競争を行った者
二　他人の著名な商品等表示に係る信用若しくは名声を利用して不正の利益を得る目的で、又は当該信用若しくは名声を害する目的で第二条第一項第二号に掲げる不正競争を行った者

混同惹起行為については、「不正の目的」をもって行う行為について刑事罰の対象としている。

「不正の目的」とは、第19条第１項第２号において規定されているように「不正の利益を得る目的、他人に損害を加える目的その他の不正の目的」である。

一方、著名表示冒用行為については、第21条第２項第２号において「他人の著名な商品等表示に係る信用若しくは名声を利用して不正の利益を得る目的で、又は当該信用若しくは名声を害する目的」をもって行う行為について刑事罰の対象としている。

これは、著名表示冒用行為については、混同惹起行為のような需要者の混同等の付加的な要件を要求していないことから、単に「不正の目的」という要件のみでは処罰の対象が不明確になるおそれがあるためである。このため、民事上規制の対象となる行為のうち、特に悪性の高い行為である、「著名な商品等表示に係る信用又は名声を利用して不正の利益を得ること」

（フリーライド）又は「著名な商品等表示に係る信用又は名声を害すること」（ポリューション、ターニッシュメント）を目的とする行為について、刑事罰の対象とするものである。

なお、信用・名声の利用や信用・名声の毀損等の結果発生などの客観的な構成要件を設けなかったのは、抽象的な結果発生を立証するのは困難であり、抑止効果が限定的になるためである。

5 誤認惹起行為への刑事罰（第21条第2項第1号・第5号）

（罰則）
第二十一条
2　次の各号のいずれかに該当する者は、五年以下の懲役若しくは五百万円以下の罰金に処し、又はこれを併科する。
一　不正の目的をもって第二条第一項第一号又は第十四号に掲げる不正競争を行った者
（略）
五　商品若しくは役務若しくはその広告若しくは取引に用いる書類若しくは通信にその商品の原産地、品質、内容、製造方法、用途若しくは数量又はその役務の質、内容、用途若しくは数量について誤認させるような虚偽の表示をした者（第一号に掲げる者を除く。）

誤認惹起行為については、第21条第2項第1号において、混同惹起行為と同様に、商品又は役務に関し、原産地、品質等について誤認させるような表示を「不正の目的」をもって行う行為について刑事罰の対象としている[注1]。

「不正の目的」をもって行っていない場合（あるいは不正の目的が立証されない場合）であっても、商品又は役務に関し、原産地、品質等について誤認させるような「虚偽の」表示を行う行為について、第21条第2項第5号において刑事罰の対象となっている[注2][注3]。ただし、同項第5号は、譲渡等の提供行為を対象としておらず、表示行為のみを処罰対象とする。

同項第5号は「虚偽の表示」を要件としているため、「虚偽の表示」がなされているとまで認めがたい場合、例えば、それ自体としては真実であるが、誤解されやすい表現が用いられている場合や曖昧不明確な表現が用いられている場合には、同項第5号には該当しないものと考えられる。

（注1）　前掲第3章第9節2 3（注3）ミートホープ事件（札幌地判平20.3.19最高裁HP）では、食肉の加工や卸売等を行う会社の代表取締役であった被告人が、従業員らと共謀の上、牛肉に豚肉等の他の畜肉を加えるなどして製造した挽肉等を梱包した段ボール箱に、牛肉のみを原料とするかのようなシールを貼付するなどして、商品の品質及び内容を誤認させるような表示をし、これを取引業者に引き渡した行為に対し懲役4年が科せられた（なお、詐欺罪との併合罪）。このほか、前掲第3章第9節2 3（注4）日本ライス事件（大阪地判平20.4.17最高裁HP）、給食用豚肉産地偽装事件（仙台地判平21.2.25最高裁HP）、魚秀ウナギ産地偽装事件（神戸地判平21.4.27最高裁HP）などがある。

（注2）　第21条第2項第5号が規定する「虚偽の表示」は、同項第1号が規定する単なる「誤認を生じさせる表示」よりも不当性が高く、処罰の必要性が高いと考えられることから、同項第5号は、「不正の目的」を要件とすることなく処罰対象としているものである。

（注3）　第21条第2項第5号が適用された事例として、全酪連不正表示牛乳事件（仙台地判平9.3.27判タ954号295頁）等がある。本事件では、実際には「牛乳」ではなく、牛乳にクリーム、脱脂粉乳等が混入された「加工乳」であるにもかかわらず、「種類別牛乳」、「成分無調整」と表示し、販売等した行為について、当該表示は、その商品の品質、内容、製造方法について誤認させるような虚偽の表示であるとし、工場長らに懲役1年6月（執行猶予3年）及び懲役10月（執行猶予3年）、法人（全国酪農業協同組合連合会）には2,000万円の罰金刑が科せられた。

6　商品形態模倣行為への刑事罰（第21条第2項第3号）

（罰則）

第二十一条

2　次の各号のいずれかに該当する者は、五年以下の懲役若しくは五百万円以下の罰金に処し、又はこれを併科する。

三　不正の利益を得る目的で第二条第一項第三号に掲げる不正競争を

行った者

商品形態模倣行為のうち、「不正の利益を得る目的」をもって行う行為について、刑事罰の対象としている（平成17年改正により新設。）。

主観的構成要件を設けたのは、処罰に値する違法性の高い行為類型に対象を絞ることにより、経済活動に萎縮効果が生じないようにするためである。具体的には、他人の先行投資や知的営為を冒用し、不正な利益を得る目的を有する者を処罰の対象とする観点から、「不正の利益を得る目的」を主観的構成要件としたものである。

一方、客観的な構成要件として、商品形態模倣品を「製造・販売している者」等に限定した場合、その適用範囲が必要以上に狭まり、模倣品の抑止効果が限定的になることから、特に客観的な構成要件は設けないこととした。

なお、平成17年改正においては、刑事罰の新設にあたり、それまで不明確であるとの批判のあった第2条第1項第3号の規定に関し、一定の明確化を図ること(注)により、処罰範囲を明確にした。

（注）平成17年改正により、「商品の形態」及び「模倣する」の定義規定が設けられた。

7 技術的制限手段に係る不正行為への刑事罰（第21条第2項第4号）

（罰則）
第二十一条
2　次の各号のいずれかに該当する者は、五年以下の懲役若しくは五百万円以下の罰金に処し、又はこれを併科する。
四　不正の利益を得る目的で、又は営業上技術的制限手段を用いている者に損害を加える目的で、第二条第一項第十七号又は第十八号に掲げる不正競争を行った者

技術的制限手段に係る不正行為のうち、「不正の利益を得る目的」又は「営

業上技術的制限手段を用いている者に損害を加える目的」（図利加害目的）をもって行う行為について、刑事罰の対象としている（平成23年改正により新設）(注1)(注2)。

主観的構成要件を設けたのは、処罰に値する違法性の高い行為類型に対象を絞ることにより、経済活動に萎縮効果が生じないようにするためである。具体的には、コンテンツ提供事業者等の対価回収機会を阻害することにより、公序良俗又は信義則に反する形で不正の利益を得る目的（図利目的）や、コンテンツ提供事業者に財産上の損害、信用の失墜その他の有形無形の不当な損害を加える目的（加害目的）を有する者を処罰の対象とする観点から、「不正の利益を得る目的」又は「営業上技術的制限手段を用いている者に損害を加える目的」を主観的構成要件としたものである。このうち、加害目的については、例えば、技術的制限手段を無効化する機能を有するプログラムの無償での提供行為を愉快犯的に行う者も想定されるため、コンテンツ提供事業者の対価回収機会を十分なものとし、法の実効性を確保するために必要なことから、本号において主観的構成要件として規定されている。

一方、客観的な構成要件として、技術的制限手段無効化装置等を「製造したものを販売している者」等に限定した場合、その適用範囲が必要以上に狭まり、技術的制限手段無効化装置等の流通に対する抑止効果が限定的になることから、このような構成要件は設けないこととした。

（注1）　技術的制限手段に対する不正行為への刑事罰の導入については、平成11年の産業構造審議会知的財産政策部会・情報産業部会合同会議での検討において、「規制の導入に当たっては、コンテンツ取引の契約の実効性を補完するとの目的を踏まえ、管理技術の開発に悪影響を与えず、また、コンテンツ流通の提供形態の多様性を確保するため、必要最小限の規制内容にとどめるよう配慮する」、さらに、「経済活動に対する過度の萎縮効果を回避するとの観点から今回は導入しないこととし、必要最小限の規制にとどめるべきである」と報告されたことを受け、民事的な救済措置のみとされた。

しかしながら、平成23年の産業構造審議会知的財産政策部会での検討において、平成11年以降、民事訴訟から逃れる目的で閉店・開店を繰り返す事業者が多くみられること、悪質な露天やネットショップ、オークションへの出品等で売買がなされることも多く、販売者を特定することが困難である事例も存在することなど民事措置のみでの対応には限界が指摘されていたことから、平成11年の基本的考え方を尊重しつつ、「民事訴訟によって紛争を解決することが困難な事例があり、これについては刑事的な手当を講じる必要性が高い」として、「一定の悪質な行為に限定して刑事罰の対象とする方向で検討することが適切」と報告された。これを受けて、刑事罰が導入された。

（注２） 技術的制限手段に係る不正行為への刑事罰の法定刑については、①不正競争防止法の中での均衡を図る観点、すなわち、今回初めて罰則が導入されるものであり、営業秘密侵害罪に見られるほどの罰則を重くすべき事情は特段認められない点、②技術的制限手段無効化装置等について、関税法の改正により水際措置による輸出入禁止品に追加されたため（「関税定率法等の一部を改正する法律」（平成23年法律第７号））、当該禁止品の輸出入に対する刑事罰との均衡を図る観点から、５年以下の懲役若しくは500万円以下の罰金又はこれらの併科という罰則とされた。

8 法定刑（第21条第１項～第３項）

（罰則）

第二十一条 次の各号のいずれかに該当する者は、十年以下の懲役若しくは二千万円以下の罰金に処し、又はこれを併科する。

一～九 （略）

２ 次の各号のいずれかに該当する者は、五年以下の懲役若しくは五百万円以下の罰金に処し、又はこれを併科する。

一～七 （略）

３ 次の各号のいずれかに該当する者は、十年以下の懲役若しくは三千万円以下の罰金に処し、又はこれを併科する。

一～三 （略）

1 営業秘密侵害罪（秘密保持命令違反は除く。）

営業秘密侵害罪（第21条第１項各号）に対する罰則については、平成27年改正前は、「10年以下の懲役若しくは1,000万円以下の罰金又はその併科」であったが、研究開発投資の在り方としてコア技術への選択集中が進んでおり、従来に比してさらに、研究開発の成果たる技術情報等が企業の競争力の源泉たる地位を占めるようになっていることや、営業秘密は、その性質上、ひとたび公開されてしまうと二度と損害を回復することができないものであり、他の知的財産権よりも手厚い法的保護が必要であることから、罰金刑の上限が「2,000万円以下」に引き上げられた。また、海外重罰の対象となる営業秘密侵害罪（第21条第３項各号）については、「3,000万円以下」としている。

不正競争防止法で規定される犯罪は、懲役刑と罰金刑の併科が可能となっている。これは、不正競争防止法で規定される犯罪は、いずれも不正の利益を得るための営業的な色彩の強い犯罪であり、特にこのような犯罪類型は、懲役刑が科された場合であっても、執行猶予がついてしまうとその効力は不十分なものとなってしまうおそれがあるためである。

2　営業秘密侵害罪以外の罪

営業秘密侵害罪以外の罪（第21条第２項各号）に対する罰則については、「５年以下の懲役若しくは500万円以下の罰金又はその併科」となっている。前述１の趣旨から、懲役刑と罰金刑の併科が可能となっている。

3　法定刑に関する改正の経緯

当初の罰則規定においては、法定刑は、３年以下の懲役又は50万円以下の罰金であった。

しかしながら、当該罰金額は、「不正競争」に対する十分な抑止的効果を発揮していないことから、他の知的財産法における罰金額とのバランスをも考慮し、平成５年の改正時に、300万円以下とすることとした。

その後、平成17年改正の際に、罰則を５年以下の懲役又は500万円以下の罰金とするとともに、前述１の趣旨から、懲役刑と罰金刑を併科することを可能にする規定を新設した。

また、営業秘密侵害罪に対する罰則（第21条第１項）については、平成18年改正の際に、10年以下の懲役又は1,000万円以下の罰金に引き上げ、さらに、平成27年改正において、前述１のとおり法定刑を引き上げた。

9 親告罪（第21条第5項、第22条第2項）

（罰則）
第二十一条
5　第二項第六号の罪は、告訴がなければ公訴を提起することができない。
（略）
第二十二条
2　前項の場合において、当該行為者に対してした前条第二項第六号の罪に係る同条第五項の告訴は、その法人又は人に対しても効力を生じ、その法人又は人に対してした告訴は、当該行為者に対しても効力を生ずるものとする。

第21条第5項は、同条第2項第6号に規定する秘密保持命令違反について、被害者その他の法律に定めた者の有効な告訴の存在を起訴の条件とする親告罪とした旨を定めたものである（平成15年改正で導入。）(注)。後述13の第22条第2項では、両罰規定による法人処罰との関係で、行為者に対する告訴の効力が法人に対しても不可分的に及ぶことを確認的に規定している。

平成27年改正前は、営業秘密侵害罪（第2条第1項各号）の刑事訴訟手続の過程で、保護を図ろうとしている営業秘密の内容が公にされてしまう可能性への懸念から、親告罪となっていた。しかし、平成23年改正により、当該懸念に対する措置として、秘匿決定、公判期日外の証人尋問等その他の刑事訴訟手続の特例（第6章・第23条～第31条）が整備され、当該懸念が大きく減少したと考えられること、顧客名簿の場合や、複数社で営業秘密を共有する場合など、営業秘密保有者と秘密漏えいによる被害者とが重なり合わないケースや、被害が一企業に留まらないケースが発生する等、営業秘密侵害罪に係る公訴提起の可否を一企業の判断のみに委ねることが必ずしも適当とは言い切れなくなってきていることから、平成27年改正により、営業秘密侵害罪を非親告罪とすることとした。

（注）　営業秘密の刑事的保護を導入した平成15年改正の際に、不正競争防止法に規定する営業秘密侵害罪及び秘密保持命令違反罪を親告罪とした趣旨として

は、仮にこれらを親告罪としない場合、被害者が刑事罰を望まなくても、検察官が起訴すれば公判手続が開始されるが、これによって刑事罰による保護を図ろうとしている営業秘密が、刑事訴訟手続の過程でさらに開示されてしまう可能性が生じかねないことへの配慮が、主たる背景要因であった。

10　場所的適用範囲（第21条第6項～第8項）

（罰則）

第二十一条

6　第一項各号（第九号を除く。）、第三項第一号若しくは第二号又は第四項（第一項第九号に係る部分を除く。）の罪は、日本国内において事業を行う営業秘密保有者の営業秘密について、日本国外においてこれらの罪を犯した者にも適用する。

7　第二項第六号の罪は、日本国外において同号の罪を犯した者にも適用する。

8　第二項第七号（第十八条第一項に係る部分に限る。）の罪は、刑法（明治四十年法律第四十五号）第三条の例に従う。

不正競争防止法で規定される罪についての場所的適用範囲は、原則として属地主義（日本国内で行われた犯罪について、処罰の対象とする。）を採用している。

ただし、以下に掲げる罪については、日本国外で犯罪行為を行った場合にも処罰することができる旨の規定が設けられている。

1　営業秘密侵害罪

第21条第6項において、営業秘密侵害罪の一部（第21条第1項第1号～第8号・第3項第1号・第2号）については、日本国外で行われた場合であっても処罰する旨の規定が設けられている（注）。

これにより、国民の国外犯（属人主義）とは異なり、行為者の国籍を問わず処罰の対象となる。

この規定の存在理由は、営業秘密の保護法益である事業者の営業上の利益及び公正な競争秩序に対する侵害は、営業秘密の侵害行為が国内外のいずれで行われても同等に発生するものであり、一層の経済のグローバル化が進展する中で、日本国外での営業秘密侵害行為を処罰の対象としないことは均衡を欠くためである。

この規定が設けられた平成17年改正においては、不正取得や領得は一般に日本国内において行われることが想定されるため、刑法の属地主義の例外である国外犯処罰規定を取得・領得行為にまで及ぼす必要はないと考えられることから、営業秘密の日本国外での使用・開示行為のみを処罰対象としていた。しかし、情報通信技術の一層の高度化等に伴い、海外からの不正アクセス行為が容易化しつつあることや、クラウドシステムも普及しつつあること、また、企業のグローバル化といった事情等から、国内の事業者が保有する営業秘密について、物理的にはサーバなどの媒体が国外に存在する場合であっても、海外からの侵害（特に海外からの営業秘密不正取得行為）に対して広く刑事罰の抑止力をもって保護する必要性がある。そこで、平成27年改正により、国外犯の処罰対象を、不正取得・領得行為にまで拡大した。

また、これに伴い、営業秘密が記録された媒体又は化体された物件の物理的場所が国内外のいずれであっても国外犯処罰の対象となるように、国外犯の対象となる営業秘密を、「詐欺等行為若しくは管理侵害行為があった時又は保有者から示された時に日本国内において管理されていた営業秘密」から「日本国内において事業を行う保有者（注：その後、平成30年改正により「営業秘密保有者」に変更。）の営業秘密」に改正した。

国外犯の対象となる営業秘密を「日本国内において事業を行う営業秘密保有者の営業秘密」に限定しているのは、日本国憲法が採用する国際協調主義の趣旨を踏まえ、我が国法制とは無関係である外国でのみ事業を行う事業者が保有する営業秘密を、外国で侵害した場合を処罰の対象から除外するためである。

なお、営業秘密侵害品の譲渡等（第21条第１項第９号）は、平成27年改正により新設された営業秘密侵害罪であり、国外での譲渡や輸出入行為を刑事罰の対象とすることの必要性及び日本国内を経由しない外国間での流通を刑事罰の対象とすることの許容性等を慎重に検討する必要があることから、国外犯処罰の対象とはしないこととしている。

（注）加えて、第３項第３号も国外犯処罰規定である。

2　秘密保持命令違反

秘密保持命令については、平成17年の法改正により、命令に違反して日本国外において営業秘密を使用・開示する行為を処罰する旨の規定（平成27年改正前の第21条第５項（現行第21条第７項））が設けられている（同様の法改正が、特許法、実用新案法、意匠法、商標法及び著作権法において、「不正競争防止法等の一部を改正する法律」（平成17年法律第75号）によって行われている。）。

これは、上記１の営業秘密侵害罪と同様に、営業秘密の保護法益の観点から考えれば、日本国外で営業秘密が使用・開示されようとも、営業秘密の財産的価値が減少することに違いはないためである。

なお、営業秘密侵害罪の場合と違い、客体の対象を制限しないのは、そもそも対象となるのが日本の裁判所において秘密保持命令が発せられた営業秘密に限定されるとともに、秘密保持命令の対象において日本国内の営業秘密と日本国外の営業秘密を差別することは、司法秩序の維持という観点から均衡を欠くためである。

3　外国公務員不正利益供与罪（外国公務員贈賄罪）

外国公務員不正利益供与罪（外国公務員贈賄罪）（第21条第２項第７号）については、国民の国外犯処罰（日本国民が、日本国外で行った行為を処罰。）を導入している。

外国公務員不正利益供与罪における場所的適用範囲の詳細については、前述第５章第３節[3]を参照されたい。

11　罪数関係（第21条第９項）

（罰則）
第二十一条
９　第一項から第四項までの規定は、刑法その他の罰則の適用を妨げない。

第21条第９項は、刑法その他の法令における罰則一般と不正競争防止法が罪数処理について一般法と特別法の関係に立たず、一つの行為で数罪に該当した場合にいわゆる観念的競合又は牽連犯の関係に立ち、科刑上一罪としてその最も重い刑により処分することを明示したものである。

⓬ 任意的没収・追徴規定（第21条第10項～第12項）

（罰則）
第二十一条
10 次に掲げる財産は、これを没収することができる。
一 第一項、第三項及び第四項の罪の犯罪行為により生じ、若しくは当該犯罪行為により得た財産又は当該犯罪行為の報酬として得た財産
二 前号に掲げる財産の果実として得た財産、同号に掲げる財産の対価として得た財産、これらの財産の対価として得た財産その他同号に掲げる財産の保有又は処分に基づき得た財産
11 組織的な犯罪の処罰及び犯罪収益の規制等に関する法律（平成十一年法律第百三十六号。以下「組織的犯罪処罰法」という。）第十四条及び第十五条の規定は、前項の規定による没収について準用する。この場合において、組織的犯罪処罰法第十四条中「前条第一項各号又は第四項各号」とあるのは、「不正競争防止法第二十一条第十項各号」と読み替えるものとする。
12 第十項各号に掲げる財産を没収することができないとき、又は当該財産の性質、その使用の状況、当該財産に関する犯人以外の者の権利の有無その他の事情からこれを没収することが相当でないと認められるときは、その価額を犯人から追徴することができる。

1 趣旨

平成27年改正前においては、営業秘密侵害行為によって得た財産等を没収する規定は置かれていなかった。しかし、近年、営業秘密の不正使用により得られる利益や営業秘密の不正な持出しに対する報酬等が高額化する事例もある中で、営業秘密侵害罪の罰金刑だけでは、営業秘密侵害に対す

る抑止力として必ずしも十分とはいえなくなった。また、罰金刑の制裁としての効果を高めるためにも、営業秘密の侵害者が得ている不正な利益を剝奪する必要があると考えられる。そこで、平成27年改正により、営業秘密を侵害した者の不正な利益を没収・追徴することができる旨の規定を設けた。

なお、本規定は、裁判所が任意的に没収・追徴を行うことができることとしたものであり、例えば、犯人（被告人）の財産を没収・追徴することにより、民事上の損害賠償のための資力が乏しくなってしまうなどの事情がある場合には、そのような事情も踏まえた上で、裁判所において没収・追徴の是非が判断されるものと考えられる。

2　没収対象となる財産（第21条第10項）

没収対象となる財産は、以下の財産である。

①　営業秘密侵害罪（第21条第１項・第３項・第４項）の犯罪行為により生じた財産（例：不正取得した設計図を使用して製造した部品）

②　同行為により得た財産（例：不正取得した設計図そのもの）

③　同行為の報酬として得た財産（例：営業秘密の不正な持出しに対する報酬として受け取った金銭）

④　上記①～③の財産の果実として得た財産（例：報酬として得た不動産を賃貸して得た賃料）、上記①～③の財産の対価として得た財産（例：①の部品を販売して得た金銭）

⑤　上記④の財産の対価として得た財産、その他①～③の財産の保有・処分に基づき得た財産（例：報酬として得た株式の配当）

3　組織的犯罪処罰法の準用（第21条第11項）

本項は、①犯罪収益が混和した財産の没収等について定めた組織的犯罪処罰法第14条及び②没収の要件等について定めた同法第15条を準用するものである。

①については、通常、混和（没収対象となる財産と同種の他の財産と混じり合って没収対象となる財産部分が特定できなくなること）が生じた場合には没収不能となるが、例外として混じり合った没収対象となる財産の額又は数

量が判明している限りにおいて没収可能とした規定である。

②については、没収対象となる財産等を、犯人以外の第三者が有している場合は没収ができないことを規定するものである。ただし、犯人以外の第三者が、犯罪の後、その財産が没収対象となる財産等であることの情を知って取得した場合においては、例外的に没収可能としている。

そのさらなる例外として、犯人以外の第三者が情を知って没収対象となる財産等を取得した場合であっても、法令上の義務の履行（公租公課の支払、民法上の扶養義務に基づく養育費の支払等）として又は契約時に情を知らなかったものの契約の履行時までに情を知った場合の当該契約の履行として、犯人以外の第三者が没収対象となる財産等を収受した場合には、取引の安全等の観点から、当該財産を没収の対象から外している（組織的犯罪処罰法第15条第１項）。

また、没収された財産等について、当該財産を有する者以外の善意の第三者が、当該財産に対して権利（地上権や抵当権等）を有している場合には、当該善意の第三者保護を図るため、その権利を存続させることを規定している（同条第２項）。

4　追徴（第21条第12項）

犯人が、没収対象となる財産を費消してしまったり、事情を知らない第三者に譲渡してしまった場合など、没収対象となる財産を没収できない場合には、その財産の価額を犯人から追徴することができる旨が規定されている。

⑬　両罰規定（第22条）

第二十二条　法人の代表者又は法人若しくは人の代理人、使用人その他の従業者が、その法人又は人の業務に関し、次の各号に掲げる規定の違反行為をしたときは、行為者を罰するほか、その法人に対して当該各号に定める罰金刑を、その人に対して各本条の罰金刑を科する。

一　前条第三項第一号（同条第一項第一号に係る部分に限る。）、第二号（同条第一項第二号、第七号及び第八号に係る部分に限る。）若しくは

第三号（同条第一項第二号、第七号及び第八号に係る部分に限る。）又は第四項（同条第三項第一号（同条第一項第一号に係る部分に限る。）、第二号（同条第一項第二号、第七号及び第八号に係る部分に限る。）及び第三号（同条第一項第二号、第七号及び第八号に係る部分に限る。）に係る部分に限る。）　十億円以下の罰金刑

二　前条第一項第一号、第二号、第七号、第八号若しくは第九号（同項第四号から第六号まで又は同条第三項第三号（同条第一項第四号から第六号までに係る部分に限る。）の罪に係る違法使用行為（以下この号及び第三項において「特定違法使用行為」という。）をした者が該当する場合を除く。）又は第四項（同条第一項第一号、第二号、第七号、第八号及び第九号（特定違法使用行為をした者が該当する場合を除く。）に係る部分に限る。）　五億円以下の罰金刑

三　前条第二項　　三億円以下の罰金刑

2　前項の場合において、当該行為者に対してした前条第二項第六号の罪に係る同条第五項の告訴は、その法人又は人に対しても効力を生じ、その法人又は人に対してした告訴は、当該行為者に対しても効力を生ずるものとする。

3　第一項の規定により前条第一項第一号、第二号、第七号、第八号若しくは第九号（特定違法使用行為をした者が該当する場合を除く。）、第二項、第三項第一号（同条第一項第一号に係る部分に限る。）、第二号（同条第一項第二号、第七号及び第八号に係る部分に限る。）若しくは第三号（同条第一項第二号、第七号及び第八号に係る部分に限る。）又は第四項（同条第一項第一号、第二号、第七号、第八号及び第九号（特定違法使用行為をした者が該当する場合を除く。）並びに同条第三項第一号（同条第一項第一号に係る部分に限る。）、第二号（同条第一項第二号、第七号及び第八号に係る部分に限る。）及び第三号（同条第一項第二号、第七号及び第八号に係る部分に限る。）に係る部分に限る。）の違反行為につき法人又は人に罰金刑を科する場合における時効の期間は、これらの規定の罪についての時効の期間による。

1　趣旨

本条は、法人の代表者又は法人若しくは個人の代理人、使用人等が、第21条第1項第1号、第2号、第7号、第8号若しくは第9号（これらの号に対応する行為に海外重罰規定（第21条第3項）、未遂処罰規定（同条第4項）が適用される場合を含む。）又は第21条第2項各号の規定に違反する行為をした場合には、行為者を処罰する他、その法人又は個人も処罰される旨を規定している(注1)。

本条は、不正競争行為の防止を目的として昭和25年改正により導入された規定であるが(注2)、その後、法人の業務活動に関連して惹起される不法行為等は多様化するとともに増加し、自然人の罰金額に連動する両罰規定は必ずしも十分な抑止効果を果たしているとはいえない状況にあった。

そこで、平成3年12月の法制審議会刑事法部会において、自然人に対する罰金額と法人に対するそれとを切り離して考えることが可能であるとの見解が示されたことも踏まえ、平成5年の本法改正時に、法人両罰の規定が導入された(注3)。

平成5年改正法は、法人に対する罰金額の上限を1億円としていたが、平成10年改正法は、これを3億円に増額した(注4)。

また、平成18年改正において、営業秘密侵害罪（平成15年改正により新設。）及び秘密保持命令違反（平成16年改正により新設。）については、特許法の改正を踏まえて「1億5,000万円」から「3億円」に、商品形態模倣行為罪（平成17年改正により新設。）についても、意匠法の改正を踏まえて「1億円」から「3億円」に引き上げた。

さらに、営業秘密侵害罪については、平成27年改正により、「3億円」から「5億円」に、海外重罰規定（第21条第3項各号）が適用される場合には「10億円」に引き上げた。これに伴い、第22条第1項に「号」を追加し、「第1号」は、海外重罰規定が適用される営業秘密侵害罪について、「第2号」は、通常の営業秘密侵害罪について、「第3号」は、それ以外の罪についての罰則を定める形となった。

（注1）　例えば、誤認惹起行為について両罰規定が適用された事例としては、ブラジル産輸入冷凍鶏肉等を国産生鮮鶏肉等と偽装表示して販売したブラジル産輸入冷凍鶏肉事件（仙台地判平15．7．17最高裁HP。法人に対して3,600万

円の罰金刑）、前掲⑤（注３）全酪連不正表示牛乳事件（仙台地判平９．３．27判タ954号295頁。全国酪農業協同組合連合会に対して2,000万円の罰金刑）等がある。

外国公務員贈賄罪について両罰規定が適用された事案の概要については、前掲第５章第３節②１（注）を参照。

（注２）　平成５年改正前の両罰規定は次のとおり。

第５条ノ２「法人ノ代表者又ハ法人若ハ人ノ代理人、使用人其ノ他ノ従業者ガ其ノ法人又ハ人ノ業務ニ関シ前条ノ違反行為ヲ為シタルトキハ行為者ヲ罰スルノ外其ノ法人又ハ人ニ対シ同条ノ罰金刑ヲ科ス」

（注３）　証券取引法（現在の金融商品取引法）においては平成４年６月、独占禁止法においては平成４年12月に、それぞれ法人両罰の規定を盛り込んだ改正法が成立している。

（注４）　罰則の水準に関する条約上の義務として、「国際商取引における外国公務員に対する贈賄の防止に関する条約」第３条第３項において「賄賂及び外国公務員に対する贈賄を通じて得た収益（又は収益に相当する価値を有する財産）を押収し若しくは没取し又は同等な効果を有する金銭的制裁を適用するために必要な措置をとる」こととされており、当該条約に的確に対応するため、平成10年改正法において、法人について１億円以下だった罰金を、当時の刑事法制の中でも最も重い部類に属する３億円以下の罰金に引き上げた。

2　両罰規定の法意

最高裁判所は、法人処罰の規定について、法人の行為者たる従業者等の選任・監督その他違反行為を防止するために必要な注意を尽くさなかった過失の存在を推定し、その注意を尽くしたことの証明がないかぎり事業主も刑事責任を免れないとする法意であることを判示している[注]。

これは、不正競争防止法の規定に関するものではないが、同法においても、両罰規定について無過失免責が肯定されるためには、一般的、抽象的な注意を与えたのでは足りず、積極的、具体的に違反防止のための指示を与えるなど、違反行為を防止するために必要な注意を尽くしたことが要求されると考えられる。

（注）　外資法違反事件（最判昭40．３．26刑集19巻２号83頁）。

3　両罰規定が適用される罪について

不正競争防止法で規定される罪のうち、営業秘密侵害罪以外の罪については、第21条第２項各号の全てについて、両罰規定が適用される。

営業秘密侵害罪については、正当に示された営業秘密を不正に使用等する行為（第21条第１項第３号～第６号）は、両罰規定の対象から除外されている。

これは、①自分の会社の役員・従業者が自社の営業秘密を不正に使用等した場合に、被害者たる会社が両罰規定により処罰されないようにすること（営業秘密保有者の保護）、②転職により営業秘密を持った者を受け入れた際、その者が持ち出した営業秘密をその者が不正に使用等した場合に、転職先の企業が処罰されることになると、企業が転職者の受け入れを躊躇するようになることから、労働移動が阻害されないようにする必要があること（転職者の保護）、③ライセンス契約等で営業秘密を供与されることのある取引相手や下請企業が、その従業者の違法行為で処罰されることとなると、取引関係が萎縮したり、下請企業に対する圧迫の温床となったりするため、違法行為に直接加担していない取引先を処罰の対象から除外すること（取引先の保護）の３点に配慮し、このような事例が想定される典型的な類型である第21条第１項第３号～第６号を除外したものである[注]。

一方、営業秘密侵害罪のうち、自らが正当にアクセスする権限のない営業秘密を不正に取得、又は不正取得の上使用・開示する行為（同項第１号・第２号・第７号）については、平成17年改正により両罰規定が適用されることとなった。

例えば、転職に関しては、中途採用者ａが、転職前の企業Ａの営業秘密を、転職先企業Ｂに以前より在職しているｂにそそのかされて開示し、その開示により営業秘密を取得したｂが営業秘密を不正使用する場合については、中途採用者ａの行為は第21条第１項第４号あるいは第６号に該当し得るものの、第４号及び第６号はともに両罰規定の対象外であるので、ａの行為に対する、転職先企業Ｂへの両罰規定の適用はない。一方、以前より在職しているｂは、第21条第１項第７号に該当し得る。第７号については両罰規定の対象であるので、ｂの行為による企業Ｂに対する両罰規定の適用はあり得る。

なお、平成27年改正により、営業秘密侵害罪に関して、海外重罰規定（第21条第３項）及び未遂処罰規定（第21条第４項）が創設されたが、同様の理由から、第21条第１項第３号～第６号について海外重罰規定及び未遂処罰規定が適用される場合についても、法人両罰の適用対象から除いている。

（注）　第21条第１項第１号・第２号・第７号に該当する場合であっても、行為者が属する法人と被害にあった法人とが同一である場合がわずかではあるが想定される（例：Ａ株式会社Ｂ研究所内で管理されている営業秘密を、Ａ株式会社Ｃ研究所に所属している研究員が、不正アクセス行為を通じて不正に取得し、使用・開示する場合）。この場合、被害者は処罰しないという観点に従って処理されることとなる。

４　法人に対する公訴時効期間

第22条第３項は、法人又は個人に罰金刑を科する場合における時効の期間は、そのもととなった罪の時効期間による旨を規定している。

刑事訴訟法第250条第２項の原則に従えば、罰金に当たる罪の公訴時効期間は３年（同項第６号）であるのに対して、そのもととなった罪は、営業秘密侵害罪については10年以下の懲役であることからその時効期間は７年（同項第４号）となり、また、営業秘密侵害罪以外の罪については５年以下の懲役であることからその時効期間は５年（同項第５号）となってしまう。

一方、不正競争防止法違反の犯罪は、類型的には、個人の利得よりも法人の業務を利する意図で犯されることを想定しており、実務的には、企業のために行為した従業者に対する公訴時効期間が、企業主体に対するそれより長いことは実質的に不公平であるとの感が強いことから、平成18年改正において、この規定を導入した。

第８章　刑事訴訟手続の特例（第23条～第31条関係）

営業秘密侵害罪（第21条第１項等）に係る刑事訴訟手続については、平成21年改正時の国会における附帯決議等において、公開裁判を通じて営業秘密が公になるとの懸念から、被害者が告訴(注１)を躊躇していると見られることに鑑み、営業秘密保護のための特別の刑事訴訟手続の在り方等について、早急に対応すべきとの指摘があった。

こうした状況の中で、平成23年改正により、営業秘密侵害罪に係る刑事裁判において営業秘密を保護するための刑事訴訟手続の特例（第６章・第23条～第31条）が設けられた(注２)。

なお、この刑事訴訟手続の特例では、被告人の防御権等を不当に侵害することがないような措置が講じられており、また、裁判手続の主要な部分が公開されていることから、刑事被告人の公開裁判を受ける権利の保障（憲法第37条第１項）や裁判公開の原則（憲法第82条）の観点からも問題ないと解される。

（注１）　前述第７章9のとおり、平成27年改正前において、営業秘密侵害罪は親告罪であった。

（注２）　民事訴訟における営業秘密の保護に関しては当事者尋問等の公開停止の規定が設けられているところ（本法第13条）、憲法では、裁判の対審及び判決は公開法廷で行うことを規定し（憲法第82条第１項）、刑事訴訟手続に関しては、被告人の公開裁判を受ける権利を保障していることに鑑み（憲法第37条第１項）、刑事訴訟手続の特例では、裁判公開の要請に応えられる秘匿措置制度及びこれを補完するための期日外手続を設けている。

なお、この特例の創設により、憲法及び裁判所法に基づいて公開停止の措置を講じることができなくなるわけではないものと解される。

第１節　営業秘密の秘匿決定等（第23条関係）

1　公訴事実に係る営業秘密の秘匿決定（第23条第１項・第２項）

（営業秘密の秘匿決定等）
第二十三条　裁判所は、第二十一条第一項、第三項若しくは第四項の罪又は前条第一項（第三号を除く。）の罪に係る事件を取り扱う場合において、当該事件の被害者若しくは当該被害者の法定代理人又はこれらの者から委託を受けた弁護士から、当該事件に係る営業秘密を構成する情報の全部又は一部を特定させることとなる事項を公開の法廷で明らかにされたくない旨の申出があるときは、被告人又は弁護人の意見を聴き、相当と認めるときは、その範囲を定めて、当該事項を公開の法廷で明らかにしない旨の決定をすることができる。
2　前項の申出は、あらかじめ、検察官にしなければならない。この場合において、検察官は、意見を付して、これを裁判所に通知するものとする。

1　趣旨

営業秘密侵害罪に係る事件の刑事訴訟手続については、侵害された営業秘密の内容が公になるとの懸念から、被害企業が告訴を躊躇する事態が生じていることが指摘されていた。

このため、裁判所は、被害者等からの申出に応じて、営業秘密の内容を公開の法廷で明らかにしない旨の決定（以下、「第１項の秘匿決定」という。）をすることができることとされた。

2　要件及び手続

(1)　公訴事実に係る営業秘密（「当該事件に係る営業秘密」）

第１項の秘匿決定は、「当該事件に係る営業秘密」についてすることができる。

「当該事件に係る営業秘密」とは、当該事件の公訴事実に係る営業秘密、すなわち、当該事件における営業秘密侵害罪の訴因で特定された営業秘密（当該事件の起訴状の公訴事実に、侵害された営業秘密として記載されているもの）をいう。

(2)　申出

第１項の秘匿決定は､被害者等から申出があるときにすることができる。

第１項の秘匿決定は、公訴事実に係る営業秘密、すなわち被害者の保有する営業秘密を保護するためになされるものであり、被害者が当該営業秘密の秘匿を望まないのであれば、これを秘匿することなく、通常の公判手続を遂行すべきこととなることから、まずはその申出を経た上で、裁判所が判断することとしている(注１)。

第23条第１項の申出をすることができる者は、当該事件の被害者及びその法定代理人並びにこれらの者から委託を受けた弁護士である。

第１項の申出は、あらかじめ、検察官にしなければならない（第23条第２項前段）。この申出は、事件が起訴された後、当該事件が終結するまでの間は、いつでも行うことができるが、秘匿決定の実効性に鑑みると、通常は、起訴後、第１回公判期日前までに行われるものと考えられる(注２)。第１回公判期日前には、裁判所は起訴状以外の資料を有していないことから、裁判所の適切な判断に資するよう裁判所への申出を検察官を通じて行うこととしている。被害者等にとっては、裁判所に対して直接申出をするよりも、捜査段階から通常接触があると考えられる検察官を通じて行う方が、その負担も少なく、秘匿決定に係る手続が円滑に進められると考えられる。

第１項の申出がなされた場合、検察官は、裁判所の適切な判断に資するよう、自らが有する情報や資料を踏まえた意見を付して、裁判所に通知する（第23条第２項後段）。

第１項の申出は、申出人の氏名又は名称及び住所等のほか、当該「事件に係る営業秘密を構成する情報のうち、法第二十三条第一項の決定の対象とすべき事項に係るもの」を明らかにしてしなければならない（「不正競争防止法第二十三条第一項に規定する事件に係る刑事訴訟手続の特例に関する規則」（平成23年最高裁判所規則第４号。以下「平成23年最高裁規則」という。）第２条第１項第４号）(注３)(注４)。

秘匿の対象となる「営業秘密を構成する情報の全部又は一部を特定させることとなる事項」とは、例えば、「営業秘密を構成する情報」が「ある薬品を使用すること」であるケースを考えると、当該薬品の名称が秘匿すべき事項の典型となるが、その他にも、当該薬品の性質・属性や仕入先などそれらが明らかにされることによって当該薬品が特定されてしまう事項が含まれる。

秘匿決定は、「営業秘密を構成する情報の全部又は一部を特定させることとなる事項」につき、その範囲を定めてなされることから（後述(5)参照）、申出は、「営業秘密を構成する情報」を具体的に挙げて行うことが望ましい（注５）。

（注１）　実務上は、捜査機関（検察官等）に対して、あらかじめ、公開の法廷で営業秘密の内容を秘匿することを希望するか否かを伝えた上で、後日、秘匿決定の申出をするという運用になると想定される。

（注２）　秘匿決定は、公判前整理手続において行うことができる（第29条第１号）。

（注３）　営業秘密とは、種々の情報の集合体であると考えられるところ、例えば、「営業秘密を構成する情報」としてA、B及びCの三つが挙げられる場合に、秘匿を希望するのはAだけなのか、BとCだけなのか、AとBとCの全部なのか、というように秘匿すべき情報を特定・選択して申出をする必要がある。

（注４）　http://www.courts.go.jp/vcms_lf/302002.pdf。

（注５）　例えば、「営業秘密を構成する情報」である物質、加工温度、加工時間等を具体的に明らかにして申出をすることが想定される。もっとも、訴訟当事者間において営業秘密の具体的な内容が特段争点となっておらず、あえて当該営業秘密の内容の詳細を相手方に明らかにする必要がない場合等には、「被害企業A社における製品Xの製造方法」などといったように、その詳細を明らかにすることなく秘匿決定をすることも考えられることから、申出に際し、その旨を希望しておくことも考えられる。

(3)　相当性（「相当と認めるとき」）

裁判所は、「相当と認めるとき」に第１項の秘匿決定をすることができる。

「相当と認めるとき」とは、申出に係る営業秘密を構成する情報の全部又は一部を特定させることとなる事項を秘匿する必要性、秘匿により得られる利益の内容・程度、これを公開の法廷で明らかにすることにより得られる利益等を総合考慮し、秘匿の必要性が認められる場合をいう。

(4)　意見聴取

裁判所は、第１項の秘匿決定をするか否かの判断をするに際しては、被告人又は弁護人の意見を聴かなければならない（検察官の意見については、前述(2)参照）。

これは、裁判所が、公訴事実に係る営業秘密の内容の秘匿の可否を判断するに当たっては、被告人の防御に不利益が生ずるおそれはないかなどの事情を考慮する必要があるためである。

(5)　範囲（「その範囲を定めて」）

裁判所は、「その範囲を定めて」秘匿決定をする。

「その範囲を定めて」とは、秘匿決定により公開の法廷で明らかにしないこととされる事項の範囲（秘匿の対象となる範囲）を画定することをいう。ここで、秘匿決定の対象を、「当該事件に係る営業秘密を構成する情報の全部又は一部」を「特定させることとなる事項」としているのは、属性等により「当該事件に係る営業秘密を構成する情報の全部又は一部」が特定できることがあり得ることに配慮したためである[注]。

（注）　なお、申出は、「営業秘密を構成する情報」A、B及びCのうち、A及びBについてのみなされた場合であっても、例えば、裁判所が、Cも含めて秘匿決定をしなければ当該営業秘密を実効的に保護できないと判断したときには、申出をした者に対して、Cの具体的な内容やCを秘匿することに関する意思等を確認するなどした上で、Cも含めて秘匿決定をすることもできるものと解される。

3　効果等

秘匿決定がなされた場合、その事件の手続は、当該秘匿決定により公開の法廷で明らかにしないこととされた営業秘密を構成する情報の全部又は一部を特定させることとなる事項（営業秘密構成情報特定事項）を公開の法廷で明らかにすることなく行われることとなり、必要に応じて、尋問等の制限（第25条）や公判期日外の証人尋問等（第26条）といった措置が講じられることとなる[注１]。

秘匿決定は、これを行った裁判所に係る審級における審理を対象とするものであり、その効力が及ぶのは当該審級に限られる[注２]。このため、第一審で秘匿決定がなされていた場合であっても、上級審で引き続き秘匿するためには、各審級において、改めて申出及び秘匿決定がなされる必要がある。

また、裁判所による秘匿決定は、刑事訴訟法第420条第１項にいう「訴訟手続に関し判決前にした決定」に当たることから、同項の規定により、検察官及び被告人又は弁護人は、裁判所による秘匿の決定に対して不服申立て（抗告）はできないものと解される(注３)。

なお、被害者等から申出があったものの、裁判所が、秘匿決定の要件を満たさないと判断した場合には、原則どおり公開の方法で裁判が行われ、却下決定のような特段の決定は行われない(注４)。そして、不服申立ての対象となる処分が存在しないため、申出をした被害者等は不服を申し立てることはできないと考えられるが、いったんは秘匿決定をしないこととされたものの、その後の訴訟の進展により、改めて必要性が認められる場合に、裁判所が被害者等の申出に基づき、改めて秘匿決定を行うことはあり得ると考えられる。

（注１）　秘匿決定があった場合、検察官は、事件の性質、審理の状況その他の事情を考慮して、営業秘密構成情報特定事項のうち公開の法廷で明らかにされる可能性があると思料するものがあるときは、裁判所及び被告人又は弁護人に対し、これを通知するものとすることとされている（平成23年最高裁規則第４条第１項）。

（注２）　他方、当該審級において一度秘匿決定がなされれば、これが取り消されない限り当該審級の終了までその効力が及ぶため、公判期日ごとに秘匿決定を行う必要はない。

（注３）　秘匿決定に対する不服申立てを認めない理由としては、①秘匿決定の結果、訴訟関係人のする尋問等が制限される場合も考えられるが、こうした場合には、尋問等を制限する裁判長の処分が異議申立ての対象となることから、決定自体を不服申立ての対象とする必要性が低いと考えられること、②裁判所は、秘匿決定をするに当たり、検察官及び被告人又は弁護人の意見を聴くこととしており（第23条第１項の秘匿決定では、同条第２項の規定により検察官の意見が裁判所に通知される。）、不服申立てをする必要性が低いと考えられること、③秘匿決定の結果、起訴状の朗読等は、営業秘密構成情報特定事項を明らかにしない方法により行うこととなるが、こうした方法

で行うこととしても、被告人の防御等への影響はそれほど大きくはないと考えられることなどが挙げられる。

（注４）　もっとも、裁判所は、秘匿決定をした場合のみならず、秘匿決定をしないこととした場合も、申出をした者にその旨を通知することとされている（平成23年最高裁規則第６条第２項後段）。

2　被告人等の保有する営業秘密の秘匿決定（第23条第３項）

（営業秘密の秘匿決定等）
第二十三条
３　裁判所は、第一項に規定する事件を取り扱う場合において、検察官又は被告人若しくは弁護人から、被告人その他の者の保有する営業秘密を構成する情報の全部又は一部を特定させることとなる事項を公開の法廷で明らかにされたくない旨の申出があるときは、相手方の意見を聴き、当該事項が犯罪の証明又は被告人の防御のために不可欠であり、かつ、当該事項が公開の法廷で明らかにされることにより当該営業秘密に基づく被告人その他の者の事業活動に著しい支障を生ずるおそれがあると認める場合であって、相当と認めるときは、その範囲を定めて、当該事項を公開の法廷で明らかにしない旨の決定をすることができる。

１　趣旨

第１項の秘匿決定は、営業秘密侵害罪に係る事件の刑事訴訟手続において訴因で特定された営業秘密を保護することを目的としたものであるが、他方で、このように被害者の保護を図るのであれば、これとの均衡を図る見地から、それ以外の営業秘密であっても、被告人の防御のためにその主張立証が不可欠な営業秘密については、これを手続的に保護する必要が認められる場合がある。

また、被告人の防御のために、訴因で特定された営業秘密以外の営業秘密を手続的に保護するのであれば、さらにこれとの均衡を図る見地から、検察官による犯罪の証明のためにその主張立証が不可欠な第三者の営業秘密についても、これを手続的に保護する必要が認められる場合がある。

このため、裁判所は、検察官又は被告人若しくは弁護人からの申出に応じて、被告人等の保有する営業秘密の内容を公開の法廷で明らかにしない旨の決定（以下、「第3項の秘匿決定」という。）をすることができることとされた。

2　要件及び手続

(1)　被告人その他の者の保有する営業秘密

第3項の秘匿決定は、「被告人その他の者の保有する営業秘密」についてすることができる。

「その他の者」としては、例えば、①被告人の勤務先企業、②被害者が考えられる。

すなわち、被告人自身の保有する営業秘密ではないが、被告人がその勤務先企業から秘密を保持しつつ示された営業秘密については、手続的保護がないと、被告人や被告人側の証人等がその具体的な内容について公開の法廷で供述等をすることができず、被告人の防御に支障を生ずるおそれがある（上記①）。

また、被害者の保有する営業秘密であっても、訴因で特定された営業秘密以外の営業秘密については、第1項の秘匿決定の対象とならないものの、これが犯罪の証明に必要な場合があり得る（上記②）。

(2)　申出

第3項の秘匿決定は、検察官又は被告人若しくは弁護人から申出があるときにすることができる。

「営業秘密を構成する情報」、「特定させることとなる事項」の意義については、前述1 2(2)及び(5)参照。

(3)　不可欠性（犯罪の証明又は被告人の防御のために不可欠）

第3項の秘匿決定をするには、被告人その他の者の保有する営業秘密を構成する情報の全部又は一部を特定させることとなる事項が「犯罪の証明又は被告人の防御のために不可欠であ」ると認める場合であることが必要である。

第1項の申出の対象となる「当該事件に係る営業秘密」は、営業秘密侵害罪の訴因で特定された営業秘密であって、犯罪の証明に不可欠であるとい得る。これに対し、第３項の申出の対象となる「被告人その他の者の保有する営業秘密」は、有象無象の営業秘密を広く含むものであって、秘匿措置により保護すべき営業秘密を、刑事訴訟手続における主張立証の必要性の観点から適切な範囲に限定する必要があるため、当該営業秘密を構成する情報の全部又は一部を特定させることとなる事項が犯罪の証明又は被告人の防御のために不可欠であることを必要としている。

(4)　要保護性（当該営業秘密に基づく事業活動に著しい支障を生ずるおそれ）

第３項の秘匿決定をするためには被告人その他の者の保有する営業秘密を構成する情報の全部又は一部を特定させることとなる事項が「公開の法廷で明らかにされることにより当該営業秘密に基づく被告人その他の者の事業活動に著しい支障を生ずるおそれがある」と裁判所が認める場合であることが必要である。

第１項の申出の対象となる「当該事件に係る営業秘密」は、営業秘密侵害罪の訴因で特定された営業秘密であり、既に、検察官により、他者に侵害されているものと認められて公訴提起されているものであるため、当該営業秘密を構成する情報を特定させることとなる事項が公開の法廷で明らかにされた場合には、被害者の事業活動に著しい支障を生ずるおそれは類型的に高いといい得る。これに対し、第３項の申出の対象となる「被告人その他の者の保有する営業秘密」は、有象無象の営業秘密を広く含むものであって、秘匿措置により保護すべき営業秘密を、営業秘密の要保護性の観点から適切な範囲に限定する必要があるため、当該営業秘密を構成する情報の全部又は一部を特定させることとなる事項が公開の法廷で明らかにされることにより当該営業秘密に基づく被告人その他の者の事業活動に著しい支障を生ずるおそれがあることを必要としている。

なお、「著しい支障を生ずるおそれ」が認められるか否かは、「当該営業秘密に基づく」事業活動につき判断されるものである。したがって、当該営業秘密が、営業秘密保有者が多角的に展開する事業活動のうちのごく一部に用いられているにすぎない場合であっても、当該一部の事業活動に「著しい支障を生ずるおそれ」が認められれば足りるものと考えられる。

(5)　相当性（「相当と認めるとき」）

裁判所は、上記(3)及び(4)の要件に加え、「相当と認めるとき」に第３項の秘匿決定をすることができる。この点につき、前述[1]２(3)参照。

(6)　意見聴取

裁判所は、第３項の秘匿決定をするか否かの判断をするに際しては、申出をした者の相手方（注）の意見を聴かなければならない。

これは、裁判所が、被告人その他の者の保有する営業秘密の内容の秘匿の可否を判断するに当たっては、（被告人又は弁護人の申出に基づく場合には）犯罪の証明に支障が生ずるおそれはないか、（検察官の申出に基づく場合には）被告人の防御に不利益が生ずるおそれはないかなどの事情を考慮する必要があるためである。

（注）　検察官が申出をした場合は被告人又は弁護人が、被告人又は弁護人が申出をした場合は検察官が、それぞれ「相手方」となる。

３　効果等

前述[1]３を参照されたい。

[3]　呼称等の決定（第23条第４項）

（営業秘密の秘匿決定等）

第二十三条

４　裁判所は、第一項又は前項の決定（以下「秘匿決定」という。）をした場合において、必要があると認めるときは、検察官及び被告人又は弁護人の意見を聴き、決定で、営業秘密構成情報特定事項（秘匿決定により公開の法廷で明らかにしないこととされた営業秘密を構成する情報の全部又は一部を特定させることとなる事項をいう。以下同じ。）に係る名称その他の表現に代わる呼称その他の表現を定めることができる。

１　趣旨

秘匿決定がなされた場合、その事件の手続は、営業秘密構成情報特定事項（秘匿決定により公開の法廷で明らかにしないこととされた営業秘密を構成する情報の全部又は一部を特定させることとなる事項）を公開の法廷で明らかにすることなく行うこととなる。

もっとも、訴訟関係人が公開の法廷で行う尋問、陳述等において営業秘密構成情報特定事項について言及する必要が生ずることが想定され、その場合、当該事項に係る表現を、一般には当該事項が明らかとならず、かつ、訴訟関係人全員が統一的に使用・理解することができる別の表現に置き換えることができれば、当該事項を公開の法廷で明らかにすることなく当該尋問、陳述等をすることができる。

このため、裁判所は、必要があると認めるときは、営業秘密構成情報特定事項に係る名称その他の表現に代わる呼称その他の表現（呼称等）を定めること（以下、「呼称等の決定」という。）ができることとされた。

「営業秘密構成情報特定事項……に係る名称その他の表現」とは、営業秘密構成情報特定事項の内容に含まれる事物の名称（事物を示す表現）の他、その属性、性質等を示す形容表現等をいう。

「名称その他の表現に代わる呼称その他の表現」とは、営業秘密構成情報特定事項の内容に含まれる事物の名称や、その属性、性質等を示す形容表現等に代えて、公開の法廷で用いるべきものとして裁判所により定められる表現（言い換え表現）をいう。

なお、裁判所は、呼称等の決定をするにあたっては、検察官及び被告人又は弁護人の意見を聴かなければならない。

2　呼称等の定め方

「名称その他の表現に代わる呼称その他の表現」は、営業秘密構成情報特定事項に関する尋問、陳述等を、公開の法廷において当該事項を明らかにすることなく行うことを可能とするために定められる言い換え表現であるため、言い換えの対象となる「名称その他の表現」が名称であれば名称として定め、形容表現であれば形容表現として定めることにより、訴訟関係人の尋問、陳述等が円滑に行われるよう配慮する必要がある。

具体的には、営業秘密に係る製造方法について「本件製造方法」、当該製造方法において用いる金属について「金属A」、当該金属の有する性質について「特性Bを有する」、当該金属を専門的に取り扱う業者について「C社」といったように呼称その他の表現を定めることが想定される。

営業秘密を構成する情報である特定の物質が金属であるということ自体

が営業秘密構成情報特定事項に該当する場合には、「金属A」といったように「金属」との文言を用いた呼称を定めるのではなく、「物質A」といったようにより抽象化した文言を用いた呼称を定める必要がある。

なお、本項の規定により呼称等の決定をするに当たっては、裁判所は、検察官及び被告人又は弁護人に対して、尋問すべき事項等の要領を記載した書面の提示を命ずることができる（本法第27条）。

さらに、裁判所は、検察官や本法第23条第３項の申出をした者に対して、呼称等の決定の対象とすべき営業秘密構成情報特定事項に係る名称その他の表現等、呼称等の決定に当たって参考となる事項を記載した書面の提出を求めることができる（平成23年最高裁規則第５条）。

4　決定の取消し（第23条第５項）

（営業秘密の秘匿決定等）

第二十三条

５　裁判所は、秘匿決定をした事件について、営業秘密構成情報特定事項を公開の法廷で明らかにしないことが相当でないと認めるに至ったとき、又は刑事訴訟法（昭和二十三年法律第百三十一号）第三百十二条の規定により罰条が撤回若しくは変更されたため第一項に規定する事件に該当しなくなったときは、決定で、秘匿決定の全部又は一部及び当該秘匿決定に係る前項の決定（以下「呼称等の決定」という。）の全部又は一部を取り消さなければならない。

第23条第１項又は第３項の規定により秘匿決定がなされた場合であっても、営業秘密構成情報特定事項を秘匿することが相当でないと認めるに至ったとき、又は当該事件がそもそも営業秘密侵害罪に係る事件に該当しなくなったときは、同条第１項又は第３項に定める秘匿決定の要件を満たさず、秘匿決定を維持することが適切でないと考えられることから、裁判所は秘匿決定及びこれを前提とする呼称等の決定を取り消さなければならないこととしている。

なお、審理の円滑な進行のために一度した呼称等の決定（第23条第４項）

を取り消したり、変更することは、通常の決定と同様に、特別な規定を置かなくても当然になし得ると考えられる。

第２節　起訴状の朗読方法の特例（第24条関係）

（起訴状の朗読方法の特例）
第二十四条　秘匿決定があったときは、刑事訴訟法第二百九十一条第一項の起訴状の朗読は、営業秘密構成情報特定事項を明らかにしない方法でこれを行うものとする。この場合においては、検察官は、被告人に起訴状を示さなければならない。

1　趣旨

刑事訴訟手続において、起訴状は、刑事訴訟法第291条第１項の規定により、公判廷で朗読しなければならないとされているが、この起訴状に営業秘密構成情報特定事項が記載されている場合には、その朗読によって当該事項が公開の法廷で明らかにされるおそれがある（注１）。

このため、秘匿決定があった場合は、営業秘密構成情報特定事項を明らかにしない方法により起訴状の朗読を行うこととされた。

「営業秘密構成情報特定事項を明らかにしない方法」としては、例えば、呼称等の決定により定められた呼称等を用いて朗読することが考えられる（注２）。

（注１）　なお、公判前整理手続調書等の朗読又は要旨の告知、訴因又は罰条を追加、撤回又は変更する書面の朗読、判決の宣告などについても、営業秘密構成情報特定事項を明らかにしない方法により行うこととされている（平成23年最高裁規則第７条第１項）。

（注２）　被告人に対しては、刑事訴訟法第271条第１項の規定により、あらかじめ起訴状の謄本が送達される他、不正競争防止法第24条の規定に基づき営業秘密構成情報特定事項を明らかにしない方法で起訴状が朗読される場合には起訴状を示さなければならないこととされていることから（同条後段）、被告人が審理対象を理解できないといった事態は考えられず、その防御権を侵害することとはならないと解される。

第３節　尋問等の制限（第25条関係）

（尋問等の制限）
第二十五条　裁判長は、秘匿決定があった場合において、訴訟関係人のする尋問又は陳述が営業秘密構成情報特定事項にわたるときは、これを制限することにより、犯罪の証明に重大な支障を生ずるおそれがある場合又は被告人の防御に実質的な不利益を生ずるおそれがある場合を除き、当該尋問又は陳述を制限することができる。訴訟関係人の被告人に対する供述を求める行為についても、同様とする。
２　刑事訴訟法第二百九十五条第五項及び第六項の規定は、前項の規定による命令を受けた検察官又は弁護士である弁護人がこれに従わなかった場合について準用する。

1　趣旨

刑事訴訟手続においては、公開の法廷で訴訟関係人[注]による尋問及び陳述並びに被告人質問（被告人に対する供述を求める行為）が行われることが想定されるが、これら尋問等が営業秘密構成情報特定事項にわたる場合には、当該事項が公開の法廷で明らかにされるおそれがある。

このため、秘匿決定があった場合において、裁判長は、営業秘密構成情報特定事項にわたる尋問等を制限できることとした。

（注）不正競争防止法第25条第１項にいう「訴訟関係人」は、検察官、被告人、弁護人、特別弁護人（刑事訴訟法第31条第２項）、補佐人（同法第42条）、被告人が法人である場合の代表者等当事者に準ずる者（同法第27条から第29条まで、第283条）、証人、鑑定人、通訳人、翻訳人を指すと解される。不正競争防止法第27条にいう「訴訟関係人」も、同様である。

2　制限の対象となる尋問等

第25条第1項の制限（以下、「尋問等の制限」という。）の対象となる「訴訟関係人のする尋問又は陳述」としては、例えば、

①　検察官による冒頭陳述、論告
②　被告人又は弁護人による罪状認否、弁論、最終陳述
③　検察官、被告人又は弁護人の証人等に対する尋問
④　証人等の証言
⑤　被告人の供述

等が考えられる。

同項後段の「訴訟関係人の被告人に対する供述を求める行為」とは、検察官、弁護人等が被告人に対して質問を発する行為をいう。

3　制限することができない場合

尋問等の制限は、「犯罪の証明に重大な支障を生ずるおそれがある場合又は被告人の防御に実質的な不利益を生ずるおそれがある場合」には、することができない。

「犯罪の証明に重大な支障を生ずる」又は「被告人の防御に実質的な不利益を生ずる」とは、尋問等が制限されると、単に尋問等の仕方を工夫しなければならないという程度の不自由を受けるにとどまらず、犯罪の証明をする上で重要な事実の立証が困難となること又は被告人の防御上必要な特定の事実の主張立証が困難となるなどの不利益を生ずることをいう。

もっとも、このようなおそれがあらかじめ想定される場合には、これを未然に防ぐため、裁判所は、訴訟当事者に対して尋問すべき事項等の要領を記載した書面の提示を命じる（第27条）などした上で、必要に応じて呼称等の決定（第23条第4項）や公判期日外の証人尋問等（第26条）といった措置を講じることが考えられる。

4　処置請求

尋問等の制限を受けた検察官又は弁護士である弁護人がこれに従わなかった場合には、裁判所は、処置請求をすることができる（第25条第2項）。

処置請求とは、「検察官については当該検察官を指揮監督する権限を有する者に、弁護士である弁護人については当該弁護士の所属する弁護士会又は日本弁護士連合会に通知し、適当な処置をとるべきことを請求すること」（刑事訴訟法第295条第５項）をいい、この請求を受けた者は、そのとった措置を裁判所に通知しなければならない（同条第６項）。

第4節　公判期日外の証人尋問等（第26条関係）

（公判期日外の証人尋問等）

第二十六条　裁判所は、秘匿決定をした場合において、証人、鑑定人、通訳人若しくは翻訳人を尋問するとき、又は被告人が任意に供述をするときは、検察官及び被告人又は弁護人の意見を聴き、証人、鑑定人、通訳人若しくは翻訳人の尋問若しくは供述又は被告人に対する供述を求める行為若しくは被告人の供述が営業秘密構成情報特定事項にわたり、かつ、これが公開の法廷で明らかにされることにより当該営業秘密に基づく被害者、被告人その他の者の事業活動に著しい支障を生ずるおそれがあり、これを防止するためやむを得ないと認めるときは、公判期日外において当該尋問又は刑事訴訟法第三百十一条第二項及び第三項に規定する被告人の供述を求める手続をすることができる。

2　刑事訴訟法第百五十七条第一項及び第二項、第百五十八条第二項及び第三項、第百五十九条第一項、第二百七十三条第二項、第二百七十四条並びに第三百三条の規定は、前項の規定による被告人の供述を求める手続について準用する。この場合において、同法第百五十七条第一項、第百五十八条第三項及び第百五十九条第一項中「被告人又は弁護人」とあるのは「弁護人、共同被告人又はその弁護人」と、同法第百五十八条第二項中「被告人及び弁護人」とあるのは「弁護人、共同被告人及びその弁護人」と、同法第二百七十三条第二項中「公判期日」とあるのは「不正競争防止法第二十六条第一項の規定による被告人の供述を求める手続の期日」と、同法第二百七十四条中「公判期日」とあるのは「不正競争防止法第二十六条第一項の規定による被告人の供述を求める手続の日時及び場所」と、同法第三百三条中「証人その他の者の尋問、検証、押収及び捜索の結果を記載した書面並びに押収した物」とあるのは「不正競争防止法第二十六条第一項の規定による被告人の供述を求める手続の結果を記載した書面」と、「証拠書類又は証拠物」とあるのは「証拠書類」と読み替えるものとする。

1　趣旨

秘匿決定がなされた場合であっても、丁々発止のやり取りが行われ得る証人等の尋問(注１)や被告人の供述を求める手続（以下「被告人質問」という。）に関しては、例えば、証人が営業秘密構成情報特定事項にとっさに言及するなど、尋問等の制限（第25条第１項）を、実効性をもって行うことが困難な場合や、逆に、呼称等の決定（第23条第４項）や尋問等の制限（第25条第１項）を踏まえて、訴訟関係人が尋問又は供述を躊躇したり、萎縮したりして十分な尋問又は供述をすることが困難な場合が想定される。

このため、秘匿決定をした場合において、裁判所は、一定の要件が認められるときには、公判期日外において証人等の尋問又は被告人質問をすることができることとされた。

なお、公判期日外の証人尋問は、従前から、刑事訴訟法第158条及び第281条の規定により認められている。しかし、これらの規定は、証人の重要性や年齢等、証人の属性を考慮して、公開の法廷では尋問を適正になし得ない状況を踏まえ、これを適切に行うために設けられた規定であるのに対し、本条の公判期日外の証人尋問等は、営業秘密の内容が公開の法廷で明らかにされることのないよう営業秘密を保護しようとするものであって、その趣旨・目的を異にし、考慮すべき要素も異なることから、新たに規定を設けることとした(注２)。

（注１）　証人、鑑定人、通訳人又は翻訳人に対する尋問をいう。

（注２）　公判期日外の被告人質問については、現行刑事訴訟法上、これを行い得るとした明文の規定はないものの、裁判長の訴訟指揮等を根拠に認められると考えられる。

2　要件及び手続

裁判所は、次の１～３の要件を全て満たす場合にのみ公判期日外の証人尋問等をすることができる。

1　尋問、供述等が営業秘密構成情報特定事項にわたるおそれ

「証人、鑑定人、通訳人若しくは翻訳人の尋問若しくは供述又は被告人に対する供述を求める行為若しくは被告人の供述が営業秘密構成情報特定事項にわた（る）……おそれがあ（る）……と認めるとき」。

2　当該営業秘密に基づく事業活動に著しい支障を生ずるおそれ

「これ(注)が公開の法廷で明らかにされることにより当該営業秘密に基づく被害者、被告人その他の者の事業活動に著しい支障を生ずるおそれがあ（る）……と認め」られるとき、すなわち要保護性が認められるとき。

なお、ここで「著しい支障を生ずるおそれ」としているのは、公判期日外の証人尋問等をする場合としては、単に営業秘密が明らかとなって被害者等が困惑するといったような、およそ何らかの支障が生ずるおそれがあるということでは足りず、当該営業秘密に基づく事業活動に著しい支障が生じるおそれがある場合を想定しているためである。

（注）　証人等の尋問若しくは供述又は被告人の供述を求める行為若しくは被告人の供述がわたるおそれのある営業秘密構成情報特定事項を指す。

3　これを防止するためやむを得ない

「これを防止するためやむを得ない」とは、呼称等の決定（第23条第４項）、尋問等の制限（第25条第１項）といった措置によっては、証人等の尋問、供述等がわたるおそれのある営業秘密構成情報特定事項が公開の法廷で明らかにされることにより当該営業秘密に基づく事業活動に著しい支障を生ずるおそれに適切に対処できず、これに適切に対処するためには本条の公判期日外の証人尋問等を実施せざるを得ないことをいう（いわゆる補充性の要件を定めたものである。）。

4　意見聴取

裁判所は、本条の規定により証人尋問等を公判期日外においてする旨を定めるか否かの判断をするに際しては、検察官及び被告人又は弁護人の意見を聴かなければならない。

なお、本条の規定により証人尋問等を公判期日外においてする旨を定め

るに当たっては、裁判所は、尋問すべき事項等の要領を記載した書面の提示を命ずること（第27条）が可能である。

3　公判期日外の証人尋問等を行った場合の証拠調べ

本条の規定により公判期日外の証人尋問等を行った場合には、その後、公判期日において、その結果を記載した書面を取り調べることとなる（刑事訴訟法第303条参照）。

当該証人尋問等において行われた尋問、供述等が、呼称等の決定のなされていない営業秘密構成情報特定事項にわたっており、かつ、その結果を記載した書面の取調べにより公開の法廷で当該事項が明らかになるおそれがある場合には、その取調べをする前に、呼称等の決定を行って当該事項に係る名称等に代わる呼称等を定めることにより、秘匿の実効性を確保することが考えられる。

4　公判期日外の被告人質問に関する準用規定について

本法第26条の規定による公判期日外の被告人質問については、刑事訴訟法第157条第１項及び第２項、第158条第２項及び第３項、第159条第１項、第273条第２項、第274条並びに第303条の規定が準用される（本法第26条第２項）。

被告人質問については、刑事訴訟法には同法第311条第２項の規定が置かれているにすぎないところ、本法第26条により公判期日外の被告人質問に係る規定を設けるに当たっては、①当事者の立会権・質問権、②手続の結果の取調方法、③被告人の出頭の確保等の手続事項につき規定を設けて明らかにしておく必要がある。したがって、刑事訴訟法に設けられている、公判期日外の証人尋問に関する規定（同法第157条第１項及び第２項、第158条第２項及び第３項、第159条第１項並びに第303条）、被告人の公判期日の召喚に関する規定（同法第273条第２項及び第274条）に定める手続と同様の取扱いをすることとした。

第5節　尋問等に係る事項の要領を記載した書面の提示命令（第27条関係）

（尋問等に係る事項の要領を記載した書面の提示命令）
第二十七条　裁判所は、呼称等の決定をし、又は前条第一項の規定により尋問若しくは被告人の供述を求める手続を公判期日外においてする旨を定めるに当たり、必要があると認めるときは、検察官及び被告人又は弁護人に対し、訴訟関係人のすべき尋問若しくは陳述又は被告人に対する供述を求める行為に係る事項の要領を記載した書面の提示を命ずることができる。

1　趣旨

秘匿決定のなされた事件においては多数の呼称等を定める必要がある事案も想定され、その場合、呼称等の決定を正確に漏れなく行うためには、裁判所において、訴訟関係人のする尋問等が、営業秘密構成情報特定事項のうち、いかなる事項に、いかなる態様でわたるおそれがあるのかをあらかじめ把握しておく必要がある。

この点は、証人尋問等を公判期日外においてする旨を定めるか否か（第26条）の判断についても同様であり、この判断を適切に行うためには、当該証人尋問等においてなされる尋問等が、営業秘密構成情報特定事項のうち、いかなる事項に、いかなる態様でわたるおそれがあるのかをあらかじめ把握しておく必要がある。

このため、裁判所は、これらの判断に必要な場合には、検察官及び被告人又は弁護人に対し、尋問すべき事項等の要領を記載した書面の提示を命ずることができることとした。

このような制度を設けることにより、裁判所が事前に訴訟関係人の陳述等を把握した上で的確な呼称等を定めることが可能になるため、審理の途中で、再三にわたり、異議の申出がなされたり、呼称等の決定を行ったりすることなどが避けられると考えられ、審理の円滑な進行に資するものと考えられる。

第６節　証拠書類の朗読方法の特例（第28条関係）

（証拠書類の朗読方法の特例）
第二十八条　秘匿決定があったときは、刑事訴訟法第三百五条第一項又は第二項の規定による証拠書類の朗読は、営業秘密構成情報特定事項を明らかにしない方法でこれを行うものとする。

1　趣旨

刑事訴訟手続において、証拠書類は、刑事訴訟法第305条第１項又は第２項の規定により、公判期日において朗読しなければならないとされているが、この証拠書類に営業秘密構成情報特定事項が記載されている場合には、その朗読によって当該事項が公開の法廷で明らかにされるおそれがある。

このため、秘匿決定があった場合においては、営業秘密構成情報特定事項を明らかにしない方法により証拠書類の朗読を行うこととされた。

「営業秘密構成情報特定事項を明らかにしない方法」としては、例えば、呼称等の決定により定められた呼称等を用いて朗読することが考えられる。

第７節　公判前整理手続等における決定（第29条関係）

（公判前整理手続等における決定）
第二十九条　次に掲げる事項は、公判前整理手続及び期日間整理手続において行うことができる。
一　秘匿決定若しくは呼称等の決定又はこれらの決定を取り消す決定をすること。
二　第二十六条第一項の規定により尋問又は被告人の供述を求める手続を公判期日外においてする旨を定めること。

1　趣旨

秘匿決定及び呼称等の決定並びにこれらの決定を取り消す決定（第29条第１号）、さらに証人尋問等を公判期日外においてする旨を定めること（第29条第２号）については、公判前整理手続及び期日間整理手続(注)において行うことができることを明らかにした。

（注）　公判前整理手続とは、充実した公判の審理を継続的、計画的かつ迅速に行うため、第１回公判期日前に、事件の争点及び証拠を整理するための公判準備として行われる手続である（刑事訴訟法第316条の２～第316条の27及び第316条の29～第316条の32）。期日間整理手続とは、審理の経過に鑑み必要と認められるときに、第１回公判期日後に、事件の争点及び証拠を整理するための公判準備として行われる手続である（同法第316条の28及び第316条の29～第316条の32）。

第8節　証拠開示の際の営業秘密の秘匿要請（第30条関係）

（証拠開示の際の営業秘密の秘匿要請）

第三十条　検察官又は弁護人は、第二十三条第一項に規定する事件について、刑事訴訟法第二百九十九条第一項の規定により証拠書類又は証拠物を閲覧する機会を与えるに当たり、第二十三条第一項又は第三項に規定する営業秘密を構成する情報の全部又は一部を特定させることとなる事項が明らかにされることにより当該営業秘密に基づく被害者、被告人その他の者の事業活動に著しい支障を生ずるおそれがあると認めるときは、相手方に対し、その旨を告げ、当該事項が、犯罪の証明若しくは犯罪の捜査又は被告人の防御に関し必要がある場合を除き、関係者（被告人を含む。）に知られないようにすることを求めることができる。ただし、被告人に知られないようにすることを求めることについては、当該事項のうち起訴状に記載された事項以外のものに限る。

2　前項の規定は、検察官又は弁護人が刑事訴訟法第二編第三章第二節第一款第二目（同法第三百十六条の二十八第二項において準用する場合を含む。）の規定による証拠の開示をする場合について準用する。

1　趣旨

検察官又は弁護人の請求に係る証拠書類又は証拠物は、刑事訴訟法第299条第1項の規定により、相手方にこれを閲覧する機会を与えなければならないとされている（証拠開示）が、これら証拠書類等に営業秘密を構成する情報の全部又は一部を特定させることとなる事項が含まれる場合には、その開示を受けた相手方を通じて当該営業秘密の内容がみだりに他人に知られるおそれがある(注)。

このため、検察官又は弁護人は、証拠開示の際、相手方に対し、当該事項がみだりに他人に知られないようにすることを求めること（以下、「秘匿要請」という。）ができることとした。

（注）　なお、刑事裁判が終結した後の訴訟記録については、当該記録を保管する検察官（保管検察官）に対して閲覧請求がなされた場合、当該検察官が、刑事確定訴訟記録法に基づき、閲覧を許可するか否かを判断することとなる。

保管検察官において、当該記録を閲覧させることにより当該記録に記載等されている営業秘密に基づく被害企業等の事業活動に著しい支障を生ずるおそれがあると認められるものなどについては、刑事確定訴訟記録法の定める一定の事由がある場合を除き、閲覧を不許可としたり、又は一部を不許可としてその該当部分をマスキングした記録のみを閲覧させたりする等の措置をとることが可能である。

2　要件及び手続

本条の秘匿要請は、営業秘密侵害罪に係る事件について証拠開示をする際、「第二十三条第一項又は第三項に規定する営業秘密を構成する情報の全部又は一部を特定させることとなる事項が明らかにされることにより当該営業秘密に基づく被害者、被告人その他の者の事業活動に著しい支障を生ずるおそれがあると認めるとき」にすることができる（「著しい支障」については、第26条第１項の解説（前述第４節2２）参照）。

第23条第１項に規定する営業秘密とは「当該事件に係る営業秘密」（同項）、すなわち訴因で特定された営業秘密を指し、同条第３項に規定する営業秘密とは「被告人その他の者の保有する営業秘密」（同項）を指すが、本条の秘匿要請をするために、同条第１項又は第３項の秘匿決定がなされていることは要しない。

「当該営業秘密に基づく被害者、被告人その他の者の事業活動に著しい支障を生ずるおそれ」があるとき、すなわち要保護性が認められるときに、秘匿要請をすることができる。

3　効果等

本条の秘匿要請がなされた場合、「犯罪の証明若しくは犯罪の捜査又は被告人の防御に関し必要がある場合」を除き、秘匿要請を受けた相手方は、当該営業秘密を構成する情報の全部又は一部を特定させることとなる事項を関係者に知られないように配慮すべき義務を負う。

この義務に違反した結果、被害者等の事業活動に支障が生じた場合には、民法第709条の不法行為又は本法の営業秘密に係る不正競争（第2条第1項第4号〜第9号）に該当する場合がある他、所定の要件を満たせば営業秘密侵害罪が成立する場合もあると考えられる。

本条の秘匿要請は、「関係者（被告人を含む。）に知られないようにすることを求めることができる」としており、この「関係者」には、被告人が含まれる（注）。

本条が適用される具体的な場合として、公訴事実に係る営業秘密（第23条第1項に規定する営業秘密）について、その秘密管理性のみが争点となっている事案において、検察官が弁護人に対し、当該営業秘密の詳細な内容が記載された証拠書類を開示する際に、当該営業秘密の詳細な内容を関係者に知られないように求める場合などが考えられる。

なお、被告人の防御に関し必要があるときには、被告人にその内容を知らせなければならない。

（注）　被告人については、公訴の提起があったときに裁判所から起訴状の謄本が送達されることから、起訴状に記載された事項については当然これを了知していると考えられるため、被告人に知られないようにすることを求めることができるのは、「当該事項のうち起訴状に記載された事項以外のものに限る。」（第30条第1項ただし書）とされている。起訴状には営業秘密につき「製品Xの製造方法」などと抽象的に記載されているにすぎない場合には、当該製造方法に係る材料、加工温度、加工時間等といった「営業秘密を構成する情報」を特定させることとなる事項は、起訴状に記載されていないこととなるため、「起訴状に記載された事項以外のもの」に該当し、第30条の秘匿要請の対象となる。

第９節　最高裁判所規則への委任（第31条関係）

> （最高裁判所規則への委任）
> **第三十一条**　この法律に定めるもののほか、第二十三条から前条までの規定の実施に関し必要な事項は、最高裁判所規則で定める。

1　趣旨

第23条から第30条までの規定の実施に関し必要な事項については、最高裁判所規則で定めることとした。

具体的には、新たに「不正競争防止法第二十三条第一項に規定する事件に係る刑事訴訟手続の特例に関する規則」（平成23年最高裁判所規則第４号）が制定された。

この刑事訴訟手続の特例の措置が実効的かつ適切に講じられるためには、秘匿の対象となる営業秘密を保有する被害企業等から十分な協力がなされることが前提となることを踏まえ、平成28年２月に策定された「秘密情報の保護ハンドブック～企業価値向上に向けて～」の参考資料６においては、被害企業等が、いつ、どのような協力をすべきかについてイメージしやすいように、秘匿措置を講じる場合の刑事訴訟手続の一連の流れや秘匿の申出書等の記載例が示されているので、参考にされたい[注]。

（注）　秘密情報の保護ハンドブックは経済産業省ホームページに掲載している（http://www.meti.go.jp/policy/economy/chizai/chiteki/pdf/handbook/full.pdf）。

第9章　没収に関する手続等の特例等（第32条〜第40条関係）

前述第7章⑫のとおり、平成27年改正により、営業秘密侵害罪に当たる行為によって得た財産等の任意的没収・追徴に係る規定（第21条第10項〜第12項）が設けられた。個別法において、犯罪行為により得た財産等について没収・追徴規定を置く場合には、犯罪収益の没収・追徴に関する一般法たる「組織的な犯罪の処罰及び犯罪収益の規制等に関する法律」（平成11年法律第136号。以下「組織的犯罪処罰法」という。）を準用した規定や、同法に倣った保全手続、国際共助手続等に関する規定を置くのが通例である。そこで、本法においても、没収に関する手続等の特例（第7章・第32条〜第34条）、没収及び追徴の保全手続に関する規定（第8章・第35条、第36条）、没収及び追徴の裁判の執行及び保全についての国際共助手続等に関する規定（第9章・第37条〜第40条）が設けられた。

第1節　没収に関する手続等の特例（第32条〜第34条関係）

1　第三者の財産の没収手続等（第32条）

（第三者の財産の没収手続等）

第三十二条　第二十一条第十項各号に掲げる財産である債権等（不動産及び動産以外の財産をいう。第三十四条において同じ。）が被告人以外の者（以下この条において「第三者」という。）に帰属する場合において、当該第三者が被告事件の手続への参加を許されていないときは、没収の裁判をすることができない。

2　第二十一条第十項の規定により、地上権、抵当権その他の第三者の権利がその上に存在する財産を没収しようとする場合において、当該第三者が被告事件の手続への参加を許されていないときも、前項と同様とする。

3　組織的犯罪処罰法第十八条第三項から第五項までの規定は、地上権、抵当権その他の第三者の権利がその上に存在する財産を没収する場合において、第二十一条第十一項において準用する組織的犯罪処罰法第十五条第二項の規定により当該権利を存続させるべきときについて準用する。

4　第一項及び第二項に規定する財産の没収に関する手続については、この法律に特別の定めがあるもののほか、刑事事件における第三者所有物の没収手続に関する応急措置法（昭和三十八年法律第百三十八号）の規定を準用する。

1　趣旨

第32条は、第21条第10項の規定により、①犯人以外の第三者が有する債権等を没収しようとする場合、及び②地上権・抵当権等の第三者の権利が存在する財産を没収しようとする場合における、当該財産の没収に関する手続について規定するものである。第三者が所有している「物」の没収手続については、一般法として「刑事事件における第三者所有物の没収手続に関する応急措置法」（昭和38年法律第138号。以下「応急措置法」という。）の規定が適用されるが、同法には、第三者が有する「物」ではない債権等の権利を没収しようとする場合、及び地上権・抵当権等の第三者の権利が存在する財産を没収しようとする場合を想定した規定が存在しないため、本条は、①及び②の第三者が被告事件の手続への参加を許されていないときは、没収の裁判をすることができないこととした上で、その没収手続については応急措置法の規定を包括的に準用し、②の場合について若干の特則を規定したものである。

具体的には、第32条第１項及び第２項においては、①及び②の第三者が被告事件の手続への参加を許されていないときは、没収の裁判をすることができないという原則を規定する。また、第32条第３項においては、第21

条第11項において準用する組織的犯罪処罰法第15条第２項の規定により②の第三者の権利を存続させる場合の裁判の手続（同法第18条第３項及び第４項）、事後的補償（同条第５項）について規定する。本法第32条第４項においては、第１項及び第２項の没収に関する手続について応急措置法の規定を包括的に準用する。

2　没収された債権等の処分等（第33条）

> **（没収された債権等の処分等）**
> **第三十三条**　組織的犯罪処罰法第十九条の規定は第二十一条第十項の規定による没収について、組織的犯罪処罰法第二十条の規定は権利の移転について登記又は登録を要する財産を没収する裁判に基づき権利の移転の登記又は登録を関係機関に嘱託する場合について準用する。この場合において、同条中「次章第一節」とあるのは、「不正競争防止法第八章」と読み替えるものとする。

1　趣旨

第33条は、組織的犯罪処罰法第19条及び第20条を、不正競争防止法に基づく没収について準用するものである。

本条において準用する組織的犯罪処罰法第19条は、没収された物に関しては、その処分権が検察官の専権に属する（刑事訴訟法第496条）ところ、没収された債権等についても同様である旨を規定する（組織的犯罪処罰法第19条第１項）とともに、当該債権等の債務者への通知について定めるものである（同条第２項）。

また、同じく本条において準用する組織的犯罪処罰法第20条は、権利の移転について登記又は登録を要するような財産を没収する場合には、国がその登記又は登録を登記官その他の関係機関に嘱託する必要があるところ、没収により効力を失った処分制限に係る登記等（差押えの登記等）又は没収により消滅した権利の取得に係る登記（地上権・抵当権等の設定登記等）があるときは、これを抹消すべきであるため、それらの登記等の抹消を関係機関に嘱託することとしたものである。

3　刑事補償の特例（第34条）

（刑事補償の特例）

第三十四条　債権等の没収の執行に対する刑事補償法（昭和二十五年法律第一号）による補償の内容については、同法第四条第六項の規定を準用する。

1　趣旨

刑事補償法（昭和25年法律第１号）は、刑の執行による補償の請求について規定するものであるが、没収の執行による補償の内容に関しては、物の没収について規定するのみであるため、第34条において債権等の没収の場合にも同法の規定を準用して、物の没収の場合と同様に取り扱うこととしたものである。具体的には、その債権等がまだ処分されていないときは、これをその権利者に譲渡し、既に処分されているときは、その債権等の価額の保証金を交付することとなる。

第２節　保全手続（第35条、第36条関係）

1　没収保全命令（第35条）

（没収保全命令）
第三十五条　裁判所は、第二十一条第一項、第三項及び第四項の罪に係る被告事件に関し、同条第十項の規定により没収することができる財産（以下「没収対象財産」という。）に当たると思料するに足りる相当な理由があり、かつ、当該財産を没収するため必要があると認めるときは、検察官の請求により、又は職権で、没収保全命令を発して、当該財産につき、その処分を禁止することができる。

2　裁判所は、地上権、抵当権その他の権利がその上に存在する財産について没収保全命令を発した場合又は発しようとする場合において、当該権利が没収により消滅すると思料するに足りる相当な理由がある場合であって当該財産を没収するため必要があると認めるとき、又は当該権利が仮装のものであると思料するに足りる相当の理由があると認めるときは、検察官の請求により、又は職権で、附帯保全命令を別に発して、当該権利の処分を禁止することができる。

3　裁判官は、前二項に規定する理由及び必要があると認めるときは、公訴が提起される前であっても、検察官又は司法警察員（警察官たる司法警察員については、国家公安委員会又は都道府県公安委員会が指定する警部以上の者に限る。）の請求により、前二項に規定する処分をすることができる。

4　前三項に定めるもののほか、これらの規定による処分については、組織的犯罪処罰法第四章第一節及び第三節の規定による没収保全命令及び附帯保全命令による処分の禁止の例による。

1　趣旨

第35条は、没収対象となり得る財産について、それが処分される可能性があって、その処分の結果、これを没収することができなくなったり、裁判に参加させるべき者の範囲が拡大して審理が遅延する等の事情がある場合に、裁判官が、当該財産について処分を禁止する命令（同条第１項）及び当該財産に対する権利（地上権・抵当権等）の処分を禁止する命令（第２項）を出すことができる旨を規定したものである。

また、同条第１項及び第２項は起訴後の命令であるのに対して、起訴前であっても、同様の命令を発出することができる場合も規定している（同条第３項）。

その上で、これらの命令に関する具体的手続等については、組織的犯罪処罰法第４章の例によるものとして、包括的に同法を準用している（本法第35条第４項）。この準用規定により、没収保全と滞納処分との手続の調整に関する政令（平成11年政令第402号）が、不正競争防止法に基づく没収保全についても適用されることとなる（本法第19条の２参照）。

2　追徴保全命令（第36条）

（追徴保全命令）

第三十六条　裁判所は、第二十一条第一項、第三項及び第四項の罪に係る被告事件に関し、同条第十二項の規定により追徴すべき場合に当たると思料するに足りる相当な理由がある場合において、追徴の裁判の執行をすることができなくなるおそれがあり、又はその執行をするのに著しい困難を生ずるおそれがあると認めるときは、検察官の請求により、又は職権で、追徴保全命令を発して、被告人に対し、その財産の処分を禁止することができる。

2　裁判官は、前項に規定する理由及び必要があると認めるときは、公訴が提起される前であっても、検察官の請求により、同項に規定する処分をすることができる。

3　前二項に定めるもののほか、これらの規定による処分については、組織的犯罪処罰法第四章第二節及び第三節の規定による追徴保全命令による処分の禁止の例による。

1　趣旨

第36条は、没収対象となり得る財産について、没収することができない場合又は没収することが相当でないと認められる場合であって、その価額を追徴すべき場合に当たると思料するに足りる相当な理由があるとき、かつ、追徴の執行ができなくなるおそれがある又は著しく困難となるおそれがあるときに、裁判所又は裁判官が、被告人又は被疑者の財産の処分を一時的に禁止する命令をすることができる旨を規定したものである（第36条第1項・第2項）。

前条と同様、起訴前における追徴保全命令（第36条第2項）及び組織的犯罪処罰法第四章の包括的準用（第36条第3項）についても規定している。

第３節　没収及び追徴の裁判の執行及び保全についての国際共助手続等（第37条～第40条関係）

第９章は、外国の刑事事件に関し、当該外国から、没収若しくは追徴の確定裁判の執行又は没収若しくは追徴のための財産の保全の共助の要請があったとき、一定の制限事由に該当する場合を除き、その要請に係る共助をすることができるとする（第37条）とともに、共助に際して必要な手続上の規定についても措置するものである（第38条～第40条）。

1　共助の実施（第37条）

（共助の実施）

第三十七条　外国の刑事事件（当該事件において犯されたとされている犯罪に係る行為が日本国内において行われたとした場合において、当該行為が第二十一条第一項、第三項又は第四項の罪に当たる場合に限る。）に関して、当該外国から、没収若しくは追徴の確定裁判の執行又は没収若しくは追徴のための財産の保全の共助の要請があったときは、次の各号のいずれかに該当する場合を除き、当該要請に係る共助をすることができる。

一　共助犯罪（共助の要請において犯されたとされている犯罪をいう。以下この項において同じ。）に係る行為が日本国内において行われたとした場合において、日本国の法令によればこれについて刑罰を科すことができないと認められるとき。

二　共助犯罪に係る事件が日本国の裁判所に係属するとき、又はその事件について日本国の裁判所において確定判決を経たとき。

三　没収の確定裁判の執行の共助又は没収のための保全の共助については、共助犯罪に係る行為が日本国内において行われたとした場合において、要請に係る財産が日本国の法令によれば共助犯罪について没収の裁判をし、又は没収保全をすることができる財産に当たるものでないとき。

四　追徴の確定裁判の執行の共助又は追徴のための保全の共助については、共助犯罪に係る行為が日本国内において行われたとした場合において、日本国の法令によれば共助犯罪について追徴の裁判をし、又は追徴保全をすることができる場合に当たるものでないとき。

五　没収の確定裁判の執行の共助については要請に係る財産を有し又はその財産の上に地上権、抵当権その他の権利を有すると思料するに足りる相当な理由のある者が、追徴の確定裁判の執行の共助については当該裁判を受けた者が、自己の責めに帰することのできない理由により、当該裁判に係る手続において自己の権利を主張することができなかったと認められるとき。

六　没収又は追徴のための保全の共助については、要請国の裁判所若しくは裁判官のした没収若しくは追徴のための保全の裁判に基づく要請である場合又は没収若しくは追徴の裁判の確定後の要請である場合を除き、共助犯罪に係る行為が行われたと疑うに足りる相当な理由がないとき、又は当該行為が日本国内で行われたとした場合において第三十五条第一項又は前条第一項に規定する理由がないと認められるとき。

2　地上権、抵当権その他の権利がその上に存在する財産に係る没収の確定裁判の執行の共助をするに際し、日本国の法令により当該財産を没収するとすれば当該権利を存続させるべき場合に当たるときは、これを存続させるものとする。

1　趣旨

第37条は、没収・追徴の確定裁判の執行又は没収・追徴のための保全に係る国際共助手続の基本的な要件と制限事由について規定するものである。

第１項は、外国から共助の要請があった場合に、相互主義の下で共助を実施できることを規定するものである。そして、相互主義を保証するため、外国の刑事事件で問題となっている行為（以下、「当該行為」という。）が日本で行われた場合に営業秘密侵害罪に当たらない場合（同項第１号）や、当該行為が日本で行われた場合に（違法性阻却や責任阻却、公訴時効の成立等により）刑罰を科すことができない場合（同項第１号）、当該行為について既に日本国の裁判所に係属している又は既に日本国の裁判所において確定判決が出ている場合（同項第２号）、没収・追徴及び没収・追徴保全の共助において、その対象となっている財産が、日本国の法令によれば没収・追徴及び没収・追徴保全の対象とならない場合（没収について同項第３号、追徴について同項第４号）、外国における没収の確定裁判に係る手続において地上権者・抵当権者等の利害関係人が自己の権利を主張することができなかった場合（同項第５号）、没収・追徴保全の共助において、当該行為が日本で行われたとして保全の必要性の要件を満たさない場合等（同項第６号）には、共助に応じることが制限されることを規定している。

第２項も、相互主義の観点から、没収の共助が要請されている財産に対して地上権・抵当権等の権利が存在する場合であって、日本国の法令により当該財産を没収するとすれば当該権利を存続させるべき場合には、その権利を存続させることとしたものである。

2　追徴とみなす没収（第38条）

（追徴とみなす没収）

第三十八条　第二十一条第十項各号に掲げる財産に代えて、その価額が当該財産の価額に相当する財産であって当該裁判を受けた者が有するものを没収する確定裁判の執行に係る共助の要請にあっては、当該確定裁判は、この法律による共助の実施については、その者から当該財産の価額を追徴する確定裁判とみなす。

２　前項の規定は、第二十一条第十項各号に掲げる財産に代えて、その価額が当該財産の価額に相当する財産を没収するための保全に係る共助の要請について準用する。

1　趣旨

第38条は、外国において没収の確定裁判がなされた財産が、日本国の法令によれば追徴とすべき財産である場合があり、この場合には、手続上、その外国の没収裁判を、日本国内において執行することができなくなってしまうことから、その不都合を避けるため、当該没収を追徴とみなすことができる場合を規定したものである。

3　要請国への共助の実施に係る財産等の譲与（第39条）

（要請国への共助の実施に係る財産等の譲与）

第三十九条　第三十七条第一項に規定する没収又は追徴の確定裁判の執行の共助の要請をした外国から、当該共助の実施に係る財産又はその価額に相当する金銭の譲与の要請があったときは、その全部又は一部を譲与することができる。

1　趣旨

第39条は、相互主義を保証するため、共助の要請国から、没収・追徴の共助の対象となる財産について譲与の要請があった場合に、その全部又は一部を譲与することを可能とする規定である。

4　組織的犯罪処罰法による共助等の例（第40条）

（組織的犯罪処罰法による共助等の例）

第四十条　前三条に定めるもののほか、第三十七条の規定による共助及び前条の規定による譲与については、組織的犯罪処罰法第六章の規定による共助及び譲与の例による。

1　趣旨

第40条は、第37条から第39条までに規定に係るその他の手続について、組織的犯罪処罰法の規定を包括的に準用する旨を規定したものである。

第10章　附則

第１節　平成５年改正法附則（原始附則）

1　施行期日（附則第１条）

（施行期日）
第一条　この法律は、公布の日から起算して一年を超えない範囲内において政令で定める日から施行する。

平成５年改正法の施行期日について、政令に定める旨規定した。具体的には、政令（平成６年政令第44号）により、平成６年５月１日が施行日である。

2　経過措置（附則第２条～第11条）

（経過措置）
第二条　改正後の不正競争防止法（以下「新法」という。）の規定は、特別の定めがある場合を除いては、この法律の施行前に生じた事項にも適用する。ただし、改正前の不正競争防止法（以下「旧法」という。）によって生じた効力を妨げない。

平成５年改正法の効力を一律に遡及適用し、平成５年改正法の規定のうち改正前と同じものはそのまま適用し、改正前と異なる規定については、特別の調整規定を置くという原則を規定した。

第三条　第三条、第四条本文及び第五条の規定は、この法律の施行前に開始した次に掲げる行為を継続する行為については、適用しない。
一　第二条第一項第二号に掲げる行為に該当するもの（同項第一号に掲げる行為に該当するものを除く。）
二　第二条第一項第二十号に掲げる行為のうち、役務若しくはその広告若しくは取引に用いる書類若しくは通信にその役務の質、内容、用途若しくは数量について誤認させるような表示をし、又はその表示をして役務を提供する行為に該当するもの

平成5年改正法によって新たに追加された著名表示冒用行為及び役務の誤認惹起行為について、平成5年改正法施行前から継続して行う行為については、平成5年改正法施行後であっても差止め及び損害賠償の対象としない。

第四条　第三条から第五条まで、第十四条及び第十五条第一項の規定は、平成三年六月十五日前に行われた第二条第一項第四号に規定する営業秘密不正取得行為又は同項第八号に規定する営業秘密不正開示行為に係る同項第四号から第六号まで、第八号又は第九号に掲げる不正競争であって同日以後に行われるもの（次の各号に掲げる行為に該当するものを除く。）及び同日前に開始した同項第七号に規定する営業秘密を使用する行為を継続する行為については、適用しない。
一　第二条第一項第四号から第六号まで、第八号及び第九号に規定する営業秘密を開示する行為
二　第二条第一項第五号及び第八号に規定する営業秘密を取得する行為並びにこれらの行為により取得した営業秘密を使用する行為

平成2年改正法によって不正競争として位置付けられた営業秘密に係る不正行為について、当該改正法の施行前に取得された営業秘密を使用する行為等については改正後の規定が適用されないことから、平成5年改正法施行後もその規定を維持する。

第五条　新法第七条の規定は、この法律の施行後に提起された訴えについて適用し、この法律の施行前に提起された訴えについては、なお従前の例による。

平成５年改正法によって新たに規定された書類提出命令については、事実上、相手方に新たな義務を課すこととなることから、平成５年改正法施行前に提起された訴えについては、書類提出命令規定の対象としない。

第六条　第十四条の規定は、この法律の施行前に開始した第二条第一項第二号又は第二十号に掲げる行為に該当するもの（同項第一号に掲げる行為に該当するものを除く。）を継続する行為については、適用しない。

平成５年改正法によって新たに追加された著名表示冒用行為及び役務の誤認惹起行為並びにこれまで対象となっていなかった商品の誤認惹起行為について、平成５年改正法施行前から継続して行う行為については、平成５年改正法施行後であっても信用回復請求の対象としない。

第七条　この法律の施行の際現に旧法第四条第一項から第三項まで又は第四条ノ二に規定する許可を受けている者は、それぞれ、新法第十六条第一項ただし書、第二項ただし書若しくは第三項ただし書又は第十七条ただし書に規定する許可を受けた者とみなす。

平成５年改正法施行前に外国の国旗、国際機関の標章等に関して受けた使用許可については、平成５年改正法の規定に基づき許可を受けたものとみなす。

第八条　新法第十六条の規定は、この法律の施行の際現に旧法第四条第四項に規定する許可を受けている者については、適用しない。

外国の紋章等と類似した紋章等に関して、平成５年改正法施行前に政府から使用許可を受けたものについては、かかる許可制度がなくなった後にも、引き続き使用を認める。

第九条　新法第十七条の規定は、この法律の施行前に開始した同条に規定する国際機関類似標章（旧法第四条ノ二に規定する政府間国際機関ノ紋章、旗章其ノ他ノ徽章、略称又ハ名称ニシテ主務大臣ノ指定スルモノト同一又ハ類似ノモノを除く。以下「民間国際機関類似標章」という。）を商標として使用し、又は民間国際機関類似標章を商標として使用した商品を譲渡し、引き渡し、譲渡若しくは引渡しのために展示し、輸出し、輸入し、若しくは電気通信回線を通じて提供し、若しくは民間国際機関類似標章を商標として使用して役務を提供する行為に該当するものを継続する行為については、適用しない。

国際機関のうち、平成５年改正法によって新たに対象となった非政府間国際機関の標章を使用する行為について、平成５年改正法施行前から継続して行う行為については、平成５年改正法施行後であっても罰則の対象としない。

第十条　第二十一条（第二項第七号に係る部分を除く。）及び第二十二条の規定は、この法律の施行前に開始した附則第三条第二号に掲げる行為に該当するものを継続する行為については、適用しない。

平成５年改正法によって新たに追加された不正競争のうち、罰則の対象とされる役務の誤認惹起行為を平成５年改正法施行前から継続して行う行為については、平成５年改正法施行後であっても罰則の対象としない。

第十一条　この法律の施行前にした行為に関する旧法第三条に規定する外国人が行う同条に規定する請求については、なお従前の例による。

新たに訴権を与えられた外国人については、平成５年改正法施行前の行為に対する訴えを認めない。

3　不正競争防止法引用法の改正等（附則第12条）

（商標法の一部を改正する法律の一部改正）
第十二条　（略）

4　罰則の適用に関する経過措置（附則第13条）

（罰則の適用に関する経過措置）
第十三条　この法律の施行前にした行為に対する罰則の適用については、なお従前の例による。

平成５年改正法施行前に行われた行為については、平成５年改正法施行により強化された罰則の対象としない。

5　政令への委任（附則第14条）

（政令への委任）
第十四条　附則第二条から第十一条まで及び前条に定めるもののほか、この法律の施行に関し必要な経過措置は、政令で定める。

第2節　平成30年改正法附則（抄）

（施行期日）

第一条　この法律は、公布の日から起算して一年六月を超えない範囲内において政令で定める日から施行する。ただし、次の各号に掲げる規定は、当該各号に定める日から施行する。

一・二　（略）

三　第一条中不正競争防止法第二条第一項第十一号の改正規定（同号を同項第十七号とする部分を除く。）、同項第十二号の改正規定（同号を同項第十八号とする部分を除く。）、同条第七項の改正規定（「（電子的方法、磁気的方法その他の人の知覚によって認識することができない方法をいう。）」を削る部分及び同項を同条第八項とする部分を除く。）及び第十九条第一項第八号の改正規定（「第二条第一項第十一号及び第十二号」を「第二条第一項第十七号及び第十八号」に、「同項第十一号及び第十二号」を「同項第十七号及び第十八号」に改める部分及び同号を同項第九号とする部分を除く。）並びに次条第二項及び附則第六条の規定　公布の日から起算して六月を超えない範囲内において政令で定める日

四・五　（略）

不正競争防止法の一部を改正する法律（平成30年法律第33号）の施行期日を、各号の場合を除き、公布の日（平成30年５月30日）から１年６月を超えない範囲内で政令で定める日とするものである。具体的には、附則第１条本文の施行日は令和元年７月１日であり、第１条第３号に基づく施行日については、政令（平成30年政令第257号）により、平成30年11月29日が施行日である。

（不正競争防止法の一部改正に伴う経過措置）

第二条　第一条の規定（前条第三号に掲げる改正規定を除く。）による改正後の不正競争防止法（以下この項において「新不競法」という。）第三条から第五条まで、第十四条及び第十五条第二項の規定は、この法律の施行の日（以下「施行日」という。）前に行われた新不競法第二条第一項第十一号に規定する限定提供データ不正取得行為に相当する行為又は同項第十五号に規定する限定提供データ不正開示行為に相当する行為に係る同項第十一号から第十三号まで、第十五号又は第十六号に掲げる不正競争であって施行日以後に行われるもの（次の各号に掲げる行為に相当する行為に該当するものを除く。）及び施行日前に開始した同項第十四号に規定する限定提供データを使用する行為に相当する行為を継続する行為については、適用しない。

一　新不競法第二条第一項第十一号から第十三号まで、第十五号及び第十六号に規定する限定提供データを開示する行為

二　新不競法第二条第一項第十二号及び第十五号に規定する限定提供データを取得する行為並びにこれらの行為により取得した限定提供データを使用する行為

２　前条第三号に掲げる規定の施行の日から施行日までの間における第一条の規定（同号に掲げる改正規定に限る。）による改正後の不正競争防止法第二条第一項第十一号の規定の適用については、同号中「第八項」とあるのは、「第七項」とする。

(1)　限定提供データに係る経過措置（附則第２条第１項本文・但書各号）

①施行前に行われた「限定提供データ不正取得行為」又は「限定提供データ不正開示行為」に係る第２条第１項第11号～第13号・第15号・第16号に規定する行為、及び②施行前に開始した同項第14号に規定する「限定提供データ」の不正使用行為を継続する行為については、適用しない。

ただし、①施行後に「限定提供データ」を開示する行為、及び、②施行後に「限定提供データを取得する行為並びにこれらの行為により取得した限定提供データを使用する行為」については、適用する。

［図表2-10-1］　施行日と経過措置

① 「限定提供データ」に係る事項
（第2条第1項第11号～16号・第7項、第5条第1項～第4項、第15条第2項、第19条第1項第8号）

【施行日】令和元年7月1日

【経過措置】右図参照（○：適用あり、×：適用なし）
×施行前に開始した第14号の不正使用行為の継続
×施行前に行われた不正取得行為・不正開示行為に係る、施行後に行われる第11号～第13号、第15号、第16号の行為
（ただし以下の行為を除く）
○施行後に行われる不正開示行為
○施行後に行われる不正取得行為と、それに続く不正使用行為

② 「技術的制限手段」に係る事項
（第2条第1項第17号・第18号・第8項、第19条第1項第9号）

【施行日】平成30年11月29日

【経過措置】なし

③ 証拠収集手続きの強化に係る事項
（第7条第2項～第5項）

【施行日】令和元年7月1日

【経過措置】なし

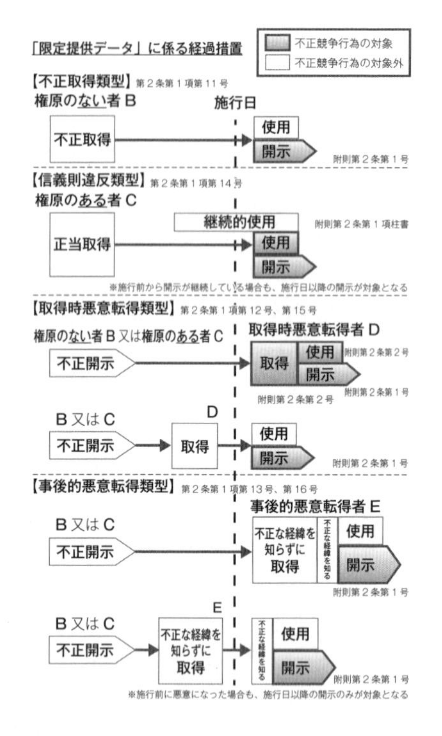

(2)　施行日が異なることに伴う経過措置（附則第2条第2項）

限定提供データに係る改正事項の施行に先立ち、技術的制限手段に係る改正事項が施行となるところ、技術的制限手段の改正事項である、第2条第1項第17号中「特定の者以外の者に影像若しくは音の視聴若しくはプログラムの実行」を「特定の者以外の者に影像若しくは音の視聴、プログラムの実行若しくは情報（電磁的記録（……）に記録されたものに限る。以下この号、次号及び第八項において同じ。）の処理」に改める部分中「第八項」につき、限定提供データに係る改正事項の施行の日までは、「第七項」とする必要がある。

そのため、附則第2条第2項において、調整規定を設けることとした。

[参考]：不正競争防止法違反物品の輸出入差止制度の概要

知的財産侵害物品の輸出入は、個別の知的財産関連法（特許法、実用新案法、意匠法、商標法、著作権法、半導体集積回路の回路配置に関する法律、種苗法及び不正競争防止法）に基づき民事訴訟等で差止めを請求することが可能であるが、実効性をより高めるべく、税関における輸出入差止め（水際措置）が有効となる。

● 特許権、実用新案権、意匠権、商標権、著作権、著作隣接権、回路配置利用権又は育成者権を侵害する物品

このため、関税法第69条の2第1項第3号及び第69条の11第1項第9号では、特許権、実用新案権、意匠権、商標権、著作権、著作隣接権、回路配置利用権又は育成者権を侵害する物品を、輸出入（回路配置利用権については輸入のみ）してはならない貨物として輸出入差止めの対象としている。

● 不正競争防止法違反物品

また、関税法第69条の2第1項第4号及び第69条の11第1項第10号においては、不正競争防止法第2条第1項第1号から第3号まで、第10号、第17号又は第18号に違反する物品（不正競争防止法違反物品）を、輸出入してはならない貨物として輸出入差止めの対象としている(注)。

（注）平成17年の「関税定率法等の一部を改正する法律」（平成17年法律第22号）により、不正競争防止法第2条第1項第1号から第3号までに掲げる行為を組成する物品（周知表示混同惹起品、著名表示冒用品及び形態模倣品）がまず輸入してはならない貨物に追加され、それらの物品についての税関長に対する「輸入」についてのみ差止申立制度が導入された。その後、平成18年の「関税定率法等の一部を改正する法律」（平成18年法律第17号）により「輸出」に関しても取り締まることができるようになった。

さらに、平成23年の不正競争防止法改正により技術的制限手段無効化装置等の譲渡、輸出入等を行う行為が刑事罰の対象とされたことを踏まえて、関税定率法等の一部を改正する法律（平成23年法律第7号）によって、これらの装置等が輸出入してはならない貨物（輸出入禁制品）に追加され、また、平成27年の不正競争防止法改正（平成27年法律第54号）により営業秘密の不正な使用により生じた物（営業秘密侵害品）の譲渡、輸出入等を行う行為が新たに規制

［図表：2－参考－1］　税関における「差止申立手続」の流れ

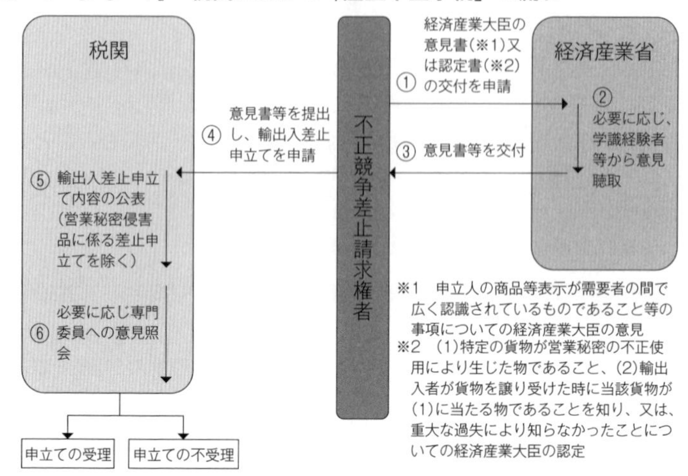

の対象となった（同法第2条第1項第10号、第21条第1項第9号）ことを踏まえて、平成28年の関税定率法等の一部を改正する法律（平成28年法律第16号）によって、営業秘密侵害品が輸出入禁制品に追加された（平成28年6月1日施行）。

○　税関長に対する差止申立て

輸出入の「差止申立て」とは、特許権等の権利者や、営業上の利益の侵害について不正競争防止法第3条第1項の規定により停止又は予防を請求することができる者（不正競争差止請求権者。以下、併せて「権利者等」という。）が、当該権利又は営業上の利益を侵害すると認める貨物が輸出入されようとする場合に、税関長に対してその輸出入差止めを申し立てることができる制度である（関税法第69条の4第1項、第69条の13第1項）。

知的財産侵害物品に係る税関の水際措置は、権利者等が差止申立てを行わなくても実施されるが、税関がより的確に知的財産侵害物品の差止めを行うには、権利者等からの差止申立て及び情報（外観上の特徴等）の提供がなされることが重要である。

○　経済産業大臣の意見書又は認定書

不正競争防止法違反物品の輸出入差止申立てを行うにあたっては、以下に示すそれぞれの違反に応じて、経済産業大臣の意見書又は認定書が必要となる（関税法第69条の4第1項後段、第69条の13第1項後段、「関税法第六十九条の四第一項の規定による経済産業大臣に対する意見の求めに係る申請手続等に関する規則」（以下、「規則」という。））。これは、不正競争防止法が他の知的財産関連法とは異なり権利を付与するものではないため、税関が水際において迅速・適正に侵害の該否を判断・確認できるようにするために設けられた仕組みである。

意見書又は認定書には、以下の事項が記載されるため、不正競争差止請求権者はその裏付けとなる資料の提出が求められる（規則第2条第3項、規則第5条第2項）。

【意見書】（規則第1条）

● 不正競争防止法第2条第1項第1号違反物品（周知表示混同惹起品）

・不正競争差止請求権者に係る商品等表示が全国の需要者の間に広く認識されているものであること。

・不正競争差止請求権者が税関長に提出しようとする証拠が申立てに係る不正競争防止法第2条第1項第1号違反の事実を疎明するに足りると認められるものであること。

● 不正競争防止法第2条第1項第2号違反物品（著名表示冒用品）

・不正競争差止請求権者に係る商品等表示が著名なものであること。

・不正競争差止請求権者が税関長に提出しようとする証拠が申立てに係る不正競争防止法第2条第1項第2号違反の事実を疎明するに足りると認められるものであること。

● 不正競争防止法第2条第1項第3号違反物品（形態模倣品）

・不正競争差止請求権者に係る商品の形態が当該商品の機能を確保するために不可欠な形態でなく、かつ、当該商品が日本国内において最初に販売された日から起算して3年を経過していないものであること。

・不正競争差止請求権者が税関長に提出しようとする証拠が申立てに係る不正競争防止法第2条第1項第3号違反の事実を疎明するに足りると認

［図表：２－参考－２］「経済産業大臣による認定手続」の流れ

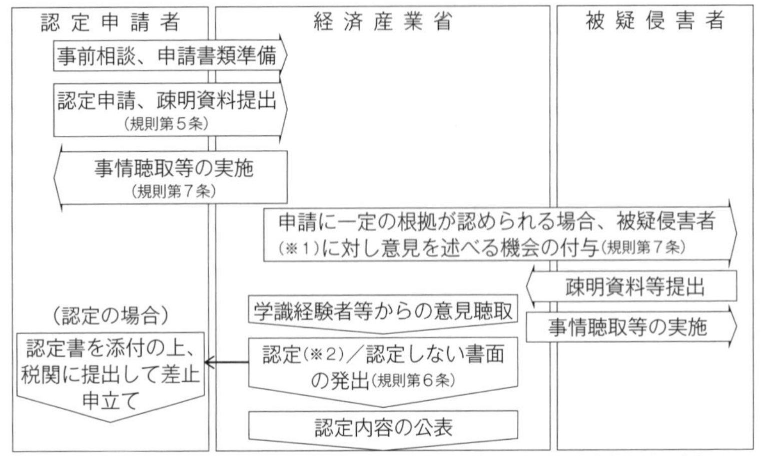

められるものであること。

● **不正競争防止法第２条第１項第17号又は第18号違反物品（技術的制限手段無効化装置等）**

・不正競争差止請求権者に係る技術的制限手段が営業上用いられているものであること。

・不正競争差止請求権者が税関長に提出しようとする証拠が申立てに係る不正競争防止法第２条第１項第17号又は第18号違反の事実を疎明するに足りると認められるものであること。

【認定書】（規則第４条）

● **不正競争防止法第２条第１項第10号違反物品（営業秘密侵害品）**（注）

・不正競争差止請求権者に係る営業秘密が不正に使用されて生じた物品であること。

・申立てに係る物品を輸出入しようとしている者が、不正競争防止法第２条第１項第10号の違反の事実について知っているか又は知らないことに

［図表：２－参考－３］「税関長による認定手続」の流れ〔差止申立てに係る貨物の場合〕

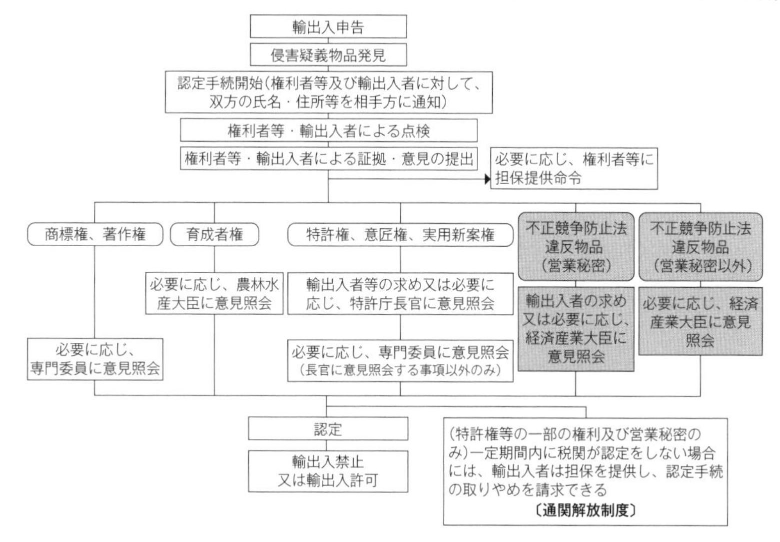

ついて重大な過失があること。

（注）　営業秘密侵害品といえるためには、輸出入をしようとする者等の不正であることの認識といった主観面の判断が必要となる（不正競争防止法第２条第１項第10号の要件として、営業秘密侵害品であることを知り、又は知らないことについて重大な過失がない者でないことが必要である）ため、その他の不正競争防止法違反物品とは異なり、経済産業大臣がこの主観面等について「認定」を行う制度が存在する。

○　不正競争防止法違反物品に係る税関長による認定手続

「税関長による認定手続」とは、税関長が、輸出入申告された貨物について、関税法に輸出入禁制品の一つとして定める不正競争防止法違反物品ではないかとの疑いを持った場合に、その貨物（疑義物品）が真に不正競争防止法違反物品であるか否かを認定するための手続である（関税法第69条の３第１項、第69条の12第１項）。

「税関長による認定手続」の中で、税関長は、不正競争差止請求権者や輸出入しようとしている者に意見・証拠の提出等を求め、提出された意見・

証拠に基づき輸出入禁制品に該当するかどうかを判断する（注）。税関長は、必要に応じ、疑義物品が不正競争防止法違反物品であるか否かについて、経済産業大臣に対して、参考となるべき意見を求めることもできる。

この結果、税関長が、輸出入禁制品に該当するとの判断をした貨物については、輸出入者が自発的に廃棄する等の処理をしないかぎり、没収・廃棄等がなされる。

（注）営業秘密侵害品については、認定手続開始後一定期間が経過すれば、輸入者が担保を提供して認定手続の取りやめを請求する通関解放制度がある。

資　料

資料１　営業秘密管理指針

営業秘密管理指針

平成１５年１月３０日
（最終改訂：平成３１年１月２３日）

経済産業省

（改訂履歴）
平成１７年１０月１２日改訂
平成２２年　４月　９日改訂
平成２３年１２月　１日改訂
平成２５年　８月１６日改訂
平成２７年　１月２８日改訂
平成３１年　１月２３日改訂

目　次

はじめに（本指針の性格）

○（本指針の位置づけ）

- 本指針は、経済産業省が、不正競争防止法を所管し、また、TRIPS 協定など通商協定を所掌する行政の立場から、企業実務において課題となってきた営業秘密の定義等（不正競争防止法による保護を受けるための要件など）について、イノベーションの推進、海外の動向や国内外の裁判例（日本における最高裁判所の判例は改訂時点で存在しない）等を踏まえて、一つの考え方を示すものであり、法的拘束力を持つものではない。

- したがって、当然のことながら、不正競争防止法に関する個別事案の解決は、最終的には、裁判所において、個別の具体的状況に応じ、他の考慮事項とともに総合的に判断されるものである。

○（改訂の経緯）

- 本指針は、「企業が営業秘密に関する管理強化のための戦略的なプログラムを策定できるよう、参考となるべき指針」として平成１５年１月に策定された「営業秘密管理指針」[1]を平成２７年に全面的に改訂したものである。

- 平成２７年の全面改訂に当たっては、「知的財産推進計画 2014」（平成２６年７月知的財産戦略本部決定）で、「一部の裁判例等において秘密管理性の認定が厳しいとの指摘や認定の予見可能性を高めるべきとの指摘があることも視野に入れつつ、営業秘密管理指針において、法的に営業秘密として認められるための管理方法について、事業者にとってより分かりやすい記載とするよう改める」と記載されたことを踏まえ、産業構造審議会知的財産分科会営業秘密の保護・活用に関する小委員会（以下、「営業秘密小委」という。）において議論いただいた。

- その後、ビッグデータ、AI の活用が推進する第四次産業革命を背景として情報活用形態が多様化する状況を踏まえて、営業秘密小委において議論が行われ、営業秘密の管理の実態に即した「営業秘密管理指針」の見直しの方向性が示された（平成２９年５月公表「第四次産業革命を視野に入れた不正競争防止法に関する検討　中間とりまとめ[2]」)。これを受け、平成３１年１月に本指針が改訂された。

○（指針で示す管理水準）

---

[1] 平成２７年１月まで、裁判例の蓄積や不正競争防止法の改正等に対応した改訂を４回実施。

[2] http://www.meti.go.jp/report/whitepaper/data/20170509001.html

・　本指針は、不正競争防止法によって差止め等の法的保護を受けるために必要となる最低限の水準の対策を示すものである。漏えい防止ないし漏えい時に推奨される（高度なものを含めた）包括的対策については、「秘密情報の保護ハンドブック（平成２８年２月）」に掲載されている[3]。

---

[3] 「秘密情報の保護ハンドブック」は以下に掲載。
http://www.meti.go.jp/policy/economy/chizai/chiteki/pdf/handbook/full.pdf
さらに同ハンドブックの簡易版として策定した「秘密情報の保護ハンドブックのてびき」は以下に掲載。
http://www.meti.go.jp/policy/economy/chizai/chiteki/pdf/170607_hbtebiki.pdf

1．総説

○（不正競争防止法の位置付け）

・　不正競争防止法は、他人の技術開発、商品開発等の成果を冒用する行為等を不正競争として禁止している。具体的には、ブランド表示の盗用、形態模倣等とともに、営業秘密の不正取得・使用・開示行為等を差止め等の対象としており、不法行為法の特則として位置づけられるものである。

○（不正競争防止法における営業秘密の定義）

・　不正競争防止法（以下、「法」という。）第2条第6項は、営業秘密を
　①秘密として管理されている［秘密管理性］
　②生産方法、販売方法その他の事業活動に有用な技術上又は営業上の情報［有用性］であって、
　③公然と知られていないもの［非公知性］
と定義しており、この三要件全てを満たすことが法に基づく保護を受けるために必要となる。

・　また、本三要件を含めた法における営業秘密の保護規定は、加盟国間の最低限の保護水準を定めた「知的所有権の貿易関連の側面に関する協定」（ＴＲＩＰＳ協定。1987年から行われた交渉を踏まえ、我が国は1995年に加入）を担保する性格を持つものであり、法の解釈に当たっては、最低限の保護水準を示す同協定の存在に留意する必要がある。なお、本三要件と実質的に同趣旨の要件が、諸外国においても営業秘密保護の条件とされている（ただし、運用には幅がある）。

（参考）ＴＲＩＰＳ協定条文（抄）

第七節 開示されていない情報の保護
第三十九条
　1967年のパリ条約第十条の二に規定する不正競争からの有効な保護を確保するために、加盟国は、開示されていない情報を2の規定に従って保護し、及び政府又は政府機関に提出されるデータを3の規定に従って保護する。
2．自然人又は法人は、合法的に自己の管理する情報が次の(a)から(c)までの規定に該当する場合には、公正な商慣習に反する方法により自己の承諾を得ないで他の者が当該情報を開示し、取得し又は使用することを防止することができるものとする。

（a）当該情報が一体として又はその構成要素の正確な配列及び組立てとして、当該情報に類する情報を通常扱う集団に属する者に一般的に知られておらず又は容易に知ることができないという意味において秘密であること。

(b) 秘密であることにより商業的価値があること。 (c) 当該情報を合法的に管理する者により、当該情報を秘密として保持するための、状況に応じた合理的な措置がとられていること。

○営業秘密と民事・刑事上の措置との関係

・ 営業秘密に該当すれば、法に基づく差止めをはじめとする民事上、刑事上の措置の対象になりうることとなる。

・ もっとも、秘密管理性等の三要件が認められ、営業秘密に該当したとしても差止め等や刑事措置の対象となるためには、法に定められる「不正競争」や「営業秘密侵害罪」としての要件をすべて充足しなければならない（法第２条第１項第４号～第１０号、法第２１条第１項各号等）ことに留意する必要がある。

○契約による情報の保護

・ 営業秘密に該当しない情報については、法による保護を受けることはできないものの、民法その他による法的保護を一切受けることができないわけではない。すなわち、当該情報の取扱いについて私人間の契約において別途の規律を設けた場合には、当該契約に基づく差止め等の措置を請求することが可能であり、その際、法における営業秘密に該当するか否かは基本的には関係がないと考えられることに留意する必要がある。

２．秘密管理性について

（１）秘密管理性要件の趣旨

秘密管理性要件の趣旨は、企業が秘密として管理しようとする対象（情報の範囲）が従業員等に対して明確化されることによって、従業員等の予見可能性、ひいては、経済活動の安定性を確保することにある。

○（営業秘密の情報としての特性）

・ 営業秘密は、そもそも情報自体が無形で、その保有・管理形態も様々であること、また、特許権等のように公示を前提とできないことから、営業秘密たる情報の取得、使用又は開示を行おうとする従業員や取引相手先（以下、「従業員等」という。）にとって、当該情報が法により保護される営業秘密であることを容易に知り得ない状況が想定される。

○（秘密管理性要件の趣旨）

・ 秘密管理性要件の趣旨は、このような営業秘密の性質を踏まえ、企業が秘密として管理しようとする対象が明確化されることによって、当該営業秘密に接した者が事後に不測の嫌疑を受けることを防止し、従業員等の予見可能性、ひいては経済活動の安定性を確保することにある[4]。

○（留意事項）

・ 秘密管理性要件については、企業が、ある情報について、相当高度な秘密管理を網羅的に行った場合にはじめて法的保護が与えられるべきものであると考えることは、次の理由により、適切ではない[5]。

➢ 現実の経済活動において、営業秘密は、多くの場合、それを保有する企業の内外で組織的に共有され活用されることによってその効用を発揮する。企業によっては国内外の各地で子会社、関連会社、委託先、又は、産学連携によって大学などの研究機関等と営業秘密を共有する必要があるため、リスクの高低、対策費用の大小も踏まえた効果的かつ効率的な秘密管理の必要があること。

➢ 営業秘密が競争力の源泉となる企業、特に中小企業が増加しているが、これらの企業に対して、「鉄壁の」秘密管理を求めることは現実的ではない。仮にそれを求めることになれば、結局のところ、法による保護対象から外れてしまうことが想定され、イノベーションを阻害しかねないこと。

➢ 下請企業についての情報や個人情報などの営業秘密が漏えいした場合、その被害者は営業秘密保有企業だけであるとは限らないこと。

4　秘密管理性要件の趣旨として、適切に管理がなされていない情報は、早晩他社に知られてしまい、競争優位性が失われることとなるとの前提に立ち、そのような情報に法的保護を与えたとしても研究・開発のインセンティブが図られないことから、企業が特定の情報を秘密として管理しようとする合理的な自助努力に対して法的保護を与えようとしたものとの考え方も成り立ちうる（例えば、田村善之「営業秘密の秘密管理性要件に関する裁判例の変遷とその当否－主観的認識 vs.「客観的」管理－」知財管理 64 巻 5 号～6 号)。この点、本指針は、あくまで従業員の予見可能性の確保を中心に説明することから、同見解とは若干異なる面がある。

5 別の政策論としては、秘密管理措置の有無にかかわらず、従業員が、企業にとって秘密である（秘密としたい）ことを知って取得した情報については、当該従業員にとっては営業秘密性を認め、民事・刑事上の措置の対象とするべきとする考え方もある。しかし、現行法の「秘密として管理されている」という文言と必ずしもそぐわない上、このような考え方を採用した場合、従業員の主観という事後的に検証が困難な事実に依存することになるため、予見可能性が乏しく、経済活動の安定性や円滑な転職を害するおそれがあるものと考えられる。

（２）必要な秘密管理措置の程度

> 秘密管理性要件が満たされるためには、営業秘密保有企業の秘密管理意思が秘密管理措置によって従業員等に対して明確に示され、当該秘密管理意思に対する従業員等の認識可能性が確保される必要がある。
> 具体的に必要な秘密管理措置の内容・程度は、企業の規模、業態、従業員の職務、情報の性質その他の事情の如何によって異なるものであり、企業における営業秘密の管理単位（本指針１４頁参照）における従業員がそれを一般的に、かつ容易に認識できる程度のものである必要がある。

○（総説）

・　秘密管理性要件が満たされるためには、営業秘密保有企業が当該情報を秘密であると単に主観的に認識しているだけでは不十分である。
　すなわち、営業秘密保有企業の秘密管理意思（特定の情報を秘密として管理しようとする意思）が、具体的状況に応じた経済合理的な秘密管理措置[6]によって、従業員に明確に示され、結果として、従業員が当該秘密管理意思を容易に認識できる（換言すれば、認識可能性が確保される）必要がある。
　取引相手先に対する秘密管理意思の明示についても、基本的には、対従業員と同様に考えることができる。

○（秘密管理措置の対象者）

・　秘密管理措置の対象者は、当該情報に合法的に、かつ、現実に接すること

---

[6] 秘密管理性要件は、従来、①情報にアクセスできる者が制限されていること（アクセス制限）、②情報にアクセスした者に当該情報が営業秘密であることが認識できるようにされていること（認識可能性）の２つが判断の要素になると説明されてきた。しかしながら、両者は秘密管理性の有無を判断する重要なファクターであるが、それぞれ別個独立した要件ではなく、「アクセス制限」は、「認識可能性」を担保する一つの手段であると考えられる。したがって、情報にアクセスした者が秘密であると認識できる（「認識可能性」を満たす）場合に、十分なアクセス制限がないことを根拠に秘密管理性が否定されることはない。
　もっとも、従業員等がある情報について秘密情報であると現実に認識していれば、営業秘密保有企業による秘密管理措置が全く必要ではないということではない。法の条文上「秘密として管理されている」と規定されていることを踏まえれば（法第２条第６項）、何らの秘密管理措置がなされていない場合には秘密管理性要件は満たさないと考えられる。
　なお、「アクセス制限」の用語は権限のない者が情報にアクセスすることができないような措置を講じることという語義で使用されることが多いが、秘密として管理する措置には、「秘密としての表示」や「秘密保持契約等の契約上の措置」も含めて広く考えることが適当である。それを明確化するため、本指針においては「アクセス制限」ではなく、「秘密管理措置」という用語で説明する。

ができる従業員等である。

職務上、営業秘密たる情報に接することができる者が基本となるが、職務の範囲内か否かが明確ではなくとも当該情報に合法的に接することができる者（例えば、部署間で情報の配達を行う従業員、いわゆる大部屋勤務において無施錠の書庫を閲覧できる場合における他部署の従業員など）も含まれる。

・　従業員に対する秘密管理措置があれば、侵入者等（住居侵入罪にあたる行為により情報に接触する者など法第２条第１項第４号及び第２１条第１項第１号にいう詐欺等行為又は管理侵害行為等によって営業秘密を取得しようとする者）に対しても秘密管理性は確保されるのであって、営業秘密保有企業の秘密管理意思が従業員に対するものとは別に侵入者等に示される（別の秘密管理措置が行われる）必要はない。

※注　侵入者に対する刑事罰については、故意及び図利加害目的の要件を追加的に満たす必要がある。

○（合理的区分）

・　秘密管理措置は、対象情報（営業秘密）の一般情報（営業秘密ではない情報）からの合理的区分と当該対象情報について営業秘密であることを明らかにする措置とで構成される。

・　合理的区分とは、企業の秘密管理意思の対象（従業員にとっての認識の対象）を従業員に対して相当程度明確にする観点から、営業秘密が、情報の性質、選択された媒体、機密性の高低、情報量等に応じて、一般情報と合理的に区分されることをいう。

※注　営業秘密保有企業が営業秘密たる情報のみを保有し、営業秘密たる情報以外の情報を保有しないことは考えにくいため、秘密管理措置の一環として、合理的区分が必要となることが通常である。

・　この合理的区分とは、情報が化体した媒体について、例えば、紙の１枚１枚、電子ファイルの１ファイル毎に営業秘密であるか一般情報であるかの表示等を求めるものではなく、企業における、その規模、業態等に即した媒体の通常の管理方法に即して、営業秘密である情報を含む（一般情報と混在することもありうる。）のか、一般情報のみで構成されるものであるか否かを従業員が判別できればよい（※）。

※注　紙であればファイル、電子媒体であれば社内ＬＡＮ上のフォルダなどアクセス権の同一性に着目した管理がなされることが典型的であるが、業態によっては、書庫に社外秘文書（アクセス権は文書によって異なる）が一括して保存されるケースも存在し、そのような管理も

合理的区分として許容される[7]。ただし、「職務上知り得た情報全て」「事務所内の資料全て」といった形で秘密表示等を行っているにもかかわらず、情報の内容から当然に一般情報であると従業員が認識する情報が著しく多く含まれる場合には、下記留意事項に記載した「秘密管理措置の形骸化」と評価されることもありうる。

○（その他の秘密管理措置）

・　合理的区分に加えて必要となる秘密管理措置としては、主として、媒体の選択や当該媒体への表示、当該媒体に接触する者の限定、ないし、営業秘密たる情報の種類・類型のリスト化、秘密保持契約（あるいは誓約書）などにおいて守秘義務を明らかにする等が想定される。要するに、秘密管理措置の対象者たる従業員において当該情報が秘密であって、一般情報とは取扱いが異なるべきという規範意識が生じる程度の取組であることがポイントとなる。

・　秘密管理措置の具体的な内容・程度は、当該営業秘密に接する従業員の多寡、業態、従業員の職務、情報の性質、執務室の状況その他の事情によって当然に異なるものであり、例えば、営業秘密に合法的かつ現実的に接しうる従業員が少数である場合において、状況によっては当該従業員間で口頭により「秘密情報であること」の確認をしている等の措置で足りる場合もあり得る。

○留意事項

・　情報に対する秘密管理措置がその実効性を失い「形骸化」したともいいうる状況で、従業員が企業の秘密管理意思を認識できない場合は、適切な秘密管理措置とはいえない。
　※注　一時的ないし偶発的な管理不徹底に過ぎず、当該企業の秘密管理意思に対する従業員の認識可能性に重大な影響を与えない場合まで「形骸化」と評価することは適切ではない。

・　個人情報保護法で保護される個人情報については、同法で漏えい対策を含む安全管理義務が保有企業に対して義務づけられており、それが従業員にとっても明らかであり、かつ、一般情報との区別も外見上明確であることから、その他の情報に比べて、秘密管理性が認められる可能性が高いものと考えられる。

・　なお、秘密管理性とは別に、企業が社会的責任として講じることが期待さ

[7] このほか、特許出願を行う部署などの一部署を入室制限付きの執務室とし、当該執務室の情報は全てが営業秘密であるとの取扱いが考えられる。

れる情報漏えい防止対策には、その内容は企業の自主的な判断によるものの、漏えいリスクの大小等に応じて、従業員の行動に対する各種の意識啓発[8]、牽制や漏えいの検知等を行って漏えいリスクを減少する方策、又は、被害拡大を防止するための方策が含まれることが通例であり、秘密管理措置とは必ずしも一致しないため留意が必要である。

〈参考裁判例〉

・企業の規模を考慮した例

パスワード等によるアクセス制限、秘密であることの表示等がなかったにもかかわらず、全従業員数が10名であり、性質上情報への日常的なアクセスを制限できないことも考慮し、秘密管理性を肯定（大阪地判平成15年2月27日　平成13年（ワ）10308号）。

・営業上の必要性を理由に緩やかな管理を許容した例

顧客情報の写しが上司等に配布されたり、自宅に持ち帰られたり、手帳等で管理されて成約後も破棄されなかったりしていたとしても、これらは営業上の必要性に基づくものであり、従業員が本件顧客情報を秘密であると容易に認識し得るようにしていたとして、秘密管理性を肯定（知財高判平成24年7月4日　平成23年（ネ）10084号）。

・情報の性質から従業員等が認識可能であると認定した例

ＰＣ樹脂の製造技術に関する情報は世界的に希有な情報であって、製造に関係する従業員は当該製造技術が秘密であると認識していたといえるとして秘密管理性を肯定（知財高裁平成23年9月27日　平成22年（ネ）10039号）。

・物理的な管理体制を問題にすることなく秘密管理性を肯定した例

安価で販売して継続的取引を得るなどの極めて効果的な営業活動を可能ならしめるものという情報の重要性と、情報を開示されていたのが従業員１１名に過ぎなかったことに加えて、被告が退職する直前に秘密保持の誓約書を提出させていたこと等の事情を斟酌して、秘密管理性を肯定（大阪高判平成20年7月18日　平成20年（ネ）245号）。

（３）秘密管理措置の具体例

秘密管理措置は、前述（２）のとおり、具体的状況に応じて多様である

---

[8] 従業員への意識啓発の方法として、労使の対話の場、情報管理ルール等に係る研修、e-ラーニング等の教育プログラムなど様々な機会を捉まえて、営業秘密とは何か、自社の扱う営業秘密の重要性、許される共有の範囲、営業秘密として秘密にしなければならない期間等について、従業員に対する周知を図ることが望ましい。

が、ここでは、一例として媒体に対する典型的な秘密管理措置を紹介する。

※注　秘密管理方法としては、媒体に対するもの以外に、媒体を利用せず無形の情報として管理したり、情報に合法的かつ現実的に接触する者を限定する方法などが想定されることは前述。

①　紙媒体の場合

○典型的な管理方法

・　前述のとおり、ファイルの利用等により一般情報からの合理的な区分を行ったうえで、基本的には、当該文書に「マル秘」など秘密であることを表示することにより、秘密管理意思に対する従業員の認識可能性は確保されると考えられる。

・　個別の文書やファイルに秘密表示をする代わりに、施錠可能なキャビネットや金庫等に保管する方法も、認識可能性を確保する手段として考えられる。

・　なお、情報の漏えい事案が社内で多発しているなど不正取得のリスクが顕在化している場合に、紙媒体のコピーやスキャン・撮影の禁止、コピー部数の管理（余部のシュレッダーによる廃棄）、配布コピーの回収、キャビネットの施錠、自宅持ち帰りの禁止といった追加的な措置によって、秘密管理意思の明示がより確固としたものになることは想定される。しかしながら、通常の状況においては、これらの措置は、情報漏えい対策上有効であるとしても、秘密管理性を充足するための必須のものではない。（前述（2）のとおり、秘密管理性とは別に、企業の自主的な漏えいリスク低減のための情報漏えい対策という観点からは更に高度な対策を取るという判断がありうる）

〈参考裁判例〉

・人材派遣業を営む会社の従業員が派遣労働者の雇用契約に関する情報等を持ち出した事例において、当該情報は、施錠棚への保管やコピーの制限・回収、秘密表示がなされていなかったが、従業員との秘密保持契約、当該情報の管理に係る一般的な注意喚起等の事情を斟酌し、秘密管理性を肯定（東京地判平成14年12月26日　平成12年（ワ）22457号）。

②　電子媒体の場合

○典型的な管理方法

・　データなどの電子媒体で保管している場合も基本的には紙媒体と同様であ

るが、電子情報の場合は、通常、次のような方法のいずれかによって、秘密管理性の観点から充分な秘密管理措置となり得るものと考えられる。

－記録媒体へのマル秘表示の貼付

－電子ファイル名・フォルダ名へのマル秘の付記

－営業秘密たる電子ファイルを開いた場合に端末画面上にマル秘である旨が表示されるように、当該電子ファイルの電子データ上にマル秘を付記（ドキュメントファイルのヘッダーにマル秘を付記等）

－営業秘密たる電子ファイルそのもの又は当該電子ファイルを含むフォルダの閲覧に要するパスワードの設定

－記録媒体そのものに表示を付すことができない場合には、記録媒体を保管するケース（ＣＤケース等）や箱（部品等の収納ダンボール箱）に、マル秘表示の貼付

・　また、外部のクラウドを利用して営業秘密を保管・管理する場合も、秘密として管理されていれば、秘密管理性が失われるわけではない。例えば、階層制限に基づくアクセス制御などの措置が考えられる。

・　なお、不正利用・不正取得のリスクが顕在化している場合には、追加的に、人事異動・退職毎のパスワード変更、メーラーの設定変更による私用メールへの転送制限、物理的に USB やスマートフォンを接続できないようにすること等によって、秘密管理意思の明示がより確固としたものになることが想定される。しかし、通常の状況においては、これらの措置は、情報漏えい対策上有効であるとしても、秘密管理性を充足するための必須のものではない。（前述（２）のとおり、秘密管理性とは別に、漏えいリスク低減のための情報漏えい対策という観点からは更に高度な対策を取るという判断がありうる）

〈参考裁判例〉

・情報の入ったパソコンのＩＤとパスワードを複数の従業員で共有しており、さらにＩＤとパスワードを付箋に書いて貼ってあり、退職者が出てもＩＤとパスワードが変更されることはなかったという事案において、ＩＤやパスワードの趣旨が有名無実化していたというような事情があればともかく、そのような事情が認められない限り、なお秘密管理性を認めるに妨げないとして秘密管理性を肯定（大阪地判平成 20 年 6 月 12 日　平成 18 年（ワ）5172 号）。

・パスワードが変更されたことはなく、パソコンにパスワードを記載した付せんを貼っている者がおり、プライスリストを印刷したものに「社外秘」等の押印をする取決めはなかった事案において、プライスリストに機械製造業者にとって一般的に重要であることが明らかな仕入原価等の情報が記載されていること等を参酌し、プライスリストの外部への提示や持ち出しが許されていたという事情は認められないとして秘密管理性を肯定（名古屋地判平成20年3月13日　平成17年（ワ）3846号）。

③　物件に営業秘密が化体している場合

・　製造機械や金型、高機能微生物、新製品の試作品など、物件に営業秘密情報が化体しており、物理的にマル秘表示の貼付や金庫等への保管に適さないものについては、例えば、次のような方法のいずれかを講じることによって、秘密管理性の観点から秘密管理措置となりうるものと考えられる。

－扉に「関係者以外立入禁止」の張り紙を貼る

－警備員を置いたり、入館IDカードが必要なゲートを設置したりして、工場内への部外者の立ち入りを制限する

－写真撮影禁止の貼り紙をする

－営業秘密に該当する物件を営業秘密リストとして列挙し、当該リストを営業秘密物件に接触しうる従業員内で閲覧・共有化する

④　媒体が利用されない場合

・　例えば、技能・設計に関するものなど従業員が体得した無形のノウハウや従業員が職務として記憶した顧客情報等については、従業員の予見可能性を確保し、職業選択の自由にも配慮する観点（※1）から、原則として、下記のような形で、その内容を紙その他の媒体に可視化することが必要となる。（媒体としての管理は①から③に前述）

－営業秘密のカテゴリーをリストにすること（※2）

－営業秘密を具体的に文書等に記載すること

※注1　これらの情報は、多くの場合、一般情報との区別が困難であるため、当該体得情報を可視化することなくその情報の使用を禁じてし

まうと、従業員にとってはいかなる情報の開示・持ち出しが禁じられているのかが明確でなく、転職自体が困難となりかねない。

※注２　最先端の技術開発現場が典型的であるが、日々高度の営業秘密が創出・更新され、内容の整理分類が常時なされていない状況においては、カテゴリーのリスト化や秘密保持契約（あるいは誓約書）等による範囲の特定が有効であると考えられる。

・　一方で、例えば、未出願の発明や特定の反応温度、反応時間、微量成分、複数の物質の混合比率が営業秘密になっている場合（化学産業などで多く見られる）などで、その情報量、情報の性質、当該営業秘密を知りうる従業員の多寡等を勘案して、その営業秘密の範囲が従業員にとって明らかな場合には、必ずしも内容そのものが可視化されていなくとも、当該情報の範囲・カテゴリーを口頭ないし書面で伝達することによって、従業員の認識可能性を確保することができるものと考えられる。

・　なお、従業員が体得した情報が営業秘密に該当する場合には、転職後の使用・開示によって、直ちに、民事上及び刑事上の措置の対象となるわけではない。従業員が営業秘密保有企業との関係で信義則上の義務に著しく反するような形で当該営業秘密の取得・使用・開示をした場合に限り、民事上又は刑事上の措置の対象となるのであり、その判断に当たっては、当該企業と従業員との間の信頼関係の程度、当該企業の利益、従業員の利益、営業秘密の内容等を踏まえた総合的な考慮によるものであることに留意が必要である[9]。

⑤　複数の媒体で同一の営業秘密を管理する場合

・　同一の情報を紙及び電子媒体で管理することが企業実務で多く見られるが、複数の媒体で同一の営業秘密を管理する場合には、それぞれについて秘密管理措置が講じられることが原則である。

・　ただし、従業員が同一の情報につき複数の媒体に接する可能性がある場合において、いずれかの媒体への秘密管理措置（マル秘表示等）によって当該情報についての秘密管理意思の認識可能性が認められる場合には、仮にそれ以外の媒体のみでは秘密管理意思を認識しがたいと考えられる場合であっても、秘密管理性は維持されることが通常であると考えられる。

---

[9]　従業員の転職に際して、退職従業員による新雇用主への営業秘密開示行為等が、旧雇用主との関係で信義則上の義務に著しく反するような形でなされた場合、新雇用主は、そのような信義則上の義務に著しく反する開示であることについて悪意又は重過失で当該営業秘密を使用等すると営業秘密侵害となる。

（4）営業秘密を企業内外で共有する場合の秘密管理性の考え方

企業内（支店、営業所等）、企業外（子会社、関連会社、取引先、業務委託先、フランチャイジー等）と営業秘密を共有する場合においては、次のように整理される。

①　社内の複数箇所で同じ情報を保有しているケース

秘密管理性の有無は、法人全体で判断されるわけではなく、営業秘密たる情報を管理している独立単位（以下、「管理単位」という。）ごとに判断される。当該管理単位内の従業員にとって、当該管理単位における秘密管理措置に対する認識可能性があればよい。

- 支店など社内の複数箇所で同一の営業秘密を保有していた場合、それぞれの箇所で状況に応じた秘密管理措置が講じられる必要がある。しかしながら、いずれかの箇所で秘密管理措置がなされていなければ、（当該箇所では秘密管理性が否定されることは当然であるが）、その他の箇所でも当該情報の秘密管理性が否定されるわけではない。

- すなわち、管理単位（規模、物理的環境、業務内容も勘案しつつ、秘密管理措置の要否や内容の決定及びその遵守状況の監督（違反者の処分等）に関する自律的決定権限の有無その他の事情の有無から判断して、営業秘密の管理について一定の独立性を有すると考えられる単位。典型的には、「支店」「事業本部」など。）ごとに、当該企業の秘密管理意思に対する認識可能性があればよい。

  ※注　充分な秘密管理措置が行われているA単位から情報が漏えいした場合において、B単位における秘密管理措置の不存在をもって、A単位の秘密管理性は通常、否定されない。ただし、B単位における秘密管理措置の不存在の事実が、継続的で、社内で公然の事実であるといった状況の結果、A単位の従業員の認識可能性が損なわれている場合には、その後、A単位から情報が漏えいした場合に、A単位における秘密管理性は否定されうる（ただし、各単位における一時的・偶発的な管理不徹底によって秘密管理性が直ちに失われるわけではない）。

②　複数の法人間で同一の情報を保有しているケース

秘密管理性の有無は、法人（具体的には管理単位）ごとに判断され、別法人

内部での情報の具体的な管理状況は、自社における秘密管理性には影響しないことが原則である。

・　**（法人単位での判断）**
　子会社をはじめとして、企業外の別法人については、会社法等の法令上、営業秘密保有企業自体が当該別法人の内部における秘密管理措置の実施を直接に実施・確保することはできないこと、法も「保有者」の概念を用いており、事業者単位での管理を想定していると考えられることを踏まえ、別法人内部での情報の具体的な管理状況は、自社における秘密管理性には影響しないことが原則である。

・　**（別法人の不正な使用に対する差止請求等）**
　自社の営業秘密について、子会社等の別法人が不正な利用を行っている場合に、自社が当該別法人に対して差止請求等を行うためには、当該別法人（具体的には自社から当該営業秘密を共有した担当者）に対して、自社従業員に対するのと同様に、自社の秘密管理意思が明確に示されている必要がある（法第２条第１項第７号等の「営業秘密を保有者から示された」ことが必要）。
※注　Ｃ社からＤ社に対して営業秘密が示されたケース（Ｄでは当該営業秘密をＤ自身の営業秘密として管理）において、Ｄが営業秘密を漏えいしたＤの従業員に差止め等を求めることの可否は、Ｄ内部の従業員に対する認識可能性の有無の問題となる。

・　具体的には、営業秘密を特定した秘密保持契約（NDA）の締結により自社の秘密管理意思を明らかにする場合が典型的であるが、取引先との力関係上それが困難な場合には、自社では営業秘密として管理されているという事実の口頭による伝達や開示する文書へのマル秘表示によっても、自社の秘密管理意思を示すことは、理論上は可能である。ただし、立証を考慮すれば、口頭での秘密管理意思の伝達ではなく、何らかの書面（送り状への記載等）が望ましい。
※注　営業秘密に該当する場合であっても、その使用等が直ちに民事・刑事上の措置の対象となるわけではない。当事者間の信頼関係の程度、各当事者の利益、営業秘密の内容等を踏まえ信義則に著しく反するなど「不正の利益を得る目的」又は「保有者に損害を加える目的」であると評価される場合にのみ、民事・刑事上の措置の対象となることとなる。

・　また、複数企業で共同研究開発を実施する場合等、複数の他の企業に自社の営業秘密たる情報を開示することが想定されるが、その場合、自社の秘密管理意思を示すためには、開示先である共同研究開発に参加する複数企業等を当事者とした NDA を締結することが有効であると考えられる。

・ 逆に、例えば、別法人と営業秘密を特定した NDA を締結せずに営業秘密を共有した場合など、別法人に対して自社が秘密管理措置を講じていないことを以て、自社における従業員との関係での秘密管理性には影響しないことが原則である。

※注　ただし、仮に、営業秘密保有企業 E が別法人 F に対して、特段の事情が無いにも関わらず、何らの秘密管理意思の明示なく、営業秘密を取得・共有させているような状況において、E 企業の一部の従業員が、「特段事情が無いにも関わらず、何らの秘密管理意思の明示なく自社 E の営業秘密を F に取得・共有させた」という状況を認識している場合においては、E 企業の従業員の認識可能性が揺らぎ、結果として、E における秘密管理性が否定されることがありうることに注意が必要である。

３．有用性の考え方

「有用性」が認められるためには、その情報が客観的にみて、事業活動にとって有用であることが必要である。

一方、企業の反社会的な行為などの公序良俗に反する内容の情報は、「有用性」が認められない。

（１）「有用性」の要件は、公序良俗に反する内容の情報（脱税や有害物質の垂れ流し等の反社会的な情報）など、秘密として法律上保護されることに正当な利益が乏しい情報を営業秘密の範囲から除外した上で、広い意味で商業的価値が認められる情報を保護することに主眼がある。

（２）したがって、秘密管理性、非公知性要件を満たす情報は、有用性が認められることが通常であり、また、現に事業活動に使用・利用されていることを要するものではない。

同様に、直接ビジネスに活用されている情報に限らず、間接的な（潜在的な）価値がある場合も含む。例えば、過去に失敗した研究データ（当該情報を利用して研究開発費用を節約できる）や、製品の欠陥情報（欠陥製品を検知するための精度の高い AI 技術[10]を利用したソフトウェアの開発

[10] 「ＡＩ・データの利用に関する契約ガイドライン－ＡＩ編－（平成３０年６月）」（以

には重要な情報）等のいわゆるネガティブ・インフォメーションにも有用性は認められる。

（３）なお、当業者であれば、公知の情報を組み合わせることによって容易に当該営業秘密を作出することができる場合であっても、有用性が失われることはない（特許制度における「進歩性」概念とは無関係）。

４．非公知性の考え方

「非公知性」が認められるためには、一般的には知られておらず、又は容易に知ることができないことが必要である。

（１）「公然と知られていない」状態とは、当該営業秘密が一般的に知られた状態になっていない状態、又は容易に知ることができない状態である[11]。具体的には、当該情報が合理的な努力の範囲内で入手可能な刊行物に記載されていない、公開情報や一般に入手可能な商品等から容易に推測・分析されない等、保有者の管理下以外では一般的に入手できない状態である。

（２）営業秘密における非公知性要件は、発明の新規性の判断における「公然知られた発明」（特許法第２９条）の解釈と一致するわけではない。特許法の解釈では、特定の者しか当該情報を知らない場合であっても当該者に守秘義務がない場合は特許法上の公知となりうるが、営業秘密における非公知性では、特定の者が事実上秘密を維持していれば、なお非公知と考えることができる場合がある。また、保有者以外の第三者が同種の営業秘密を独立に開発した場合、当該第三者が秘密に管理していれば、なお非公知である。

（３）また、当該情報が実は外国の刊行物に過去に記載されていたような状況であっても、当該情報の管理地においてその事実が知られておらず、その取得に時間的・資金的に相当のコストを要する場合には、非公知性はなお認められうる。もちろん、そのようなコストを投じて第三者が現に当該営業秘密を取得又は開発した上で当該情報の管理地において公開等を行い、「公然と知られている」状態となれば、非公知性は喪失することになる。

下、「ＡＩガイドライン」という。）（http://www.meti.go.jp/press/2018/06/20180615001/20180615001-3.pdf）と同様に、本指針における「AI 技術」は、機械学習、又はそれに関連する一連のソフトウェア技術のいずれかを意味するものとする。なお、ＡＩガイドラインでは、「機械学習」は、「あるデータの中から一定の規則を発見し、その規則に基づいて未知のデータに対する推測・予測等を実現する学習手法の一つである。」と説明されている。

[11] ＴＲＩＰＳ協定 39 条 2 項（a）号も同様の要件を規定している。

（4）なお、「営業秘密」とは、様々な知見を組み合わせて一つの情報を構成していることが通常であるが、ある情報の断片が様々な刊行物に掲載されており、その断片を集めてきた場合、当該営業秘密たる情報に近い情報が再構成され得るからといって、そのことをもって直ちに非公知性が否定されるわけではない。なぜなら、その断片に反する情報等も複数あり得る中、どの情報をどう組み合わせるかといったこと自体に価値がある場合は、営業秘密たり得るからである。複数の情報の総体としての情報については、組み合わせの容易性、取得に要する時間や資金等のコスト等を考慮し、保有者の管理下以外で一般的に入手できるかどうかによって判断することになる[12]。

〈参考裁判例〉

（肯定例）

・仮に原告製品のリバースエンジニアリングによって原告の営業秘密である技術情報に近い情報を得ようとすれば、「専門家により、多額の費用をかけ、長時間にわたって分析することが必要である」と推認されることを理由に、非公知性を肯定（大阪地判平成15年2月27日　平成13年（ワ）10308号）。

（否定例）

・一般的に利用可能な技術手段であって、その費用も過大ではない成分分析を用いて、市場で流通している原告製品に用いられている合金の種類や配合比率を調べることが容易であることを理由に、非公知性を否定（大阪地判平成28年7月21日　平成26年（ワ）第11151号、平成25年（ワ）第13167号）

[12] 例えば、公知情報を組み合わせて作成したAI技術の開発（学習）用のデータについては、その組み合わせの容易性、取得に要する時間や資金等のコスト等を考慮して、その非公知性が判断されるものと考えられる。

おわりに

営業秘密は、我が国企業の競争力の源泉として、その重要性をますます増している。

一方で、その内容や管理方法は、情報の性質、ライバル企業との競争環境、従業員の多寡、グローバル展開の度合い、業務委託の状況、情報通信技術の進歩といった要素が複雑に影響し、企業によって極めて多様であり、絶えまない進化が求められる側面もある。

企業においては、本指針の趣旨を基礎としつつ、企業実態に即した、実効的な営業秘密管理に向けた創意工夫の発揮が期待される。

また、そのような創意工夫が、本指針を踏まえたものである限り、全ての関係者において最大限尊重され、結果として、営業秘密が保護・活用され、我が国の経済活力に寄与するようなナショナルシステムが実現することを期待したい。

資料２　外国公務員贈賄防止指針

外国公務員贈賄防止指針

平成１６年５月２６日

（平成２９年９月改訂）

経　済　産　業　省

目　次

第１章　指針の背景と目的

１．指針の背景

企業活動のグローバル化・ボーダーレス化の進展に伴い、我が国企業の国際商取引は拡大の一途にある。海外市場での商取引の機会の獲得、維持を図るに当たっては、製品やサービスの価格や質による公正な競争が行われるべきであり、外国公務員贈賄等による不公正な競争は防止されるべきである。

かかる認識は世界的にも共有されており、平成9年にOECD（経済協力開発機構）において採択された「外国公務員贈賄防止条約（「国際商取引における外国公務員に対する贈賄の防止に関する条約」[1]）」の作成につながった。当該条約に基づき、先進国を中心とした各国の共同歩調の下で、各国が外国公務員贈賄防止について同等の措置を講じることとなった[2]。

〇条約の主な内容

(1)犯罪の構成要件

〇ある者が故意に、
〇国際商取引において、商取引又は他の不当な利益を取得し又は維持するために、
〇外国公務員に対し、
〇当該外国公務員が公務の遂行に関して行動し又は行動を差し控えることを目的として、
〇当該外国公務員又は第三者のために、金銭上又はその他の不当な利益を直接に又は仲介者を通じて申し出、約束し又は供与すること

(2)外国公務員の定義

〇外国（外国の地方公共団体も含む）の立法、行政、司法の職にある者
〇外国の公的機関（公共の利益に関する特定の事務を行うために特別の法令によって設立された組織）の職員等外国のために公的な任務を遂行する者
〇公的な企業の職員等外国のために公的な任務を遂行する者
〇公的国際機関の職員又は事務受託者

(3)制裁

1 以下「OECD条約」又は単に「条約」と省略する場合がある。条約及び平成9年11月に条約と共に採択された注釈（コンメンタリー）に関する情報については、http://www.oecd.org/document/21/0,2340,en_2649_34859_2017813_1_1_1_1,00.html（条約及び条約注釈原文）を参照。
条約本文の日本語訳については、http://www.mofa.go.jp/mofaj/gaiko/oecd/jo_shotori_hon.html を参照。

2 本条約は、OECD加盟国以外にも開放されており、平成27年7月現在の条約締約国は、OECD加盟国34ヶ国（豪州、オーストリア、ベルギー、カナダ、チリ、チェコ、デンマーク、エストニア、フィンランド、仏、独、ギリシャ、ハンガリー、アイスランド、アイルランド、イスラエル、伊、日本、韓国、ルクセンブルク、メキシコ、オランダ、ニュージーランド、ノルウェー、ポーランド、ポルトガル、スロバキア、スロベニア、スペイン、スウェーデン、スイス、トルコ、英、米）に、アルゼンチン、ブラジル、ブルガリア、コロンビア、ラトビア、ロシア、南アフリカの7ヶ国を加えた41ヶ国である。

○効果的で、均衡がとれたかつ抑止力のある刑罰
○刑罰の範囲は、自国の公務員に対する贈賄罪と同程度
○法人も処罰
○賄賂及び贈賄を通じて得た収益の没収又は同等な効果を有する金銭的制裁
○追加的な民事上又は行政上の制裁を科すことも考慮

(4)裁判権

○属地主義を原則として裁判権を設定
○属人主義については、各国の法原則に従って、これを採用すべきか決定

(5)資金洗浄

○自国の公務員に関する贈賄又は収賄と同一の条件で資金洗浄に係る法制を適用

(6)その他

○上記以外に、条約の実効性を確保するため、会計、相互援助、犯罪人引渡し、各国の実施状況のフォローアップ等をあわせて実施。

OECD条約を締結するに当たり、我が国においても、平成10年に不正競争防止法を改正（平成11年2月施行）し、各国も外国公務員贈賄に対する刑事罰を導入する[3]等の対策を講じているところである[4]。（我が国の対策の詳細については、第3章及び第4章参照。）

昨今、外国公務員贈賄を含む不正・腐敗問題に対する世界的な意識は、急速な高まりをみせている。平成15年6月のエビアン・サミット（「腐敗との戦いと透明性の向上:G8宣言」[5]）、同年10月のAPEC首脳宣言（「未来に向けたパートナーシップに関するバンコク宣言」[6]）、平成16年11月のAPEC（「腐敗との闘い及び透明性確保のためのサンティアゴ・コミットメント」及び「腐敗との闘い及び透明性確保に関するAPEC行動方針」の承認）、平成19年7月のAPEC（「APEC公務員の為の行動規範」及び「反贈賄ビジネス行動規範」の承認）平成22年11月のG20（G20首脳による「腐敗対策行動計画」の採択[7]）、平成26年11月のAPEC首脳宣言（「腐敗防止に関する北京宣言(附属書H)」[8]）等首脳レベルで作成された文書の中で不正・腐敗問題が明記される等、取組強化が提言されている。加えて、国連においても、先進国のみならず開発途上国

---

3 平成13年6月には、外国公務員等の定義の明確化等を図るために、平成16年5月には、外国公務員贈賄罪に国民の国外犯処罰を導入するため、不正競争防止法を一部改正した。

4 本指針策定時（平成16年）の議論等については、「外国公務員贈賄の効果的な防止のための施策のあり方について」（平成16年2月6日、産業構造審議会貿易経済協力分科会国際商取引関連企業行動小委員会。http://www.meti.go.jp/policy/economy/chizai/chiteki/pdf/03zowaishoui.pdf）も参照のこと。

5 宣言の仮訳は、http://www.mofa.go.jp/mofaj/gaiko/summit/evian_paris03/fttk_z.html。

6 宣言の仮訳は、http://www.mofa.go.jp/mofaj/gaiko/apec/2003/shuno_sen.html。

7「行動計画」の仮訳は、http://www.mofa.go.jp/mofaj/gaiko/g20/seoul2010/annex3.html。

8 宣言の内容は、http://www.mofa.go.jp/mofaj/files/000059616.pdf。APEC参加国・地域は、腐敗対策への実際的な協力を強化することを決意し、APEC腐敗防止 ・法執行機関ネットワーク（ACT-NET） などの腐敗対策メカニズム及びプラットフォームの利用を通じて、腐敗公務員の本国送還や引渡し、並びに、汚職による収益の没収及び回収に関する協力及び調整を強化することをコミットすることとした。

も広く参加した形で、国内公務員に関する贈収賄、外国公務員に対する贈賄等の規制を含む「腐敗の防止に関する国際連合条約」（UNCAC）の署名式が平成15年12月に行われ、我が国も署名したところである[9]。

このような環境の変化も踏まえ、広く我が国の関係者に対し、外国公務員等への贈賄問題に対する認識の向上を図ることが、再度求められている。

２．指針策定の目的

外国公務員等に対する贈賄は、外国公務員等が所属する国における贈賄罪に該当するとともに、我が国不正競争防止法上違反ともなり得る行為である。しかし、国際商取引を行う企業に対しては、刑事罰の対象であるか否かにかかわらず、不正・腐敗を招いていると誤解されないような行動をとることが企業統治の面から必要とされている。

このような不正・腐敗問題に対応するためには、予防的アプローチが極めて重要である。不祥事が顕在化した後では、企業イメージに回復しがたい悪影響を及ぼすことになりかねない。

このような認識の下、**本指針は、国際商取引に関連する企業における外国公務員等に対する贈賄防止のための自主的・予防的アプローチを支援することを目的**として策定したものである。具体的には、外国公務員贈賄防止対策を講じるに当たっての参考となる情報を提供している。このような情報提供を通じ、企業にとっては外国公務員贈賄罪に関する理解の向上や予見可能性の向上に資するものと思われる。

各企業においては、本指針を参考としつつ、既存の対策を見直し新たな対策を導入することや、企業内の国際商取引に関連する部署への普及・教育活動を行う等具体的な行動につなげていくことが、強く期待される。

３．指針の構成及び留意事項

本指針においては、第２章において各企業が目指すべき外国公務員贈賄防止体制を提示する。次に、各企業が提示された具体的防止策を円滑に構築できるよう、第３章において不正競争防止法による処罰対象範囲、第４章において国内外の関連事項について基礎情報を提供している。

---

[9] 腐敗防止のための締約国間の協力を促進し、条約実施のためのレビュープロセスのあり方等について検討するため、２年ごとに締約国会議を開催。https://www.unodc.org/unodc/en/treaties/CAC/country-profile/index.html

なお、本指針で言及する企業の内部統制の在り方は、本指針を策定・改訂した時点での現状を分析した結果に基づくものである。企業に求められる内部統制の水準は、経済社会の環境変化に応じた流動的なものであり、発展を続けていくものである。各企業は、この点に留意して対策を継続的に見直す必要がある。

また、不正競争防止法の外国公務員贈賄罪については、現時点では適用事例は少なく、その詳細は、今後の更なる判例の積み重ねを待たねばならない。このため、指針で記載する法の解釈等の内容は、現時点の判断に基づいたものである点に留意ありたい。

第２章　企業における外国公務員贈賄防止体制について

本章においては、個々の企業レベル及び企業グループにおける外国公務員贈賄防止対策の実効性を高め、内部統制システム[10]の一環として、外国公務員贈賄防止のための体制（以下、「防止体制」と言う。）の有効性の向上を図るための参考となる方策等を例示する。

１．基本的考え方

（１）背景

消費者意識の向上や事業の国際化等により、企業の社会的責任は増大しており、法令遵守の確保、業務の効率化等の観点から、企業において各種の内部統制の取組が積極的に行われている。

このような内部統制に関する取組は、外国公務員贈賄防止にあたっても極めて有効である。平成 15 年 6 月のエビアン・サミットでは、外国公務員贈賄に関し、政府が民間企業のコンプライアンス・プログラムを策定することを勧奨すべきということで一致し[11]、さらに、平成 19 年 9 月の APEC 閣僚会議において「APEC 反贈賄ビジネス行動規範」[12] が採択されたこと、平成 21 年 11 月に採択された OECD 理事会勧告「さらなる贈賄防止に向けた勧告」の附属書Ⅱに「内部統制、企業倫理及び法令遵守に関するグッド・プラクティス・ガイダンス」[13]が掲載されたことも、この点を明確に裏付けている。

（２）外国公務員贈賄防止体制を構築・運用する必要性

---

10 本指針において、「内部統制システム」は、会社法第 362 条第 4 項第 6 号、第 399 条の 13 第 1 項第 1 号ロ及びハ又は第 416 条第 1 項第 1 号ロ及びホ並びに会社法施行規則第 100 条、第 110 条の 4 又は第 112 条にそれぞれ規定される、情報保存管理体制やリスク管理体制等の各体制の総称、すなわち「業務の適正を確保するための体制」をいうものとして用いる。

11 腐敗との戦いと透明性の向上に関する G8 宣言では、「2.我々は、贈収賄対策のための法律の実施を強化し、民間セクターが関連する遵守計画(related compliance programs)を策定することを奨励する。我々は、…2.2 民間セクターが、外国人との間での贈収賄を処罰するための国内法に関して、企業遵守プログラム(corporate compliance programs)を策定し、実施し及び強化することを要請する。」こととされた。

12 APEC 閣僚会議共同声明の骨子は、http://www.mofa.go.jp/mofaj/gaiko/apec/2007/kaku_ksk.html。当該規範の内容は、http://www.apec.org/Groups/SOM-Steering-Committee-on-Economic-and-Technical-Cooperation/Task-Groups/~/media/Files/Groups/ACT/07_act_codebrochure.ashx

13 30 頁目から 32 頁目にかけて、同ガイダンスが記載されている。http://www.oecd.org/daf/anti-bribery/ConvCombatBribery_ENG.pdf

外国公務員贈賄罪に対する捜査体制は、我が国においても強化されている[14]。また、海外、特に、米国においては多数の摘発が行われており、中には、1千億円近い制裁金が科された事例も見られる。

さらに、実際に企業が外国公務員贈賄罪に問われた場合には、刑事罰以外に、取引先との取引停止やブランド価値の毀損など非常に大きな損失が生じる[15]。

外国公務員贈賄は、海外企業にのみ関係のあるリスクではない。日本企業が海外で事業を行う上で、まさに現に直面している重大なリスクであることを再確認する必要がある。

我が国判例上、取締役は、善管注意義務の内容として、企業において通常想定しうる不正行為については、それを回避するための内部統制システムを構築する必要があるとされていることを踏まえると[16]、このような外国公務員贈賄リスク（以下、「贈賄リスク」と言う。）が通常想定される事業を実施する企業は、内外の関係法令を遵守し、企業価値を守るために必要な防止体制を構築する必要があるものと考えられる。

また、内部統制システムの一つとして位置づけられる防止体制の構築は、刑事罰（法人両罰規定）の適用においても考慮されることが期待される。すなわち、判例上、法人が処罰される根拠は、「事業主に右行為者らの選任、監督その他違反行為を防止するために必要な注意を尽さなかった過失の存在を推定したもの」（いわゆる過失推定説[17]）にあるとされるため、防止体制の構築は当該注意を尽くしたことの一つの根拠になり得ると考えられることによる。

このように、取締役の会社法上の責任であれ（民事責任）、法人両罰規定適

---

14 警察では、各都道府県警察に外国公務員贈賄対策担当者を置き、また、検察では、各特別捜査部に担当検察官を置いた。

15 例えば、国際金融機関からの取引停止、世界銀行等国際開発金融機関による排除リストへの掲載、貿易保険の引受拒絶等の制裁を受ける可能性がある。詳細は、第4章2.（39頁）を参照。

16 日本システム技術事件最高裁判決（最一判平成21年7月9日判時2055-147）は、代表取締役が被告となった事案であるところ、当該代表取締役の会社法第350条に基づく損害賠償責任の有無について、通常想定される不正行為を防止し得る程度の管理体制は整えていたものということができること、当該不正行為が通常容易に想定し難い方法によるものであったということができること、当該代表取締役において当該不正行為の発生を予見すべきであったという特段の事情も見当たらないことなどの事情の下では、当該代表取締役は当該不正行為を防止するためのリスク管理体制を構築すべき義務に違反した過失があるということはできないと判示した。

17 この点については、「無過失免責が肯定されるためには、一般的、抽象的な注意を与えたのでは足りず、積極的、具体的に違反防止のための指示を与え、違反防止に努めたことが要求される。結果として、厳格な責任が追及され、事実上免責が困難になっている」（山口厚「刑法総論［第二版］」41頁、有斐閣、2007年）との指摘がなされていることに留意すべきである。

用であれ（刑事責任）、従業員が贈賄行為を行った場合に結果責任を問われる性格のものではない。

（３）本指針における内部統制の考え方

企業における内部統制の在り方については、国内外で様々な取り組みが行われているところである[18]。特に、平成26年の会社法改正において、従来会社法施行規則において規定されていた株式会社及びその子会社から成る企業集団の内部統制システムの整備についての規定を法律に格上げし、また、内部統制システムの運用状況の概要についても事業報告の対象としたことが特筆される。

本章で述べる内部統制の在り方については、各方面で行われている既存の成果も参考に、これらを尊重しつつ、**外国公務員贈賄防止の視点に特化して、防止体制の構築・運用にあたり留意すべき内容を例示したもの**である。

（４）防止体制の構築及び運用にあたっての視点

防止体制の構築及び運用にあたって、特に重要な視点としては、①経営トップの姿勢・メッセージの重要性、②リスクベース・アプローチ、及び③贈賄リスクを踏まえた子会社[19]における対応の必要性が挙げられる。

①経営トップの姿勢・メッセージの重要性

過去の国内外の処罰事例では、現場の従業員が賄賂は会社のためになるとして「正当化」することが見られるが、経営トップのみがそのような誤った認識を断ち切ることができる。「現場において、法令を遵守するか、利益獲得のため不正な手段を取るかの二者択一の状況に直面した場合には、迷わず法令遵守を貫くことが中長期的な企業の利益にもつながること」「従業員は不正な手段を利用して獲得した利益は評価されず、厳正に処分されること」「過去に法令遵守を軽視する企業文化があったとしても、そのような「旧弊」は断ち切らなければいけないこと」といった経営トップの姿勢が全従業員に対して明確に、繰り返し示されることが効果的である。

②リスクベース・アプローチ

贈賄リスクが高い事業部門・拠点や業務行為については、高リスク行為に

18　その一つとして、経済産業省の「リスク管理・内部統制に関する研究会」があげられる。本研究会は、平成15年6月に企業や産業界の取組を支援するため、「リスク新時代の内部統制～リスクマネジメントと一体となって機能する内部統制の指針～」を策定し、公表した。本文及び概要は、http://warp.da.ndl.go.jp/info:ndljp/pid/1368617/www.meti.go.jp/kohosys/press/0004205/

19　本指針において、「子会社」は、会社法の実質的支配基準に則り、いわゆる孫会社や曾孫会社も含めた概念として用いる。なお、会社法上の子会社の定義については、会社法第2条第3号、会社法施行規則第2条第1項、第3条第1項、第3項参照。

対する承認ルールの制定・実施、従業員に対する教育活動や内部監査といった対策を重点的に※実施してリスク低減を図り、他方、リスクが低い事業部門等については、より簡素化された措置が許容される。

※注　例えば、リスクが高くなるにつれ、より上位の者を承認者としたり、教育、監査といった対策を高い頻度で行ったり、幅広い内容で行ったりすることが考えられる。

この贈賄リスクの高低については、進出国の贈賄リスク、事業分野の贈賄リスク及び賄賂提供に利用されやすい行為類型に着目し、これらを総合勘案して判断することが基本となる。

進出国については、一般的に、アジア、中東、アフリカ、南米等は贈賄リスクが高いと考えられる[20][21]。

また、事業分野については、その事業の実施に現地政府の多数の許認可を必要とする状況が認められる場合、又は、外国政府や国有企業との取引が多い場合など外国公務員等と密接な関係を生じやすい性格を持つ場合には、一般的に、贈賄リスクが高いものと考えられる。

行為類型については、

（ⅰ）現地政府からの許認可の取得・受注や国有企業との取引などに関して助言や交渉を行う事業者（エージェント、コンサルタント）の起用・更新、

（ⅱ）高リスクと考えられる国・事業分野におけるジョイントベンチャー組成の際の相手先の選定や、高リスクと考えられる国・事業分野におけるSPCの利用、

（ⅲ）高リスクと考えられる国・事業分野において当該国の政府関連事業実績の多い企業の取得（株式の取得等）、

（ⅳ）受注金額や契約形式等から勘案して贈賄リスクが高いと考えられる公共調達への参加、

（ⅴ）外国公務員等に対する直接、間接の支払を伴う社交行為

20　国別の贈賄リスクの評価については、例えば、世界銀行グループが毎年発行している、Doing Business Report（http://www.doingbusiness.org/reports）や世界ガバナンス指数（The Worldwide Governance Indicators。http://info.worldbank.org/governance/wgi/index.aspx#home）、また、NGO・Transparency International の腐敗認識指数（http://www.transparency.org/research/cpi/）等を用いることが考えられる。

21　他方で、1999年2月から2014年6月までの間にOECD外国公務員贈賄防止条約加盟国で起きた427件の事件を分析した、2014年OECD贈賄レポートは、調査対象のうち3分の2の事件は、いわゆる先進国等の公務員に支払われていたこと（同加盟国41カ国のうち、24カ国、G20加盟国19カ国のうち15カ国の公務員が収賄されていたこと）が判明したと報告する。これを受けて、グリア事務総長は、腐敗は途上国で起こっているという神話は覆されたと述べた。http://www.oecd.org/corruption/oecd-foreign-bribery-report-9789264226616-en.htm

などが高リスクであると考えられる。

リスクベース・アプローチによる対策を適切に行う前提として、外国の法律等（贈収賄罪に関する法令・運用を含む。）についても十分に情報を収集し、適切な対応を講じるよう努め[22]、また、新たに国際商取引を開始する国に関しては、可能な限り事前情報を入手する必要がある。

③贈賄リスクを踏まえた子会社における対応の必要性

仮に海外子会社を含む子会社が国内外の関係法令に基づき外国公務員贈賄罪で処罰される場合には、親会社も、その資産である子会社株式の価値だけでなく、親会社自身の信用も毀損され、さらには、親会社自身に対して刑事罰が科される※といった形で大きな損失を受ける可能性がある。

したがって、親会社は、企業集団に属する子会社において、リスクの程度を踏まえた防止体制が適切に構築され、また、運用されることを確保する必要がある[23]。

※注　実際の贈賄行為は海外現地法人で行われることが多いものの、贈賄行為に親会社の従業員・役員等が関与した場合には、当該従業員等が共犯としての責任を問われる可能性があるが、それに加えて、前述（2）のとおり、法人としての親会社もまた、法人両罰規定により処罰対象となる可能性がある。

（5）その他の留意事項

防止体制が有効に機能しているか否かの判断は、運用状況やその評価が重要となる点を忘れてはならない。

また、防止体制を含め、一般に、企業に求められる内部統制システムの整備・運用状況は、企業規模・業種、経済的・社会的環境や時代背景等により評価が異なるものであり、画一的な水準を設定することには困難さを伴う。このため、企業は、自らが構築し、運用している防止体制の水準が、現状において十分なものとなっているか否かについて、国内外の同業他社の水準や海外当局発行のガイドライン等をも参考にしつつ、常に検討し改善するよう不断の努力が求められる。

---

22 このような外国の法令や慣習の情報の収集及び整理について、個々の企業レベルで行うことが困難な場合には、各国の事情に詳しい現地の商工会議所を活用する等進出先国毎に企業が参集して、研究を行い、情報を整理する方法も考えられる。

23 親会社が、子会社における防止体制の構築・運用の推進をする法的手段を確保する必要がある場合には、親会社が株主権に基づいて、子会社役員を選解任するといった方法のほかにも、親子会社間で契約を締結するといった方法も考えられる。

2. 企業が目標とすべき防止体制の在り方[24]

外国公務員贈賄を防止するため、国際商取引を行う各企業が目標とすべき防止体制の在り方を以下に例示する[25]。この例示は法令上の義務を示すものではないが、各企業においては、例示された内容を参考とし、防止体制の構築・運用が適切に行われるよう、早急に検討を開始し、対応を行うことが期待される。

なお、各企業における具体的な防止体制の構築・運用の内容については、その事業実態に応じたリスクの大小や見込まれる効果を踏まえた、役員等の広い裁量に委ねられる。

その際、企業内で不足することが多い経験・ノウハウを、適切な範囲での外部専門家の活用によって補完することによって、客観的にも実効性の高いシステムが構築・運用されることが期待される。ただし、企業が主体的に実効性の高いシステムを構築し、運用することが目的であって、それは、規程類の整備、窓口の設置といった外形の充実や専門家への「丸投げ」によって達成されるものではないことに留意する必要がある。

以下の例示を参考として、各事業部門、各拠点や各業務行為におけるリスクに応じて強弱を付けた対策が期待される。これらの取り組みによって、国内外の法令によって企業が処罰され企業価値が大きく毀損されるような可能性は、相当に小さくなることが期待される。

（1）防止体制の基本的内容

企業の規模・事業形態等によって具体的内容は大きく異なりうるものの、一般的には、以下の６項目が防止体制として望ましい要素であると考えられる[26]。

なお、各企業に適した具体的な防止体制の構築にあたっては、COSO（米国

---

24 なお、防止体制のうち、各個別企業の有事における対応の在り方については、後記 4. に記載。

25 例示する内部統制は、「方針等の策定(plan)」、「具体的な対策の実施(do)」、「対策の実施状況や管理状況の監査(check)」、「監査を踏まえた方針等の見直し(act)」の流れに沿っている。このような管理方法は、継続的な管理の改善に資することから、国際標準化機構(ISO)においても標準的に用いられている管理手法であり、既にとり入れている企業も多い。

26 米国 Foreign Corrupt Practices Act（以下、「FCPA」と言う。）のガイドライン上に効果的なコンプライアンス・プログラムの特徴として挙げられているものは、幹部の取組み姿勢及び明確な腐敗禁止指針、行動規範及びコンプライアンス方針、監査・自律性及びリソース、リスク評価、研修及び助言の継続、インセンティブ及び懲戒処分、デューデリジェンス、内部通報及び社内調査、定期的な改善等。http://www.justice.gov/sites/default/files/criminal-fraud/legacy/2015/01/16/guide.pdf

トレッドウェイ委員会支援組織委員会）フレームワーク[27]も一つの手がかりとなる。

－基本方針[28]の策定・公表（下記（２））
－社内規程の策定（社交行為や代理店の起用など高リスク行為に関する承認ルールや、懲戒処分に関するルール等）（下記（３））
－組織体制の整備（下記（４）及び後節４．）
－社内における教育活動の実施（下記（５））
－監査（下記（６））
－経営者等による見直し（下記（７））

（２）基本方針の策定・公表

国内外の法令違反となる外国公務員贈賄行為を未然防止するため、以下の要素が盛り込まれた基本方針を策定すること。

なお、基本方針や社内規程は、外国公務員贈賄防止を支える企業倫理とともに社内で共有化され、徹底が図られることが重要である。このような観点から、経営者のみならず、現場の従業員により近い、各事業部門や拠点などのコンプライアンス責任者[29]が、経営者と目線を揃えた同趣旨のメッセージを重ねて発出することも効果的である。

また、策定された基本方針を、社内及び社外に対し公表し贈賄防止に向けた企業意思を発信すること、そして、国内外の外国人従業員への周知のみならず、外国政府や、外国投資家、商取引相手の理解を求める等の場面でも活用できるよう、必要に応じ翻訳しておくことも望ましい。

○　（前節１．（４）①のとおり）「目先の利益よりも法令遵守」という経営者の基本姿勢。
○　外国公務員等に対し、当該国の贈賄罪又は不正競争防止法の外国公務員贈賄罪に該当するような贈賄行為を行わないこと。

（３）社内規程の策定

高リスクの業務行為について、当該企業における慎重な考慮を担保するため、以下の要素が盛り込まれた社内規程を策定すること。

---

27 平成４年に、内部統制の整備、構築及び有効性の評価の指針として公表された。その後、ビジネスや事業運営に係る環境の変化の反映、業務や報告目的の拡大等に対応して、「財務報告」を「報告」と再定義し、財務情報の開示のみならず、非財務に関する報告目的、業務目的、コンプライアンス目的の実務に広く有効に適用できるよう、平成25年に改訂された。

28 ポリシーや行動規範、コンプライアンス方針と呼ばれているものを指す。

29 コンプライアンス責任者の定義については、後記（４）①参照。

○ 外国公務員等との接点[30]は、海外のみならず国内においても生じ得ることを勘案し、それぞれに応じた対策の在り方を整理するとともに、各社で一定の社内手続や判断基準[31]等をマニュアル化しておくこと。
特に、リスクベース・アプローチに基づき、以下の高リスクの行為については、承認要件、決裁手続、記録方法等に関するルールを制定することが望ましい。

（ｉ）外国公務員等との会食や視察のための旅費負担といった外国公務員等に対する利益の供与と解される可能性がある行為
－行為類型毎に承認要件、承認手続、記録、事後検証手続を内容とする社内規程を策定（具体的な承認手続については、当該行為のリスクに応じて上位の者が決裁することとする）。
－なお、外国公務員等に対する支払行為を詳細に記録化していることが対外的に公表・周知されると、賄賂を要求する外国公務員等への牽制効果を期待することが可能となる。

（ⅱ）前節１．（４）②に記載した高リスクな行為類型[32]
－契約前の確認手続（表明保証及び宣誓、デューデリジェンス）及び契約期間中等の手続（監査、資料要求、無催告解除や支払停止）を定めること。

○ 贈賄行為又は社内規程違反行為を行った従業員に対しては、人事上の制裁が課される旨を明確にすること[33]。既に、就業規則や決裁規程、稟議規程など関連社内規程が存在する場合には、外国公務員等への支払行為や外国公務員等との取引についても適用されることが明らかとなるよう、贈賄行為を対象として明記することが考えられる。

（４）組織体制の整備

社内の役割分担、関係者の権限及び責任が明確となるよう、企業規模等に応じた内部統制に関する組織体制を整備すること。その際には、特に以下の点に留意すること。

30 外国公務員等との接点には、送迎、飲食、視察旅行、ゴルフ・遊技、贈答、子弟等関係者の雇用、講演等が含まれる。

31 社内手続には、コンプライアンス責任者等権限ある者への事前照会を行うこと、現地子会社から本社の相談窓口や通報窓口へ通知すること等が含まれる。また、判断基準については、各国の法令や社会通念上の範囲内で、外国公務員等に贈物を渡す場合（冠婚葬祭等）や接待の金額や頻度についてあらかじめ定めておくこと、国際商取引に関する商談時期により接待の制約を設けておくこと、外国公務員等本人のみならず家族や family 企業に関する考え方を明確にしておくこと等が想定される。

32 なお 、高リスク国・地域で有能かつ贈賄行為を行わない代理業者等を活用することは企業の競争力につながることも踏まえて、そのような代理業者を発見し、育成することが望ましい。また、代理業者の起用・契約更新にあたっては、代理業者の起用・契約更新の理由（必要性）、当該代理業者の資質・適性、報酬の妥当性等について十分検討したことを記録に残しておくことが望ましい。

33 実際に違反行為が生じた場合には、予め定められたルールに沿って厳正に対処することが必要である。

①コンプライアンス担当役員又は社内でコンプライアンス担当を統括するコンプライアンス統括責任者の指名

○　社内統一のコンプライアンス担当役員又はコンプライアンス統括責任者（以下、総じて「コンプライアンス責任者」と言う。）を指名すること[34]。コンプライアンス責任者は、関係法令、本指針等政府からの各種情報を適切に把握し理解するとともに、実務上生じた問題点についても適宜整理すること。

○　コンプライアンス責任者は、経営者及び取締役会に対し定期的に報告を行うこと。

○　防止体制の実効性を確保するため、大規模な拠点毎や地域統括部門毎にコンプライアンス責任者を置くことも考えられる。

②社内相談窓口及び通報窓口の設置等

○　外国公務員から賄賂を求める依頼があった場合や起用しているエージェント、コンサルタントから賄賂の提供を示唆する追加経費の要請があった場合等、個別の具体的事例に基づいた判断が必要な事態が生じた場合に備え、相談窓口（ヘルプライン）を設置すること[35]。

○　相談窓口に加え、内部通報等を受け付けるための通報窓口を設置すること[36]。

○　相談窓口及び通報窓口については、秘密性を確保するとともに、弁護士等外部専門家等を積極的に活用すること。

○　相談や通報の内容・状況について適切にコンプライアンス責任者に報告され、必要に応じて、対応方針の決定や窓口機能の改善を図ること。

○　関係者で十分なコミュニケーションを図る機会を確保すること。

○　必要に応じ、面談による報告相談や聞取調査等も活用すること。

③疑義等発覚後の事後対応体制整備

「４．有事における対応の在り方」に記載。

④その他留意事項

○　防止体制の運用においては、現場における具体的な贈賄の兆候を早期

---

34 業務・管理・財務部門等のコンプライアンス担当者を連携させている企業や「コンプライアンス委員会」を組織している企業もある。

35 リスクの高低に応じて、外国公務員贈賄に特化した相談窓口を設置することが考えられる一方で、既存の社内相談窓口（法務部や内部監査部門等が相談を受ける窓口）を活用する事例も見られる。

36 内部通報を含む公益通報を行った労働者を解雇等の不利益取扱いから保護する「公益通報者保護法」は、平成18年4月1日に施行された。

の対応に結びつけることができるよう、現場担当者が上司やコンプライアンス責任者に気軽に相談できるような、組織内の「風通し」を確保すること。

○ 子会社を含め、営業部門・営業担当者に対しては、実現困難な受注実績を求めるなど贈賄行為を行う動機を形成させないよう配慮すること。

（５）社内における教育活動の実施

従業員の贈賄防止に向けた倫理意識の向上を促し、内部統制の運用の実効性を高めるため、以下のポイントに留意しつつ、社内において適切な教育活動を実施すること。

○ 国際商取引に関連する役員及び従業員に対して、基本方針及び防止体制の趣旨及び内容を周知徹底すること。

○ 国際商取引に関連する従業員等に対して、採用時や転属時に教育を行うこと。

○ 教育・訓練活動に当たっては、外国公務員との接触が生じる可能性、研修の方法（講義形式、文書や電子メール等を活用する形式等）を検討し、有効な教育活動を行うよう努めること。

○ 各種法令の内容のみならず、過去の贈答及び接待の事例等を整理した上で、現地の事情に応じて賄賂を要求された場合における対処方法など具体的に従業員が留意すべき点について教育を行うこと。

○ 啓発活動の一つとして、教育・訓練活動を受けた国際商取引に関連する従業員に対し、外国公務員贈賄行為を行わないよう誓約書を提出させることも有効な方策である。

（６）監査

定期的又は不定期の監査により、社内規程の遵守状況を含め防止体制が実際に機能しているか否かを確認するとともに、必要に応じて、監査結果等が後記（７）の見直しに反映されること。

○ 監査担当者（コンプライアンス責任者や法務・経理担当者、監査役などの監査に携わる役職員等）は、防止体制が有効に機能しているか否かについて定期的に監査し、実施状況を評価すること。その際、監査担当者は、懐疑心を持って、監査対象情報を評価することが望ましい[37]。

○ 監査結果等については、経営者、コンプライアンス責任者、法務・経理・監査部門の責任者、関連する従業員に広く情報が共有されるよう

[37] 会計監査ではあるものの、監査における不正リスク対応基準（金融庁企業会計審議会）の「職業的懐疑心の強調」では、懐疑心の保持、発揮、高揚という３段階に分けて記載されており、参考となる。

努めること。

（7）経営者等による見直し

継続的かつ有効な対策や運用を可能とするよう、定期的監査を踏まえ、必要に応じて、経営者やコンプライアンス責任者等の関与を得て、防止体制の有効性を評価し、見直しを行うこと。

３．子会社の防止体制に対する親会社の支援の在り方[38]

親会社は、企業グループ内の、直接・間接に支配権を有する子会社に対して、１．及び２．の内容を踏まえた必要な防止体制の構築及び運用を推進し、その状況について定期又は不定期に確認することが必要である。

その際、鍵となる要素は、以下のとおりである。

○ 防止体制の構築・運用を推進する子会社の範囲やその内容についても、リスクベース・アプローチが適用されること。

子会社の範囲については、特に、次のような子会社については、防止体制が構築されることが望ましい。

（ⅰ）現在及び将来の企業価値のみならず、贈賄リスクの多寡や事業の性格を踏まえて重要と言える子会社

（ⅱ）プロジェクトの進行過程の要所で親会社が承認を行うなど実質的関与を行う場合における当該プロジェクトを担当する子会社

○ 子会社の防止体制の構築・運用に関して、子会社が自律的に防止体制を構築・運用することが原則であるが、現実に、子会社の対応能力・経験が乏しい場合には、不足するリソースを補完し、さらに、必要な場合には親会社が主導して子会社の体制を構築・運用すること※。

なお、その状況の確認にあたっては、規程類の整備状況[39]にとどまらず、規程類を含めた防止体制が実際に現場において機能しているか否かを確認することが重要である。場合によっては、親会社が子会社の現場従業員との意見交換、規程類の運用実績の確認（サンプルチェック等）といった手段を活用することも考えられる。

※注　我が国企業の多くの海外子会社は、人員の限界もあり、外国公

---

38 子会社の有事における親会社の対応の在り方については、後記４．に記載。

39 子会社において、親会社の規程類をそのまま「コピー」する事例が散見される。しかしながら、子会社においては、親会社の規程類をベースにしつつも、決裁や承認のプロセス等については、子会社の組織・体制、人員、業種に応じて、リスクに対応する機能的な規程類を整備することが望ましい。

務員贈賄の防止に関する対応能力や経験が不足していると考えられる。このため、子会社において、自律的に防止体制を構築し、運用することが困難な場合には、親会社や地域統括会社のコンプライアンス部門の支援が必要となることが多い。

また、リスクに応じて、以下の要素に留意すること。

○ 企業集団で、従業員を対象とする贈賄防止に関する教育活動を共同で実施することや、監査、内部通報体制[40]等を共同で運用すること。
○ このような共同実施、共同運用は、内容面で一定水準を確保することが期待できるとともに、有事における早期の対応を可能とする観点から有効である。
○ 企業グループ内の合弁会社など、自社が直接・間接の支配権を有さない場合には、可能な範囲で、必要な防止体制の整備・運用を図ること。

4．有事における対応の在り方

賄賂を実際に外国公務員等から要求された場合、又は現地担当者が賄賂を外国公務員等に支払った可能性があることが内部監査、内部通報等によって明らかとなった場合（以下、総じて「有事」と言う。）には、法令遵守を徹底するとともに自社（ひいては自社株主）への経済的損害を含めた悪影響を最低限に抑制するための行動を迅速に取る必要がある。

また、対応能力に不足がある子会社における有事については、親会社へ生じる影響の大きさを踏まえた適切な対応を確保するため、親会社が積極的に関与することが有力な選択肢となる。

特に、有事においては、子会社役員等に子会社との間の利益相反が生じ、子会社において適切な調査及び親会社への報告等が行われない可能性があることにも留意する必要がある（例えば、子会社における贈賄行為が解明された結果、親会社によって子会社役員等が解任されるため、保身を図る目的で調査・報告を怠る可能性がある）。

---

40 海外子会社については現地に窓口を設け、応対状況を本社にフィードバックさせるような方法も想定される。また、EU の個人データ保護指令（個人データ処理に係る個人の保護及び当該データの自由な移動に関する 1995 年 10 月 24 日の欧州議会及び理事会の 95/46/EC 指令）は、第三国への個人データの移転制限をしており、企業集団全体で内部通報情報を処理する場合には、そのような関係法令にも留意する必要がある。

有事対応体制としては、特に以下の点に留意すること。

○ 担当取締役・担当者の決定、監査役との連携のあり方、調査チームの設置、親子会社間の有事に関する情報の報告体制その他有事における対応体制に関する事前のルール化。特に、有事に関する情報がコンプライアンス責任者や経営者に迅速に伝わるような体制を事前に構築しておくこと。
○ 特に、外国公務員から贈賄要求があった場合には、当該要求内容の重大性等に応じて、現場における一次的な対応方法、本社等における危機対応チームの設置といった手順が事前に整理されていること。
○ 独立社外取締役にも、有事に関する必要な情報が適切に報告されること。経営陣から独立した立場で、会社と経営陣との間の利益相反が適切に監督されること。
○ 自社及び企業集団に不利な事情を含め関係証拠を保全し、ヒアリング等実施した上で、贈賄行為の可能性が高いと判断される場合は、捜査機関への通報や自首を検討すること。
○ 事態収束後は、原因究明を行い、企業集団としての再発防止策を検討すること。

以上の内容を参考として、各企業において、新たに防止体制の導入や大幅な見直しを検討するにあたっては、その全面的な実施が困難な場合も想定される。その場合には、企業規模・業種、既存の体制、国際商取引との関係、実効性等に加え、企業が外国公務員贈賄罪に問われるリスクの大きさを勘案した上で、各企業の責任により、緊急的な対応として特に必要な項目を優先的に実施すべきである[41]。

5. その他

外国公務員贈賄問題は、一企業のみで、外国公務員等の賄賂要求を不利益も覚悟して拒絶するといった適切な対応を講じることが困難な場合も多い。

このような場合には、現地日本大使館・領事館の日本企業支援窓口や独立行政法人日本貿易振興機構（ジェトロ）、現地商工会議所等に相談をするほか、

41 内閣府国民生活局の調査によると、企業における内部通報制度の導入割合は増加傾向にあり、内部統制の重要性について意識の高まりが見られる。

これらの機関を通じて、事前に又は事後に、特定・不特定の公務員の明示又は黙示の賄賂要求を停止するよう現地政府に要求することも考えられる。

また、開発協力事業に関しては、外務省及び独立行政法人国際協力機構（JICA）に設置された不正腐敗情報相談窓口に相談をするほか、寄せられた情報を基にこれらの機関が現地政府と協議を行うことも考えられる[42]。

他方で、日本政府としては、日本企業を支援する観点から、現地日系企業から要請があった場合には、迅速に現地政府に申し入れることが期待されるとともに、日本企業にとってのリスク判断の材料となるよう、そのような申し入れ状況及びその対応状況を国毎に公表することを、今後関係省庁と検討する。

42 外務省の不正腐敗情報相談窓口は、https://www3.mofa.go.jp/mofaj/gaiko/oda/fusei/。JICA の不正腐敗情報相談窓口は、https://www2.jica.go.jp/ja/odainfo/index.php。

第3章　不正競争防止法における処罰対象範囲について

我が国においては、OECD条約の締結に当たり、平成10年に不正競争防止法を改正し、外国公務員に対する贈賄行為に対し刑事罰を導入する等の対策を講じている[43]。

本章においては、外国公務員贈賄に関する理解と予見可能性の向上という観点から、不正競争防止法の該当部分について、逐条的に解説を行う。

なお、各個別具体的な案件について、実際にその運用を担当するのは捜査当局であり、また、最終的な法解釈は裁判所に委ねられていることを付言する。

1．外国公務員贈賄罪の構成要件（法第18条第1項関係）

○不正競争防止法第18条第1項

何人も、外国公務員等に対し、国際的な商取引に関して営業上の不正の利益を得るために、その外国公務員等に、その職務に関する行為をさせ若しくはさせないこと、又はその地位を利用して他の外国公務員等にその職務に関する行為をさせ若しくはさせないようにあっせんをさせることを目的として、金銭その他の利益を供与し、又はその申込み若しくは約束をしてはならない。

（1）概要（(2)(3)…は本節の中で解説している項番号を示す。）

不正競争防止法第18条第1項では、「(2)何人も、(「2．外国公務員等の定義」を参照)外国公務員等に対し、(3)国際的な商取引に関して(4)営業上の不正の利益を得るために、その外国公務員等に、その(6)職務に関する行為を(7)させ若しくはさせないこと、又はその地位を利用して他の外国公務員等にその職務に関する行為をさせ若しくはさせないようにあっせんをさせることを目的として、(8)金銭その他の利益を(9)供与し、又はその申込み若しくは約束をしてはならない。」と規定されている。

本項は、外国公務員贈賄条約第1条1の規定を担保するための条文である。すなわち、国際商取引に関して営業上の不正の利益を得るために行う、外国公務員等の職務に関する作為、不作為等をなさしめることを目的とした利益の供与、その申込み又はその約束を禁止している。

なお、現地法令（成文の法令及び判例法）で禁止されない利益提供行為に

43　条約前文によれば、「締約国においてとられる措置の間の同等性を達成することがこの条約の不可欠の目的」とされており、当該考え方に沿って、外国公務員に対する贈賄行為に対し刑事罰を導入する等の措置を講じることが求められている。

ついて処罰を意図するものではない[44]。

（2）語義の解釈

①「何人も」について

本罪の対象となる行為の全部又は一部を日本国内で行った場合には、その国籍に関係なく（すなわち、日本人であれ外国人であれ）、本法の適用を受ける。また、日本人については、日本国外で当該行為を行った場合にも、本法の適用を受ける。

→【3．罰則　（3）罰則の場所的適用範囲について　を参照】

②「国際的な商取引」について

本罪は、国際商取引における（in the conduct of international business（条約第1条1））外国公務員に対する贈賄行為を禁止するものである。

本項で「国際的な商取引」とは、貿易や対外投資など国境を越えた経済活動に係る行為を意味している。「国際的」とは、①取引当事者間に渉外性[45]がある場合、②事業活動に渉外性がある場合のいずれかを意味している。

○「国際的な商取引」に関する具体例

1．日本の商社がA国内のODA事業による橋の建設の受注を目的として、A国公務員に贈賄する場合

→取引当事者間に渉外性があるため、「国際的な商取引」であると解される。

2．B国にある日系の建設会社が、東京のB国大使館の改修工事を受注するために、日本でB国公務員に贈賄する場合

→事業活動に渉外性があるため、「国際的な商取引」であると解される。

③「営業上の不正の利益」について

○「営業上の利益」の考え方

「営業」とは、判例上、単に営利を直接に目的として行われる事業に限らず、事業者の公正な競争を確保するという法目的からして、広く経済収支上の計算に立って行われる事業一般（病院経営等）を含む。

したがって、「営業上の利益」とは、事業者がかかる「営業」を遂行していく上で得られる有形無形の経済的価値その他利益一般を指すものと解される。

44　OECD外国公務員贈賄防止条約コンメンタリー8では、「外国公務員等の国の判例や成文の法令において認められ又は要求されていた利益については、犯罪とはならない」とされている。

45　「渉外性」とは国境を越えた関係性を指す。

○「不正の利益」の考え方

不正の利益とは、公序良俗又は信義則に反するような形で得られる利益を意味する。具体的には、次のような行為が該当すると解される。

（ⅰ）外国公務員等に対する利益の供与等を通じて、自己に有利な形で当該外国公務員等の裁量を行使させることによって獲得する利益

（ⅱ）外国公務員等に対する利益の供与等を通じて、違法な行為をさせることによって獲得する利益

なお、生命・身体に対する危険の回避を主な目的として、やむを得ず行った利益供与等は、「不正の利益」を得る目的がないと判断される場合があり得る。

（3）典型的な処罰対象行為等

○具体的事例

（ⅰ）A国での国立病院建設プロジェクトを落札するため、事前に公表されない最低入札価格を聞き出すことを目的とするA国厚生省職員に対する利益の供与

（ⅱ）B国で建設した本来は環境基準を満たしていない化学プラントについて、設備設置の許可を受けることを目的とするB国検査機関の職員に対する利益の供与

（ⅲ）C国において、建築資材を輸入する関税を不当に減免してもらうことを目的とするC国税関職員に対する利益の供与

（ⅳ）D国において、競合企業より優位に立つため、商品の輸出の認可を優先的に処理してもらうことを目的とするD国公務員に対する利益の供与

○合理性のない差別的な不利益な取扱いを受けた場合[46]

例えば、通関等の手続において、事業者が現地法令上必要な手続を行っているにもかかわらず、事実上、金銭や物品を提供しない限り、現地政府から手続の遅延その他合理性のない差別的な不利益な取扱いを受けるケースが存在する。

（ⅰ）企業から申請書を受け取った実体審査を担当しない窓口係員が形式的な不備等がないにもかかわらず、申請書への受領印の押印を拒絶するケース

---

46 身体・生命に対する間近な危難が生じている場合でなくても、例えば、治安が悪く、現地の警察や軍隊による身辺警護等を必要とする場合には、警察官個人や軍人個人に金銭等を提供するのではなく、警察や軍など組織それ自体との間で身辺警護等の役務提供契約を締結し、実費を支払う方法もあり得る。なお、当然のことながら、契約に藉口して警察等に不当な利益を供与することは、「不正の利益」の供与に該当するものと考えられる。

（ⅱ）現地法令に基づき税金が還付されることとなっているにもかかわらず、税務署において合理的理由もなく一向に手続が進めてもらえないケース
（ⅲ）現地法令上、消防署から消防設備の点検を受ける義務があるにもかかわらず、当該消防署が点検の実施を渋るケース

このような差別的な不利益を回避することを目的とするものであっても、そのような支払自体が「営業上の不正の利益を得るため」の利益提供に該当し得るものである上、金銭等を外国公務員等に一度支払うと、それが慣行化し継続する可能性が高いことから、金銭等の要求を拒絶することが原則である。

ただし、例えば、拒絶したにもかかわらず、賄賂要求が継続しているような状況において、自社ないし従業員に発生が予測される損害を回避するために行うようなやむを得ない支払については、「営業上の不正の利益を得るため」の利益供与に当たらないと判断される場合があり得るが、いずれにせよ、同一の許認可等で支払要求が慣行化しているような場合には、当該慣行の更なる助長を防止する観点から、第２章５．のとおり、自社単独で又は現地日本大使館・領事館や現地商工会議所等を経由して拒絶の意思を明らかにすることが望ましい。

（４）社交行為等の取扱い

○　外国公務員等にかかる旅費、食費などの経費負担や贈答は、典型的な贈賄行為ともなり得るものである。もっとも、純粋に一般的な社交や自社商品・サービスへの理解を深めるといった目的によるものであって、外国公務員等の職務に関して、自社に対する優越的な取扱を求めるといった不当な目的もないのであれば、必ずしも「営業上の不正の利益」を目的とする贈賄行為と評価されるわけではない。

○　具体的には、時期、品目や金額、頻度その他の要素から判断して、純粋に社交や自社商品・サービスへの理解を深めることを目的とする少額の贈答、旅費の負担、娯楽の提供等が想定される。これらについては、社内における慎重な検討を確保する観点から現地法令等も勘案して策定された社内基準に基づいて判断され、その結果が適切に記録されることによって事後的な監査の機会が確保されることが望ましいことは、前述（第２章２．（３））のとおりである※。

※注　正規でない承認手続や虚偽の記録の存在は、「営業上の不正の利益」を得るための支払であることを疑わせる要素となり得る。

（ⅰ）「営業上の不正の利益」を得るための支払と判断される可能性が大

きいと考えられる行為
- 外国公務員等へのスポーツカーの提供
- 外国公務員等への少額であっても頻繁な贈答品の提供
- 外国公務員等への換金性のある商品券の贈答
- 外国公務員等の家族等をグループ企業で優先的に雇用すること
- 自社商品・サービスとの関係が乏しいリゾート地への外国公務員家族の招待
- 外国公務員等の関係する企業をエージェント、コンサルタントとして起用すること
- 物品等の金額や経済的価値にかかわらず、入札直前の時期における支払

(ii)「営業上の不正の利益」を得るための支払とは必ずしも判断されない可能性がある行為
- 広報用カレンダー等の提供など、宣伝用物品又は記念品であって広く一般に配布するためのものの贈与
- 業務上の会議における茶菓や簡素な飲食物の提供
- 業務として自社事業所を往訪する外国公務員に対して、交通事情上必要な場合に、自社自動車等を利用させること
- 現地社会慣習に基づく季節的な少額の贈答品の提供
- 自社が展示会へ出展するだけでは商品・サービスの内容、品質への理解に至らないため、自社工場・研究所（現地国内に限らず、日本ないし第三国を含む）の視察を要する場合における、一定の社内基準に基づいて選定された外国公務員等が要した旅費の負担（現地法令等を踏まえた自社の基準に基づく実費）
- 上記視察に付随した、合理的かつ相応な範囲の会食（なお、金額基準が定められた、視察地国又は当該外国公務員の国の公務員腐敗防止法令がある場合には、当該基準を参考とした会食費）や視察の空き時間等に実施する観光の提供

○　企業が寄付を行う場合もあると考えられるが、外国公務員等個人に対する支払は、通常、典型的な贈賄行為に該当することに留意すべきである。表面上は非営利団体に対する寄付の形式をとったとしても、当該寄付が実質的に外国公務員等に対する支払となっている場合も、同様に典型的な贈賄行為である。

一方で、純粋に「よき企業市民」（good corporate citizen）として企業の社会的責任を果たすために非営利団体に対して行なわれる寄付であっても、贈賄行為に該当する場合もある。

このため、寄付に先立って、寄付先の役員やその親族等が自社のプロジェクトにかかる外国公務員等の関係者ではないことを確認し、さらに、寄

付後も寄付先の会計帳簿等を確認するなど合理的な範囲内で、外国公務員等の関係者への寄付金の還流がないことを確認する必要がある※。

※注　正規でない承認手続や虚偽の記録の存在は、「営業上の不正の利益」を得るための支払であることを疑わせる要素となり得る。

（5）緊急避難

○　刑法第３７条に規定する緊急避難に該当する場合には違法性が阻却され、処罰されない※。

※参考　緊急避難の成立条件は、「自己又は他人の生命、身体」（保全法益）等に対する「現在の危難」（保全すべき法益に対する侵害が現に存在しているか、または間近に押し迫っていること）、「避けるため」（避難の意思が必要）、「やむを得ずにした行為」（法益保全のために唯一の方法であって他に可能な方法がない）、「これによって生じた害が避けようとした害の程度を超えなかった場合に限り」（具体的事例に応じて社会通念にしたがい法益の優劣を決すべきという趣旨）である。

○　外国公務員等に対する関係では、例えば、支払を行わないと暴行される可能性がある場合など、生命、身体に対する現実の侵害を避けるため、他に現実的に取り得る手段がないためやむを得ず行う必要最低限の支払については、緊急避難の要件を満たす可能性がある。

○　緊急避難の要件を満たすと考えられる例

- 銃を携帯した定期巡回中の警察官が事務所内から立ち退かず、明示又は黙示に支払を強要し、身体拘束のおそれが間近に迫った場合における支払。

（6）「職務に関する行為」について

「職務に関する行為」とは、当該外国公務員等の職務権限の範囲内にある行為はもちろん、職務と密接に関連する行為を含むものである。

なお、「職務」というのは、刑法第197条（収賄罪）の規定中の「職務」と同義である。

刑法の贈収賄罪において、職務と密接に関連する行為に関する判例としては、慣行上公務員が行っている事務や本来の職務の準備的行為を職務密接関連行為と認めたもの等が挙げられる。

（7）「（職務に関する行為を）させ若しくはさせないこと、又はその地位を利用して他の外国公務員等に（職務に関する行為を）させ若しくはさせないようにあっせんをさせること」

利益の供与等の目的が外国公務員等の作為・不作為又は他の外国公務員等

の作為・不作為のあっせんであることが要件となっている。

外国公務員等自らが行う行為については、（６）で述べたとおり、外国公務員等の職務の権限の範囲内の行為及びこれと密接に関連する行為が対象になる。

また、「あっせん」については、当該外国公務員等の権限の範囲外の行為であっても、その地位を利用して、他の外国公務員等の職務に関する行為について、その外国公務員等に対して行う「あっせん」が対象になる。

（８）「金銭その他の利益」について

「金銭その他の利益」とは、財産上の利益にとどまらず、およそ人の需要・欲望を満足させるに足りるものであれば該当する。したがって、金銭や財物はもちろん、金融の利益、家屋・建物の無償貸与、接待・供応、担保の提供などの財産上の利益のほか、異性間の情交、職務上の地位などの非財産的利益を含む一切の有形、無形の利益がこれに該当すると解される。

（９）「（外国公務員等に対し、）…供与し、又はその申込み若しくは約束をしてはならない」について

「供与」とは、賄賂として金銭その他の利益を単に提供するにとどまらず、相手方である外国公務員等がこれを収受することをいう。

「申込み」とは、外国公務員等に対し、賄賂であることを認識し得るような状況の下で金銭その他の利益の収受を促す行為をいい、相手方がこれに対応する行為をすることを必要としない。

「約束」とは、贈収賄当事者間の金銭その他の利益の授受についての合意をいう。

なお、外国公務員等以外の第三者に対し金銭その他の利益を供与し、又はその申込み、約束をした場合であっても、

- ○ 当該外国公務員等と当該第三者の間に共謀がある場合
- ○ 当該外国公務員等の親族が当該利益の収受先になっている場合など、実質的には当該外国公務員等に対して利益の供与が行われたと認められる場合
- ○ 外国公務員等が第三者を道具として利用し、当該第三者に当該利益を収受させた場合

については、外国公務員贈賄罪が成立し得る。

２．外国公務員等の定義（法第 18 条第２項、政令関係）

○不正競争防止法第 18 条第２項

２　前項において「外国公務員等」とは、次に掲げる者をいう。
一　外国の政府又は地方公共団体の公務に従事する者
二　公共の利益に関する特定の事務を行うために外国の特別の法令により設立されたものの事務に従事する者
三　一又は二以上の外国の政府又は地方公共団体により、発行済株式のうち議決権のある株式の総数若しくは出資の金額の総額の百分の五十を超える当該株式の数若しくは出資の金額を直接に所有され、又は役員（取締役、監査役、理事、監事及び清算人並びにこれら以外の者で事業の経営に従事しているものをいう。）の過半数を任命され若しくは指名されている事業者であって、その事業の遂行に当たり、外国の政府又は地方公共団体から特に権益を付与されているものの事務に従事する者その他これに準ずる者として政令で定める者
四　国際機関（政府又は政府間の国際機関によって構成される国際機関をいう。次号において同じ。）の公務に従事する者
五　外国の政府若しくは地方公共団体又は国際機関の権限に属する事務であって、これらの機関から委任されたものに従事する者

（１）趣旨

「不正競争防止法第 18 条第２項」及び「不正競争防止法第十八条第二項第三号の外国公務員等を政令で定める者を定める政令」では、贈賄の相手方となる「外国公務員等」の定義を規定している。

本法の対象となる外国公務員等は、

①外国の政府又は地方公共団体の公務に従事する者（第１号）
②外国の政府関係機関の事務に従事する者（第２号）
③外国の公的な企業の事務に従事する者（第３号）
④公的国際機関の公務に従事する者　（第４号）
⑤外国政府等から権限の委任を受けている者（第５号）

の５つに分類される。

なお、「外国」には、我が国が国家として未承認の国も含まれる。

（２）　第１号：外国の政府又は地方公共団体の公務に従事する者（外国公務員）

外国の政府又は地方公共団体の公務に従事する者とは、行政府、立法府や司法機関に属する職にある者を指している。

※なお、政党職員及び公務員の候補者は、条約上外国公務員の定義に含まれないため、本法の対象とはされていない。

（３）　第２号：外国の政府関係機関の事務に従事する者

外国の政府関係機関とは、公共の利益に関する特定の事務を行うために特

別に法令によって設置された組織であり、日本でいう特殊法人・特殊会社等に相当するものを指している。

なお、特別に法令によって設立された組織には、公益法人や会社等、準則主義により一定の要件を満たせば設立できるような民事法規に根拠をもつ法人は含まれない。

また、「事務に従事する者」とは、その者の果たす機能に着目して、当該機関の事務を行っていると判断される者を指す。

○外国の政府関係機関の例

米国の政府機関法人(government corporation)

政府機関法人の具体例としては、テネシー河谷開発公社（Tennessee Valley Authority)、全米鉄道旅客輸送公社（National Railroad Passenger Corporation：通称Amtrak）などがある。

フランスの公施設法人（établissements publics）

公施設法人の具体例としては、フランステレコム（France Télécom)、国立図書館（Bibliothèques nationales)、大学（universités）などがある。

（４） 第３号：外国の公的な企業の事務に従事する者

本号における「公的な企業」は、外国の政府又は地方公共団体が、

①議決権のある株式の過半数を所有している
②出資金額の総額の過半数にあたる出資を行っている
③役員の過半数を任命もしくは指名している

のいずれかに該当する事業者（公益法人等も含まれる。）及びこれに準ずる者として政令で定める者である。

これに準ずる者として政令に定める者は、外国の政府又は地方公共団体が、

①総株主の議決権の過半数の議決権を直接保有している
②株主総会での全部又は一部の決議について許可、認可、承認、同意等を行わなければ効力が生じない黄金株で支配している
③間接的に過半数の株式を所有することなどにより事業者を支配している

のいずれかに該当する事業者である。

これらの「公的な企業」のうち、その事業の遂行に当たり、外国の政府又は地方公共団体から特に権利及びそれに伴う利益を付与されているものの事務に従事する者が、不正競争防止法上の外国公務員等に該当する。

○「公的な企業」に該当する例１（黄金株支配）

Ａ国の元国営企業Ｂ社（民営化済）では、定款中の

①いかなる人も株式の15%以上所有すること又は単独若しくは共同での15%以上の議決権を行使することはできない
②Ａ国人でない限り、業務執行会長(chairman of the Company)又は首席業務執行取締役(chief executive of the Company)になることができない

等の規定を変更する際には、定款変更の株主総会の決議に対し、その効力を生じさせるには、黄金株所有者たる政府の同意を必要としている規定を有していた。

この場合、Ｂ社は、本号における「公的な企業」に該当すると解される。

○「公的な企業」に該当する例２（間接的な支配）

Ｃ国国有電力会社Ｄ社（政府が株式の 80％を保有）の子会社である$Ｄ_1$社及び$Ｄ_2$社は、共にＤ社が株式の 70％を保有しており、$Ｄ_1$社はＣ国北側での発電を、$Ｄ_2$社はＣ国南側での発電を主に担っている。

この場合、$Ｄ_1$社及び$Ｄ_2$社は、本号における「公的な企業」に該当すると解される。

○不正競争防止法第十八条第二項第三号の外国公務員等を政令で定める者を定める政令

１　不正競争防止法(以下「法」という。)第十八条第二項第三号の政令で定める者は、次に掲げる事業者(同号に規定する事業者を除く。) であってその事業の遂行に当たり外国の政府又は地方公共団体から特に権益を付与されているものの事務に従事する者とする。

一　一又は二以上の外国の政府又は地方公共団体により、総株主の議決権の百分の五十を超える議決権を直接に保有されている事業者

二　株主総会において決議すべき事項の全部又は一部について、外国の政府又は地方公共団体が、当該決議に係る許可、認可、承認、同意その他これらに類する行為をしなければその効力が生じない事業者又は当該決議の効力を失わせることができる事業者

三　一又は二以上の外国の政府、地方公共団体又は公的事業者により、発行済株式のうち議決権のある株式の総数若しくは出資の金額の総額の百分の五十を超える当該株式の数若しくは出資の金額を直接に所有され、若しくは総株主の議決権の百分の五十を超える議決権を直接に保有され、又は役員(取締役、監査役、理事、監事及び清算人並びにこれら以外の者で事業の経営に従事しているものをいう。次項において同じ。)の過半数を任命され若しくは指名されている事業者(第一号に掲げる事業者を除く。)

２　前項第三号に規定する「公的事業者」とは、法第十八条第二項第三号に規定する事業者並びに前項第一号及び第二号に掲げる事業者をいう。この場合において、一又は二以上の外国の政府、地方公共団体又は公的事業者により、発行済株式のうち議決権のある株式の総数若しくは出資の金額の総額の百分の五十を超える当該株式の数若しくは出資の金額を直接に所有され、若しくは総株主の議決権の百分の五十を超える議決権を直接に保有され、又は役員の過半数を任命され若しくは指名されている事業者は、公的事業者とみなす。

（５）第４号：公的国際機関の公務に従事する者

本項における「国際機関」とは、組織の形態や権限の範囲に関わらず、国家、政府その他の公的機関によって形成される国際機関を指している。

なお、IOC（国際オリンピック委員会）など、民間機関により構成されている国際機関はこれに該当しない。

○「国際機関」の例

国際連合、UNICEF（国際連合児童基金）、ILO（国際労働機関）、WTO（世界貿易機関）など

（6）第5号：外国政府等から権限の委任を受けている者

外国の政府又は地方公共団体、国際機関から権限の委任を受けてその事務を行う者を指している。すなわち、外国政府等、国際機関が自らの権限として行うこととされている事務、例えば、検査や試験等の事務について、当該外国政府等から当該事務に係る権限の委任を受けて行う者を念頭に置いている。

公共事業を受注した建設会社の職員等、権限の委任なしに外国政府等が発注する仕事を処理するにすぎない者はこれに該当しない。

○外国政府等から権限の委任を受けている者の例

化学プラント建設にあたり、当該国の法律に基づく設備設置等の許認可等を受ける際に、事前に環境基準をクリアするかどうかについての検査、試験等を委任されている指定検査機関、指定試験機関の職員は「外国公務員等」とみなされる。

3．罰則（法第21条第2項第7号・第8項、第22条関係）

○不正競争防止法第21条・第22条（抄）

第二十一条　（略）

2　次の各号のいずれかに該当する者は、五年以下の懲役若しくは五百万円以下の罰金に処し、又はこれを併科する。

一～六　（略）

七　第十六条、第十七条又は第十八条第一項の規定に違反した者

3～7　（略）

8　第二項第七号（第十八条第一項に係る部分に限る。）の罪は、刑法（明治四十年法律第四十五号）第三条の例に従う。

9～12　（略）

第二十二条　法人の代表者又は法人若しくは人の代理人、使用人その他の従業者が、その法人又は人の業務に関し、次の各号に掲げる規定の違反行為をしたときは、行為者を罰するほか、その法人に対して当該各号に定める罰金刑を、その人に対して各本条の罰金刑を科する。

一～二　（略）

三　前条第二項　三億円以下の罰金刑

2　（略）

3　第一項の規定により前条（中略）第二項（中略）の違反行為につき法人又は人に罰金刑を科する場合における時効の期間は、これらの規定の罪についての時効の期間による。

（1）　行為者に対する処罰について

①　不正競争防止法第21条第2項第7号では、第18条第1項の規定に違反して外国公務員等に対する不正の利益の供与等を行った者については、**5年以下の懲役又は500万円以下の罰金**に処することが規定されている。

②　罰則の水準に関しては、条約上「刑罰の範囲は自国の公務員に対する贈賄に適用されるのと同等のもの」（条約第3条1）とする義務があるところ、上記法定刑は、自国公務員に対する贈賄罪（刑法第198条）の法定刑（3年以下の懲役又は250万円以下の罰金）と同等以上の罰則になっており、条約上の義務を果たしている。

③　また、第21条第8項の規定により、外国公務員贈賄罪については、刑法第3条の例に従う。

刑法第3条には、一定の罪について、日本国民が国外で犯した犯罪についても処罰の対象とすることが規定されていることから、外国公務員贈賄罪についても、国民の国外犯が処罰される（外国公務員等に対し、日本国外で利益の供与等を行った日本人についても処罰の対象となる。）。[47]

→**【3．罰則　（3）罰則の場所的適用範囲について　を参照】**

④　外国において贈賄罪の確定判決を受けた者についても、刑法第5条[48]により、外国公務員贈賄罪で処罰し得る。

ただし、同条の規定に従って、実際に外国において言い渡された刑の全部又は一部の執行を受けた場合には、我が国における刑の執行は減軽又は免除される。

⑤　公訴時効期間は5年である[49]。ただし、犯人が国外にいる期間は、刑事訴訟法第255条第1項により、時効の進行は停止する。

（2）　法人に対する処罰について

①両罰規定

47　外国公務員贈賄罪に国民の国外犯処罰を導入する「不正競争防止法の一部を改正する法律案」については、平成16年5月19日に国会で成立し、平成17年1月1日より施行された。

48　刑法第5条：外国において確定裁判を受けた者であっても、同一の行為について更に処罰することを妨げない。ただし、犯人が既に外国において言い渡された刑の全部又は一部の執行を受けたときは、刑の執行を減軽し、又は免除する。

49　刑事訴訟法第250条の規定による。また、「意匠法等の一部を改正する法律（平成18年法律第55号）」により、法人の公訴時効期間も5年となった（平成19年1月1日施行）。

不正競争防止法第22条の規定により、法人[50]の代表者、代理人、使用人、その他の従業員等が当該法人の業務に関し違反行為をした場合には、当該違反行為者自身を処罰するだけでなく、その法人に対しても３億円以下の罰金刑が科される。

これは、国際商取引を業務とする法人について、法人の責任を問うことが条約上の義務となっていることから設けられたものである。

②法人に対する過失の推定

最高裁は、過去に法人処罰の規定について、法人の行為者たる従業者等の選任・監督その他違反行為を防止するために必要な注意を尽くさなかった過失の存在を推定し、その注意を尽くしたことの証明がない限り事業主も刑事責任を免れないとする法意であることを判示している[51]。

これは不正競争防止法違反の罪に関するものではないが、同法においても、両罰規定について無過失を理由とする免責が認められるためには、一般的、抽象的な注意を払ったのでは足りず、積極的、具体的に違反防止のための指示を与えるなどして、違反行為を防止するために必要な注意を尽くしたことが要求されると考えられる。

このような観点からも、第２章で例示した、外国公務員に対する贈賄を適切に防止できるような体制の構築・運用や、本指針等を活用した外国公務員贈賄罪についての知識の普及・教育活動の実施など、外国公務員贈賄防止対策の実効性を高め、内部統制の有効性の向上を図るための方策をとることが必要である。

なお、海外現地子会社の日本人従業員が外国公務員等に対する不正の利益の供与等を行った場合に、日本の本社に両罰規定が適用されるか否かについては、当該日本人従業員が通常行っている業務への本社の関与の度合い、当該日本人従業員に対する本社の選任・監督の状況などの個別具体的な状況を踏まえて判断される。例えば、当該日本人従業員が実質的には日本の本社の従業員であると認められる場合には、日本の本社に対して両罰規定が適用される可能性があると考えられる。

（３）　罰則の場所的適用範囲について

①　場所的適用範囲とは、裁判権を行使するに当たって、その場所で生じた事項に対して自国の刑法を準拠法とし、その定めるところに従って処理することが可能とされる範囲をいう。

50　個人事業主の場合にも両罰規定は適用される。ただし、罰金額は500万円以下である。

51　最判昭和40年3月26日　刑集19巻2号83頁（外為法違反事件）

②　我が国刑法は、第 1 条で、原則として自国の領域内で犯された犯罪については犯人の国籍如何を問わず日本の刑罰法規を適用する「属地主義」を採用しており、また、殺人、傷害、詐欺等の一定の犯罪については、第 3 条で、自国の領域内で犯された犯罪に加え、犯罪地の如何を問わず、自国民が犯した犯罪についても日本の刑罰法規を適用する「属人主義」を採用している。

外国公務員贈賄罪については、刑法第 3 条の例に従い、属人主義が採用されており、日本国内で贈賄行為を行った者に加え、日本国外で贈賄行為を行った日本人についても処罰されることとなる。

③　なお、属地主義については、犯罪の構成要件の一部をなす行為が国内で行われ、又は構成要件の一部である結果が国内で発生した場合には当該犯罪に我が国の刑罰法規が適用される。

これを外国公務員贈賄罪について言えば、日本国内から外国公務員に対して電子メールやＦＡＸ等で利益の供与の申込み、約束などが行われた場合については、それに続く利益の供与が海外で行われたとしても、全体を包括して国内犯ととらえることが可能であると考えられる。

④　また、外国法人についても、例えば、会社法上の外国会社[52]については不正競争防止法第 22 条の両罰規定が適用され得るものと解される。

（4）　海外子会社（支店）や代理店（エージェント）を利用した利益の供与について

貿易や対外投資などの国際的な商取引を行う際に、海外子会社（支店）や代理店（エージェント）を利用することが多い。

条約においては、外国公務員贈賄罪について共犯も処罰することが求められていることから、海外子会社（支店）や代理店（エージェント）の従業員が外国公務員に対する贈賄行為を行った場合、特に国内本社従業員の関与に留意が必要である[53]。

ここでは、海外子会社（支店）や代理店（エージェント）の従業員による外国公務員に対する贈賄行為に関し、国内本社従業員が関与している場合の典型例について不正競争防止法の適用関係を整理する。

---

[52] 会社法第 823 条において、「外国会社は、他の法律の適用については、日本における同種の会社又は最も類似する会社とみなす」こととされている。また、伊東研祐「組織体刑事責任論」76 頁～79 頁、成文堂、2012 年参照。

[53] 条約第 1 条 2 においては、「締約国は、外国公務員に対する贈賄行為の共犯（教唆、ほう助又は承認を含む。）を犯罪とするために必要な措置をとる。」こととされている。

この点については、「刑法」第 60 条から第 65 条の共同正犯、教唆、幇助等に関する各規定が適用される。

①海外子会社（支店）従業員と国内本社従業員との間に共謀が存在し、共謀共同正犯[54]が成立する場合

海外子会社（支店）従業員と国内本社従業員が我が国国内で共謀した場合、共謀の存在も罪となるべき事実の一部であり、かつ、これによって、共同正犯の罪責が認められることから、構成要件の一部の実行地が国内であると言えるため、実際の利益の供与が海外で行われていても、国内犯と考えられる。

したがって、この場合、海外子会社（支店）従業員と国内本社従業員の双方に外国公務員贈賄罪が適用されると解される。（この場合、外国公務員贈賄罪が適用される海外子会社（支店）従業員は日本人に限定されない。）

②国内本社従業員が教唆[55]又は幇助[56]し、海外子会社（支店）従業員が実行行為を行った場合

正犯の実行行為（利益の供与等）が国外で行われた場合で、その教唆又は幇助が我が国国内で行われたとき、実行行為を行った海外子会社（支店）の日本人従業員については、教唆、幇助を行った国内本社従業員とともに、外国公務員贈賄罪が適用されると解される。

③海外子会社（支店）の従業員が独自に、あるいは海外子会社（支店）のみの指示を受けて利益供与を行った場合

利益の供与等を行った海外子会社（支店）の日本人従業員や、それを指示した海外子会社（支店）の日本人従業員については、外国公務員贈賄罪が適用されると解される。一方、利益の供与等に全く関与していない国内本社従業員については、外国公務員贈賄罪は適用されないと解される。

④海外の代理店（エージェント）を利用して利益の供与を行った場合

海外子会社（支店）ではなく海外の代理店（エージェント）の従業員が利益の供与等を行った場合についても、海外子会社（支店）の従業員が利益の供与等を行った場合と変わるところはない（①・②と同様である。）。

いずれにせよ、具体的な事例において、国内本社従業員との共謀があったかどうか等については、個別具体的な事案ごとに司法の判断に委ねられる。

また、仮に海外子会社（支店）や海外の代理店（エージェント）の従業員に

---

54 共同正犯（刑法第60条）とは、「二人以上の者が共同して犯罪を実行すること」である。また、「数人の者が犯罪を共謀し、その一部の者が犯罪を実行した場合に、実行行為を分担しない者」も正犯として処罰されることがあり、これを共謀共同正犯という。

55 教唆（刑法第61条）とは、「他人をそそのかして犯罪実行の決意を生じさせる行為」である。

56 幇助（刑法第62条）とは、「実行行為以外の方法で正犯に加担する行為」である。

ついて外国公務員贈賄罪が適用されない場合であっても、当該国における（国内公務員に対する）贈賄罪の刑事責任を免れるものではなく、個別具体的な事案ごとに当該国の司法の判断に委ねられるものである。

4．外国公務員贈賄罪の適用事例

平成10年に不正競争防止法上に外国公務員贈賄罪が創設されてから、現在までに訴追された事例は以下のとおりである（平成29年9月現在）。

（1）フィリピン公務員に対する不正利益供与事案（福岡簡裁平成19年3月）

我が国株式会社のフィリピン現地法人に出向していた従業員2名が、フィリピン国家捜査局（NBI）が計画していた事業の請負契約を早期に締結するために、NBI幹部2人に対してゴルフクラブセット等（約80万円相当）の利益を供与した事案。

同事案においては、被告人2名に、それぞれ罰金50万円、罰金20万円が科された。

（2）ベトナム公務員に対する不正利益供与事案（東京地裁平成21年1月及び3月）

東京都内に本店を置く被告人会社の従業員等であった4名が、ベトナム・ホーチミン市における幹線道路建設事業に関するコンサルタント業務を受注した謝礼等の趣旨で、同事業担当幹部に対して2度にわたり、それぞれ約60万米ドル、約20万米ドルの利益を供与した事案。

同事案においては、被告人4名に、それぞれ懲役2年6月、懲役2年、懲役1年6月、懲役1年8月（それぞれ執行猶予3年。ただし、うち1名については別件詐欺罪を含む。）、被告人会社に罰金7,000万円が科された。なお、本事案は、外国公務員贈賄罪における初の両罰規定適用事案である。

※　検察官は、本件起訴同日、既に起訴されていた被告人会社等に対する法人税法違反事件について、設計等委託費に計上されていた前記現金約60万米ドルを、租税特別措置法に基づき、損金不算入とし、平成16年9月期のほ脱所得金額を約6,600万円、ほ脱税額を約2,000万円にそれぞれ増額する旨の訴因変更請求を行った。

（3）中国の地方政府幹部に対する不正利益供与事案（名古屋簡裁平成25年10月）

愛知県に本店を置く自動車関連部品製造事業等を営む株式会社の元専務が、中国の現地工場の違法操業を見逃してもらうなどするため、地方政府の幹部に対して、約 42 万円相当の金銭（香港ドル）及び女性用バッグ（約 14 万円相当）を供与した事案。

同事案においては、被告人に、50 万円の罰金が科された。

（４）インドネシア、ベトナム及びウズベキスタンにおける日本の円借款事業（有償資金協力事業）を巡る不正利益供与事案（東京地裁平成 27 年２月）

東京都に本店を置く鉄道コンサルタント事業等を営む株式会社の元社長、元国際部長及び元経理担当取締役の３名が、インドネシア、ベトナム及びウズベキスタンでの ODA 事業に関連し、鉄道公社関係者等に金銭を提供した事案。

具体的には、被告人らが、いずれも被告人会社が有利な取り計らいを受けたいとの趣旨の下、対ベトナム円借款「ハノイ市都市鉄道１号線建設事業」に関し、ベトナム鉄道公社関係者に約 7,000 万円の日本円を、また、対インドネシア円借款「ジャワ南線複線化事業」に関し、インドネシア運輸省鉄道総局関係者に合計約 2,000 万円相当の金銭（日本円及びルピア）を、ウズベキスタン円借款「カルシ・テルメズ鉄道電化事業」に関し、ウズベキスタン鉄道公社関係者に約 5,477 万円相当の金銭（米国ドル）をそれぞれ供与したという事案である。

同事案においては、被告人３名に、懲役２年（執行猶予３年）、懲役３年（執行猶予４年）、懲役２年６か月（執行猶予３年）、被告人会社に対し 9,000 万円の罰金が科された。

量刑の理由では、相当の社会的制裁を受けたこと（被告人会社が海外事業からの撤退を余儀なくされたことや、国内でも多くの地方公共団体等から指名競争入札について一定期間の指名停止処分を受けたこと）、その他、契約続行が不可能になったことにより履行済みの部分の支払も受けられないなど巨額の損失が発生したこと、支払済の賄賂を使途秘匿金として申告して納税したこと、コンプライアンス体制を見直し再発防止の手段を講じたこと等が被告人会社にとって有利な事情として挙げられた。

第4章　その他関連事項

本章においては、不正競争防止法以外の外国公務員贈賄に関連する国内措置及び海外における関連情報を提供する。当該情報についても各企業における対策を検討するにあたっての基礎情報等として活用されることが期待される。

1. OECD条約の義務を履行するための関連措置

OECD条約の義務を履行するに当たっては、不正競争防止法に基づく法的措置以外にも、他法令等を活用した手当を行っている。OECD条約の条文に沿った対応措置の概要は、以下のとおりである。

（1）通報（条約第1条関係）

条約第1条では、外国公務員に対する贈賄について自国の法令の下で犯罪とするために必要な措置をとることとされている。

この点、公益通報者保護法[57]の対象法律として不正競争防止法を指定し、外国公務員に対する贈賄行為について、所定の要件を満たして公益通報を行った労働者を、日本国内の事業者による解雇等の不利益な取扱いから保護することにより、外国公務員贈賄罪の発見に関する措置をとっている。

（2）収益の没収（条約第3条関係）、資金洗浄（条約第7条関係）

条約第3条3では、「締約国は、賄賂及び外国公務員に対する贈賄を通じて得た収益（又は収益に相当する価値を有する財産）を押収し若しくは没収し又は同等な効果を有する金銭的制裁を適用するために必要な措置をとる」こととされている。

我が国では、前述の不正競争防止法の両罰規定による金銭的制裁があることに加え、「組織的な犯罪の処罰及び犯罪収益の規制等に関する法律（以下「組織的犯罪処罰法」という。）」第2条第2項第1号イは、「・・・長期四年以上の懲役・・・の刑が定められている罪」の犯罪行為により生じ、若しくは当該犯罪行為により得た財産又は当該犯罪行為の報酬として得た財産を組織的犯罪処罰法の「犯罪収益」とし、組織的犯罪処罰法第13条において「犯罪収益」を没収することができる旨規定しているところ、外国公務員贈賄罪の法定刑は不正競争防止法第21条第2項第7号において「五年以下の懲役」と規定されていることから、贈賄側の得た財産は「犯罪収益」に該当し、没

57 詳細は、公益通報者保護制度ウェブサイト参照（http://www.caa.go.jp/seikatsu/koueki/index.html）。

収の対象となり得る。

また、組織的犯罪処罰法第２条第２項第３号ロは、外国公務員等に「供与された財産」（すなわち収賄側の得た財産）についても同法の「犯罪収益」とし、没収の対象となり得る。

なお、条約第７条では、「資金洗浄に係る法制の適用において自国の公務員に関する贈賄又は収賄を前提犯罪としている締約国は、外国公務員に対する贈賄についても、その行われた場所にかかわらず、同一の条件で資金洗浄に係る法制を適用する」こととされているところ、組織的犯罪処罰法第10条は、犯罪収益等を隠匿する行為等を処罰の対象としている。

（３）会計（条約第８条関係）

条約第８条では、外国公務員に対する不正な利益の供与の隠蔽等を目的とした、帳簿や財務諸表等における欠落や虚偽の記載に対しても、必要な措置を講じることとされている。

我が国においては、「企業会計原則」一般原則及び「財務諸表等の用語、様式又は作成方法に関する規則」第５条に基づき、虚偽記載等を禁止している。加えて、違反行為に対しては、民事上の措置として、金融商品取引法第18条、第21条、第22条、第24条の４、行政上又は刑事上の措置として会社法第976条、金融商品取引法第10条、第24条の２、第172条、第172条の２、第172条の３、第172条の４、第197条、第197条の２、第207条、公認会計士法第30条、第31条の２、第34条の21、第34条の21の２が適用される。

（４）法律上の相互援助(条約第９条関係)、犯罪人の引渡し（条約第10条関係）

条約第９条では、迅速かつ効果的な法律上の援助を他の締約国に与える等法律上の相互援助の規定が設けられている。

この点については、「国際捜査共助等に関する法律」、「外国裁判所ノ嘱託ニ因ル共助法」に定められる手続を通じ、適切に対応することが可能である。

また、条約第10条によれば、外国公務員に対する贈賄については、各国国内法及び締約国間の犯罪人引渡条約により引渡可能な犯罪とすること[58]、引渡し請求を受けた者が自国民であっても請求国へ引き渡すか又は自国民であることのみを理由に引渡しの請求を拒否した場合には被要請国において権限あ

[58] なお、犯罪人引渡条約の存在を犯罪人引渡しの条件とする締約国においては、OECD外国公務員贈賄防止条約を外国公務員贈賄に関する犯罪人引渡しのための法的根拠とみなすことができることとされている（条約第10条２)。

る当局に事件を付託すること等が求められている。

不正競争防止法の外国公務員贈賄罪は、長期３年以上の懲役に処すべき罪に該当し、「逃亡犯罪人引渡法」により引渡し可能な犯罪である。

（５）監視及び事後措置（条約第12条関係）

各締約国の措置の同等性を確保することが必要であるとの認識の下、条約第12条においては、条約の完全な実施の監視及び促進のための締約国間の協力が求められている。

これを受け、OECD 贈賄作業部会において、平成 11 年 2 月の条約発効後、条約締約国の実施法の整合性審査（フェーズ 1 審査）、当該審査の指摘事項についてのフォローアップ審査（フェーズ 1 プラス審査）、実施法の運用状況（実効性）の審査（フェーズ 2 審査）、フェーズ 2 審査のフォローアップ及び執行面に重点を置いた審査（フェーズ 3 審査）、が順次行われており、全条約加盟国の制度・運用が継続的に監視されている。

また、平成 28 年より、主要な贈賄作業部会横断的な課題や、フェーズ 3 審査までに確認された指摘事項等の進捗に関する審査（フェーズ 4 審査）が開始された。

我が国に対しても、平成 11 年 10 月にフェーズ 1 審査、平成 14 年 4 月にフェーズ 1 プラス審査、平成 16 年 12 月及び平成 17 年 1 月にフェーズ 2 審査、平成 18 年 6 月にフェーズ 2 bis 審査、平成 19 年 10 月にフェーズ 2 フォローアップ審査、平成 23 年 12 月にフェーズ 3 審査、平成 26 年 2 月にフェーズ 3 フォローアップ審査が行われた[59]。

59 http://www.oecd.org/daf/anti-bribery/japan-oecdanti-briberyconvention.htm

２．その他国内における関連施策

その他OECD条約に基づく措置以外にも、政府及び政府関係機関においても、外国公務員贈賄を防止する等腐敗防止に資する対策を講じている。特に関連の深いものとしては、以下の２つがあげられる。

（１）輸出信用に関する措置

OECD輸出信用グループにおいては、公的輸出信用の分野において、贈賄を阻止するための適切な手段をとること、又は贈賄行為が公的輸出信用の契約に含まれる場合に適切な対応をとること等につき、「輸出信用と贈賄に関する行動声明」（平成12年12月　OECD輸出信用アレンジメント輸出信用部会合意）として承認した。その後、この行動声明の取組内容を一層前進させるものとして、平成18年12月、OECD理事会において、「公的輸出信用と贈賄に関するOECD理事会勧告」が採択された。これにより、OECD諸国の輸出信用に関する関係機関において、同等の措置を講じることが求められている。

我が国においては、独立行政法人日本貿易保険及び株式会社国際協力銀行が、本声明を踏まえて関連措置を講じているところである。独立行政法人日本貿易保険においては、平成18年12月から、以下のような取組を実施している。

○ 保険契約を申込む企業に対し、誓約書の提出をもって、不正競争防止法に違反する贈賄行為にかかわっていないこと及び今後ともかかわらないことを誓約させる。また、保険契約を申込む企業及び同企業の役員、従業員等が同法の贈賄に関する規定に違反した罪により起訴されていないこと、又は過去５年間に有罪判決を受けていないことを確約させる。

○ 保険契約を申込む企業が、不正競争防止法の贈賄に関する規定に違反した罪により起訴された場合は、通常よりも厳格なデューデリジェンスを実施し、適切な内部の是正措置や予防措置が取られ、維持され、文書によるルール化が行われていることを確認する。

○ 保険契約締結前に、保険契約の対象となる取引について贈賄が関与している証拠が示された場合にはその承認を保留し、その上で贈賄が関与しているとの結論に到ったときは引受を拒絶することとしている。

○ 保険契約締結後に、保険契約の対象となる取引において、被保険者の贈賄行為への関与が証明された場合には、保険金支払いの拒否、支払済保険金の返還、保険契約の解除等の適切な措置を講ずる。

また、株式会社国際協力銀行においても、輸出信用に関し以下のような対策を講じている。

○ 案件登録の際、不正競争防止法に関する贈賄に関与していないこと及び今後ともかかわらないことの確約を文章で得る。また、融資を申し込む企業並びに同企業の役員、従業員等が同法の贈賄に関する規定に違反した容疑で起訴されていないこと、過去５年間に有罪判決を受けていないことを確約させる。

○ 贈賄行為が行われた疑いがあるとして起訴された場合は、融資を拒否することができる。

○ 融資契約締結後に、贈賄行為が行われた疑いがあるとして起訴された場合は借入人の期限の利益を喪失させることができる。

（２）ODA（政府開発援助）に関する措置

平成 27 年２月に閣議決定がされた「開発協力大綱」においても、以下のとおり開発協力に関し「不正腐敗の防止」を実施上の原則の１つとしている。外国公務員に対する贈賄行為についても、かかる方針の主要項目の一つである。

（１）実施上の原則

イ 開発協力の適正性確保のため原則

（キ）不正腐敗の防止

開発協力の実施においては，不正腐敗を防止することが必要である。受注企業の法令遵守体制構築に資する措置を講じつつ，相手国と連携し，相手国のガバナンス強化を含め，不正腐敗を防止するための環境を共に醸成していく。この観点からも，案件実施に当たっては，適正手続を確保し，実施プロセスにおける透明性の確保に努める。

このように、開発協力に関連して外務省、独立行政法人国際協力機構等政府及び政府関係機関においては、外国公務員贈賄に関与した者に対して、個々の事例に応じ、一定の範囲内で制裁的措置を講ずることとしている。

このような対策を通じ、我が国の開発協力に関連して、外国公務員への贈賄行為が行われることのないよう留意されているところである。

【参考1】「政府開発援助（ODA）の不正・腐敗事件の再発防止に向けて」（平成21年9月）

日本の円借款事業に関して不正利益供与事案が起きたことを受けて[60]、外務大臣の下に設置された外部有識者による「ODAの不正・腐敗事件の再発防止のための検討会」により、主に以下の方策が提言された[61]。

1．外務省、JICAによる取組
①企業に対する措置規定の強化
②不正情報受付窓口の活用
③JICAによる選定・契約へ積極的な関与
④案件モニタリングの強化
2．企業に対する方策
①コンプライアンスを高めるための方策
②企業の国際競争標準に対する認知度を高めるための方策
3．相手国に対する方策
①不正事案が起こった国へのODA供与方針
②ガバナンス強化に向けた方策
③キャパシティビルディングに向けた方法
4．国際的枠組みにおける取組
5．提言へのフォローアップ

【参考2】「政府開発援助（ODA）事業における不正腐敗（再発防止策の更なる強化）」（平成26年10月）[62]

インドネシア、ベトナム及びウズベキスタンにおけるODA事業を巡る不正利益供与事案[63]が明らかになったことを受けて、同様の事態が生じるのを未然に抑止するため、上記再発防止策の更なる強化を図るべく、以下の取組が講じられることとなった。

1．不正腐敗情報に係る窓口の強化
①「相談」機能の強化、ホームページ上の英語や現地語による通報の受付。
②自主的に不正を申告した企業については、入札から一定期間排除する措置を減免。
2．不正に関与した企業に対する措置に係る規程の更なる強化

---

60 第3章　4.（2）参照

61 http://www.mofa.go.jp/mofaj/gaiko/oda/seisaku/f_boushi.html

62 http://www.mofa.go.jp/mofaj/gaiko/oda/kaikaku/f_boshi/201410_kyouka.html

63 第3章　4.（4）参照

３．「JICA 不正腐敗防止ガイダンス」[64]の策定
４．企業のコンプライアンス強化のための方策
５．相手国政府への一層の働きかけ
６．相手国のガバナンス強化、不正腐敗防止に関する能力向上支援

３.諸外国等の法制度及び運用に関する動向

（１）諸外国における法制度・運用の概要

条約加盟国の法制度・運用状況については、OECD において随時フォローアップされているところであり、これを通じ関係国の情報を入手することが可能である[65]。

加えて、平成 15 年６月には、外務省において、諸外国における法制度を関係国に対し調査を実施した。その結果、米国、韓国、ポーランド、カナダ、スウェーデンの５ヶ国において起訴事例が報告されている[66]。

（２）OECD 多国籍企業行動指針[67]

平成 23 年５月の 2011 年 OECD 閣僚理事会で「OECD 国際投資及び多国籍企業に関する宣言」に参加する 42 ヶ国政府により「OECD 多国籍企業行動指針」が採択された。本指針においては、多国籍企業が贈賄の防止のために企業がとるべき７項目の行動についても言及されている。

例えば、以下のような項目が提言として盛り込まれており、企業が取り組みを行う上で参考となり得る。

○ 公務員又は取引先従業員に対し、不当な金銭上又は他の利益を供与・申し出若しくは約束をしない。同様に、企業は、公務員又は取引先従業員から不当な金銭又は他の利益を収受し、又はその約束若しくは同意をしてはならない。企業は、代理人、代理店及びその他の仲介人、コンサルタント、代表者、流通業者、共同事業体、契約者、製造業者及び合弁事

64 http://www2.jica.go.jp/ja/odainfo/pdf/guidance.pdf

65 OECD における審査に関する情報については、以下を参照。http://www.oecd.org/document/21/0,2340,en_2649_34855_2022613_1_1_1_1,00.html（フェーズ１審査）
http://www.oecd.org/document/27/0,2340,en_2649_34855_2022939_1_1_1_1,00.html（フェーズ２審査）
http://www.oecd.org/document/31/0,3343,en_2649_34859_44684959_1_1_1_1,00.html（フェーズ３審査）

66 本調査によれば、米国では 45 件、韓国では２件、スウェーデン１件、カナダ１件などの起訴事例がある。（韓国については平成 15 年３月現在、その他の国については、平成 14 年１月現在。）

67 http://www.mofa.go.jp/mofaj/gaiko/csr/housin.html。同指針の仮訳は、http://www.mofa.go.jp/mofaj/gaiko/csr/pdfs/takoku_ho.pdf。また、同指針のパンフレットは、http://www.mofa.go.jp/mofaj/gaiko/csr/pdfs/takoku_pa.pdf。

業者等の第三者を、公務員又はその取引先従業員、又はこれらの者の親類若しくは共同事業者に対する不当な金銭上又は他の利益を経由させる手段として利用してはならない。

○ 贈賄の防止及び発見を図るため、適正な内部統制、倫理基準並びに法令遵守計画又はその方策を構築し採用する。これらは、個々の企業をとりまく事情、特に企業が直面する贈賄のリスク（活動地域及び産業部門に起因するもの等）を分析した結果に基づいて開発されるべきである。これらの内部統制、倫理基準、並びに法令遵守計画又はその方策は、贈賄又は贈賄を隠蔽する目的に利用されないことを確保するため、公平で正確な帳簿、記録、会計を維持するために設計された合理的な内部統制システムを初めとする財務及び会計手続を含むものとすべきである。企業の内部統制、倫理基準並びに法令遵守計画又はその方策の継続的な実効性を確保し、また、企業が贈賄、贈賄要求、金品の強要に加担するリスクを軽減するため、個々の企業を取り巻く事情及び贈賄のリスクは、必要に応じて定期的に再評価されなければならない。

以上

資料３　限定提供データに関する指針

限定提供データに関する指針

平成３１年１月２３日

経済産業省

目次

はじめに

1．本指針の位置づけ

本指針は、平成30年の不正競争防止法改正において導入された「限定提供データ」に係る「不正競争」について、本制度導入が検討された産業構造審議会不正競争防止小委員会（以下「不正競争防止小委員会」という。）における「各要件の考え方、該当する行為等の具体例を盛り込んだわかりやすいガイドラインを策定すべき」との指摘等を踏まえ、策定されたものである。

本指針は、産業界、有識者等から構成された「不正競争防止に関するガイドライン素案策定WG」において原案を策定し、不正競争防止法小委員会の審議を経て策定されたものであり、限定提供データの定義や不正競争に該当する要件等について、一つの考え方を示すものであるが、法的拘束力を持つものではない。

したがって、当然のことながら、不正競争防止法に関する個別事案の解決は、最終的には、裁判所において、個別の具体的状況に応じて、他の考慮事項とともに総合的に判断されるものである。

なお、本指針は、改正法の施行後の運用を見つつ、適時適切に見直しを行っていくこととしている。

●産業構造審議会　知的財産分科会　不正競争防止小委員会
「データ利活用促進に向けた検討　中間報告」より抜粋

7．ガイドライン等の策定を通じた予見可能性を高める努力 新たに導入する制度の施行に先立ち、各規定の内容の明確化を図るため、不正競争防止に関するガイドライン素案策定WGにおいて検討を行い、技術的管理等の客体の要件の考え方やその具体例、著しい信義則違反類型における図利加害目的に該当する行為・該当しない行為の例などを示す、分かりやすいガイドライン等を、速やかに策定するべきである。また、制度の施行後においても、その運用状況を見つつ、適時適切にガイドライン等の見直しを行っていくべきである。事業者が社内において策定される各規定を通じて教育・啓発活動を推進することも重要であり、その取組を推進する観点からもガイドライン等によって、その容易化を図っていく必要がある。

2．「限定提供データ」に関する検討が行われた委員会等

【産業構造審議会 知的財産分科会 不正競争防止小委員会 委員名簿】

（平成30年11月時点）

相澤　英孝　武蔵野大学 法学部 教授
池村　治　日本経済団体連合会 知的財産委員会 企画部会委員
味の素株式会社 理事 知的財産部長
大水　眞己　日本知的財産協会 常務理事
富士通株式会社 法務・コンプライアンス・知的財産本部
本部長代理
◎岡村　久道　京都大学大学院 医学研究科 講師、弁護士
久貝　卓　日本商工会議所 常務理事
河野　智子　ソニー株式会社 スタンダード&パートナーシップ部
著作権政策室 著作権政策担当部長
近藤　健治　トヨタ自動車株式会社 知的財産部長
末吉　亙　潮見坂綜合法律事務所 弁護士
杉村　純子　日本弁理士会 第4次産業革命対応ワーキンググループ 座長
プロメテ国際特許事務所 代表弁理士
田村　善之　北海道大学大学院 法学研究科 教授
長澤　健一　キヤノン株式会社 常務執行役員 知的財産法務本部長
野口　祐子　グーグル合同会社 執行役員 法務部長、弁護士
林　いづみ　桜坂法律事務所 弁護士
春田　雄一　日本労働組合総連合会 経済政策局長
水越　尚子　エンデバー法律事務所 弁護士
三井　大有　東京地方裁判所 判事
宮島　香澄　日本テレビ 報道局解説委員

敬称略（50音順・17名）、◎：委員長

【不正競争防止に関するガイドライン素案策定ＷＧ　委員名簿】

（平成 30 年 11 月時点）

淺井　俊雄　日本電気株式会社　知的財産本部　主席主幹
池村　治　　日本経済団体連合会 知的財産委員会 企画部会委員
　　　　　　味の素株式会社 理事 知的財産部長
岡村　久道　不正競争防止小委員会　委員長
　　　　　　京都大学大学院 医学研究科 講師、弁護士
奥邨　弘司　慶應義塾大学大学院　法務研究科 教授
杉村　純子　日本弁理士会 第４次産業革命対応ワーキンググループ 座長
　　　　　　プロメテ国際特許事務所 代表弁理士

竹市　博美　トヨタ自動車株式会社 東京技術部 主幹（知的財産部兼務）
◎田村　善之　北海道大学大学院 法学研究科 教授
西田　亮正　株式会社シップデータセンター 事務受託弁護士
　　　　　　渥美坂井法律事務所・外国法共同事業
野口　祐子　グーグル合同会社 執行役員 法務部長、弁護士
春田　雄一　日本労働組合総連合会　経済政策局長
三好　豊　　森・濱田松本法律事務所 パートナー弁護士
渡部　俊也　東京大学政策ビジョン研究センター　教授

敬称略（50 音順・12 名）◎：主査

Ⅰ．総説

1．不正競争防止法の位置づけ

不正競争防止法（平成30年改正後の平成5年法律第47号。以下「法」という。）は、他人の技術開発、商品開発等の成果を冒用する行為等を不正競争として規定している。

具体的には、ブランド表示の盗用、形態模倣、営業秘密の不正取得等の不正競争に該当する行為を民事上の差止請求（法第3条）等の対象としており、不法行為法の特則として位置づけられるものである。

また、不正競争のうち、公益の侵害の程度が著しく、当事者間の民事的請求にのみ委ねることが妥当でない行為については刑事罰の対象とされている。

2．限定提供データに係る不正競争について（平成30年改正）

ＩｏＴ、ビッグデータ、ＡＩ等の情報技術が進展する第四次産業革命を背景に、データは企業の競争力の源泉としての価値を増している。気象データ、地図データ、機械稼働データ、消費動向データなどについては、共有・利活用されて新たな事業が創出され、我が国経済を牽引し得る高い付加価値が生み出されている。このような多種多様なデータがつながることにより新たな付加価値が創出される産業社会「Connected Industries」の実現に向けては、データの創出、収集、分析、管理等の投資に見合った適正な対価回収が可能な環境が必要である。

しかし、利活用が期待されるデータは複製が容易であり、いったん不正取得されると一気に拡散して投資回収の機会を失ってしまうおそれがあり、データを安心して提供するために、これらの行為に対する法的措置の導入を求める声があった。

このような状況を受け、商品として広く提供されるデータや、コンソーシアム内で共有されるデータなど、事業者等が取引等を通じて第三者に提供するデータを念頭に、「限定提供データ（法第2条第7項）」を定義し、「限定提供データ」に係る不正取得、使用、開示行為を不正競争として位置づけた（法第2条第1項第11号～第16号）。

安全なデータ利用のため、利用者側の萎縮効果も配慮して、「限定提供データ」に係る不正競争に関して適用除外とする行為も併せて規定した（法第19条第1項第8号）。

限定提供データの不正取得・使用・開示行為等の不正競争は、民事措置（差止請求、損害賠償請求）の対象であるが、まだ事例の蓄積も少ない中で、事業者に対して過度の萎縮効果を生じさせないよう、刑事罰の対象とはなっていない。

なお、限定提供データは営業秘密と同様に、「技術上又は営業上の情報」をその保護対象とし、その不正取得等の行為を不正競争の対象として規定している。しかしながら、事業者等が取引等を通じて第三者に提供することを前提としている限定提供データと、企業内で秘匿することを前提としている営業秘密とでは、その保護の目的を異にすることから、類似の文言が使われている場合であっても、規定の趣旨に従った解釈がなされるべきであることに留意する必要がある。

※　本指針は、営業秘密に関する規定の解釈には影響を与えるものではない。

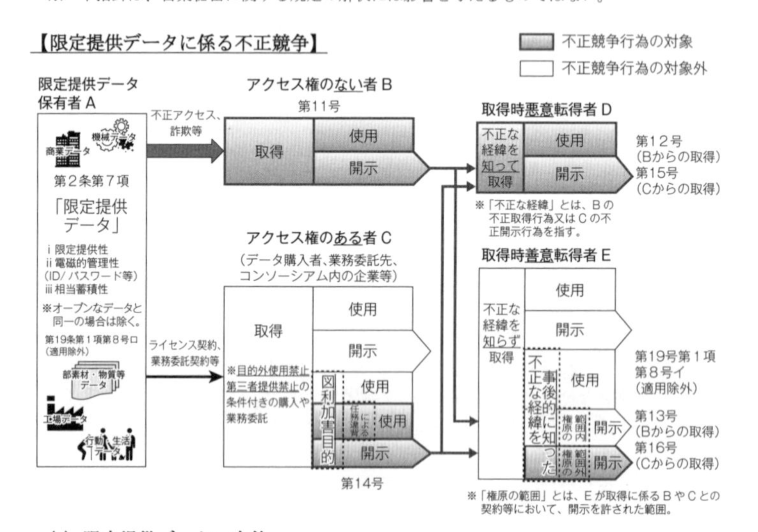

(1) 限定提供データの定義

> *第二条*
>
> *７　この法律において「限定提供データ」とは、業として特定の者に提供する情報として電磁的方法（電子的方法、磁気的方法その他人の知覚によっては認識することができない方法をいう。次項において同じ。）により相当量蓄積され、及び管理されている技術上又は営業上の情報（秘密として管理されているものを除く。）をいう。*

(2) 限定提供データに係る不正競争

①不正取得類型

> *第二条　この法律において「不正競争」とは、次に掲げるものをいう。*
>
> *十一　窃取、詐欺、強迫その他の不正の手段により限定提供データを取得する行為（以下「限定提供データ不正取得行為」という。）又は限定提供データ不正取得行為により取得した限定提供データを使用し、若しくは開示する行為*

②著しい信義則違反類型

第二条　この法律において「不正競争」とは、次に掲げるものをいう。
十四　限定提供データを保有する事業者（以下「限定提供データ保有者」という。）からその限定提供データを示された場合において、不正の利益を得る目的で、又はその限定提供データ保有者に損害を加える目的で、その限定提供データを使用する行為（その限定提供データの管理に係る任務に違反して行うものに限る。）又は開示する行為

③転得類型

（取得時悪意の転得類型）

第二条　この法律において「不正競争」とは、次に掲げるものをいう。
十二　その限定提供データについて限定提供データ不正取得行為が介在したことを知って限定提供データを取得し、又はその取得した限定提供データを使用し、若しくは開示する行為
十五　その限定提供データについて限定提供データ不正開示行為（前号に規定する場合において同号に規定する目的でその限定提供データを開示する行為をいう。以下同じ。）であること若しくはその限定提供データについて限定提供データ不正開示行為が介在したことを知って限定提供データを取得し、又はその取得した限定提供データを使用し、若しくは開示する行為

（取得時善意の転得類型）

第二条　この法律において「不正競争」とは、次に掲げるものをいう。
十三　その取得した後にその限定提供データについて限定提供データ不正取得行為が介在したことを知ってその取得した限定提供データを開示する行為
十六　その取得した後にその限定提供データについて限定提供データ不正開示行為があったこと又はその限定提供データについて限定提供データ不正開示行為が介在したことを知ってその取得した限定提供データを開示する行為

(3) 適用除外

（適用除外）
第十九条　第三条から第十五条まで、第二十一条（第二項第七号に係る部分を除く。）及び第二十二条の規定は、次の各号に掲げる不正競争の区分に応じて当該各号に定める行為については、適用しない。
八　第二条第一項第十一号から第十六号までに掲げる不正競争
次のいずれかに掲げる行為
イ　取引によって限定提供データを取得した者（その取得した時にその限定提供データについて限定提供データ不正開示行為であること又はその限定提供データについて限定提供データ不正取得行為若しくは限定提供データ不正開示行為が介在したこ

とを知らない者に限る。）がその取引によって取得した権原の範囲内においてその限定提供データを開示する行為

ロ　その相当量蓄積されている情報が無償で公衆に利用可能となっている情報と同一の限定提供データを取得し、又はその取得した限定提供データを使用し、若しくは開示する行為

Ⅱ．限定提供データについて

第二条
*７　この法律において「限定提供データ」とは、**業として特定の者に提供する**情報として**電磁的方法**（電子的方法、磁気的方法その他人の知覚によっては認識することができない方法をいう。次項において同じ。）**により相当量蓄積**され、**及び管理**されている**技術上又は営業上の情報（秘密として管理されているものを除く。）**をいう。*

※各要件の該当性は、問題となる不正競争が行われた又は行われる時点で判断される。

１．「業として特定の者に提供する」（限定提供性）について

「限定提供データ」は、ビッグデータ等を念頭に、商品として広く提供されるデータや、コンソーシアム内で共有されるデータなど、事業者等が取引等を通じて第三者に提供する情報を想定している。

このため、本要件の趣旨は、一定の条件の下で相手方を特定して提供されるデータを保護対象とすることにある。

よって、相手方を特定・限定せずに無償で広く提供されているデータは対象とならない（６．において詳述）。

(1)　「業として」について

反復継続的に提供している場合、又はまだ実際には提供していない場合であっても、データ保有者の反復継続して提供する意思が認められるものであれば、本要件に該当する。事業として提供している場合は基本的には本要件に該当するものと考えられる。

＜原則として「業として」に該当すると考えられる具体例＞
- データ保有者が繰り返しデータ提供を行っている場合
（各人に１回ずつ複数者に提供している場合や、顧客ごとにカスタマイズして提供している場合も含む。）
- データ保有者が翌月からデータ販売を開始する旨をホームページ等で公表している場合
- コンソーシアム内でデータ保有者が、コンソーシアムメンバーに提供している場合

無償で提供する場合や個人が提供する場合であっても、反復継続的に行われている行為の一環と評価できるのであれば、「業として」の要件に該当し得る。ただし、差止請求（法第３条）及び損害賠償請求（法第４条）の請求権者である「営業上の利益を侵害された者」や「侵害されるおそれがある者」に該当しない

場合もある。

(2)「特定の者に提供する」について

「特定の者」とは、一定の条件の下でデータ提供を受ける者を指す。特定されていれば、実際にデータ提供を受けている者の数の多寡に関係なく本要件を満たす。

<原則として「特定の者」に該当すると考えられる具体例>

- ➢ 会費を払えば誰でも提供を受けられるデータについて、会費を払って提供を受ける者
- ➢ 資格を満たした者のみが参加する、データを共有するコンソーシアムに参加する者

２.「電磁的方法・・・により相当量蓄積され」（相当蓄積性）について

相当蓄積性の要件の趣旨は、ビッグデータ等を念頭に、有用性を有する程度に蓄積している電子データを保護対象とすることにある。なお、「電磁的方法」の要件は、対象とする電子データの特性に鑑み、規定されたものである。

(1)「相当量」について

「限定提供データ」は業として提供されるデータであり、「相当量」は、個々のデータの性質に応じて判断されることとなるが、社会通念上、電磁的方法により蓄積されることによって価値を有するものが該当する。その判断に当たっては、当該データが電磁的方法により蓄積されることで生み出される付加価値、利活用の可能性、取引価格、収集・解析に当たって投じられた労力・時間・費用等が勘案されるものと考えられる。

なお、保有者が管理しているデータの一部が提供されることがあり得るが、その一部について、蓄積されることで生み出される付加価値、利活用の可能性、取引価格、収集・解析に当たって投じられた労力・時間・費用等を勘案し、それにより当該一部について蓄積され、価値が生じている場合は、相当蓄積性があるものと判断される。

<原則として「相当蓄積性」を満たすと考えられる具体例>

- ➢ 携帯電話の位置情報を全国エリアで蓄積している事業者が、特定エリア（例：霞ヶ関エリア）単位で抽出し販売している場合、その特定エリア分のデータについても、電磁的方法により蓄積されていることによって取引上の価値を有していると考えられるデータ
- ➢ 自動車の走行履歴に基づいて作られるデータベースについて、実際は分割提供していない場合であっても、電磁的方法により蓄積されることに

よって価値が生じている部分のデータ
- 大量に蓄積している過去の気象データから、労力・時間・費用等を投じて台風に関するデータを抽出・解析することで、特定地域の台風に関する傾向をまとめたデータ
- その分析・解析に労力・時間・費用等を投じて作成した、特定のプログラムを実行させるために必要なデータの集合物

３．「電磁的方法により・・・管理され」（電磁的管理性）について

電磁的管理性要件の趣旨は、法第２条第７項において「特定の者に提供する情報として電磁的方法により・・・管理され」と規定しているとおり、データ保有者がデータを提供する際に、特定の者に対して提供するものとして管理する意思が、外部に対して明確化されることによって、特定の者以外の第三者の予見可能性や、経済活動の安定性を確保することにある。

(1) 電磁的管理性について

電磁的管理性が満たされるためには、特定の者に対してのみ提供するものとして管理するという保有者の意思を第三者が認識できるようにされている必要がある。

管理措置の具体的な内容・管理の程度は、企業の規模・業態、データの性質やその他の事情によって異なるが、第三者が一般的にかつ容易に認識できる管理である必要がある。

対応する措置としては、データ保有者と、当該保有者から提供を受けた者（特定の者）以外の者がデータにアクセスできないようにする措置、つまりアクセスを制限する技術が施されていることが必要である。

アクセス制限は、通常、ユーザーの認証により行われ、構成要素として、ＩＤ・パスワード（Something You Know）、ＩＣカード・特定の端末機器・トークン（Something You Have）、生体情報（Something You Are）などが用いられる（データを暗号化する場合は、暗号化されたデータがユーザーの認証を行った後に復号されるというように、特定の者のみがアクセスできる措置として講じられている場合がこれに該当する）。また、専用回線による伝送も同様にアクセスを制限する技術に該当するものと考えられる。

①認証に関する技術

下記の認証に関する技術を単独若しくは複数組み合わせて使用することや、認証に関する技術に暗号化に関する技術を組み合せて使用することが考えられる。

＜「認証に関する技術」の具体例＞

- ＩＤ・パスワード、ＩＣカード、トークン、生体認証（顔、指紋、静脈、虹彩、声紋など）、電子証明書、ＩＰアドレス[1]
- アクティベーション方式（アンロック方式を含む）による制御

＜認証技術とともに使用される「暗号化に関する技術」の具体例＞
- データに対する暗号化、通信に対する暗号化、ウェブサイトや電子メール通信に対する暗号化
- 契約者以外の者による画像の視聴を不可としている暗号化

＜原則として「電磁的管理性」を満たすと考えられる具体例＞
- ＩＤ・パスワードを用いたユーザー認証によるアクセス制限
- ＩＤ・パスワード and/or 指紋認証 and/or 顔認証等の複数の認証技術を用いたユーザー認証によるアクセス制限
- データを暗号化した上で、顔認証技術を用いたユーザー認証によってアクセスを制限する方法
- ＶＰＮ[2]を使用し、ＩＤ・パスワードによるユーザー認証によってアクセスを制限する方法

②専用回線

アクセスを制限する技術としては、特定の者以外の第三者の干渉を遮断した専用回線を用いることも想定される。

③電磁的管理性に該当しない場合

複製ができないような措置がなされているがアクセス制御はされていない場合は、「電磁的管理性」には該当しないと考えられる。

＜原則として「電磁的管理性」を満たさないと考えられる具体例＞
- ＤＶＤで提供されているデータについて、当該データの閲覧はできるが、コピーができないような措置が施されている場合

[1]コンピュータをネットワークで接続するために、それぞれのコンピュータに割り振られた一意の数字の組み合わせのこと。（総務省「国民のための情報セキュリティサイト」http://www.soumu.go.jp/main_sosiki/joho_tsusin/security_previous/index.htm）

[2] ＶＰＮ（Virtual Private Network）：仮想的な専用ネットワークのこと。一般の公衆回線をあたかも専用線として利用する方法として考案された。認証技術や暗号化技術により安全性を保つ工夫がされている。（ＩＰＡ（独立行政法人 情報処理推進機構）「暗号化による＜情報漏えい＞対策のしおり」（https://www.ipa.go.jp/security/antivirus/documents/12_crypt.pdf）より）

４．技術上又は営業上の情報について

法第２条第７項の保護の対象は、「技術上又は営業上の情報」と規定している。

(1)「技術上又は営業上の情報」の考え方

「技術上又は営業上の情報」には、利活用されている（又は利活用が期待される）情報が広く該当する。具体的には、「技術上の情報」として、地図データ[※]、機械の稼働データ、ＡＩ技術[3]を利用したソフトウェアの開発（学習）用のデータセット（学習用データセット）[4]や当該学習から得られる学習済みモデル[5]等の情報が、「営業上の情報」として、消費動向データ、市場調査データ等の情報があげられる。

※　本指針中における「データ」には、テキスト、画像、音声、映像等が含まれる。

一方、違法な情報や、これと同視し得る公序良俗に反する有害な情報については、不正競争防止法上明示されてはいないが、法の目的（「事業者間の公正な競争の確保」、「国民経済の健全な発展への寄与」）を踏まえれば、保護の対象となる技術上又は営業上の情報には該当しないものと考えられる。

さらに、法の、差止請求（法第３条）及び損害賠償請求（法第４条）の請求権者は、「営業上の利益が侵害された者」や「侵害されるおそれがある者」とされていることから、公序良俗に反する情報等を提供する者は、不正競争防止法の法目的に照らし、営業上の利益を侵害される者や侵害されるおそれがある者には該当しない。

＜原則として違法又は公序良俗に反する情報に該当すると考えられる具体例＞

- 児童ポルノ画像データ
- 麻薬等、違法薬物の販売広告のデータ
- 名誉毀損罪に相当する内容のデータ　等

５．「秘密として管理されているものを除く」について

「秘密として管理されている（秘密管理性）」とは、「営業秘密（法第２条第６

[3]「ＡＩ・データの利用に関する契約ガイドライン－ＡＩ編－（平成３０年６月）」（以下「ＡＩガイドライン」という。）（http://www.meti.go.jp/press/2018/06/20180615001/20180615001-3.pdf）と同様に、本指針における「ＡＩ技術」は、機械学習、またはそれに関連する一連のソフトウェア技術のいずれかを意味するものとする。なお、ＡＩガイドラインでは、「機械学習」は、「あるデータの中から一定の規則を発見し、その規則に基づいて未知のデータに対する推測・予測等を実現する学習手法の一つである。」と説明されている。

[4] 生データに対して、欠測値や外れ値の除去等の前処理や、ラベル情報（正解データ）等の別個のデータの付加等、あるいはこれらを組み合わせて、変換・加工処理を施すことによって、対象とする学習の手法による解析を容易にするために生成された二次的な加工データをいう（ＡＩガイドラインより）。

[5] 学習済みパラメータ（学習用データセットを用いた学習の結果、得られたパラメータ（係数）をいう）が組み込まれた「推論プログラム」をいう（ＡＩガイドラインより）。

項)」の要件である。「営業秘密」は、事業者が秘密として管理する情報である一方、「限定提供データ」は、一定の条件を満たす特定の外部者に提供することを目的とする情報である。

本規定の趣旨は、このような「営業秘密」と「限定提供データ」の違いに着目し、両者の重複を避けるため、「営業秘密」を特徴づける「秘密として管理されているもの」を「限定提供データ」から除外することにある。

(1) 秘密管理性について

秘密管理性は、「営業秘密保有企業の秘密管理意思が秘密管理措置によって従業員等に対して明確に示され、当該秘密管理意思に対する従業員等の認識可能性が確保される必要がある[6]。」とされ、当該要件が満たされるためには少なくとも保有者に秘密として管理する意思があることが必要である。限定提供データについても、ＩＤ・パスワード等による電磁的管理、提供先に対する「第三者開示禁止(※)」の義務を課す等の措置が行われる場合がありうる。しかし、これらの措置が対価を確実に得ること等を目的とするものにとどまり、その目的が満たされる限り誰にデータが知られてもよいという方針の下で施されている場合には、これらの措置は、秘密として管理する意思に基づくものではなく、当該意思が客観的に認識できるものでもない。したがって、そのような場合には、法第２条第７項の限定提供データの定義に規定される「秘密として管理されているものを除く」の「秘密として管理されている」ものには該当しないと考えられる。

※　限定提供データの提供に係る契約書等においては、「第三者提供禁止」等、「開示」とは異なる用語で規定されている場合もある。

＜原則として「秘密として管理されている」と考えられる具体例＞

- 自らの生産工程の一部を外部事業者に委託する場合に、当該外部事業者に対し、そのデータの利用に当たり、秘密として管理する義務を課した上で、当該データを記録した媒体を提供する場合
- 限られた数社のみをメンバーとする共同研究開発のためのコンソーシアムにおいて、メンバー企業が、当該研究に必要な実験データをコンソーシアム内で提供するに当たって、秘密として管理する義務を課した上で、当該データにアクセスできるＩＤ・パスワードを付与する場合

＜原則として「秘密として管理されている」とは考えられない具体例＞

- 料金を支払えば会員になれる会員限定データベース提供事業者が、会員に対し、当該データにアクセスできるＩＤ・パスワードを付与する場合（この場合、「第三者開示禁止」の義務が課されていたとしても、「秘密

[6] 営業秘密管理指針から引用
http://www.meti.go.jp/policy/economy/chizai/chiteki/pdf/20150128hontai.pdf

として管理されている」ものには該当しない。)

- 特定の業界に所属しているのであれば申請するだけで会員になれるコンソーシアムが、会員からデータを収集した後、会員に対し、当該データにアクセスできるＩＤ・パスワードを付与する場合（この場合、「会員以外の者への開示禁止」の義務が課されていたとしても、「秘密として管理されている」ものには該当しない。）

なお、秘密管理性の有無については、同じデータであっても状況に応じて異なる判断がされる可能性がある。例えば、従業員に対し、社外秘として「第三者開示禁止」等の守秘義務を課しつつ電磁的管理を行っていたデータは、「営業秘密」として保護され得るが、例えばデータ保有者が、第三者と共有することに価値を見出して提供を開始したり、そのデータの販売に商機を見出して第三者に対して所定の料金で販売を開始する場合が考えられる。この場合、販売の前後で社内の管理態様に変更がなくても、データ保有者のそうした販売意思が明らかにされた時点からその秘密管理意思が喪失され、当該データは「秘密として管理されているもの」には該当しなくなるものと整理される。

一方、こうしたケースにおいて、販売が行われた実績がないままその販売が取りやめになる場合も考えられる。この場合、社外の第三者に対する販売が停止され、そのデータを再び社外秘として管理するという秘密管理意思が明らかにされた時点において、当該データが依然として非公知性等の要件を満たしている場合には、販売事業の開始前と同様、「営業秘密」として保護されるものと整理される。

6．適用除外の対象となる「無償で公衆に利用可能となっている情報（オープンなデータ）と同一」の情報について（法第19条第1項第8号ロ）

（適用除外）

第十九条　第三条から第十五条まで、第二十一条（第二項第七号に係る部分を除く。）及び第二十二条の規定は、次の各号に掲げる不正競争の区分に応じて当該各号に定める行為については、適用しない。

八　第二条第一項第十一号から第十六号までに掲げる不正競争　次のいずれかに掲げる行為

*ロ　その相当量蓄積されている情報が**無償で公衆に利用可能となっている情報**と**同一**の限定提供データを取得し、又はその取得した限定提供データを使用し、若しくは開示する行為*

相手を特定・限定せずに無償で広く提供されているデータ（以下「オープンなデータ」という。）は、誰でも使うことができるものであるため、このようなデータと同一の「限定提供データ」を取得し、又はその取得したデータを使用し、若しくは開示する行為については、法第３条等の適用除外としている。

(1) 「無償で公衆に利用可能となっている情報」について

「無償」とは、データの提供を受けるにあたり、金銭の支払いが必要ない（無料である）場合を想定しているが、金銭の支払いが不要であっても、データの提供を受ける見返りとして自らが保有するデータを提供することが求められる場合や、そのデータが付随する製品を購入した者に限定してデータが提供される場合等、データの経済価値に対する何らかの反対給付が求められる場合には、「無償」には該当しないものと考えられる。

＜原則として「無償」に該当すると考えられる具体例＞

- データ提供の際に、金銭の授受はないが、ライセンス条項において、「提供を受けたデータを引用する際には、出典を示すこと」が条件とされている場合
- データ提供の際に、データ自体に関して金銭の支払いは求められないが、データを保存するＣＤの実費やその送料等の実費の支払いが求められる場合
- 誰でも無償でアクセスでき、運営者が広告による収入を得ているインターネット上のデータ

また、「公衆に利用可能」とは、不特定かつ多数の者が、当該データにアクセスできることを指す。例えば、誰でも自由にホームページ上に掲載された当該データにアクセスできる場合等がこれに当たる。

上記のとおり、「無償で公衆に利用可能となっている情報」には、全くの無条件で利用可能となっているものに限らず、利用において一定の義務（例えば、出典の明示等）は課されるものの、不特定かつ多数の者が当該データにアクセスできる場合も、これに当たる。

＜原則として「無償で公衆に利用可能となっている情報」に該当すると考えられる具体例＞

下表の網掛け部分が「無償で公衆に利用可能な情報」に該当する。

外部に提供する情報のうち、	有償	無償
公衆に利用可能でない（特定の者しかアクセスできない）	・提携企業と共有する顧客名簿 ・船舶データを共有するコンソーシアム内で有料提供されるデータ ・有料会員向け自動走行用地図データ	・業界団体内において、その会員であれば利用できるデータ ・専用アドレスを知っている者しか閲覧できないファイル共有サイトにアップされている画像データ

	・有料会員向け裁判判決例データ ・有料会員専用ニュースサイトで共有される記事 ・自らが保存するデータを提供することを条件に参加が認められるコンソーシアムで提供されるデータ ・カーナビを購入したユーザーにのみ追加提供される地図更新データ	・登録無料の就職活動情報サイトにおける求人情報
公衆に利用可能（誰でもアクセスできる）	・ＣＤ－ＲＯＭで市販されている産業調査の報告データ（データについてＩＤ・パスワード等によるユーザー認証技術が施されていない。）	・政府提供の統計データ ・地図会社の提供する避難所データ ・インターネット上で自由に閲覧可能である一方で、引用する場合には、出典を明示することが求められているデータ ・要望があれば誰でも提供を受けられるデータであり、データの送料等の実費の支払いは必要だが、データ自体について金銭の支払いは求められないデータ ・インターネット上で誰でも無償で閲覧可能であり、運営者は、広告による収入を得ているデータ ・インターネット上で自由に閲覧・利用可能である一方で、利用後の成果も公衆への利用を可能とすることが求められている学習用データ

⑵　「同一」について

「同一」とは、そのデータが「オープンなデータ」と実質的に同一であることを意味する。

例えば、「オープンなデータ」の並びを単純かつ機械的に変更しただけの場合は、実質的に同一であると考えられる。

なお、「限定提供データ」の一部が「無償で公衆に利用可能となっている情報」と実質的に同一である場合は、当該一部が適用除外の対象となる。

<原則として「同一」と考えられる具体例>

想定するオープンなデータ：政府が提供する統計データ

- 統計データの全部について、何ら加工することなく、そのまま提供している場合
- 統計データの一部又は全部を単純かつ機械的に並び替え（例えば、年次順に並んでいるデータを昇順に並び替えるなど）、あるいは、統計データの一部を単純かつ機械的に切り出し（例えば、平成 22 年以降のデータのみを抽出するなど）提供している場合
- 統計データと政府がホームページで提供する他のオープンなデータを単純かつ機械的に組み合わせて（例えば、平成 29 年のＧＤＰ成長率と平成 30 年のＧＤＰ成長率のデータを時系列で繋げるなど）提供している場合

「オープンなデータ」が、紙媒体によってのみ、無償で公衆に利用可能となっている場合であっても、これと同一の電子データであれば、「無償で公衆に利用可能となっている情報と同一の限定提供データ」に該当する。

Ⅲ.「不正競争」の対象となる行為について（総論）

「限定提供データ」に係る行為については、限定提供データ保有者と利用者の保護のバランスに配慮し、全体としてデータの流通や利活用が促進されるよう、限定提供データ保有者の利益を直接的に侵害する行為等の悪質性の高い行為を「不正競争」として規定している（法第2条第1項第11号～第16号）。これらの「不正競争」においては、「取得」、「使用」又は「開示」という行為が規定されている。

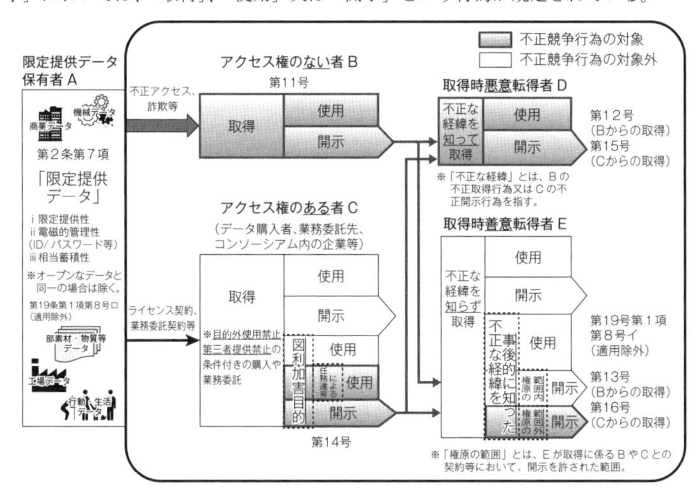

1．各行為（「取得」、「使用」、「開示」）の対象について

法第2条第1項第11号ないし第16号では、「限定提供データ」を「取得」、「使用」又は「開示」する行為のうち「不正競争」となる行為が規定されており、これらの行為の対象は「限定提供データ」であることが必要である。「限定提供データ」は、「業として特定の者に提供する情報として電磁的方法（中略）により相当量蓄積され、及び管理されている」情報である（法第2条第7項）と規定されていることから、「取得」、「使用」、「開示」の対象は、限定提供データ保有者が提供している「限定提供データ」の全部、又は相当蓄積性を満たす一部（当該一部について、蓄積されることで生み出される付加価値、利活用の可能性、取引価格、収集・解析に当たって投じられた労力・時間・費用等を勘案し価値が生じているものと判断される場合）であることが必要である。

なお、「相当量蓄積」していない一部を、連続的又は断続的に取得等した結果、全体として相当量を取得等する場合には、一連の行為が一体として評価され「不正競争」に該当する場合がある。

※　無償で公衆に利用可能となっている情報と同一の限定提供データについては、取得・使用・開示を行っても差止めや損害賠償等の対象とはならない（法第19条第１項第８号ロ）。

※　以上につき、Ⅱ.「限定提供データについて」を参照。

２.「取得」について

「取得」とは、データを自己の管理下に置くことをいい、データが記録されている媒体等を介して自己又は第三者がデータ自体を手に入れる行為や、データの映っているディスプレイを写真に撮る等、データが記録されている媒体等の移動を伴わない形で、データを自己又は第三者が手に入れる行為が該当する。

<原則として「取得」に該当すると考えられる具体例>

- サーバや媒体に保存されているデータを自分のパソコンやＵＳＢメモリにコピーする行為
- 自己のアカウントに係るクラウド上の領域などでデータを利用できる状態になっている場合（その場合、自己のパソコンやＵＳＢメモリにダウンロードせずとも「取得」に該当しうる。）
- 社内サーバに保存されているデータを他の媒体にコピーする行為
- データが記録された電子ファイルを添付したメールを他者に依頼して送付させ、受信する行為（当該ファイルにアクセス制限等はかかっておらず、メールを開封すればデータの中身が分かることが前提）、又は当該メールを第三者に転送し、受信させる行為（第三者に「取得」させる行為）

　※　なお、データにアクセスできるＩＤ・パスワードのみを入手した場合（データそのものは入手していない場合）は「取得」には該当しないと判断されるが、「取得」の蓋然性が高い場合、すなわち「営業上の利益を…侵害されるおそれ」（法第３条）がある場合においては、「取得」に対する予防的差止請求を行うことができる。

- データを紙にプリントアウトして持ち出す行為
- データを開いたパソコンのディスプレイの写真やビデオを撮影する行為

３.「使用」について

「使用」とは、データを用いる行為であるが、具体例としては、データの作成、分析等に用いる行為が該当するものと考えられる。

<原則として「使用」に該当すると考えられる具体例>

- 取得したデータを用いて研究・開発する行為
- 取得したデータを用いて物品を製造し、又は、プログラムを作成する行為

- 取得したデータからＡＩ技術[7]を利用したソフトウェアの開発（学習）用の学習用データセット[8]を作成するために分析・解析する行為
- 取得したデータをＡＩ技術を利用したソフトウェアの開発に利用する行為
- 取得したデータを用いて新たにデータベースを作成するべく、検索しやすいように分類・並び替えを行う行為
- 取得したデータに、データクレンジング[9]等の加工を施す行為
- 取得したデータと、別途収集した自己のデータを合わせ整理して、データベースを作成する行為
- 取得したデータを用いて営業（販売）活動を行う行為

※　なお、取得したデータをそのまま保存しているだけの段階などであっても、その後に本法に違反する態様で「使用」したり「開示」したりする蓋然性が高い場合、すなわち「営業上の利益を…侵害されるおそれ」（法第３条）がある場合においては、「使用」や「開示」に対する予防的差止請求が可能となり、その結果、保存しているデータの削除を求められる場合もある。

なお、取得したデータを使用して得られる成果物（データを学習させて生成された学習済みモデル、データを用いて開発された物品等）がもはや元の限定提供データとは異なるものと評価される場合には、その使用、譲渡等の行為は不正競争には該当しない。

ただし成果物が、取得したデータをそのまま含むデータベース等、当該成果物が取得したデータと実質的に等しい場合や実質的に等しいものを含んでいると評価される場合には、当該成果物を使用する行為は、取得したデータの「使用」に該当すると考えられる。

４．「開示」について

「開示」とは、データを第三者が知ることができる状態に置くことをいう。実際に第三者が知ることまでは必要がなく、必ずしも「開示」の相手方が「取得」に至っていることも必要ではないと考えられる（※）。

※　例えば、誰でも閲覧可能なホームページにデータを掲載した場合にも、開示に該当するものと考えられる。

なお、取得したデータを用いて生成されたデータベース等の成果物を開示する行為は、その成果物が元データと実質的に等しい場合や実質的に等しいものを含んでいると評価される場合には、元データの「開示」に該当することは「使用」の場合と同様である。

---

[7] Ⅱ．４．を参照。
[8] Ⅱ．４．を参照。
[9] データのクレンジングとは、表記ゆれの補正等によってデータの整合性や質を高めることをいう。

<原則として「開示」に該当すると考えられる具体例>

- データを記録した媒体（紙媒体を含む）を第三者に手渡す行為
- 第三者がアクセス可能なホームページ上にデータを掲載する行為
- データが記録された電子ファイルを第三者にメールで送付する行為（メールが開封されるか否かは問わない）
- 取得したエクセル形式のデータをＰＤＦに変換して保存しているサーバにおいて、当該データへの第三者へのアクセス権を設定する行為
- データをサーバに保存した上で、当該サーバにアクセスするためのパスワードをそのサーバの所在とともに第三者に書面又は口頭で教示する行為
- 大量のデータをタブレットやスマートフォン等のディスプレイやスクリーン上に表示させ、それを第三者に閲覧させる行為

なお、取得したデータを使用して得られる成果物（データを学習させて生成された学習済みモデル、データを用いて開発された物品等）がもはや元の限定提供データとは異なるものと評価される場合には、その譲渡等の行為は不正競争には該当しない。

Ⅳ．不正取得類型について

> *第二条　この法律において「不正競争」とは、次に掲げるものをいう。*
> *十一　**窃取、詐欺、強迫その他の不正の手段**により限定提供データを取得する行為（以下「限定提供データ不正取得行為」という。）又は限定提供データ不正取得行為により取得した限定提供データを使用し、若しくは開示する行為*

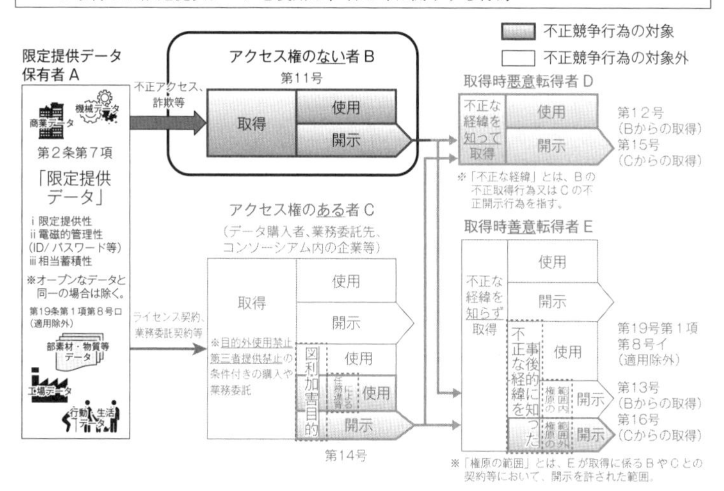

「不正競争」となる行為のうち、法第２条第１項第 11 号は「限定提供データ」の不正取得に関する類型（以下「不正取得類型」という。）について規定している。この不正取得類型は、特に悪質性の高い手段（「窃取、詐欺、強迫その他の不正の手段」）による「限定提供データ」の取得等の行為を規律するものである。

１．「窃取、詐欺、強迫その他の不正の手段」について

「窃取、詐欺、強迫その他の不正の手段」のうち、「窃取」、「詐欺」、「強迫」は、不正の手段の例示として挙げたものであり、「その他の不正の手段」とは、窃盗罪や詐欺罪等の刑罰法規に該当するような行為のみならず、社会通念上、これと同等の違法性を有すると判断される公序良俗に反する手段を用いる場合も含まれると考えられる。

すなわち、この「その他の不正の手段」としては、不正アクセス行為の禁止等に関する法律（以下「不正アクセス禁止法」という。）に違反する行為、刑法上の不正指令電磁的記録を用いる行為等の法令違反の行為や、これらの行為に準ずる

公序良俗に反する手段によって、ＩＤ・パスワードや暗号化等によるアクセス制限を施した管理を破ることなどが想定される。

＜原則として「不正」の手段による取得に該当すると考えられる具体例＞
- データが保存されたＵＳＢメモリを窃取する行為
- データ保有者の施設に侵入して、データを紙にプリントアウトして、又は、自らのＵＳＢメモリにコピーして保存し、持ち去る行為
- 正当なデータ受領者を装い、データ保有者に対して、データを自己の管理するサーバに格納するよう指示するメールを送信し、権原のある者からのメールであると誤解したデータ保有者に自己のサーバにデータを格納させる行為
- データ保有者にコンピュータ・ウイルスを送り付けて、同社管理の非公開のサーバに保存されているデータを抜き取る行為
- 他社製品との技術的な相互互換性等を研究する過程で、自社製品の作動を確認するために当該他社のパソコンにネットワークを介して無断で入り込んで操作し、パスワードを無効化してデータを取得する行為
- データにアクセスする正当な権原があるかのように装い、データのアクセスのためのパスワードを無断で入手し、データを取得する行為

※　なお、データにアクセスできるＩＤ・パスワードのみを入手した場合（データそのものは入手していない場合）であって「取得」には該当しないと判断される場合であっても、「取得」の蓋然性が高く、「営業上の利益を…侵害されるおそれ」（法第３条）がある場合においては、「取得」に対する予防的差止請求を行うことができる。

２．不正取得類型に該当しないと考えられる事例

例えば他法においてその目的の正当性が認められている場合（著作権法上の権利制限規定の適用に当たって求められる目的を有している場合など）は（刑法、不正アクセス禁止法など他の法律に違反するような事情があれば格別、そうでない限りは）その正当性を考慮し「窃取、詐欺、強迫その他の不正の手段により限定提供データを取得する行為」には該当しないと考えられる。

＜原則として「その他の不正の手段」による「取得」に該当しないと考えられる具体例＞
- ゲーム機等の修理業者が、ゲーム機や端末の保守・修理・交換の過程でその機器に保存されているプロテクトの施された限定提供データを必要な範囲でバックアップし、修理等の後にまた元に戻せるように、プロテクトを（不正アクセス禁止法に抵触しない方法で）解除する行為（ゲーム機の販売時にプロテクト解除の可否を明示的に定めていないものの、修理業者が機器の製造者の許諾等を逐一得ていないケース）

- 他社製品との技術的な相互互換性等を研究する過程で、市場で購入した当該他社製品の作動を確認するため、ネットワークにつなぐことなく（不正アクセス禁止法に抵触しない方法で）当該製品のプロテクトを解除し、必要な範囲で限定提供データを取得する行為（製品の販売時にプロテクト解除の可否を明示的に定めていないものの、相互互換性を取る必要のある企業全てに承諾を取ることは必ずしも可能ではないケースも想定される）

※　なお、電磁的管理を回避するだけで、当該管理のかかったデータを手に入れるわけではない場合は、そもそも本号における「取得」には該当しないと考えられる。

※　プロテクト解除が明示的に許容されている場合や依頼・承諾に基づいてプロテクト解除がなされている場合は、「限定提供データを示された場合」（法第２条第１項第14号）のデータの取得に該当する。

- 特定者向けに暗号化されたデータが蓄積されているサーバの滅失のおそれ（ウイルス感染、水没等の危険）が生じ、（サーバ運営者とデータ保有者が異なる場合に）サーバ運営者が、データ保有者の事前の承諾なく緊急的にその暗号鍵を解除し、他のサーバにバックアップを取る行為
- ウイルスが混入しているなどデータ自体が有害である可能性が生じた場合に、その確認及び対策を講じる必要から、データ保有者の許可を得ずに限定提供データの取得を行う行為
- 商品の３Ｄ形状に関するデータが限定提供データであるケースにおいて、そのデータを用いて３Ｄプリンタで製造した商品が販売されている場合、その商品を購入した者が３Ｄスキャナで商品を計測して形状のデータを取得する行為

Ⅴ．著しい信義則違反類型について

第二条　この法律において「不正競争」とは、次に掲げるものをいう。

*十四　限定提供データを保有する事業者（以下「限定提供データ保有者」という。）からその限定提供データを示された場合において、**不正の利益を得る目的で、又はその限定提供データ保有者に損害を加える目的で**、その限定提供データを使用する行為（**その限定提供データの管理に係る任務に違反して行うものに限る。**）又は開示する行為*

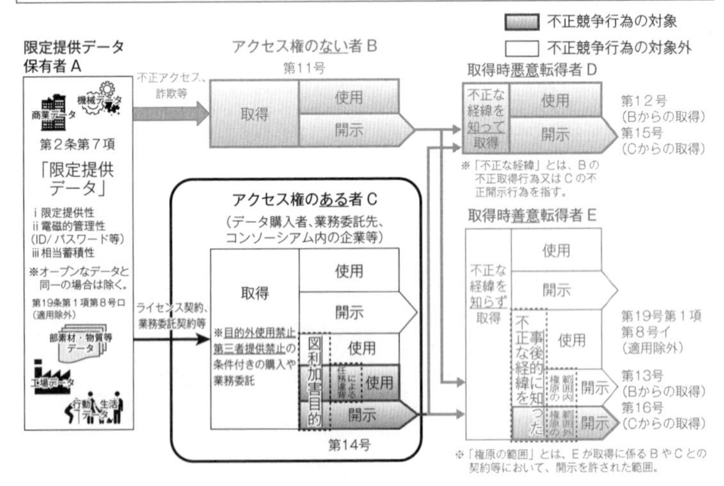

「不正競争」となる行為のうち、法第2条第1項第14号は、限定提供データ保有者が、業務委託先、ライセンシー、コンソーシアムの会員、従業者等に対して限定提供データを示した場合に、提供を受けた者が不正の利益を得る目的又は保有者に損害を加える目的（以下「図利加害目的」という。）で、その限定提供データを保有者から許されていない態様で使用又は開示する行為は、著しく信義則に違反する悪質な行為であることから、「不正競争」と位置づけたものである。

「保有する事業者からその限定提供データを示された」とは、契約に従って限定提供データを受けるなど不正取得以外の態様で保有者から取得する場合であることを意味する。

さらに、不正使用行為については、「その限定提供データの管理に係る任務に違反して行うものに限る。」という加重要件を付し、「不正競争」に該当する場合を限定している。

つまり、以下「①②の要件を満たす使用行為」及び「①の要件を満たす開示行為」が「不正競争」に該当する。
①不正の利益を得る目的又は保有者に損害を加える目的（図利加害目的）を有すること
②限定提供データの管理に係る任務に違反して行う行為であること

1．図利加害目的について

限定提供データ保有者から当該データを示された者（以下「正当取得者」という。）が、取得したデータを使用又は開示する行為が「不正競争」となるためには、図利加害目的が備わることが必要である(※)。

図利加害目的は、限定提供データ保有者からライセンス契約や業務委託契約等に基づき正当に取得したデータを使用又は開示する行為について、適正な行為を過度に萎縮させることのないよう、単なる契約違反を超えて「不正競争」に該当する場合を限定する主観的要件である。

したがって、図利加害目的要件の該当性の判断に当たっては、当該使用又は開示行為が限定提供データ保有者から許されていないことが当事者双方にとって明らかであって、それを正当取得者が認識していることが前提となる。なお、正当な目的がある場合には、当該使用又は開示行為が「不正競争」とならないように解釈されるべきである。

※　正当取得者が使用するにとどまる場合には、さらに「限定提供データの管理に係る任務に違反して行う」ことも要件とされていることに注意されたい（2．で後述)。

(1) 図利加害目的があると判断される場合について

下記（ｉ）及び（ii）の要件を満たす場合、すなわち、保有者から許されていない使用又は開示であることが当事者にとって明らかであり、それを認識しているにもかかわらず、自己又は第三者の利益を得る目的又はデータ保有者に損害を与える目的をもって、取得したデータを使用又は開示する場合は、図利加害目的があると考えられる。

	使用	開示
(ｉ)	契約の内容等から当該態様で使用してはならない義務が当事者にとって明らかであり、	契約の内容等から第三者(※1)開示禁止の義務が当事者にとって明らかであり、
	それを認識しているにもかかわらず、	
(ii)	当該義務に反して、自己又は第三者の利益を得る目的又はデータ保有者に損害を与える目的をもって、取得したデータを使用又は開示する行為。(※2)	

ただし、(iii）の場合には、図利加害目的は否定されると考えられる。

（iii）	正当な目的がある場合

※1　開示が禁止される「第三者」の範囲については、子会社・関連会社等が含まれるか否かを契約上明確化しておくことが望ましい。なお、契約書等においては、「第三者提供禁止」等、「開示」とは異なる用語で規定されている場合もある。

※2　「不正の利益を得る目的（図利目的）」とは、競争関係にある事業を行う目的のみならず、広く公序良俗又は信義則に反する形で不当な利益を図る目的のことをいうとされているので、限定提供データ保有者と競合するサービスを行うことは、図利目的を肯定する要素となり得るものの、必須の要件とはならないと考えられる。

なお、「保有者に損害を与える目的（加害目的）」とは、限定提供データ保有者に対し、財産上の損害、信用の失墜、その他有形無形の不当な損害を加える目的のことを指すが、現実に損害が生じることは要しない。

<原則として「図利加害目的」があると判断されると考えられる具体例>
- 第三者開示禁止と規定されたライセンス契約に基づいて限定提供データを取得した者が、第三者開示禁止であることを認識しつつ、当該データの一部を自社のサービスに取り込み、顧客に開示する場合
- 第三者開示禁止と規定されたライセンス契約に基づいて限定提供データを取得した者が、第三者開示禁止であることを認識しつつ、保有者に損害を加える目的で当該データをホームページ上に開示する場合
- 委託された分析業務のみに使用するという条件で取得した限定提供データを、その条件を認識しながら、無断で自社の新製品開発に使用する場合

(2) 図利加害目的がないと判断される場合について

契約上許される行為であると判断される場合には、図利加害目的はないと考えられる。その上で、契約解釈に争いがあり、裁判等で最終的には契約違反に該当すると判断される場合であっても、図利加害目的がないと考えられる場合として、以下のような類型が挙げられる。

①「義務の認識」（(1)の表の（ｉ））に該当しないと考えられる類型

(a) 目的外使用禁止又は第三者開示禁止の義務の存在が、契約上明らかでない場合

(a.1) 使用等又は開示が許される範囲について、契約解釈上争いがある場合

使用又は開示が許される範囲が当事者にとって契約上明らかではなく(※)、当該態様での使用又は開示が許されていると考えて使用又は開示を行った場合には、当該態様が契約で許された範囲を超えていたと認定されたとしても、原則として図利加害目的ではないと考えられる。

※ 保有者としては、このような事態とならないよう、使用や開示が許される範囲について契約上明記しておくことが望ましい。

<原則として「図利加害目的ではない」と考えられる具体例>

※ 契約書の文言上不明瞭だが、許されていない態様での使用又は開示であると認定されたことが前提。

- 特定のシステム構成で使用する条件で取得した限定提供データについて、システム更新が頻繁であるとの業界の取引慣行を考慮し、規定と異なるシステム構成でデータを使用する場合
- 第三者開示禁止と規定されたライセンス契約に基づいて限定提供データを取得した者が、専ら自社のために行わせるのであれば自己の実施と同視でき許諾の範囲内であると考えて、データ分析・加工会社にデータを開示し、分析・加工終了後に返還させた場合

(a.2) 契約終了後や契約更新の取扱いについて、契約解釈上争いがある場合

契約の終了時期、更新の可否や条件等が当事者にとって契約上明らかではなく、契約が継続することを予定して従前の使用又は開示を継続していた場合には、当該使用又は開示行為の継続中に契約が終了していたと認定されたとしても、行為者が「不正の利益」を得る目的であったとまでは考え難く、原則として図利加害目的ではないと考えられる。

<原則として「図利加害目的ではない」と考えられる具体例>

※ 契約書の文言上は不明瞭だが、許されていない態様での使用又は開示であると認定されたことが前提。

- ライセンス契約上、契約更新の取り扱いが不明確である場合、契約期間満了後も保有者にロイヤルティの支払いをするつもりで、限定提供データを使用し続けた場合
- 限定提供データ保有者から購入した限定提供データを自社の商品であるデータベースに既に組み込んで顧客に提供している場合、限定提供データに係る契約更新の際、取得するデータのグレードを上げることを希望して保有者と価格交渉を行ったが、交渉が長引いたため、契約終了後から契約更新に至るまでの間、開示し続けた場合

(a.3) 契約締結交渉中の行為の場合

契約の交渉中であって、当然に契約が成立することが期待される状況下で事後的に正当化されるという見込みの下で、もしくは、黙示的に許されていると考えて使用又は開示を行ったところ、結果的に、契約が成立しなかったとしても、行為者は最終的には契約の範疇に収まることを予期していた

という点において、原則として図利加害目的ではないと考えられる。

<原則として「図利加害目的ではない」と考えられる具体例>

※　保有者から許されていない態様での使用又は開示であると認定されたことが前提。

- ライセンスを受けることを検討している段階で、保有者からサンプルとして取得した限定提供データについて、許諾された使用範囲だと考えて、自社のビジネスへの活用の可能性判断のために使用する場合
- コンソーシアムのメンバーのみが閲覧できる限定提供データのデータベースを、メンバー外の企業であるがコンソーシアムへの入会手続を始めた者に対して、入会が見込まれるから問題ないと考えて開示する場合

(b) 義務の認識を欠く場合

行為者が目的外使用禁止や第三者開示禁止の義務を認識していない場合には、契約違反として債務不履行責任が問われる可能性はあるとしても、図利加害目的はないと考えられる。ただし、組織のなかで、限定提供データを実際に使用又は開示する従業員等が当該義務についての認識を欠いていたとしても、使用又は開示の可能な範囲を指示した責任者等に認識がある場合には、当該責任者等が当該義務を認識した上で使用又は開示を行ったものと評価され、図利加害目的が肯定されることがありうる。

<原則として「図利加害目的ではない」と考えられる具体例>

※　契約上許されていない態様での使用又は開示であると認定されたことが前提。

- ライセンス契約上、使用目的、第三者開示禁止等の取扱いが明記されて取得した限定提供データにつき、社内の従業員が、そのことの認識を欠いたまま取引先に開示する行為

②「義務に反して、自己又は第三者の利益を得る目的又はデータ保有者に損害を加える目的」（(1)の表の（ⅱ））に該当しないと考えられる類型

(a) 過失によって違反する場合

行為者が目的外使用禁止や第三者開示禁止の義務を認識している場合であっても、過失により契約で許された範囲を超えて当該データを使用又は開示する行為については、契約違反として債務不履行責任は問われる可能性があるとしても、図利加害目的ではないと考えられる。

＜原則として「図利加害目的ではない」と考えられる具体例＞

※　契約上許されていない態様での使用又は開示であると認定されたことが前提。

- ＡＩ技術を利用したソフトウェアＡの開発に利用させる目的のみで使用が許されていた限定提供データについて、そのことを認識していたにも関わらず、別のソフトウェアＢをＡと誤認し、Ｂの学習用にデータを使用する場合
- 第三者開示禁止と規定されたライセンス契約に基づいて限定提供データを取得した社の従業員が、そのことを認識していたにも関わらず、事務処理上のミスにより他社に開示してしまう場合
- 第三者開示禁止と規定されたライセンス契約に基づいて取得した限定提供データが、外部から自社サーバへの不正アクセス行為等により漏洩し、第三者に開示する結果となった場合

(b) 限定提供データ保有者のために行う場合

限定提供データ保有者の利益を図るために行う行為であり、民法上も事務管理（民法第697条）として一定の限度で保護を与えているような行為であれば、契約を認識しかつそれに反している場合であっても、あえて不正競争防止法に違反するとまで扱う必要はなく、図利加害目的はないと考えられる。

＜原則として「図利加害目的ではない」と考えられる具体例＞

※　契約上許されていない態様での使用又は開示であると認定されたことが前提。

- 委託契約上、第三者への開示が禁止されている限定提供データについて、データ保管の安全性を図るため、第三者に預ける場合
- 限定提供データ保有者のために加工することを目的として取得した限定提供データについて、その加工方法が委託契約に規定されているにもかかわらず、契約上決められた方法以外の効率的な方法を用いて、限定提供データ保有者のため迅速に加工を行う場合

(c) その他やむを得ないと考えられる場合

限定提供データ保有者と連絡が取れないなど、限定提供データ保有者側に帰責事由があると認められるような場合において、やむを得ず使用又は開示を続ける場合には、図利加害目的ではないと考えられる。

＜原則として「図利加害目的ではない」と考えられる具体例＞

※　契約上許されていない態様での使用又は開示であると認定されたことが前提。

- 契約期間満了後、限定提供データ保有者への契約更新の申し入れを内容証明郵便で送付したにも関わらず、限定提供データ保有者から

の返答が１か月経ってもない場合、事業中断ができないため、取得した限定提供データ使用してＡＩ技術を利用したソフトウェアの開発に利用続ける場合

③ 「正当な目的がある場合」((1)の表の（ⅲ)）に該当すると考えられる類型

データの保護を目的に緊急的に行われる行為に該当する場合、法令に基づく場合、犯罪の存否の確認や訴追に必要なものとして提出が求められる場合、その他保有者の保護すべき利益を上回る公益上の理由が認められる場合に、必要の限度で提供する行為には、図利加害目的ではないと考えられる。

<原則として「図利加害目的ではない」と考えられる具体例>

※　契約上許されていない態様での使用又は開示であると認定されたことが前提。

(a) データの保護のために緊急の必要性がある場合

- データ保管設備を緊急でメンテナンスする必要が生じたが、自社内では他のデータ保管設備を有していなかったため、開示が許されていない子会社に一時保管目的で限定提供データを開示する場合
- ウイルス感染した限定提供データを、第三者への開示が禁止されているが、感染拡散を防止する目的で、感染診断・除染会社等の第三者に開示する場合

(b) 法令に基づく場合

- 裁判官の発する令状に基づく捜査に対応するため限定提供データを開示する場合
- 法令に基づく調査に対応するため限定提供データを開示する場合
- 法令に基づく通報のために限定提供データを開示する場合

(c) 人命保護その他の公益上の理由等がある場合

- 災害時の避難誘導の目的で、交通情報データを開示が許されていない自治体に開示する場合
- 人命保護の目的で、商業施設における人流データを開示の許されていない第三者に開示する場合

２．「限定提供データの管理に係る任務に違反して行う」行為について

正当取得者が、取得したデータを使用するにとどまる場合には（つまり、開示しない場合には)、それが「不正競争」とされるためには、前述した図利加害目的（①）に加えて「限定提供データの管理に係る任務に違反して行う」こと（②）も必要と

されている。

本類型においては、データの取得自体は正当に行われているため、データの流通を確保する観点から、取得者の事業活動への萎縮効果が及ばないよう配慮する必要性が高い。そこで、単なる契約違反を超えて「不正競争」とする行為を謙抑的に規定するため、横領・背任に相当する悪質性の高い行為に限る趣旨で本要件を規定したものである。

(1)「限定提供データの管理に係る任務」があると判断される場合

「限定提供データの管理に係る任務」があると判断されるためには、この要件が図利加害目的（①）とは別に加重要件とされていることに鑑みれば、単なるデータに関する契約に止まらず、限定提供データ保有者のためにする任務があると認められることが必要となる。

具体的には、「管理に係る任務がある」とは、当事者間で保有者のためにするという委託信任関係がある場合をいい、その有無は実態等を考慮して評価される。

例えば、限定提供データ保有者のためにデータの加工を請け負う場合などは委託信任関係があり、新商品開発などの目的で専らデータ取得者のためにデータを購入した場合などは委託信任関係がないと考えられる。

なお、限定提供データ保有者のためにする目的と同時に、正当取得者自身のためにする目的が併存する場合であっても、保有者のためにする行為であると評価されれば、「限定提供データの管理に係る任務」が存在する。

また、「限定提供データの管理に係る任務」は契約ごとではなく、対象となるデータごとに判断され、あるデータについて限定提供データ保有者のためにする行為であると評価されれば、他に限定提供データ保有者のために管理していないデータを扱っていたとしても、当該データに関しては「限定提供データの管理に係る任務」が否定されることはないと考えられる。

＜各種契約における「限定提供データの管理に係る任務」の有無の具体例＞

「限定提供データ」の提供に係る契約には、以下のようなものが想定され、その契約の内容によって「限定提供データの管理に係る任務」の有無が判断されることとなる。本設例においては、図利加害目的で、契約上許されていない態様での使用を行っていることが前提となっている。

なお、契約の名称だけで「限定提供データの管理に係る任務」の有無が判断されるものではない。

また、誰がデータ保有者となるかについては、不正行為の対象とされたデータの管理にかかる具体的ビジネスモデル等によって事案ごとに決まる。

契約の種類の例	「限定提供データの管理に係る任務」があると考えられる例（「限定提供データ保有者のためにする」行為が認められる場合）	「限定提供データの管理に係る任務」がないと考えられる例
委託契約	限定提供データ保有者からの委託を受けて、限定提供データを用いて分析を行う場合 （データの分析を委託されているために、委託者のためにデータ管理につき善管注意義務が発生する点で、「限定提供データの管理に係る任務」があると認められる例）	― （限定提供データに関する委託契約においては、通例、受託者が委託者のために業務を行うという信任関係が存在すると考えられるから、その場合、「限定提供データの管理に係る任務」があると認められない例を想定しにくい）
フランチャイズ契約	フランチャイズ契約に基づいて、フランチャイジーであるとともにサブ・フランチャイザーでもあるフランチャイズ支部が、フランチャイズ本部から取得したデータを使用して、自己のフランチャイズ事業に使用している場合 （単なるフランチャイジーとしてではなく、フランチャイズ本部のために自らのフランチャイジーを管理していることから「限定提供データの管理に係る任務」があると認められる例）	フランチャイズ契約に基づいて、フランチャイジーがフランチャイザーから取得したデータを、フランチャイズ事業に使用している場合 （単なるフランチャイジーとしての地位を越えて、特にフライチャイザーのために管理するということを示すような事情がなければ「限定提供データの管理に係る任務」があるとは認められないという例）
コンソーシアム契約	特定の共同プロジェクトの実施を目的に組織したコンソーシアムで共同で利用しているデータについて、当該プロジェクト推進の目的で使用している場合 （自らのためだけではなく、コンソーシアムを構成する他者のためにも使用している点で、「限定	業界団体加盟企業に対して提供されているデータを、加盟企業が自身のためにのみ使用しているに過ぎない場合 （会員自らのためだけに使用しているため、「限定提供データの管理に係る任務」があるとは認められない例）

	提供データの管理に係る任務」があると認められる例）	
ライセンス契約（利用許諾）	機器ユーザー（データ保有者＝ライセンサー）が自己の機器の稼働データを機器メーカー（データ取得者＝ライセンシー）にライセンスしている場合において、機器メーカーはこの稼働データを自らの機器のバージョンアップのために用いることが認められているものの、機器ユーザーの当該機器のメンテナンスのために用いる義務を負っている場合 （データ取得者（機器メーカー）の業務での使用が認められていたとしても、データ保有者（機器ユーザー）のメンテナンスのために使用することが義務づけられている点で、「限定提供データの管理に係る任務」があると認められる例。）	機器ユーザー（データ保有者＝ライセンサー）が自己の機器の稼働データを機器メーカー（データ取得者＝ライセンシー）にライセンスしている場合において、機器メーカーはこの稼働データを自らの機器のバージョンアップのために用いるに過ぎない場合 （単なるライセンシーとしての地位を越えて、特にライセンサーのために管理するということを示す事情がないため、「限定提供データの管理に係る任務」があるとは認められない例）

Ⅵ．転得類型について

【取得時悪意の転得類型】

第二条　この法律において「不正競争」とは、次に掲げるものをいう。

十一　窃取、詐欺、強迫その他の不正の手段により限定提供データを取得する行為（以下「限定提供データ不正取得行為」という。）又は限定提供データ不正取得行為により取得した限定提供データを使用し、若しくは開示する行為

*十二　その限定提供データについて**限定提供データ不正取得行為が介在したことを知って**限定提供データを取得し、又はその取得した限定提供データを使用し、若しくは開示する行為*

十四　限定提供データを保有する事業者（以下「限定提供データ保有者」という。）からその限定提供データを示された場合において、不正の利益を得る目的で、又はその限定提供データ保有者に損害を加える目的で、その限定提供データを使用する行為（その限定提供データの管理に係る任務に違反して行うものに限る。）又は開示する行為

*十五　その限定提供データについて**限定提供データ不正開示行為**（前号に規定する場合において同号に規定する目的でその限定提供データを開示する行為をいう。以下同じ。）**であること若しくはその限定提供データについて限定提供データ不正開示行為が介在したことを知って**限定提供データを取得し、又はその取得した限定提供データを使用し、若しくは開示する行為*

【取得時善意の転得類型】

第二条　この法律において「不正競争」とは、次に掲げるものをいう。

*十三　**その取得した後に**その**限定提供データについて限定提供データ不正取得行為が介在したことを知って**その取得した限定提供データを開示する行為*

*十六　**その取得した後に**その限定提供データについて**限定提供データ不正開示行為があったこと**又はその限定提供データについて**限定提供データ不正開示行為が介在したことを知って**その取得した限定提供データを開示する行為*

【適用除外】

第十九条　第三条から第十五条まで、第二十一条（第二項第七号に係る部分を除く。）及び第二十二条の規定は、次の各号に掲げる不正競争の区分に応じて当該各号に定める行為については、適用しない。

> *八　第二条第一項第十一号から第十六号までに掲げる不正競争*
> *次のいずれかに掲げる行為*
> *イ　取引によって限定提供データを取得した者（その取得した時にその限定提供データについて限定提供データ不正開示行為であること又はその限定提供データについて限定提供データ不正取得行為若しくは限定提供データ不正開示行為が介在したことを知らない者に限る。）が**その取引によって取得した権原の範囲内において**その限定提供データを開示する行為*

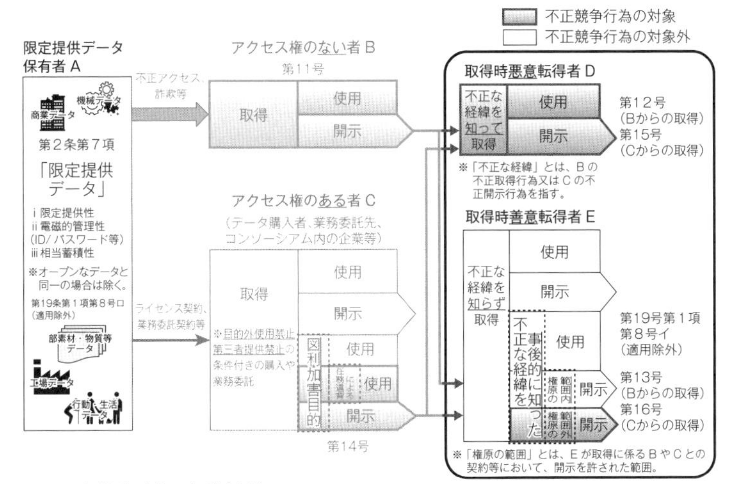

1．取得時悪意の転得類型

(1) 概要

「限定提供データ」は、その性質上、容易に複製し、移転することが可能であるため、意図しない第三者に転々流通してしまうとデータが一気に拡散してしまうおそれがあり、被害拡大防止のための救済措置を設ける必要がある。

特に、不正取得行為や不正開示行為が介在したことを知りながら（悪意）データ保有者と契約関係のない第三者が限定データについて取得し、さらに使用・開示する行為は、悪質性の高い行為である。したがって「その限定提供データについて限定提供データ不正取得行為が介在したことを知って」（法第2条第1項第12号）又は「限定提供データ不正開示行為であること若しくはその限定提供データについて限定提供データ不正開示行為が介在したことを知って」（法第2条第1項第15号）限定提供データを取得し、又はその取得した限定提供データを使用・開示する行為を、「不正競争」と位置づけている。

なお、「営業秘密」においては、「悪意」に加え、重大な過失によって不正取得等が介在したことを知らなかった場合（重過失）も「不正競争」の対象としているところ、「限定提供データ」では重過失を対象としていない。したがって、「限定提供データ」について、不正の経緯の有無の確認等の注意義務や調査義務を転得者に課していない。

(2) 「悪意」についての考え方

①「介在」について

(a) 法第2条第1項第12号（アクセス権のない者からの取得）

「悪意」の対象となる「限定提供データ不正取得行為」とは、法第2条第1項第11号に規定する不正取得である。

「限定提供データ不正取得行為が介在したこと」の「介在」とは、自らが取得する前のいずれかの時点で不正取得行為がなされたことを意味する。したがって、不正取得行為を行った者から直接取得する場合だけでなく、間接的に取得する場合であっても、取得時に不正取得行為があったことについて悪意であるのであれば、その取得行為、取得後の使用・開示行為は不正競争となる。

(b) 法第2条第1項第15号（アクセス権のある者からの取得）

「悪意」の対象となる「限定提供データ不正開示行為」とは、法第2条第1項第14号に規定する、不正の利益を得る目的で、又はその限定提供データ保有者に損害を加える目的（図利加害目的）で、限定提供データ保有者から示された限定提供データを開示する行為である（契約違反による開示を認識するだけでは足りない。この点は、「営業秘密」において、悪意の対象となる「営業秘密不正開示行為」として、図利加害目的での開示のみならず守秘義務違反等の契約違反による開示も含まれていることと異なる。）。

「悪意」の対象として、不正開示行為が「介在したこと」の他に、不正開示行為で「あること」（法第2条第1項第15号）を規定しているが、これは、法第2条第1項第14号の開示行為の直接の相手方となって限定提供データを取得する場合は、その行為が不正開示行為を構成することになるためである。

②「悪意」について

転得するデータについての不正な取得や図利加害目的での不正な開示等の不正行為の介在等について悪意である状態とは、不正行為の介在等を認識していることである。不正行為の介在等についてその真偽が不明であるにとどまる状態は悪意とはいえない。

「悪意」であるというためには、以下のように、(a) 限定提供データ不正取得行為又は限定提供データ不正開示行為の存在と、(b) 限定提供データ不正取得行為又は限定提供データ不正開示行為が行われたデータと転得した（転得する）データとが同一であること（データの同一性）の両者について認識していることが必要である。

(a) 限定提供データ不正取得行為又は限定提供データ不正開示行為の存在に対する認識の例

<原則として不正行為の介在の認識があると考えられる例>

- 外部への提供が禁じられたデータの提供を受けた正当取得者に対し、転得者が、それを知りつつ金品を贈与する見返りにデータ提供を依頼した場合
- データ保有者から、不正行為が存在したことが明らかな根拠を伴った警告書を受領した場合
- データ提供者が、不正行為を行ったことを認めていることを知った場合

<原則として不正行為の介在の認識がないと考えられる例>

- データの提供について正当な権原があることの根拠がデータ取得時に示されていた場合
- データ保有者から、不正行為が存在したとの主張のみが記載された警告書を受領したが、その真偽が不明な場合
- データ保有者から、不正取得の存在について相応の根拠を有する警告書を送付されたが、その後のデータ提供者との協議において、データ提供者からそれを覆すに足りると考えられる根拠が示されたために、不正行為がなかったとの結論に至った場合

(b) 限定提供データ不正取得行為又は限定提供データ不正開示行為が行われたデータと転得した（転得する）データとが同一であることの事実（データの同一性）に対する認識の例

<原則としてデータの同一性の認識があると考えられる例>

- データ保有者から提示を受けた電子透かし等のトレーサビリティに基づく検証の結果により、データが同一である旨が確認された場合
- データ保有者から、データが同一であることが明らかな根拠を伴った警告書を受領した場合
- データ提供者が自ら提供するデータについて、不正な行為が介在していることを認めていることを転得者が知った場合

<原則としてデータの同一性の認識がないと考えられる例>

- データ保有者から提示を受けた電子透かし等のトレーサビリティに基づく検証の結果により、データが同一であると立証されなかった場合
- ホームページ上で掲載されている不正取得等が行われたデータの特徴が転得したデータの特徴（データが創出された時期等）と異なっている場合。
- データ保有者から、データが同一であるとの主張のみが記載された警告書を受領したが、その真偽が不明な場合

前述の(a)、(b)のそれぞれにおいて、警告書や各種検証結果、報道等の情報の発信者の信頼性も認識の有無の判断に影響を与えるものと考えられる。

(3) 「取得」についての考え方（悪意と取得とのタイミングとの関係）

「取得」とは、Ⅲ．２．に記載したとおりであり、データを自己の管理下に置くことをいい、データが記録されている媒体等を介して自己又は第三者がデータ自体を手に入れる行為や、データの映っているディスプレイを写真に撮る等、データが記録されている媒体等の移動を伴わない形で、データを自己又は第三者が手に入れる行為が該当する。

<具体例>

- 送付型のデータ取得

データ提供者と契約を結ぶと、データ提供者からデータが送信され、転得者が受信する態様において、以下の行為が行われた場合を想定。この場合、原則、「取得」は「３」であり、「取得時悪意の転得類型」に該当すると考えられる。

１：データ提供者との契約締結
２：「悪意」に転じる
３：送信されたデータを受信

- アクセス型のデータ取得

データ提供者と契約を結ぶと、データ提供者からデータ提供サーバにいつでもアクセス可能となる認証用のＩＤ・パスワードが提供され、転得者自らがサーバにアクセスしデータを入手する態様において、以下の行為が行われることを想定。この場合、原則、「取得」は「４」であり、「取得時悪意の転得類型」に該当すると考えられる。

１：データ提供者との契約締結
２：ＩＤ・パスワードを入手

（このＩＤ・パスワードによりいつでもサーバにアクセス可能）
３：「悪意」に転じる
４：ＩＤ・パスワードを用いて提供者のサーバにアクセスし、データをダウンロード

※ ただし、自己のアカウントに係るクラウド上でデータを利用できる状態になっている場合など、データが実質的に自己の管理下にあるものと同義であると考えられる場合には、（自社のサーバにダウンロードせずとも）「取得」に該当する可能性がある

※ なお、データを継続的に転得し第三者に開示（提供）するサービスを行う事業者は、不正行為の介在について悪意となった後に、何ら対応することなく引き続きデータの転得や開示を行った場合、当該行為が不正競争に該当することになるため、自らのサービスの停止を余儀なくされることにもなりかねない。
そこで、このような事業を営む場合には、例えば以下のような対応が考えられる
①不正行為の介在について悪意となった場合には、正当なデータ保有者と改めて契約を行い、引き続きデータの取得・開示を行えるようにする。
②自らのサービスの停止につき提供サービスに関する契約違反として債務不履行責任が問われることのないよう、あらかじめ、提供サービスに関する契約に「本サービスによって提供するデータについて、当社が不正行為の介在等を知った場合には、当該データの提供を停止できる」旨を規定しておく。

２．取得時善意の転得類型

(1) 概要

「限定提供データ」の取得時に不正行為の介在等について知らなかった（善意）としても、その後不正行為の介在等を知った（悪意）場合は、データ保有者の被害拡大防止のための救済措置が必要である。

一方で、取得時に善意であった者が、その後悪意に転じることにより、差止請求等によって突然事業活動の停止を余儀なくされるようなことがあれば、データを使用する事業活動へ萎縮効果を与え、ひいてはデータ流通や利活用の阻害要因ともなりかねない。

そこで、データの保有者と利用者の保護のバランスを考慮し、取得後に悪意に転じた転得者については、拡散により保有者が甚大な損失を被るおそれがある開示行為に限定して「不正競争」と位置づけている。（法第２条第１項第13号及び第16号）。

なお、「営業秘密」においては、「悪意」に加え、重大な過失によって不正取得等が介在したことを知らなかった場合も「不正競争」の対象としているところ、「限定提供データ」では重過失を対象としていない。したがって、「限定提供データ」について、不正の経緯の有無の確認等の注意義務や調査義務を転得者に課

していない。

「悪意」や「取得」の考え方については、1．(2)や1．(3)をそれぞれ参照されたい。

(2) 適用除外について（法第19条第1項第8号イ）

悪意に転じた後の開示行為であっても、取得時において不正な行為の介在を知らずにデータを取得した転得者は不測の不利益を被り、取引の安全を害されることとなる。このため、善意でデータを取得した転得者の取引の安全を確保する観点から、取引によって「限定提供データ」を取得した者が、「限定提供データ」の不正行為の介在等に関して悪意に転じる前に契約等に基づき取得した権原の範囲内での開示行為については不正競争とはしないとの適用除外を設けている。（法第19条第1項第8号イ）。

「権原の範囲内」とは、限定提供データを取得した際の取引（売買、ライセンス等）において定められた条件（開示の期間、目的、態様に関するもの）の範囲内という意味である。なお、形式的に契約期間が終了するものの、契約関係の継続が合理的に期待される契約の場合、継続された契約は「権原の範囲内」であると考えられる。

<原則として「権原の範囲内」となると考えられる具体例>

- 解約の申し出がない限り同一の契約内容で契約が更新され、取得したデータの契約期間内における第三者提供が可能とされている自動更新契約を締結し、悪意に転じた後に自動更新を行い、更新後に悪意に転じる前に取得したデータを第三者提供する場合
- 契約期間は明示されておらず、月額料金を払い続ける限りデータを第三者提供可能であるとして提供されるサービスにおいて、悪意に転じた後に料金の支払いを行い、翌月に悪意に転じる前に取得したデータを第三者提供する場合

資料4　法令

○不正競争防止法

〔平成五年五月十九日
法 律 第 四 十 七 号〕

最終改正（未施行）　平成三十年法律第三十三号

目次

第一章　総則

（目的）

第一条　この法律は、事業者間の公正な競争及びこれに関する国際約束の的確な実施を確保するため、不正競争の防止及び不正競争に係る損害賠償に関する措置等を講じ、もって国民経済の健全な発展に寄与することを目的とする。

（定義）

第二条　この法律において「不正競争」とは、次に掲げるものをいう。

一　他人の商品等表示（人の業務に係る氏名、商号、商標、標章、商品の容器若しくは包装その他の商品又は営業を表示するものをいう。以下同じ。）として需要者の間に広く認識されているものと同一若しくは類似の商品等表示を使用し、又はその商品等表示を使用した商品を譲渡し、引き渡し、譲渡若しくは引渡しのために展示し、輸出し、輸入し、若しくは電気通信回線を通じて提供して、他人の商品又は営業と混同を生じさせる行為

二　自己の商品等表示として他人の著名な商品等表示と同一若しくは類似のものを使用し、又はその商品等表示を使用した商品を譲渡し、引き渡し、譲渡若しくは引渡しのために展示し、輸出し、輸入し、若しくは電気通信回線を通じて提供する行為

三　他人の商品の形態（当該商品の機能を確保するために不可欠な形態を除く。）を模倣した商品を譲渡し、貸し渡し、譲渡若しくは貸渡しのために展示し、輸出し、又は輸入する行為

四　窃取、詐欺、強迫その他の不正の手段により営業秘密を取得する行為（以下「営業秘密不正取得行為」という。）又は営業秘密不正取得行為により取得した営業秘密を使用し、若しくは開示する行為（秘密を保持しつつ特定の者に示すことを含む。次号から第九号まで、第十九条第一項第六号、第二十一条及び附則第四条第一号において同じ。）

五　その営業秘密について営業秘密不正取得行為が介在したことを知って、若しくは重大な過失により知らないで営業秘密を取得し、又はその取得した営業秘密を使用し、若しくは開示する行為

六　その取得した後にその営業秘密について営業秘密不正取得行為が介在したことを知って、又は重大な過失により知らないでその取得した営業秘密を使用し、又は開示する行為

七　営業秘密を保有する事業者（以下「営業秘密保有者」という。）からその営業秘密を示された場合において、不正の利益を得る目的で、又はその営業秘密保有者に損害を加える目的で、その営業秘密を使用し、又は開示する行為

八　その営業秘密について営業秘密不正開示行為（前号に規定する場合において同号に規定する目的でその営業秘密を開示する行為又は秘密を守る法律上の義務に違反してその営業秘密を開示する行為をいう。以下同じ。）であること若しくはその営業秘密について営業秘密不正開示行為が介在したことを知って、若しくは重大な過失により知らないで営業秘密を取得し、又はその取得した営業秘密を使用し、若しくは開示する行為

九　その取得した後にその営業秘密について営業秘密不正開示行為があった

こと若しくはその営業秘密について営業秘密不正開示行為が介在したことを知って、又は重大な過失により知らないでその取得した営業秘密を使用し、又は開示する行為

十　第四号から前号までに掲げる行為（技術上の秘密（営業秘密のうち、技術上の情報であるものをいう。以下同じ。）を使用する行為に限る。以下この号において「不正使用行為」という。）により生じた物を譲渡し、引き渡し、譲渡若しくは引渡しのために展示し、輸出し、輸入し、又は電気通信回線を通じて提供する行為（当該物を譲り受けた者（その譲り受けた時に当該物が不正使用行為により生じた物であることを知らず、かつ、知らないことにつき重大な過失がない者に限る。）が当該物を譲渡し、引き渡し、譲渡若しくは引渡しのために展示し、輸出し、輸入し、又は電気通信回線を通じて提供する行為を除く。）

十一　窃取、詐欺、強迫その他の不正の手段により限定提供データを取得する行為（以下「限定提供データ不正取得行為」という。）又は限定提供データ不正取得行為により取得した限定提供データを使用し、若しくは開示する行為

十二　その限定提供データについて限定提供データ不正取得行為が介在したことを知って限定提供データを取得し、又はその取得した限定提供データを使用し、若しくは開示する行為

十三　その取得した後にその限定提供データについて限定提供データ不正取得行為が介在したことを知ってその取得した限定提供データを開示する行為

十四　限定提供データを保有する事業者（以下「限定提供データ保有者」という。）からその限定提供データを示された場合において、不正の利益を得る目的で、又はその限定提供データ保有者に損害を加える目的で、その限定提供データを使用する行為（その限定提供データの管理に係る任務に違反して行うものに限る。）又は開示する行為

十五　その限定提供データについて限定提供データ不正開示行為（前号に規定する場合において同号に規定する目的でその限定提供データを開示する行為をいう。以下同じ。）であること若しくはその限定提供データについて限定提供データ不正開示行為が介在したことを知って限定提供データを取得し、又はその取得した限定提供データを使用し、若しくは開示する行為

十六　その取得した後にその限定提供データについて限定提供データ不正開

示行為があったこと又はその限定提供データについて限定提供データ不正開示行為が介在したことを知ってその取得した限定提供データを開示する行為

十七　営業上用いられている技術的制限手段（他人が特定の者以外の者に影像若しくは音の視聴、プログラムの実行若しくは情報（電磁的記録（電子的方式、磁気的方式その他人の知覚によっては認識することができない方式で作られる記録であって、電子計算機による情報処理の用に供されるものをいう。）に記録されたものに限る。以下この号、次号及び第八項において同じ。）の処理又は影像、音、プログラムその他の情報の記録をさせないために用いているものを除く。）により制限されている影像若しくは音の視聴、プログラムの実行若しくは情報の処理又は影像、音、プログラムその他の情報の記録（以下この号において「影像の視聴等」という。）を当該技術的制限手段の効果を妨げることにより可能とする機能を有する装置（当該装置を組み込んだ機器及び当該装置の部品一式であって容易に組み立てることができるものを含む。）、当該機能を有するプログラム（当該プログラムが他のプログラムと組み合わされたものを含む。）若しくは指令符号（電子計算機に対する指令であって、当該指令のみによって一の結果を得ることができるものをいう。次号において同じ。）を記録した記録媒体若しくは記憶した機器を譲渡し、引き渡し、譲渡若しくは引渡しのために展示し、輸出し、若しくは輸入し、若しくは当該機能を有するプログラム若しくは指令符号を電気通信回線を通じて提供する行為（当該装置又は当該プログラムが当該機能以外の機能を併せて有する場合にあっては、影像の視聴等を当該技術的制限手段の効果を妨げることにより可能とする用途に供するために行うものに限る。）又は影像の視聴等を当該技術的制限手段の効果を妨げることにより可能とする役務を提供する行為

十八　他人が特定の者以外の者に影像若しくは音の視聴、プログラムの実行若しくは情報の処理又は影像、音、プログラムその他の情報の記録をさせないために営業上用いている技術的制限手段により制限されている影像若しくは音の視聴、プログラムの実行若しくは情報の処理又は影像、音、プログラムその他の情報の記録（以下この号において「影像の視聴等」という。）を当該技術的制限手段の効果を妨げることにより可能とする機能を有する装置（当該装置を組み込んだ機器及び当該装置の部品一式であって容易に組み立

てることができるものを含む。)、当該機能を有するプログラム(当該プログラムが他のプログラムと組み合わされたものを含む。)若しくは指令符号を記録した記録媒体若しくは記憶した機器を当該特定の者以外の者に譲渡し、引き渡し、譲渡若しくは引渡しのために展示し、輸出し、若しくは輸入し、若しくは当該機能を有するプログラム若しくは指令符号を電気通信回線を通じて提供する行為(当該装置又は当該プログラムが当該機能以外の機能を併せて有する場合にあっては、影像の視聴等を当該技術的制限手段の効果を妨げることにより可能とする用途に供するために行うものに限る。)又は影像の視聴等を当該技術的制限手段の効果を妨げることにより可能とする役務を提供する行為

十九　不正の利益を得る目的で、又は他人に損害を加える目的で、他人の特定商品等表示(人の業務に係る氏名、商号、商標、標章その他の商品又は役務を表示するものをいう。)と同一若しくは類似のドメイン名を使用する権利を取得し、若しくは保有し、又はそのドメイン名を使用する行為

二十　商品若しくは役務若しくはその広告若しくは取引に用いる書類若しくは通信にその商品の原産地、品質、内容、製造方法、用途若しくは数量若しくはその役務の質、内容、用途若しくは数量について誤認させるような表示をし、又はその表示をした商品を譲渡し、引き渡し、譲渡若しくは引渡しのために展示し、輸出し、輸入し、若しくは電気通信回線を通じて提供し、若しくはその表示をして役務を提供する行為

二十一　競争関係にある他人の営業上の信用を害する虚偽の事実を告知し、又は流布する行為

二十二　パリ条約(商標法(昭和三十四年法律第百二十七号)第四条第一項第二号に規定するパリ条約をいう。)の同盟国、世界貿易機関の加盟国又は商標法 条約の締約国において商標に関する権利(商標権に相当する権利に限る。以下この号において単に「権利」という。)を有する者の代理人若しくは代表者又はその行為の日前一年以内に代理人若しくは代表者であった者が、正当な理由がないのに、その権利を有する者の承諾を得ないでその権利に係る商標と同一若しくは類似の商標をその権利に係る商品若しくは役務と同一若しくは類似の商品若しくは役務に使用し、又は当該商標を使用したその権利に係る商品と同一若しくは類似の商品を譲渡し、引き渡し、譲渡若しくは引渡しのために展示し、輸出し、輸入し、若しくは電気通信回線を通じて

提供し、若しくは当該商標を使用してその権利に係る役務と同一若しくは類似の役務を提供する行為

2　この法律において「商標」とは、商標法第二条第一項に規定する商標をいう。

3　この法律において「標章」とは、商標法第二条第一項に規定する標章をいう。

4　この法律において「商品の形態」とは、需要者が通常の用法に従った使用に際して知覚によって認識することができる商品の外部及び内部の形状並びにその形状に結合した模様、色彩、光沢及び質感をいう。

5　この法律において「模倣する」とは、他人の商品の形態に依拠して、これと実質的に同一の形態の商品を作り出すことをいう。

6　この法律において「営業秘密」とは、秘密として管理されている生産方法、販売方法その他の事業活動に有用な技術上又は営業上の情報であって、公然と知られていないものをいう。

7　この法律において「限定提供データ」とは、業として特定の者に提供する情報として電磁的方法（電子的方法、磁気的方法その他人の知覚によっては認識することができない方法をいう。次項において同じ。）により相当量蓄積され、及び管理されている技術上又は営業上の情報（秘密として管理されているものを除く。）をいう。

8　この法律において「技術的制限手段」とは、電磁的方法により影像若しくは音の視聴、プログラムの実行若しくは情報の処理又は影像、音、プログラムその他の情報の記録を制限する手段であって、視聴等機器（影像若しくは音の視聴、プログラムの実行若しくは情報の処理又は影像、音、プログラムその他の情報の記録のために用いられる機器をいう。以下この項において同じ。）が特定の反応をする信号を記録媒体に記録し、若しくは送信する方式又は視聴等機器が特定の変換を必要とするよう影像、音、プログラムその他の情報を変換して記録媒体に記録し、若しくは送信する方式によるものをいう。

9　この法律において「プログラム」とは、電子計算機に対する指令であって、一の結果を得ることができるように組み合わされたものをいう。

10　この法律において「ドメイン名」とは、インターネットにおいて、個々の電子計算機を識別するために割り当てられる番号、記号又は文字の組合せに対応する文字、番号、記号その他の符号又はこれらの結合をいう。

11　この法律にいう「物」には、プログラムを含むものとする。

第二章　差止請求、損害賠償等

（差止請求権）

第三条　不正競争によって営業上の利益を侵害され、又は侵害されるおそれがある者は、その営業上の利益を侵害する者又は侵害するおそれがある者に対し、その侵害の停止又は予防を請求することができる。

2　不正競争によって営業上の利益を侵害され、又は侵害されるおそれがある者は、前項の規定による請求をするに際し、侵害の行為を組成した物（侵害の行為により生じた物を含む。第五条第一項において同じ。）の廃棄、侵害の行為に供した設備の除却その他の侵害の停止又は予防に必要な行為を請求することができる。

（損害賠償）

第四条　故意又は過失により不正競争を行って他人の営業上の利益を侵害した者は、これによって生じた損害を賠償する責めに任ずる。ただし、第十五条の規定により同条に規定する権利が消滅した後にその営業秘密又は限定提供データを使用する行為によって生じた損害については、この限りでない。

（損害の額の推定等）

第五条　第二条第一項第一号から第十六号まで又は第二十二号に掲げる不正競争（同項第四号から第九号までに掲げるものにあっては、技術上の秘密に関するものに限る。）によって営業上の利益を侵害された者（以下この項において「被侵害者」という。）が故意又は過失により自己の営業上の利益を侵害した者に対しその侵害により自己が受けた損害の賠償を請求する場合において、その者がその侵害の行為を組成した物を譲渡したときは、その譲渡した物の数量（以下この項において「譲渡数量」という。）に、被侵害者がその侵害の行為がなければ販売することができた物の単位数量当たりの利益の額を乗じて得た額を、被侵害者の当該物に係る販売その他の行為を行う能力に応じた額を超えない限度において、被侵害者が受けた損害の額とすることができる。ただし、譲渡数量の全部又は一部に相当する数量を被侵害者が販売することができないとする事情があるときは、当該事情に相当する数量に応じた額を控除するものとする。

2　不正競争によって営業上の利益を侵害された者が故意又は過失により自己の営業上の利益を侵害した者に対しその侵害により自己が受けた損害の賠償を請求する場合において、その者がその侵害の行為により利益を受けているときは、その利益の額は、その営業上の利益を侵害された者が受けた損害の額と推定する。

3　第二条第一項第一号から第九号まで、第十一号から第十六号まで、第十九号又は第二十二号に掲げる不正競争によって営業上の利益を侵害された者は、故意又は過失により自己の営業上の利益を侵害した者に対し、次の各号に掲げる不正競争の区分に応じて当該各号に定める行為に対し受けるべき金銭の額に相当する額の金銭を、自己が受けた損害の額としてその賠償を請求することができる。

一　第二条第一項第一号又は第二号に掲げる不正競争　当該侵害に係る商品等表示の使用

二　第二条第一項第三号に掲げる不正競争　当該侵害に係る商品の形態の使用

三　第二条第一項第四号から第九号までに掲げる不正競争　当該侵害に係る営業秘密の使用

四　第二条第一項第十一号から第十六号までに掲げる不正競争　当該侵害に係る限定提供データの使用

五　第二条第一項第十九号に掲げる不正競争　当該侵害に係るドメイン名の使用

六　第二条第一項第二十二号に掲げる不正競争　当該侵害に係る商標の使用

4　前項の規定は、同項に規定する金額を超える損害の賠償の請求を妨げない。この場合において、その営業上の利益を侵害した者に故意又は重大な過失がなかったときは、裁判所は、損害の賠償の額を定めるについて、これを参酌することができる。

（技術上の秘密を取得した者の当該技術上の秘密を使用する行為等の推定）

第五条の二　技術上の秘密（生産方法その他政令で定める情報に係るものに限る。以下この条において同じ。）について第二条第一項第四号、第五号又は第八号に規定する行為（営業秘密を取得する行為に限る。）があった場合において、その行為をした者が当該技術上の秘密を使用する行為により生ずる物の生産その他技術上の秘密を使用したことが明らかな行為として政令で定める行為（以下この条において「生産等」という。）をしたときは、その者は、それぞれ当該各号に規定する行為（営業秘密を使用する行為に限る。）として生産等をしたものと推定する。

（具体的態様の明示義務）

第六条　不正競争による営業上の利益の侵害に係る訴訟において、不正競争によって営業上の利益を侵害され、又は侵害されるおそれがあると主張する者が侵害の行為を組成したものとして主張する物又は方法の具体的態様を否認するときは、相手方は、自己の行為の具体的態様を明らかにしなければならない。ただし、相手方において明らかにすることができない相当の理由があるときは、この限りでない。

（書類の提出等）

第七条　裁判所は、不正競争による営業上の利益の侵害に係る訴訟においては、当事者の申立てにより、当事者に対し、当該侵害行為について立証するため、又は当該侵害の行為による損害の計算をするため必要な書類の提出を命ずることができる。ただし、その書類の所持者においてその提出を拒むことについて正当な理由があるときは、この限りでない。

2　裁判所は、前項本文の申立てに係る書類が同項本文の書類に該当するかどうか又は同項ただし書に規定する正当な理由があるかどうかの判断をするため必要があると認めるときは、書類の所持者にその提示をさせることができる。この場合においては、何人も、その提示された書類の開示を求めることができない。

3　裁判所は、前項の場合において、第一項本文の申立てに係る書類が同項本文の書類に該当するかどうか又は同項ただし書に規定する正当な理由があるかどうかについて前項後段の書類を開示してその意見を聴くことが必要であると認めるときは、当事者等（当事者（法人である場合にあっては、その代表者）又は当事者の代理人（訴訟代理人及び補佐人を除く。）、使用人その他の従業者をいう。以下同じ。）、訴訟代理人又は補佐人に対し、当該書類を開示することができる。

4　裁判所は、第二項の場合において、同項後段の書類を開示して専門的な知見に基づく説明を聴くことが必要であると認めるときは、当事者の同意を得て、民事訴訟法（平成八年法律第百九号）第一編第五章第二節第一款に規定する専門委員に対し、当該書類を開示することができる。
5　前各項の規定は、不正競争による営業上の利益の侵害に係る訴訟における当該侵害行為について立証するため必要な検証の目的の提示について準用する。

（損害計算のための鑑定）
第八条　不正競争による営業上の利益の侵害に係る訴訟において、当事者の申立てにより、裁判所が当該侵害の行為による損害の計算をするため必要な事項について鑑定を命じたときは、当事者は、鑑定人に対し、当該鑑定をするため必要な事項について説明しなければならない。

（相当な損害額の認定）
第九条　不正競争による営業上の利益の侵害に係る訴訟において、損害が生じたことが認められる場合において、損害額を立証するために必要な事実を立証することが当該事実の性質上極めて困難であるときは、裁判所は、口頭弁論の全趣旨及び証拠調べの結果に基づき、相当な損害額を認定することができる。

（秘密保持命令）
第十条　裁判所は、不正競争による営業上の利益の侵害に係る訴訟において、その当事者が保有する営業秘密について、次に掲げる事由のいずれにも該当することにつき疎明があった場合には、当事者の申立てにより、決定で、当事者等、訴訟代理人又は補佐人に対し、当該営業秘密を当該訴訟の追行の目的以外の目的で使用し、又は当該営業秘密に係るこの項の規定による命令を受けた者以外の者に開示してはならない旨を命ずることができる。ただし、その申立ての時までに当事者等、訴訟代理人又は補佐人が第一号に規定する準備書面の閲読又は同号に規定する証拠の取調べ若しくは開示以外の方法により当該営業秘密を取得し、又は保有していた場合は、この限りでない。
一　既に提出され若しくは提出されるべき準備書面に当事者の保有する営業秘密が記載され、又は既に取り調べられ若しくは取り調べられるべき証拠（第七条第三項の規定により開示された書類又は第十三条第四項の規定により開示された書面を含む。）の内容に当事者の保有する営業秘密が含まれること。

二　前号の営業秘密が当該訴訟の追行の目的以外の目的で使用され、又は当該営業秘密が開示されることにより、当該営業秘密に基づく当事者の事業活動に支障を生ずるおそれがあり、これを防止するため当該営業秘密の使用又は開示を制限する必要があること。

2　前項の規定による命令（以下「秘密保持命令」という。）の申立ては、次に掲げる事項を記載した書面でしなければならない。

一　秘密保持命令を受けるべき者

二　秘密保持命令の対象となるべき営業秘密を特定するに足りる事実

三　前項各号に掲げる事由に該当する事実

3　秘密保持命令が発せられた場合には、その決定書を秘密保持命令を受けた者に送達しなければならない。

4　秘密保持命令は、秘密保持命令を受けた者に対する決定書の送達がされた時から、効力を生ずる。

5　秘密保持命令の申立てを却下した裁判に対しては、即時抗告をすることができる。

（秘密保持命令の取消し）

第十一条　秘密保持命令の申立てをした者又は秘密保持命令を受けた者は、訴訟記録の存する裁判所（訴訟記録の存する裁判所がない場合にあっては、秘密保持命令を発した裁判所）に対し、前条第一項に規定する要件を欠くこと又はこれを欠くに至ったことを理由として、秘密保持命令の取消しの申立てをすることができる。

2　秘密保持命令の取消しの申立てについての裁判があった場合には、その決定書をその申立てをした者及び相手方に送達しなければならない。

3　秘密保持命令の取消しの申立てについての裁判に対しては、即時抗告をすることができる。

4　秘密保持命令を取り消す裁判は、確定しなければその効力を生じない。

5　裁判所は、秘密保持命令を取り消す裁判をした場合において、秘密保持命令の取消しの申立てをした者又は相手方以外に当該秘密保持命令が発せられた訴訟において当該営業秘密に係る秘密保持命令を受けている者があるときは、その者に対し、直ちに、秘密保持命令を取り消す裁判をした旨を通知しなければならない。

（訴訟記録の閲覧等の請求の通知等）

第十二条　秘密保持命令が発せられた訴訟（全ての秘密保持命令が取り消された訴訟を除く。）に係る訴訟記録につき、民事訴訟法第九十二条第一項の決定があった場合において、当事者から同項に規定する秘密記載部分の閲覧等の請求があり、かつ、その請求の手続を行った者が当該訴訟において秘密保持命令を受けていない者であるときは、裁判所書記官は、同項の申立てをした当事者（その請求をした者を除く。第三項において同じ。）に対し、その請求後直ちに、その請求があった旨を通知しなければならない。

2　前項の場合において、裁判所書記官は、同項の請求があった日から二週間を経過する日までの間（その請求の手続を行った者に対する秘密保持命令の申立てがその日までにされた場合にあっては、その申立てについての裁判が確定するまでの間）、その請求の手続を行った者に同項の秘密記載部分の閲覧等をさせてはならない。

3　前二項の規定は、第一項の請求をした者に同項の秘密記載部分の閲覧等をさせることについて民事訴訟法第九十二条第一項の申立てをした当事者の全ての同意があるときは、適用しない。

（当事者尋問等の公開停止）

第十三条　不正競争による営業上の利益の侵害に係る訴訟における当事者等が、その侵害の有無についての判断の基礎となる事項であって当事者の保有する営業秘密に該当するものについて、当事者本人若しくは法定代理人又は証人として尋問を受ける場合においては、裁判所は、裁判官の全員一致により、その当事者等が公開の法廷で当該事項について陳述をすることにより当該営業秘密に基づく当事者の事業活動に著しい支障を生ずることが明らかであることから当該事項について十分な陳述をすることができず、かつ、当該陳述を欠くことにより他の証拠のみによっては当該事項を判断の基礎とすべき不正競争による営業上の利益の侵害の有無についての適正な裁判をすることができないと認めるときは、決定で、当該事項の尋問を公開しないで行うことができる。

2　裁判所は、前項の決定をするに当たっては、あらかじめ、当事者等の意見を聴かなければならない。

3　裁判所は、前項の場合において、必要があると認めるときは、当事者等にその陳述すべき事項の要領を記載した書面の提示をさせることができる。この場合においては、何人も、その提示された書面の開示を求めることができない。

4　裁判所は、前項後段の書面を開示してその意見を聴くことが必要であると認めるときは、当事者等、訴訟代理人又は補佐人に対し、当該書面を開示することができる。

5　裁判所は、第一項の規定により当該事項の尋問を公開しないで行うときは、公衆を退廷させる前に、その旨を理由とともに言い渡さなければならない。当該事項の尋問が終了したときは、再び公衆を入廷させなければならない。

（信用回復の措置）

第十四条　故意又は過失により不正競争を行って他人の営業上の信用を害した者に対しては、裁判所は、その営業上の信用を害された者の請求により、損害の賠償に代え、又は損害の賠償とともに、その者の営業上の信用を回復するのに必要な措置を命ずることができる。

（消滅時効）

第十五条　第二条第一項第四号から第九号までに掲げる不正競争のうち、営業秘密を使用する行為に対する第三条第一項の規定による侵害の停止又は予防を請求する権利は、その行為を行う者がその行為を継続する場合において、その行為により営業上の利益を侵害され、又は侵害されるおそれがある営業秘密保有者がその事実及びその行為を行う者を知った時から三年間行わないときは、時効によって消滅する。その行為の開始の時から二十年を経過したときも、同様とする。

2　前項の規定は、第二条第一項第十一号から第十六号までに掲げる不正競争のうち、限定提供データを使用する行為に対する第三条第一項の規定による侵害の停止又は予防を請求する権利について準用する。この場合において、前項中「営業秘密保有者」とあるのは、「限定提供データ保有者」と読み替えるものとする。

第三章　国際約束に基づく禁止行為

（外国の国旗等の商業上の使用禁止）

第十六条　何人も、外国の国旗若しくは国の紋章その他の記章であって経済産業省令で定めるもの（以下「外国国旗等」という。）と同一若しくは類似のもの（以下「外国国旗等類似記章」という。）を商標として使用し、又は外国国旗等類似記章を商標として使用した商品を譲渡し、引き渡し、譲渡若しくは引渡しのために展示し、輸出し、輸入し、若しくは電気通信回線を通じて提供し、若しくは外国国旗等類似記章を商標として使用して役務を提供してはならない。ただし、その外国国旗等の使用の許可（許可に類する行政処分を含む。以下同じ。）を行う権限を有する外国の官庁の許可を受けたときは、この限りでない。

2　前項に規定するもののほか、何人も、商品の原産地を誤認させるような方法で、同項の経済産業省令で定める外国の国の紋章（以下「外国紋章」という。）を使用し、又は外国紋章を使用した商品を譲渡し、引き渡し、譲渡若しくは引渡しのために展示し、輸出し、輸入し、若しくは電気通信回線を通じて提供し、若しくは外国紋章を使用して役務を提供してはならない。ただし、その外国紋章の使用の許可を行う権限を有する外国の官庁の許可を受けたときは、この限りでない。

3　何人も、外国の政府若しくは地方公共団体の監督用若しくは証明用の印章若しくは記号であって経済産業省令で定めるもの（以下「外国政府等記号」という。）と同一若しくは類似のもの（以下「外国政府等類似記号」という。）をその外国政府等記号が用いられている商品若しくは役務と同一若しくは類似の商品若しくは役務の商標として使用し、又は外国政府等類似記号を当該商標として使用した商品を譲渡し、引き渡し、譲渡若しくは引渡しのために展示し、輸出し、輸入し、若しくは電気通信回線を通じて提供し、若しくは外国政府等類似記号を当該商標として使用して役務を提供してはならない。ただし、その外国政府等記号の使用の許可を行う権限を有する外国の官庁の許可を受けたときは、この限りでない。

（国際機関の標章の商業上の使用禁止）

第十七条　何人も、その国際機関（政府間の国際機関及びこれに準ずるものとして経済産業省令で定める国際機関をいう。以下この条において同じ。）と関係があると誤認させるような方法で、国際機関を表示する標章であって経済産業省令で定めるものと同一若しくは類似のもの（以下「国際機関類似標章」という。）を商標として使用し、又は国際機関類似標章を商標として使用した商品を譲渡し、引き渡し、譲渡若しくは引渡しのために展示し、輸出し、輸入し、若しくは電気通信回線を通じて提供し、若しくは国際機関類似標章を商標として使用して役務を提供してはならない。ただし、この国際機関の許可を受けたときは、この限りでない。

（外国公務員等に対する不正の利益の供与等の禁止）

第十八条　何人も、外国公務員等に対し、国際的な商取引に関して営業上の不正の利益を得るために、その外国公務員等に、その職務に関する行為をさせ若しくはさせないこと、又はその地位を利用して他の外国公務員等にその職務に関する行為をさせ若しくはさせないようにあっせんをさせることを目的として、金銭その他の利益を供与し、又はその申込み若しくは約束をしてはならない。

2　前項において「外国公務員等」とは、次に掲げる者をいう。

一　外国の政府又は地方公共団体の公務に従事する者

二　公共の利益に関する特定の事務を行うために外国の特別の法令により設立されたものの事務に従事する者

三　一又は二以上の外国の政府又は地方公共団体により、発行済株式のうち議決権のある株式の総数若しくは出資の金額の総額の百分の五十を超える当該株式の数若しくは出資の金額を直接に所有され、又は役員（取締役、監査役、理事、監事及び清算人並びにこれら以外の者で事業の経営に従事しているものをいう。）の過半数を任命され若しくは指名されている事業者であって、その事業の遂行に当たり、外国の政府又は地方公共団体から特に権益を付与されているものの事務に従事する者その他これに準ずる者として政令で定める者

四　国際機関（政府又は政府間の国際機関によって構成される国際機関をいう。次号において同じ。）の公務に従事する者

五　外国の政府若しくは地方公共団体又は国際機関の権限に属する事務であって、これらの機関から委任されたものに従事する者

第四章　雑則

（適用除外等）

第十九条　第三条から第十五条まで、第二十一条（第二項第七号に係る部分を除く。）及び第二十二条の規定は、次の各号に掲げる不正競争の区分に応じて当該各号に定める行為については、適用しない。

一　第二条第一項第一号、第二号、第二十号及び第二十二号に掲げる不正競争　商品若しくは営業の普通名称（ぶどうを原料又は材料とする物の原産地の名称であって、普通名称となったものを除く。）若しくは同一若しくは類似の商品若しくは営業について慣用されている商品等表示（以下「普通名称等」と総称する。）を普通に用いられる方法で使用し、若しくは表示をし、又は普通名称等を普通に用いられる方法で使用し、若しくは表示をした商品を譲渡し、引き渡し、譲渡若しくは引渡しのために展示し、輸出し、輸入し、若しくは電気通信回線を通じて提供する行為（同項第二十号及び第二十二号に掲げる不正競争の場合にあっては、普通名称等を普通に用いられる方法で表示をし、又は使用して役務を提供する行為を含む。）

二　第二条第一項第一号、第二号及び第二十二号に掲げる不正競争　自己の氏名を不正の目的（不正の利益を得る目的、他人に損害を加える目的その他の不正の目的をいう。以下同じ。）でなく使用し、又は自己の氏名を不正の目的でなく使用した商品を譲渡し、引き渡し、譲渡若しくは引渡しのために展示し、輸出し、輸入し、若しくは電気通信回線を通じて提供する行為（同号に掲げる不正競争の場合にあっては、自己の氏名を不正の目的でなく使用して役務を提供する行為を含む。）

三　第二条第一項第一号に掲げる不正競争　他人の商品等表示が需要者の間に広く認識される前からその商品等表示と同一若しくは類似の商品等表示を使用する者又はその商品等表示に係る業務を承継した者がその商品等表示を不正の目的でなく使用し、又はその商品等表示を不正の目的でなく使用した商品を譲渡し、引き渡し、譲渡若しくは引渡しのために展示し、輸出し、輸入し、若しくは電気通信回線を通じて提供する行為

四　第二条第一項第二号に掲げる不正競争　他人の商品等表示が著名になる前からその商品等表示と同一若しくは類似の商品等表示を使用する者又は

その商品等表示に係る業務を承継した者がその商品等表示を不正の目的でなく使用し、又はその商品等表示を不正の目的でなく使用した商品を譲渡し、引き渡し、譲渡若しくは引渡しのために展示し、輸出し、輸入し、若しくは電気通信回線を通じて提供する行為

五　第二条第一項第三号に掲げる不正競争　次のいずれかに掲げる行為

イ　日本国内において最初に販売された日から起算して三年を経過した商品について、その商品の形態を模倣した商品を譲渡し、貸し渡し、譲渡若しくは貸渡しのために展示し、輸出し、又は輸入する行為

ロ　他人の商品の形態を模倣した商品を譲り受けた者（その譲り受けた時にその商品が他人の商品の形態を模倣した商品であることを知らず、かつ、知らないことにつき重大な過失がない者に限る。）がその商品を譲渡し、貸し渡し、譲渡若しくは貸渡しのために展示し、輸出し、又は輸入する行為

六　第二条第一項第四号から第九号までに掲げる不正競争　取引によって営業秘密を取得した者（その取得した時にその営業秘密について営業秘密不正開示行為であること又はその営業秘密について営業秘密不正取得行為若しくは営業秘密不正開示行為が介在したことを知らず、かつ、知らないことにつき重大な過失がない者に限る。）がその取引によって取得した権原の範囲内においてその営業秘密を使用し、又は開示する行為

七　第二条第一項第十号に掲げる不正競争　第十五条第一項の規定により同項に規定する権利が消滅した後にその営業秘密を使用する行為により生じた物を譲渡し、引き渡し、譲渡若しくは引渡しのために展示し、輸出し、輸入し、又は電気通信回線を通じて提供する行為

八　第二条第一項第十一号から第十六号までに掲げる不正競争　次のいずれかに掲げる行為

イ　取引によって限定提供データを取得した者（その取得した時にその限定提供データについて限定提供データ不正開示行為であること又はその限定提供データについて限定提供データ不正取得行為若しくは限定提供データ不正開示行為が介在したことを知らない者に限る。）がその取引によって取得した権原の範囲内においてその限定提供データを開示する行為

ロ　その相当量蓄積されている情報が無償で公衆に利用可能となっている

情報と同一の限定提供データを取得し、又はその取得した限定提供データを使用し、若しくは開示する行為

九　第二条第一項第十七号及び第十八号に掲げる不正競争　技術的制限手段の試験又は研究のために用いられる同項第十七号及び第十八号に規定する装置、これらの号に規定するプログラム若しくは指令符号を記録した記録媒体若しくは記憶した機器を譲渡し、引き渡し、譲渡若しくは引渡しのために展示し、輸出し、若しくは輸入し、若しくは当該プログラム若しくは指令符号を電気通信回線を通じて提供する行為又は技術的制限手段の試験又は研究のために行われるこれらの号に規定する役務を提供する行為

2　前項第二号又は第三号に掲げる行為によって営業上の利益を侵害され、又は侵害されるおそれがある者は、次の各号に掲げる行為の区分に応じて当該各号に定める者に対し、自己の商品又は営業との混同を防ぐのに適当な表示を付すべきことを請求することができる。

一　前項第二号に掲げる行為　自己の氏名を使用する者（自己の氏名を使用した商品を自ら譲渡し、引き渡し、譲渡若しくは引渡しのために展示し、輸出し、輸入し、又は電気通信回線を通じて提供する者を含む。）

二　前項第三号に掲げる行為　他人の商品等表示と同一又は類似の商品等表示を使用する者及びその商品等表示に係る業務を承継した者（その商品等表示を使用した商品を自ら譲渡し、引き渡し、譲渡若しくは引渡しのために展示し、輸出し、輸入し、又は電気通信回線を通じて提供する者を含む。）

（政令等への委任）

第十九条の二　この法律に定めるもののほか、没収保全と滞納処分との手続の調整について必要な事項で、滞納処分に関するものは、政令で定める。

2　この法律に定めるもののほか、第三十二条の規定による第三者の参加及び裁判に関する手続、第八章に規定する没収保全及び追徴保全に関する手続並びに第九章に規定する国際共助手続について必要な事項（前項に規定する事項を除く。）は、最高裁判所規則で定める。

（経過措置）

第二十条　この法律の規定に基づき政令又は経済産業省令を制定し、又は改廃する場合においては、その政令又は経済産業省令で、その制定又は改廃に伴い合

理的に必要と判断される範囲内において、所要の経過措置（罰則に関する経過措置を含む。）を定めることができる。

第五章　罰則

（罰則）

第二十一条　次の各号のいずれかに該当する者は、十年以下の懲役若しくは二千万円以下の罰金に処し、又はこれを併科する。

一　不正の利益を得る目的で、又はその営業秘密保有者に損害を加える目的で、詐欺等行為（人を欺き、人に暴行を加え、又は人を脅迫する行為をいう。次号において同じ。）又は管理侵害行為（財物の窃取、施設への侵入、不正アクセス行為（不正アクセス行為の禁止等に関する法律（平成十一年法律第百二十八号）第二条第四項に規定する不正アクセス行為をいう。）その他の営業秘密保有者の管理を害する行為をいう。次号において同じ。）により、営業秘密を取得した者

二　詐欺等行為又は管理侵害行為により取得した営業秘密を、不正の利益を得る目的で、又はその営業秘密保有者に損害を加える目的で、使用し、又は開示した者

三　営業秘密を営業秘密保有者から示された者であって、不正の利益を得る目的で、又はその営業秘密保有者に損害を加える目的で、その営業秘密の管理に係る任務に背き、次のいずれかに掲げる方法でその営業秘密を領得した者

イ　営業秘密記録媒体等（営業秘密が記載され、又は記録された文書、図画又は記録媒体をいう。以下この号において同じ。）又は営業秘密が化体された物件を横領すること。

ロ　営業秘密記録媒体等の記載若しくは記録について、又は営業秘密が化体された物件について、その複製を作成すること。

ハ　営業秘密記録媒体等の記載又は記録であって、消去すべきものを消去せず、かつ、当該記載又は記録を消去したように仮装すること。

四　営業秘密を営業秘密保有者から示された者であって、その営業秘密の管理に係る任務に背いて前号イからハまでに掲げる方法により領得した営業秘密を、不正の利益を得る目的で、又はその営業秘密保有者に損害を加える目的で、その営業秘密の管理に係る任務に背き、使用し、又は開示した者

五　営業秘密を営業秘密保有者から示されたその役員（理事、取締役、執行役、業務を執行する社員、監事若しくは監査役又はこれらに準ずる者をいう。次号において同じ。）又は従業者であって、不正の利益を得る目的で、又はその営業秘密保有者に損害を加える目的で、その営業秘密の管理に係る任務に背き、その営業秘密を使用し、又は開示した者（前号に掲げる者を除く。）

六　営業秘密を営業秘密保有者から示されたその役員又は従業者であった者であって、不正の利益を得る目的で、又はその営業秘密保有者に損害を加える目的で、その在職中に、その営業秘密の管理に係る任務に背いてその営業秘密の開示の申込みをし、又はその営業秘密の使用若しくは開示について請託を受けて、その営業秘密をその職を退いた後に使用し、又は開示した者（第四号に掲げる者を除く。）

七　不正の利益を得る目的で、又はその営業秘密保有者に損害を加える目的で、第二号若しくは前三号の罪又は第三項第二号の罪（第二号及び前三号の罪に当たる開示に係る部分に限る。）に当たる開示によって営業秘密を取得して、その営業秘密を使用し、又は開示した者

八　不正の利益を得る目的で、又はその営業秘密保有者に損害を加える目的で、第二号若しくは第四号から前号までの罪又は第三項第二号の罪（第二号及び第四号から前号までの罪に当たる開示に係る部分に限る。）に当たる開示が介在したことを知って営業秘密を取得して、その営業秘密を使用し、又は開示した者

九　不正の利益を得る目的で、又はその営業秘密保有者に損害を加える目的で、自己又は他人の第二号若しくは第四号から前号まで又は第三項第三号の罪に当たる行為（技術上の秘密を使用する行為に限る。以下この号及び次条第一項第二号において「違法使用行為」という。）により生じた物を譲渡し、引き渡し、譲渡若しくは引渡しのために展示し、輸出し、輸入し、又は電気通信回線を通じて提供した者（当該物が違法使用行為により生じた物であることの情を知らないで譲り受け、当該物を譲渡し、引き渡し、譲渡若しくは引渡しのために展示し、輸出し、輸入し、又は電気通信回線を通じて提供した者を除く。）

2　次の各号のいずれかに該当する者は、五年以下の懲役若しくは五百万円以下の罰金に処し、又はこれを併科する。

一　不正の目的をもって第二条第一項第一号又は第二十号に掲げる不正競争

を行った者

二　他人の著名な商品等表示に係る信用若しくは名声を利用して不正の利益を得る目的で、又は当該信用若しくは名声を害する目的で第二条第一項第二号に掲げる不正競争を行った者

三　不正の利益を得る目的で第二条第一項第三号に掲げる不正競争を行った者

四　不正の利益を得る目的で、又は営業上技術的制限手段を用いている者に損害を加える目的で、第二条第一項第十七号又は第十八号に掲げる不正競争を行った者

五　商品若しくは役務若しくはその広告若しくは取引に用いる書類若しくは通信にその商品の原産地、品質、内容、製造方法、用途若しくは数量又はその役務の質、内容、用途若しくは数量について誤認させるような虚偽の表示をした者（第一号に掲げる者を除く。）

六　秘密保持命令に違反した者

七　第十六条、第十七条又は第十八条第一項の規定に違反した者

3　次の各号のいずれかに該当する者は、十年以下の懲役若しくは三千万円以下の罰金に処し、又はこれを併科する。

一　日本国外において使用する目的で、第一項第一号又は第三号の罪を犯した者

二　相手方に日本国外において第一項第二号又は第四号から第八号までの罪に当たる使用をする目的があることの情を知って、これらの罪に当たる開示をした者

三　日本国内において事業を行う営業秘密保有者の営業秘密について、日本国外において第一項第二号又は第四号から第八号までの罪に当たる使用をした者

4　第一項（第三号を除く。）並びに前項第一号（第一項第三号に係る部分を除く。）、第二号及び第三号の罪の未遂は、罰する。

5　第二項第六号の罪は、告訴がなければ公訴を提起することができない。

6　第一項各号（第九号を除く。）、第三項第一号若しくは第二号又は第四項（第一項第九号に係る部分を除く。）の罪は、日本国内において事業を行う営業秘密保有者の営業秘密について、日本国外においてこれらの罪を犯した者にも適用する。

7　第二項第六号の罪は、日本国外において同号の罪を犯した者にも適用する。
8　第二項第七号（第十八条第一項に係る部分に限る。）の罪は、刑法（明治四十年法律第四十五号）第三条の例に従う。
9　第一項から第四項までの規定は、刑法その他の罰則の適用を妨げない。
10　次に掲げる財産は、これを没収することができる。
一　第一項、第三項及び第四項の罪の犯罪行為により生じ、若しくは当該犯罪行為により得た財産又は当該犯罪行為の報酬として得た財産
二　前号に掲げる財産の果実として得た財産、同号に掲げる財産の対価として得た財産、これらの財産の対価として得た財産その他同号に掲げる財産の保有又は処分に基づき得た財産
11　組織的な犯罪の処罰及び犯罪収益の規制等に関する法律（平成十一年法律第百三十六号。以下「組織的犯罪処罰法」という。）第十四条及び第十五条の規定は、前項の規定による没収について準用する。この場合において、組織的犯罪処罰法第十四条中「前条第一項各号又は第四項各号」とあるのは、「不正競争防止法第二十一条第十項各号」と読み替えるものとする。
12　第十項各号に掲げる財産を没収することができないとき、又は当該財産の性質、その使用の状況、当該財産に関する犯人以外の者の権利の有無その他の事情からこれを没収することが相当でないと認められるときは、その価額を犯人から追徴することができる。

第二十二条　法人の代表者又は法人若しくは人の代理人、使用人その他の従業者が、その法人又は人の業務に関し、次の各号に掲げる規定の違反行為をしたときは、行為者を罰するほか、その法人に対して当該各号に定める罰金刑を、その人に対して各本条の罰金刑を科する。
一　前条第三項第一号（同条第一項第一号に係る部分に限る。）、第二号（同条第一項第二号、第七号及び第八号に係る部分に限る。）若しくは第三号（同条第一項第二号、第七号及び第八号に係る部分に限る。）又は第四項（同条第三項第一号（同条第一項第一号に係る部分に限る。）、第二号（同条第一項第二号、第七号及び第八号に係る部分に限る。）及び第三号（同条第一項第二号、第七号及び第八号に係る部分に限る。）に係る部分に限る。）　十億円以下の罰金刑
二　前条第一項第一号、第二号、第七号、第八号若しくは第九号（同項第四号

から第六号まで又は同条第三項第三号（同条第一項第四号から第六号までに係る部分に限る。）の罪に係る違法使用行為（以下この号及び第三項において「特定違法使用行為」という。）をした者が該当する場合を除く。）又は第四項（同条第一項第一号、第二号、第七号、第八号及び第九号（特定違法使用行為をした者が該当する場合を除く。）に係る部分に限る。）　五億円以下の罰金刑

三　前条第二項　三億円以下の罰金刑

2　前項の場合において、当該行為者に対してした前条第二項第六号の罪に係る同条第五項の告訴は、その法人又は人に対しても効力を生じ、その法人又は人に対してした告訴は、当該行為者に対しても効力を生ずるものとする。

3　第一項の規定により前条第一項第一号、第二号、第七号、第八号若しくは第九号（特定違法使用行為をした者が該当する場合を除く。）、第二項、第三項第一号（同条第一項第一号に係る部分に限る。）、第二号（同条第一項第二号、第七号及び第八号に係る部分に限る。）若しくは第三号（同条第一項第二号、第七号及び第八号に係る部分に限る。）又は第四項（同条第一項第一号、第二号、第七号、第八号及び第九号（特定違法使用行為をした者が該当する場合を除く。）並びに同条第三項第一号（同条第一項第一号に係る部分に限る。）、第二号（同条第一項第二号、第七号及び第八号に係る部分に限る。）及び第三号（同条第一項第二号、第七号及び第八号に係る部分に限る。）に係る部分に限る。）の違反行為につき法人又は人に罰金刑を科する場合における時効の期間は、これらの規定の罪についての時効の期間による。

第六章　刑事訴訟手続の特例

（営業秘密の秘匿決定等）

第二十三条　裁判所は、第二十一条第一項、第三項若しくは第四項の罪又は前条第一項（第三号を除く。）の罪に係る事件を取り扱う場合において、当該事件の被害者若しくは当該被害者の法定代理人又はこれらの者から委託を受けた弁護士から、当該事件に係る営業秘密を構成する情報の全部又は一部を特定させることとなる事項を公開の法廷で明らかにされたくない旨の申出があるときは、被告人又は弁護人の意見を聴き、相当と認めるときは、その範囲を定めて、当該事項を公開の法廷で明らかにしない旨の決定をすることができる。

2　前項の申出は、あらかじめ、検察官にしなければならない。この場合において、検察官は、意見を付して、これを裁判所に通知するものとする。
3　裁判所は、第一項に規定する事件を取り扱う場合において、検察官又は被告人若しくは弁護人から、被告人その他の者の保有する営業秘密を構成する情報の全部又は一部を特定させることとなる事項を公開の法廷で明らかにされたくない旨の申出があるときは、相手方の意見を聴き、当該事項が犯罪の証明又は被告人の防御のために不可欠であり、かつ、当該事項が公開の法廷で明らかにされることにより当該営業秘密に基づく被告人その他の者の事業活動に著しい支障を生ずるおそれがあると認める場合であって、相当と認めるときは、その範囲を定めて、当該事項を公開の法廷で明らかにしない旨の決定をすることができる。
4　裁判所は、第一項又は前項の決定（以下「秘匿決定」という。）をした場合において、必要があると認めるときは、検察官及び被告人又は弁護人の意見を聴き、決定で、営業秘密構成情報特定事項（秘匿決定により公開の法廷で明らかにしないこととされた営業秘密を構成する情報の全部又は一部を特定させることとなる事項をいう。以下同じ。）に係る名称その他の表現に代わる呼称その他の表現を定めることができる。
5　裁判所は、秘匿決定をした事件について、営業秘密構成情報特定事項を公開の法廷で明らかにしないことが相当でないと認めるに至ったとき、又は刑事訴訟法（昭和二十三年法律第百三十一号）第三百十二条の規定により罰条が撤回若しくは変更されたため第一項に規定する事件に該当しなくなったときは、決定で、秘匿決定の全部又は一部及び当該秘匿決定に係る前項の決定（以下「呼称等の決定」という。）の全部又は一部を取り消さなければならない。

（起訴状の朗読方法の特例）

第二十四条　秘匿決定があったときは、刑事訴訟法第二百九十一条第一項の起訴状の朗読は、営業秘密構成情報特定事項を明らかにしない方法でこれを行うものとする。この場合においては、検察官は、被告人に起訴状を示さなければならない。

（尋問等の制限）

第二十五条　裁判長は、秘匿決定があった場合において、訴訟関係人のする尋問又は陳述が営業秘密構成情報特定事項にわたるときは、これを制限することにより、犯罪の証明に重大な支障を生ずるおそれがある場合又は被告人の防御に実質的な不利益を生ずるおそれがある場合を除き、当該尋問又は陳述を制限することができる。訴訟関係人の被告人に対する供述を求める行為についても、同様とする。

2　刑事訴訟法第二百九十五条第五項及び第六項の規定は、前項の規定による命令を受けた検察官又は弁護士である弁護人がこれに従わなかった場合について準用する。

（公判期日外の証人尋問等）

第二十六条　裁判所は、秘匿決定をした場合において、証人、鑑定人、通訳人若しくは翻訳人を尋問するとき、又は被告人が任意に供述をするときは、検察官及び被告人又は弁護人の意見を聴き、証人、鑑定人、通訳人若しくは翻訳人の尋問若しくは供述又は被告人に対する供述を求める行為若しくは被告人の供述が営業秘密構成情報特定事項にわたり、かつ、これが公開の法廷で明らかにされることにより当該営業秘密に基づく被害者、被告人その他の者の事業活動に著しい支障を生ずるおそれがあり、これを防止するためやむを得ないと認めるときは、公判期日外において当該尋問又は刑事訴訟法第三百十一条第二項及び第三項に規定する被告人の供述を求める手続をすることができる。

2　刑事訴訟法第百五十七条第一項及び第二項、第百五十八条第二項及び第三項、第百五十九条第一項、第二百七十三条第二項、第二百七十四条並びに第三百三条の規定は、前項の規定による被告人の供述を求める手続について準用する。この場合において、同法第百五十七条第一項、第百五十八条第三項及び第百五十九条第一項中「被告人又は弁護人」とあるのは「弁護人、共同被告人又はその弁護人」と、同法第百五十八条第二項中「被告人及び弁護人」とあるのは「弁護人、共同被告人及びその弁護人」と、同法第二百七十三条第二項中「公判期日」とあるのは「不正競争防止法第二十六条第一項の規定による被告人の供述を求める手続の期日」と、同法第二百七十四条中「公判期日」とあるのは「不正競争防止法第二十六条第一項の規定による被告人の供述を求める手続の日時及び場所」と、同法第三百三条中「証人その他の者の尋問、検証、押収及び捜索の結果を記載した書面並びに押収した物」とあるのは「不正競争防止法第二十六条第一項の規定による被告人の供述を求める手続の結果を記載した書面」と、「証拠書類又は証拠物」とあるのは「証拠書類」と読み替えるものとする。

（尋問等に係る事項の要領を記載した書面の提示命令）

第二十七条　裁判所は、呼称等の決定をし、又は前条第一項の規定により尋問若しくは被告人の供述を求める手続を公判期日外においてする旨を定めるに当たり、必要があると認めるときは、検察官及び被告人又は弁護人に対し、訴訟関係人のすべき尋問若しくは陳述又は被告人に対する供述を求める行為に係る事項の要領を記載した書面の提示を命ずることができる。

（証拠書類の朗読方法の特例）

第二十八条　秘匿決定があったときは、刑事訴訟法第三百五条第一項又は第二項の規定による証拠書類の朗読は、営業秘密構成情報特定事項を明らかにしない方法でこれを行うものとする。

（公判前整理手続等における決定）

第二十九条　次に掲げる事項は、公判前整理手続及び期日間整理手続において行うことができる。

一　秘匿決定若しくは呼称等の決定又はこれらの決定を取り消す決定をすること。

二　第二十六条第一項の規定により尋問又は被告人の供述を求める手続を公判期日外においてする旨を定めること。

（証拠開示の際の営業秘密の秘匿要請）

第三十条　検察官又は弁護人は、第二十三条第一項に規定する事件について、刑事訴訟法第二百九十九条第一項の規定により証拠書類又は証拠物を閲覧する機会を与えるに当たり、第二十三条第一項又は第三項に規定する営業秘密を構成する情報の全部又は一部を特定させることとなる事項が明らかにされることにより当該営業秘密に基づく被害者、被告人その他の者の事業活動に著しい支障を生ずるおそれがあると認めるときは、相手方に対し、その旨を告げ、当該事項が、犯罪の証明若しくは犯罪の捜査又は被告人の防御に関し必要がある場合を除き、関係者（被告人を含む。）に知られないようにすることを求めることができる。ただし、被告人に知られないようにすることを求めることについては、当該事項のうち起訴状に記載された事項以外のものに限る。

2　前項の規定は、検察官又は弁護人が刑事訴訟法第二編第三章第二節第一款第二目（同法第三百十六条の二十八第二項において準用する場合を含む。）の規定による証拠の開示をする場合について準用する。

（最高裁判所規則への委任）

第三十一条　この法律に定めるもののほか、第二十三条から前条までの規定の実施に関し必要な事項は、最高裁判所規則で定める。

第七章　没収に関する手続等の特例

（第三者の財産の没収手続等）

第三十二条　第二十一条第十項各号に掲げる財産である債権等（不動産及び動産以外の財産をいう。第三十四条において同じ。）が被告人以外の者（以下この条において「第三者」という。）に帰属する場合において、当該第三者が被告事件の手続への参加を許されていないときは、没収の裁判をすることができない。

2　第二十一条第十項の規定により、地上権、抵当権その他の第三者の権利がその上に存在する財産を没収しようとする場合において、当該第三者が被告事件の手続への参加を許されていないときも、前項と同様とする。

3　組織的犯罪処罰法第十八条第三項から第五項までの規定は、地上権、抵当権その他の第三者の権利がその上に存在する財産を没収する場合において、第二十一条第十一項において準用する組織的犯罪処罰法第十五条第二項の規定により当該権利を存続させるべきときについて準用する。

4　第一項及び第二項に規定する財産の没収に関する手続については、この法律に特別の定めがあるもののほか、刑事事件における第三者所有物の没収手続に関する応急措置法（昭和三十八年法律第百三十八号）の規定を準用する。

（没収された債権等の処分等）

第三十三条　組織的犯罪処罰法第十九条の規定は第二十一条第十項の規定による没収について、組織的犯罪処罰法第二十条の規定は権利の移転について登記又は登録を要する財産を没収する裁判に基づき権利の移転の登記又は登録を関係機関に嘱託する場合について準用する。この場合において、同条中「次章第一節」とあるのは、「不正競争防止法第八章」と読み替えるものとする。

（刑事補償の特例）

第三十四条　債権等の没収の執行に対する刑事補償法（昭和二十五年法律第一号）による補償の内容については、同法第四条第六項の規定を準用する。

第八章　保全手続

（没収保全命令）

第三十五条　裁判所は、第二十一条第一項、第三項及び第四項の罪に係る被告事件に関し、同条第十項の規定により没収することができる財産（以下「没収対象財産」という。）に当たると思料するに足りる相当な理由があり、かつ、当該財産を没収するため必要があると認めるときは、検察官の請求により、又は職権で、没収保全命令を発して、当該財産につき、その処分を禁止することができる。

2　裁判所は、地上権、抵当権その他の権利がその上に存在する財産について没収保全命令を発した場合又は発しようとする場合において、当該権利が没収により消滅すると思料するに足りる相当な理由がある場合であって当該財産を没収するため必要があると認めるとき、又は当該権利が仮装のものであると思料するに足りる相当の理由があると認めるときは、検察官の請求により、又は職権で、附帯保全命令を別に発して、当該権利の処分を禁止することができる。

3　裁判官は、前二項に規定する理由及び必要があると認めるときは、公訴が提起される前であっても、検察官又は司法警察員（警察官たる司法警察員については、国家公安委員会又は都道府県公安委員会が指定する警部以上の者に限る。）の請求により、前二項に規定する処分をすることができる。

4　前三項に定めるもののほか、これらの規定による処分については、組織的犯罪処罰法第四章第一節及び第三節の規定による没収保全命令及び附帯保全命令による処分の禁止の例による。

（追徴保全命令）

第三十六条　裁判所は、第二十一条第一項、第三項及び第四項の罪に係る被告事件に関し、同条第十二項の規定により追徴すべき場合に当たると思料するに足りる相当な理由がある場合において、追徴の裁判の執行をすることができなくなるおそれがあり、又はその執行をするのに著しい困難を生ずるおそれがあると認めるときは、検察官の請求により、又は職権で、追徴保全命令を発して、被告人に対し、その財産の処分を禁止することができる。

2　裁判官は、前項に規定する理由及び必要があると認めるときは、公訴が提起される前であっても、検察官の請求により、同項に規定する処分をすることができる。

3　前二項に定めるもののほか、これらの規定による処分については、組織的犯罪処罰法第四章第二節及び第三節の規定による追徴保全命令による処分の禁止の例による。

第九章　没収及び追徴の裁判の執行及び保全についての国際共助手続等

（共助の実施）

第三十七条　外国の刑事事件（当該事件において犯されたとされている犯罪に係る行為が日本国内において行われたとした場合において、当該行為が第二十一条第一項、第三項又は第四項の罪に当たる場合に限る。）に関して、当該外国から、没収若しくは追徴の確定裁判の執行又は没収若しくは追徴のための財産の保全の共助の要請があったときは、次の各号のいずれかに該当する場合を除き、当該要請に係る共助をすることができる。

一　共助犯罪（共助の要請において犯されたとされている犯罪をいう。以下この項において同じ。）に係る行為が日本国内において行われたとした場合において、日本国の法令によればこれについて刑罰を科すことができないと認められるとき。

二　共助犯罪に係る事件が日本国の裁判所に係属するとき、又はその事件について日本国の裁判所において確定判決を経たとき。

三　没収の確定裁判の執行の共助又は没収のための保全の共助については、共助犯罪に係る行為が日本国内において行われたとした場合において、要請に係る財産が日本国の法令によれば共助犯罪について没収の裁判をし、又は没収保全をすることができる財産に当たるものでないとき。

四　追徴の確定裁判の執行の共助又は追徴のための保全の共助については、共助犯罪に係る行為が日本国内において行われたとした場合において、日本国の法令によれば共助犯罪について追徴の裁判をし、又は追徴保全をすることができる場合に当たるものでないとき。

五　没収の確定裁判の執行の共助については要請に係る財産を有し又はその財産の上に地上権、抵当権その他の権利を有すると思料するに足りる相当な理由のある者が、追徴の確定裁判の執行の共助については当該裁判を受けた者が、自己の責めに帰することのできない理由により、当該裁判に係る手続において自己の権利を主張することができなかったと認められるとき。

六　没収又は追徴のための保全の共助については、要請国の裁判所若しくは裁判官のした没収若しくは追徴のための保全の裁判に基づく要請である場合又は没収若しくは追徴の裁判の確定後の要請である場合を除き、共助犯罪に係る行為が行われたと疑うに足りる相当な理由がないとき、又は当該行為が日本国内で行われたとした場合において第三十五条第一項又は前条第一項に規定する理由がないと認められるとき。

2　地上権、抵当権その他の権利がその上に存在する財産に係る没収の確定裁判の執行の共助をするに際し、日本国の法令により当該財産を没収するとすれば当該権利を存続させるべき場合に当たるときは、これを存続させるものとする。

（追徴とみなす没収）

第三十八条　第二十一条第十項各号に掲げる財産に代えて、その価額が当該財産の価額に相当する財産であって当該裁判を受けた者が有するものを没収する確定裁判の執行に係る共助の要請にあっては、当該確定裁判は、この法律による共助の実施については、その者から当該財産の価額を追徴する確定裁判とみなす。

2　前項の規定は、第二十一条第十項各号に掲げる財産に代えて、その価額が当該財産の価額に相当する財産を没収するための保全に係る共助の要請について準用する。

（要請国への共助の実施に係る財産等の譲与）

第三十九条　第三十七条第一項に規定する没収又は追徴の確定裁判の執行の共助の要請をした外国から、当該共助の実施に係る財産又はその価額に相当する金銭の譲与の要請があったときは、その全部又は一部を譲与することができる。

（組織的犯罪処罰法による共助等の例）

第四十条　前三条に定めるもののほか、第三十七条の規定による共助及び前条の規定による譲与については、組織的犯罪処罰法第六章の規定による共助及び譲与の例による。

附　則

第一条　この法律は、公布の日から起算して一年を超えない範囲内において政令で定める日から施行する。

（経過措置）

第二条　改正後の不正競争防止法（以下「新法」という。）の規定は、特別の定めがある場合を除いては、この法律の施行前に生じた事項にも適用する。ただし、改正前の不正競争防止法（以下「旧法」という。）によって生じた効力を妨げない。

第三条　第三条、第四条本文及び第五条の規定は、この法律の施行前に開始した次に掲げる行為を継続する行為については、適用しない。

一　第二条第一項第二号に掲げる行為に該当するもの（同項第一号に掲げる行為に該当するものを除く。）

二　第二条第一項第二十号に掲げる行為のうち、役務若しくはその広告若しくは取引に用いる書類若しくは通信にその役務の質、内容、用途若しくは数量について誤認させるような表示をし、又はその表示をして役務を提供する行為に該当するもの

第四条　第三条から第五条まで、第十四条及び第十五条第一項の規定は、平成三年六月十五日前に行われた第二条第一項第四号に規定する営業秘密不正取得行為又は同項第八号に規定する営業秘密不正開示行為に係る同項第四号から第六号まで、第八号又は第九号に掲げる不正競争であって同日以後に行われるもの（次の各号に掲げる行為に該当するものを除く。）及び同日前に開始した

同項第七号に規定する営業秘密を使用する行為を継続する行為については、適用しない。

一　第二条第一項第四号から第六号まで、第八号及び第九号に規定する営業秘密を開示する行為

二　第二条第一項第五号及び第八号に規定する営業秘密を取得する行為並びにこれらの行為により取得した営業秘密を使用する行為

第五条　新法第七条の規定は、この法律の施行後に提起された訴えについて適用し、この法律の施行前に提起された訴えについては、なお従前の例による。

第六条　第十四条の規定は、この法律の施行前に開始した第二条第一項第二号又は第二十号に掲げる行為に該当するもの（同項第一号に掲げる行為に該当するものを除く。）を継続する行為については、適用しない。

第七条　この法律の施行の際現に旧法第四条第一項から第三項まで又は第四条ノ二に規定する許可を受けている者は、それぞれ、新法第十六条第一項ただし書、第二項ただし書若しくは第三項ただし書又は第十七条ただし書に規定する許可を受けた者とみなす。

第八条　新法第十六条の規定は、この法律の施行の際現に旧法第四条第四項に規定する許可を受けている者については、適用しない。

第九条　新法第十七条の規定は、この法律の施行前に開始した同条に規定する国際機関類似標章（旧法第四条ノ二に規定する政府間国際機関ノ紋章、旗章其ノ他ノ徽章、略称又ハ名称ニシテ主務大臣ノ指定スルモノト同一又ハ類似ノモノを除く。以下「民間国際機関類似標章」という。）を商標として使用し、又は民間国際機関類似標章を商標として使用した商品を譲渡し、引き渡し、譲渡若しくは引渡しのために展示し、輸出し、輸入し、若しくは電気通信回線を通じて提供し、若しくは民間国際機関類似標章を商標として使用して役務を提供する行為に該当するものを継続する行為については、適用しない。

第十条　第二十一条（第二項第七号に係る部分を除く。）及び第二十二条の規定

は、この法律の施行前に開始した附則第三条第二号に掲げる行為に該当するものを継続する行為については、適用しない。

第十一条　この法律の施行前にした行為に関する旧法第三条に規定する外国人が行う同条に規定する請求については、なお従前の例による。

（罰則の適用に関する経過措置）

第十三条　この法律の施行前にした行為に対する罰則の適用については、なお従前の例による。

（政令への委任）

第十四条　附則第二条から第十一条まで及び前条に定めるもののほか、この法律の施行に関し必要な経過措置は、政令で定める。

○不正競争防止法施行令

〔平成十三年 政令第三百八十八号〕
最終改正　平成三十年政令第二百五十二号

内閣は、不正競争防止法（平成五年法律第四十七号）第五条の二の規定に基づき、この政令を制定する。

（技術上の秘密の内容）
第一条　不正競争防止法（以下「法」という。）第五条の二の政令で定める情報は、情報の評価又は分析の方法（生産方法に該当するものを除く。）とする。

（技術上の秘密を使用したことが明らかな行為）
第二条　法第五条の二の政令で定める行為は、法第二条第一項第十号に規定する技術上の秘密（情報の評価又は分析の方法（生産方法に該当するものを含む。）に係るものに限る。）を使用して評価し、又は分析する役務の提供とする。

（外国公務員等で政令で定める者）
第三条　法第十八条第二項第三号の政令で定める者は、次に掲げる事業者（同号に規定する事業者を除く。）であってその事業の遂行に当たり外国の政府又は地方公共団体から特に権益を付与されているものの事務に従事する者とする。
一　一又は二以上の外国の政府又は地方公共団体により、総株主の議決権の百分の五十を超える議決権を直接に保有されている事業者
二　株主総会において決議すべき事項の全部又は一部について、外国の政府又は地方公共団体が、当該決議に係る許可、認可、承認、同意その他これらに類する行為をしなければその効力が生じない事業者又は当該決議の効力を失わせることができる事業者
三　一又は二以上の外国の政府、地方公共団体又は公的事業者により、発行済株式のうち議決権のある株式の総数若しくは出資の金額の総額の百分の五

十を超える当該株式の数若しくは出資の金額を直接に所有され、若しくは総株主の議決権の百分の五十を超える議決権を直接に保有され、又は役員（取締役、監査役、理事、監事及び清算人並びにこれら以外の者で事業の経営に従事しているものをいう。次項において同じ。）の過半数を任命され若しくは指名されている事業者（第一号に掲げる事業者を除く。）

2　前項第三号に規定する「公的事業者」とは、法第十八条第二項第三号に規定する事業者並びに前項第一号及び第二号に掲げる事業者をいう。この場合において、一又は二以上の外国の政府、地方公共団体又は公的事業者により、発行済株式のうち議決権のある株式の総数若しくは出資の金額の総額の百分の五十を超える当該株式の数若しくは出資の金額を直接に所有され、若しくは総株主の議決権の百分の五十を超える議決権を直接に保有され、又は役員の過半数を任命され若しくは指名されている事業者は、公的事業者とみなす。

附　則

この政令は、不正競争防止法の一部を改正する法律（平成十三年法律第八十一号）の施行の日（平成十三年十二月二十五日）から施行する。

附　則　（平成一七年八月三日政令第二七一号）

この政令は、不正競争防止法等の一部を改正する法律の施行の日（平成十七年十一月一日）から施行する。

附　則　（平成三〇年九月七日政令第二五二号）

（施行期日）

1　この政令は、平成三十年十一月一日から施行する。

（経過措置）

2　この政令による改正後の不正競争防止法施行令第一条及び第二条の規定は、この政令の施行前に不正競争防止法第二条第一項第四号、第五号又は第八号に規定する行為（同条第六項に規定する営業秘密を取得する行為に限る。）があった場合における当該営業秘密を取得する行為をした者については、適用しない。

○関税法第六十九条の四第一項の規定による経済産業大臣に対する意見の求めに係る申請手続等に関する規則

〔平成十八年政経済産業省令第六号〕
最終改正　平成三十年経済産業省令第六十六号

関税定率法（明治四十三年法律第五十四号）第二十一条の二第一項及び関税定率法施行令（昭和二十九年政令第百五十五号）第六十一条の十一の二第二項の規定に基づき、並びに同法を実施するため、関税定率法第二十一条の二第一項の規定による経済産業大臣に対する意見の求めに係る申請手続等に関する規則を次のように定める。

（経済産業大臣に意見を求める事項）

第一条　関税法（昭和二十九年法律第六十一号。以下「法」という。）第六十九条の四第一項（法第七十五条において準用する場合を含む。以下同じ。）又は第六十九条の十三第一項の経済産業省令で定める事項は、次のとおりとする。

一　法第六十九条の四第一項又は第六十九条の十三第一項の規定により自己の営業上の利益を侵害すると認める貨物について法第六十九条の三第一項（法第七十五条において準用する場合を含む。）又は第六十九条の十二第一項の認定手続を執るべきことを税関長に対し申し立てようとする不正競争差止請求権者（法第六十九条の二第一項第四号（法第七十五条において準用する場合を含む。）又は第六十九条の十一第一項第十号に掲げる貨物に係る当該各号に規定する行為による営業上の利益の侵害について不正競争防止法（平成五年法律第四十七号）第三条第一項の規定により停止又は予防を請求することができる者をいう。以下「申立不正競争差止請求権者」という。）に係る商品等表示（不正競争防止法第二条第一項第一号に規定する商品等表示をいう。以下同じ。）が輸出先の国若しくは地域の需要者又は全国の需要者の間に広く認識されているものであること。

二　申立不正競争差止請求権者に係る商品等表示が著名なものであること。

三　申立不正競争差止請求権者に係る商品の形態（不正競争防止法第二条第四項に規定する商品の形態をいう。以下同じ。）が当該商品の機能を確保するために不可欠な形態でなく、かつ、当該商品が日本国内において最初に販売された日から起算して三年を経過していないものであること。

四　申立不正競争差止請求権者に係る技術的制限手段（不正競争防止法第二条第八項に規定する技術的制限手段をいう。以下同じ。）が特定の者以外の者に影像若しくは音の視聴、プログラム（同条第九項に規定するプログラムをいう。以下同じ。）の実行若しくは情報（同条第一項第十七号に規定する情報をいう。以下同じ。）の処理又は影像、音、プログラムその他の情報の記録をさせないために用いているものでなく、かつ、営業上用いられているものであること。

五　申立不正競争差止請求権者に係る技術的制限手段が特定の者以外の者に影像若しくは音の視聴、プログラムの実行若しくは情報の処理又は影像、音、プログラムその他の情報の記録をさせないために営業上用いているものであること。

六　法第六十九条の四第一項又は第六十九条の十三第一項の規定により申立不正競争差止請求権者が税関長に提出しようとする証拠が当該申立不正競争差止請求権者の申立てに係る侵害の事実を疎明するに足りると認められるものであること。

（経済産業大臣の意見を求める旨の申請）

第二条　法第六十九条の四第一項又は第六十九条の十三第一項の規定により経済産業大臣の意見を求めようとする申立不正競争差止請求権者（以下「意見申請者」という。）は、次に掲げる事項を記載した別記様式第一による意見申請書（以下「意見申請書」という。）を経済産業大臣に提出しなければならない。

一　氏名又は名称及び住所並びに法人（法人でない団体で代表者又は管理人の定めのあるものを含む。以下同じ。）にあってはその代表者若しくは管理人又は当該代表者若しくは管理人から委任を受けた責任者の氏名

二　意見を求める事項

三　商品等表示の内容（前条第三号に掲げる事項について意見を求める場合にあっては商品の形態の内容及び商品名、同条第四号又は第五号に掲げる事項について意見を求める場合にあっては技術的制限手段の内容）

四　意見を求める理由
五　その他参考となるべき事項
2　意見申請書には、前項第二号の意見を求める事項として、前条第一号から第五号までに掲げる事項のいずれか及び同条第六号に掲げる事項を記載しなければならない。
3　法第六十九条の四第一項又は第六十九条の十三第一項の規定による経済産業大臣の意見を求める旨の申請は、当該各項の規定により意見申請者が税関長に提出しようとする証拠及び第一項第四号の意見を求める理由を明らかにする資料並びに次に掲げる書類を添付して行わなければならない。
一　意見申請者が個人である場合にあっては、申請の日前三月以内に作成された戸籍の謄本若しくは抄本又は住民票の写し並びに印鑑証明書又はこれに準ずるもの
二　意見申請者が法人である場合にあっては、定款若しくは寄附行為又はこれらに準ずるもの、登記事項証明書（その法人の登記がある場合に限る。）及びその法人の代表者又は管理人から委任を受けた責任者が申請するときは当該委任を受けたことを証する書面

（意見書の交付）
第三条　経済産業大臣は、法第六十九条の四第一項又は第六十九条の十三第一項の規定により意見申請者から意見を求められたときは、意見申請書に記載された前条第一項第二号に掲げる事項について必要な審査を行い、遅滞なく、次に掲げる事項を記載した別記様式第二による意見書（以下この条において「意見書」という。）を作成し、意見申請者に交付するものとする。
一　意見申請者の氏名又は名称及び住所並びに法人にあってはその代表者若しくは管理人又は当該代表者若しくは管理人から委任を受けた責任者の氏名
二　当該意見申請者に係る商品等表示の内容（第一条第三号に掲げる事項について意見を求められた場合にあっては当該意見申請者に係る商品の形態の内容及び商品名、同条第四号又は第五号に掲げる事項について意見を求められた場合にあっては当該意見申請者に係る技術的制限手段の内容）
三　意見申請書に記載された前条第一項第二号に掲げる事項についての意見及びその理由

四　作成年月日

2　前項の場合において、経済産業大臣は、意見書の作成に必要があると認めるときは、学識経験を有する者（以下「学識経験者」という。）の意見を聴くことができる。

（経済産業大臣の認定）

第四条　経済産業大臣は、法第六十九条の四第一項又は第六十九条の十三第一項の規定により経済産業大臣の認定を求めようとする申立不正競争差止請求権者（以下「認定申請者」という。）の申請に基づき、又は職権で、当該申請に係る貨物若しくは当該申請に関連する特定の貨物が不正競争防止法第二条第一項第十号に規定する不正使用行為により生じた物に該当し、かつ、当該申請に係る者若しくは当該申請に関連する特定の者が当該貨物を譲り受けた時に当該貨物が当該不正使用行為により生じた物であることを知らず、かつ、知らないことにつき重大な過失がない者でないと認めるときは、法第六十九条の四第一項又は第六十九条の十三第一項の規定により認定を行うものとする。

（経済産業大臣の認定を求める旨の申請）

第五条　認定申請者は、次に掲げる事項を記載した別記様式第三による認定申請書（以下「認定申請書」という。）を経済産業大臣に提出しなければならない。

一　氏名又は名称及び住所並びに法人（法人でない団体で代表者又は管理人の定めのあるものを含む。以下同じ。）にあってはその代表者若しくは管理人又は当該代表者若しくは管理人から委任を受けた責任者の氏名

二　不正競争防止法第二条第一項第十号に規定する不正使用行為により生じた物に該当すると思料する貨物及び当該貨物を譲り受けた時に当該貨物が当該不正使用行為により生じた物であることを知らず、かつ、知らないことにつき重大な過失がない者でないと思料する者

三　認定を求める理由

四　その他参考となるべき事項

2　法第六十九条の四第一項又は第六十九条の十三第一項の規定による経済産業大臣の認定を求める旨の申請は、当該各項の規定により認定申請者が税関長に提出しようとする証拠及び前項第三号の認定を求める理由を明らかにする資料並びに次に掲げる書類を添付して行わなければならない。

一　認定申請者が個人である場合にあっては、申請の日前三月以内に作成された戸籍の謄本若しくは抄本又は住民票の写し及び印鑑証明書又はこれに準ずるもの

二　認定申請者が法人である場合にあっては、定款若しくは寄附行為又はこれらに準ずるもの、登記事項証明書（その法人の登記がある場合に限る。）及びその法人の代表者又は管理人から委任を受けた責任者が申請するときは当該委任を受けたことを証する書面

（認定書の交付）

第六条　経済産業大臣は、認定申請者の申請に対し、第四条の認定をしたときは、遅滞なく、次に掲げる事項を記載した別記様式第四による認定書を作成し、当該認定申請者及び当該申請に係る貨物を譲り受けた時に当該貨物が当該認定に係る不正使用行為により生じた物であることを知らず、かつ、知らないことにつき重大な過失がない者でない者として認定した者に対し、交付するものとする。経済産業大臣が、当該者以外に当該認定に係る不正使用行為を行った者があると認める場合には、その者に対しても同様とする。

一　認定申請者の氏名又は名称及び住所並びに法人にあってはその代表者若しくは管理人又は当該代表者若しくは管理人から委任を受けた責任者の氏名

二　不正競争防止法第二条第一項第十号に規定する不正使用行為により生じた物に該当する貨物を特定することができる事項

三　前号の貨物を譲り受けた時に当該貨物が不正使用行為により生じた物であることを知らず、かつ、知らないことにつき重大な過失がない者でない者

四　前二号の理由

五　作成年月日

2　経済産業大臣は、認定申請者の申請に対し、第四条の認定を行わないこととするときは、次に掲げる事項を記載した別記様式第五による書面を作成し、認定申請者に対し、交付するものとする。

一　認定申請者の氏名又は名称及び住所並びに法人にあってはその代表者若しくは管理人又は当該代表者若しくは管理人から委任を受けた責任者の氏名

二　認定を行わないこととする旨

三　前号の理由

四　作成年月日

3　経済産業大臣は、認定申請者の申請に基づかないで第四条の認定をしたときは、遅滞なく、次に掲げる事項を記載した別記様式第六による認定書を作成し、当該認定に係る貨物を譲り受けた時に当該貨物が当該認定に係る不正使用行為により生じた物であることを知らず、かつ、知らないことにつき重大な過失がない者でない者として認定した者に対し、交付するものとする。経済産業大臣が、当該者以外に当該認定に係る不正使用行為を行った者があると認める場合には、その者に対しても同様とする。

一　不正競争防止法第二条第一項第十号に規定する不正使用行為により生じた物に該当する貨物を特定することができる事項

二　前号の貨物を譲り受けた時に当該貨物が不正使用行為により生じた物であることを知らず、かつ、知らないことにつき重大な過失がない者でない者

三　前二号の理由

四　作成年月日

4　経済産業大臣は、第四条の認定をした場合であって、必要があると認めるときは、当該認定に係る利害関係者（第一項及び前項に規定する者を除く。）に対し、第一項又は前項の認定書を交付するものとする。

（利害関係者等からの意見聴取）

第七条　経済産業大臣は、第四条の規定により認定申請者から認定を求められた場合において、当該申請に明らかに理由がないと認める場合を除き、当該申請に係る認定申請書に、当該申請に係る貨物を譲り受けた時に当該貨物が不正使用行為により生じた物であることを知らず、かつ、知らないことにつき重大な過失がない者でないと思料する者として記載された者（経済産業大臣が、当該者以外に当該申請に係る不正使用行為を行った者があると認める場合には、その者を含む。）に意見を述べる機会を与えなければならない。ただし、その者の所在その他の事情により当該意見を述べる機会を与えることが困難であると認められる場合には、この限りでない。

2　経済産業大臣は、認定申請者の申請に基づかないで第四条の認定をしようとするときは、当該認定の対象としようとする者（経済産業大臣が、当該者以外に当該認定に係る不正使用行為を行った者があると認める場合には、その者を

含む。）に意見を述べる機会を与えなければならない。ただし、その者の所在その他の事情により当該意見を述べる機会を与えることが困難であると認められる場合には、この限りでない。

3　経済産業大臣は、第四条の認定をしようとする場合において、当該認定に係る利害関係者（前二項に規定する者を除く。）の意見を聴くことができる。

4　経済産業大臣は、第四条の認定をしようとする場合において、学識経験者の意見を聴くことができる。

5　経済産業大臣は、第一項及び第三項の規定により意見を聴くとき（当該意見が口頭で陳述される場合に限る。）は、学識経験者及び認定申請者又はそのいずれかを立ち会わせることができる。経済産業大臣は、第二項及び第三項の規定により意見を聴くとき（当該意見が口頭で陳述される場合に限る。）は、学識経験者を立ち会わせることができる。

（学識経験者等からの意見聴取）

第八条　経済産業大臣は、法第六十九条の七第一項若しくは第六十九条の八第一項（これらの規定を法第七十五条において準用する場合を含む。）、第六十九条の十七第一項又は第六十九条の十八第一項の規定により税関長から意見を求められた場合において、意見書の作成に必要があると認めるときは、学識経験者の意見を求めることができる。また、税関長から意見を求められた事項に係る事実関係を明確にするため必要があると認めるときは、法第六十九条の四第一項又は第六十九条の十三第一項の規定により申立てをした者（次項において「申立者」という。）及び当該申立てに係る貨物を輸出又は輸入しようとする者その他の利害関係者（同項において「輸出者等」という。）の意見を聴くことができる。

2　経済産業大臣は、前項前段の規定により学識経験者の意見を求めた場合において、同項後段の規定により申立者又は輸出者等の意見を聴くとき（当該意見が口頭で陳述される場合に限る。）は、学識経験者を立ち会わせることができる。

（認定の撤回）

第九条　経済産業大臣は、第四条の認定のうち同条における認定の要件を満たさなくなったと認めるものについては、認定を撤回するものとする。

2　経済産業大臣は、前項の規定による認定の撤回をしようとするときは、当該認定に係る認定申請者に意見を述べる機会を与えなければならない。ただし、その者の所在その他の事情により当該意見を述べる機会を与えることが困難であると認められる場合には、この限りでない。

3　経済産業大臣は、第一項の規定により認定を撤回したときは、遅滞なく、当該認定に係る認定書を交付した者に対し、その旨及びその理由を通知しなければならない。

附　則

この省令は、平成十八年三月一日から施行する。

附　則（平成一八年三月三一日経済産業省令第四一号）

第一条　この省令は、関税定率法等の一部を改正する法律（平成十八年法律第十七号）附則第一条本文に規定する日から施行する。

第二条　この省令の施行前にされた経済産業大臣の意見を求める旨の申請に係る経済産業大臣の意見書の作成及び交付の手続については、なお従前の例による。

附　則（平成一八年五月二六日経済産業省令第六六号）

この省令は、平成十八年六月一日から施行する。

附　則（平成一八年一二月二八日経済産業省令第一二七号）

この省令は、平成十九年一月一日から施行する。

附　則（平成二三年一二月一日経済産業省令第六五号）

この省令は、平成二十三年十二月一日から施行する。

附　則（平成二四年七月六日経済産業省令第五一号）

この省令は、住民基本台帳法の一部を改正する法律の一部及び出入国管理及び難民認定法及び日本国との平和条約に基づき日本の国籍を離脱した者等の出入国管理に関する特例法の一部を改正する等の法律の施行の日（平成二十四年七月九日）から施行する。

附　則（平成二八年五月二五日経済産業省令第七〇号）

この省令は、平成二十八年六月一日から施行する。

附　則（平成三〇年十一月二七日経済産業省令第六六号）

この省令は、平成三十年十一月二十九日から施行する。ただし、第二表に係る改正規定は、平成三十一年七月一日から施行する。

○関税法第六十九条の四第一項の規定による経済産業大臣に対する意見の求めに係る申請手続等に関する規則

〔平成十八年政経済産業省令第六号〕
最終改正　平成三十年経済産業省令第六十六号

関税定率法（明治四十三年法律第五十四号）第二十一条の二第一項及び関税定率法施行令（昭和二十九年政令第百五十五号）第六十一条の十一の二第二項の規定に基づき、並びに同法を実施するため、関税定率法第二十一条の二第一項の規定による経済産業大臣に対する意見の求めに係る申請手続等に関する規則を次のように定める。

（経済産業大臣に意見を求める事項）

第一条　関税法（昭和二十九年法律第六十一号。以下「法」という。）第六十九条の四第一項（法第七十五条において準用する場合を含む。以下同じ。）又は第六十九条の十三第一項の経済産業省令で定める事項は、次のとおりとする。

一　法第六十九条の四第一項又は第六十九条の十三第一項の規定により自己の営業上の利益を侵害すると認める貨物について法第六十九条の三第一項（法第七十五条において準用する場合を含む。）又は第六十九条の十二第一項の認定手続を執るべきことを税関長に対し申し立てようとする不正競争差止請求権者（法第六十九条の二第一項第四号（法第七十五条において準用する場合を含む。）又は第六十九条の十一第一項第十号に掲げる貨物に係る当該各号に規定する行為による営業上の利益の侵害について不正競争防止法（平成五年法律第四十七号）第三条第一項の規定により停止又は予防を請求することができる者をいう。以下「申立不正競争差止請求権者」という。）に係る商品等表示（不正競争防止法第二条第一項第一号に規定する商品等表示をいう。以下同じ。）が輸出先の国若しくは地域の需要者又は全国の需要者の間に広く認識されているものであること。

二　申立不正競争差止請求権者に係る商品等表示が著名なものであること。

三　申立不正競争差止請求権者に係る商品の形態（不正競争防止法第二条第四項に規定する商品の形態をいう。以下同じ。）が当該商品の機能を確保するために不可欠な形態でなく、かつ、当該商品が日本国内において最初に販売された日から起算して三年を経過していないものであること。

四　申立不正競争差止請求権者に係る技術的制限手段（不正競争防止法第二条第八項に規定する技術的制限手段をいう。以下同じ。）が特定の者以外の者に影像若しくは音の視聴、プログラム（同条第九項に規定するプログラムをいう。以下同じ。）の実行若しくは情報（同条第一項第十七号に規定する情報をいう。以下同じ。）の処理又は影像、音、プログラムその他の情報の記録をさせないために用いているものでなく、かつ、営業上用いられているものであること。

五　申立不正競争差止請求権者に係る技術的制限手段が特定の者以外の者に影像若しくは音の視聴、プログラムの実行若しくは情報の処理又は影像、音、プログラムその他の情報の記録をさせないために営業上用いているものであること。

六　法第六十九条の四第一項又は第六十九条の十三第一項の規定により申立不正競争差止請求権者が税関長に提出しようとする証拠が当該申立不正競争差止請求権者の申立てに係る侵害の事実を疎明するに足りると認められるものであること。

（経済産業大臣の意見を求める旨の申請）

第二条　法第六十九条の四第一項又は第六十九条の十三第一項の規定により経済産業大臣の意見を求めようとする申立不正競争差止請求権者（以下「意見申請者」という。）は、次に掲げる事項を記載した別記様式第一による意見申請書（以下「意見申請書」という。）を経済産業大臣に提出しなければならない。

一　氏名又は名称及び住所並びに法人（法人でない団体で代表者又は管理人の定めのあるものを含む。以下同じ。）にあってはその代表者若しくは管理人又は当該代表者若しくは管理人から委任を受けた責任者の氏名

二　意見を求める事項

三　商品等表示の内容（前条第三号に掲げる事項について意見を求める場合にあっては商品の形態の内容及び商品名、同条第四号又は第五号に掲げる事項について意見を求める場合にあっては技術的制限手段の内容）

四　意見を求める理由

五　その他参考となるべき事項

2　意見申請書には、前項第二号の意見を求める事項として、前条第一号から第五号までに掲げる事項のいずれか及び同条第六号に掲げる事項を記載しなければならない。

3　法第六十九条の四第一項又は第六十九条の十三第一項の規定による経済産業大臣の意見を求める旨の申請は、当該各項の規定により意見申請者が税関長に提出しようとする証拠及び第一項第四号の意見を求める理由を明らかにする資料並びに次に掲げる書類を添付して行わなければならない。

一　意見申請者が個人である場合にあっては、申請の日前三月以内に作成された戸籍の謄本若しくは抄本又は住民票の写し並びに印鑑証明書又はこれに準ずるもの

二　意見申請者が法人である場合にあっては、定款若しくは寄附行為又はこれらに準ずるもの、登記事項証明書（その法人の登記がある場合に限る。）及びその法人の代表者又は管理人から委任を受けた責任者が申請するときは当該委任を受けたことを証する書面

（意見書の交付）

第三条　経済産業大臣は、法第六十九条の四第一項又は第六十九条の十三第一項の規定により意見申請者から意見を求められたときは、意見申請書に記載された前条第一項第二号に掲げる事項について必要な審査を行い、遅滞なく、次に掲げる事項を記載した別記様式第二による意見書（以下この条において「意見書」という。）を作成し、意見申請者に交付するものとする。

一　意見申請者の氏名又は名称及び住所並びに法人にあってはその代表者若しくは管理人又は当該代表者若しくは管理人から委任を受けた責任者の氏名

二　当該意見申請者に係る商品等表示の内容（第一条第三号に掲げる事項について意見を求められた場合にあっては当該意見申請者に係る商品の形態の内容及び商品名、同条第四号又は第五号に掲げる事項について意見を求められた場合にあっては当該意見申請者に係る技術的制限手段の内容）

三　意見申請書に記載された前条第一項第二号に掲げる事項についての意見及びその理由

四　作成年月日

2　前項の場合において、経済産業大臣は、意見書の作成に必要があると認めるときは、学識経験を有する者（以下「学識経験者」という。）の意見を聴くことができる。

（経済産業大臣の認定）

第四条　経済産業大臣は、法第六十九条の四第一項又は第六十九条の十三第一項の規定により経済産業大臣の認定を求めようとする申立不正競争差止請求権者（以下「認定申請者」という。）の申請に基づき、又は職権で、当該申請に係る貨物若しくは当該申請に関連する特定の貨物が不正競争防止法第二条第一項第十号に規定する不正使用行為により生じた物に該当し、かつ、当該申請に係る者若しくは当該申請に関連する特定の者が当該貨物を譲り受けた時に当該貨物が当該不正使用行為により生じた物であることを知らず、かつ、知らないことにつき重大な過失がない者でないと認めるときは、法第六十九条の四第一項又は第六十九条の十三第一項の規定により認定を行うものとする。

（経済産業大臣の認定を求める旨の申請）

第五条　認定申請者は、次に掲げる事項を記載した別記様式第三による認定申請書（以下「認定申請書」という。）を経済産業大臣に提出しなければならない。

一　氏名又は名称及び住所並びに法人（法人でない団体で代表者又は管理人の定めのあるものを含む。以下同じ。）にあってはその代表者若しくは管理人又は当該代表者若しくは管理人から委任を受けた責任者の氏名

二　不正競争防止法第二条第一項第十号に規定する不正使用行為により生じた物に該当すると思料する貨物及び当該貨物を譲り受けた時に当該貨物が当該不正使用行為により生じた物であることを知らず、かつ、知らないことにつき重大な過失がない者でないと思料する者

三　認定を求める理由

四　その他参考となるべき事項

2　法第六十九条の四第一項又は第六十九条の十三第一項の規定による経済産業大臣の認定を求める旨の申請は、当該各項の規定により認定申請者が税関長に提出しようとする証拠及び前項第三号の認定を求める理由を明らかにする資料並びに次に掲げる書類を添付して行わなければならない。

一　認定申請者が個人である場合にあっては、申請の日前三月以内に作成された戸籍の謄本若しくは抄本又は住民票の写し及び印鑑証明書又はこれに準ずるもの
二　認定申請者が法人である場合にあっては、定款若しくは寄附行為又はこれらに準ずるもの、登記事項証明書（その法人の登記がある場合に限る。）及びその法人の代表者又は管理人から委任を受けた責任者が申請するときは当該委任を受けたことを証する書面

（認定書の交付）

第六条　経済産業大臣は、認定申請者の申請に対し、第四条の認定をしたときは、遅滞なく、次に掲げる事項を記載した別記様式第四による認定書を作成し、当該認定申請者及び当該申請に係る貨物を譲り受けた時に当該貨物が当該認定に係る不正使用行為により生じた物であることを知らず、かつ、知らないことにつき重大な過失がない者でない者として認定した者に対し、交付するものとする。経済産業大臣が、当該者以外に当該認定に係る不正使用行為を行った者があると認める場合には、その者に対しても同様とする。
一　認定申請者の氏名又は名称及び住所並びに法人にあってはその代表者若しくは管理人又は当該代表者若しくは管理人から委任を受けた責任者の氏名
二　不正競争防止法第二条第一項第十号に規定する不正使用行為により生じた物に該当する貨物を特定することができる事項
三　前号の貨物を譲り受けた時に当該貨物が不正使用行為により生じた物であることを知らず、かつ、知らないことにつき重大な過失がない者でない者
四　前二号の理由
五　作成年月日

2　経済産業大臣は、認定申請者の申請に対し、第四条の認定を行わないこととするときは、次に掲げる事項を記載した別記様式第五による書面を作成し、認定申請者に対し、交付するものとする。
一　認定申請者の氏名又は名称及び住所並びに法人にあってはその代表者若しくは管理人又は当該代表者若しくは管理人から委任を受けた責任者の氏名
二　認定を行わないこととする旨

三　前号の理由

四　作成年月日

3　経済産業大臣は、認定申請者の申請に基づかないで第四条の認定をしたときは、遅滞なく、次に掲げる事項を記載した別記様式第六による認定書を作成し、当該認定に係る貨物を譲り受けた時に当該貨物が当該認定に係る不正使用行為により生じた物であることを知らず、かつ、知らないことにつき重大な過失がない者でない者として認定した者に対し、交付するものとする。経済産業大臣が、当該者以外に当該認定に係る不正使用行為を行った者があると認める場合には、その者に対しても同様とする。

一　不正競争防止法第二条第一項第十号に規定する不正使用行為により生じた物に該当する貨物を特定することができる事項

二　前号の貨物を譲り受けた時に当該貨物が不正使用行為により生じた物であることを知らず、かつ、知らないことにつき重大な過失がない者でない者

三　前二号の理由

四　作成年月日

4　経済産業大臣は、第四条の認定をした場合であって、必要があると認めるときは、当該認定に係る利害関係者（第一項及び前項に規定する者を除く。）に対し、第一項又は前項の認定書を交付するものとする。

（利害関係者等からの意見聴取）

第七条　経済産業大臣は、第四条の規定により認定申請者から認定を求められた場合において、当該申請に明らかに理由がないと認める場合を除き、当該申請に係る認定申請書に、当該申請に係る貨物を譲り受けた時に当該貨物が不正使用行為により生じた物であることを知らず、かつ、知らないことにつき重大な過失がない者でないと思料する者として記載された者（経済産業大臣が、当該者以外に当該申請に係る不正使用行為を行った者があると認める場合には、その者を含む。）に意見を述べる機会を与えなければならない。ただし、その者の所在その他の事情により当該意見を述べる機会を与えることが困難であると認められる場合には、この限りでない。

2　経済産業大臣は、認定申請者の申請に基づかないで第四条の認定をしようとするときは、当該認定の対象としようとする者（経済産業大臣が、当該者以外に当該認定に係る不正使用行為を行った者があると認める場合には、その者を

含む。）に意見を述べる機会を与えなければならない。ただし、その者の所在その他の事情により当該意見を述べる機会を与えることが困難であると認められる場合には、この限りでない。

3　経済産業大臣は、第四条の認定をしようとする場合において、当該認定に係る利害関係者（前二項に規定する者を除く。）の意見を聴くことができる。

4　経済産業大臣は、第四条の認定をしようとする場合において、学識経験者の意見を聴くことができる。

5　経済産業大臣は、第一項及び第三項の規定により意見を聴くとき（当該意見が口頭で陳述される場合に限る。）は、学識経験者及び認定申請者又はそのいずれかを立ち会わせることができる。経済産業大臣は、第二項及び第三項の規定により意見を聴くとき（当該意見が口頭で陳述される場合に限る。）は、学識経験者を立ち会わせることができる。

（学識経験者等からの意見聴取）

第八条　経済産業大臣は、法第六十九条の七第一項若しくは第六十九条の八第一項（これらの規定を法第七十五条において準用する場合を含む。）、第六十九条の十七第一項又は第六十九条の十八第一項の規定により税関長から意見を求められた場合において、意見書の作成に必要があると認めるときは、学識経験者の意見を求めることができる。また、税関長から意見を求められた事項に係る事実関係を明確にするため必要があると認めるときは、法第六十九条の四第一項又は第六十九条の十三第一項の規定により申立てをした者（次項において「申立者」という。）及び当該申立てに係る貨物を輸出又は輸入しようとする者その他の利害関係者（同項において「輸出者等」という。）の意見を聴くことができる。

2　経済産業大臣は、前項前段の規定により学識経験者の意見を求めた場合において、同項後段の規定により申立者又は輸出者等の意見を聴くとき（当該意見が口頭で陳述される場合に限る。）は、学識経験者を立ち会わせることができる。

（認定の撤回）

第九条　経済産業大臣は、第四条の認定のうち同条における認定の要件を満たさなくなったと認めるものについては、認定を撤回するものとする。

2　経済産業大臣は、前項の規定による認定の撤回をしようとするときは、当該認定に係る認定申請者に意見を述べる機会を与えなければならない。ただし、その者の所在その他の事情により当該意見を述べる機会を与えることが困難であると認められる場合には、この限りでない。

3　経済産業大臣は、第一項の規定により認定を撤回したときは、遅滞なく、当該認定に係る認定書を交付した者に対し、その旨及びその理由を通知しなければならない。

附　則

この省令は、平成十八年三月一日から施行する。

附　則　（平成一八年三月三一日経済産業省令第四一号）

第一条　この省令は、関税定率法等の一部を改正する法律（平成十八年法律第十七号）附則第一条本文に規定する日から施行する。

第二条　この省令の施行前にされた経済産業大臣の意見を求める旨の申請に係る経済産業大臣の意見書の作成及び交付の手続については、なお従前の例による。

附　則　（平成一八年五月二六日経済産業省令第六六号）

この省令は、平成十八年六月一日から施行する。

附　則　（平成一八年一二月二八日経済産業省令第一二七号）

この省令は、平成十九年一月一日から施行する。

附　則　（平成二三年一二月一日経済産業省令第六五号）

この省令は、平成二十三年十二月一日から施行する。

附　則　（平成二四年七月六日経済産業省令第五一号）

この省令は、住民基本台帳法の一部を改正する法律の一部及び出入国管理及び難民認定法及び日本国との平和条約に基づき日本の国籍を離脱した者等の出入国管理に関する特例法の一部を改正する等の法律の施行の日（平成二十四年七月九日）から施行する。

附　則（平成二八年五月二五日経済産業省令第七〇号）

この省令は、平成二十八年六月一日から施行する。

附　則（平成三〇年十一月二七日経済産業省令第六六号）

この省令は、平成三十年十一月二十九日から施行する。ただし、第二表に係る改正規定は、平成三十一年七月一日から施行する。

●事項索引

◆ アルファベット

◆ あ行

◆ か行

◆ さ行

◆ た行

◆　な行

◆　は行

◆　ま行

◆ や行

◆ ら行

●判例索引

逐条解説 不正競争防止法〔第2版〕

2016年12月15日　初　版第1刷発行
2019年 7 月10日　第2版第1刷発行

編　　者　経済産業省知的財産政策室

発 行 者　小　宮　慶　太

発 行 所　株式会社 商 事 法 務

〒103-0025 東京都中央区日本橋茅場町3-9-10
TEL 03-5614-5643・FAX 03-3664-8844〔営業部〕
TEL 03-5614-5649〔書籍出版部〕
https://www.shojihomu.co.jp/

落丁・乱丁本はお取り替えいたします。

印刷／三報社印刷㈱
Printed in Japan

Shojihomu Co., Ltd.

ISBN978-4-7857-2727-7

＊定価はカバーに表示してあります。